国家自然科学基金面上项目“海外投资集群化、外部化与‘逆向技术溢出’效应研究——基于信息科技企业的全球价值链分析（项目批准号：71472187）”研究成果

投资文献述评 II

Literature Review Focused on Investments

主　编　顾露露

副主编　张凯歌　潘京臣

参　编　韩至杰　王雨薇　张明梅　魏阿欣　殷雨晗
　　　　王雅菲　贺静如　胡剑涛　张　榕　董贵萍
　　　　姚沣格　陆伟桢　杜诗琰　廖小宝　马一涵

WUHAN UNIVERSITY PRESS
武汉大学出版社

图书在版编目(CIP)数据

投资文献述评.Ⅱ/顾露露主编.—武汉：武汉大学出版社,2021.8
ISBN 978-7-307-22264-9

Ⅰ.投…　Ⅱ.顾…　Ⅲ.投资—文集　Ⅳ.F830.59-53

中国版本图书馆 CIP 数据核字(2021)第 072201 号

责任编辑:陈　红　　责任校对:李孟潇　　版式设计:马　佳

出版发行：**武汉大学出版社**　（430072　武昌　珞珈山）
（电子邮箱：cbs22@whu.edu.cn　网址：www.wdp.com.cn）
印刷:武汉邮科印务有限公司
开本:787×1092　1/16　印张:26　字数:597 千字　插页:1
版次:2021 年 8 月第 1 版　2021 年 8 月第 1 次印刷
ISBN 978-7-307-22264-9　定价:88.00 元

序

2021年2月3日，是立春的日子，万物复苏，欣闻顾露露教授主编的《投资文献述评Ⅱ》即将杀青付梓，为她感到高兴。《投资文献述评Ⅱ》是《投资文献述评》的续篇，主要内容还是对国内外投资学文献进行研究和述评，但在前部述评的基础上做出了许多创新的工作。不仅所评述的文献是新近国内外顶级期刊上发表的代表性文献，而且运用新的文献定量研究方法对几个重要领域的文献进行全景式的分析、展示和评价。这不仅使我们可以领略代表性文献的奥妙与精髓，还能在很短的时间内了解投资领域研究的最新进展与前沿动向。

顾教授的《投资文献述评》是2017年推出的，至今已过去3年多时间。这3年多来，投资领域发生了深刻的变化。中美贸易摩擦加剧、新冠病毒在全球流行，世界格局正发生着百年未有之变化，从而深刻地改变着国际投资的格局。中国在取得全面决胜小康社会的胜利后，已经开启全面建设社会主义现代化国家新征程，如何提升利用国际投资的质量，发展我国的对外投资，推进创新，激励风险投资，强化企业社会责任（CSR）与完善公司治理，对于我国开创高质量发展新格局至为关键。选择以国际直接投资、创新、股权风险投资、企业社会责任与公司治理为重点研究领域对国内外文献进行述评，无疑是经过精心筛选的，也反映出投资的学术研究是紧随社会经济实践的发展而不断前行的。

此次顾教授又嘱作序，我即答应为她的新作写点什么。之所以如此，不仅因为我们同在一个博士生导师小组和一个教研室，更因为我觉得她所做的工作十分重要。顾教授早些年就在《经济研究》等顶级学术期刊发表论文，可见她的学术功力是出类拔萃的。她完全可以花更多的时间和精力来撰写自己的学术论文或专著，但她却选择了在投资文献的研究上耗费大量时间。在她看来，这是投资学科发展的基础工程。投资学科的发展是一个生生不息、长期的积累过程。文献的研究可以告诉我们，投资学从何而来，现在何处，以及即将走向何方。在浩如烟海的文献中，去粗取精、去伪存真，沙里淘金，选取代表性的作品加以评析，肯定其学术贡献，让更多的学人重视，无疑是对文献作者的最好褒奖。客观地指出现有研究的不足，提出投资学发展需要进一步研究的问题，同样是投资学科发展之所需，其意义不下于独自撰写几篇高水平的学术论文或一部专著。这项工作是记录投资学术发展历史，发现宣传学术精品，褒扬他人，照亮学术后进起点与方向、道路的大事。做这项工作，不仅需要学术洞察力和鉴别力以及对投资学科发展脉络和方向的准确把握，更是需要胸襟和奉献精神的。

做好一件事不易，长期坚持做好一件事更属不易。期待顾教授能够继续将这项基础工程做下去，越做越好。

中南财经政法大学　**张中华**

2021年2月于湖北 武汉

前　　言

《投资文献述评Ⅱ》是一本投资专业教研类图书，是继2017年出版的《投资文献述评》后有关国内外顶级期刊在国际直接投资、创新、股权投资与创新、CSR与公司治理四个研究领域的最新高被引文献的述评。本书在第一本文献述评的基础上进行了结构调整。编者分四个板块，对国际直接投资、创新、股权投资与创新、CSR与公司治理四个领域的文献，从选题背景和意义、文献描述性统计、最新成果评述等方面进行综合分析评价。同时，本书收录了CNKI、CSSCI中文文献数据库和WOS英文文献数据库中的78篇相关的经典文献展开详细述评，针对每篇入选经典文献从问题导入、研究设计、主要结论、主要贡献以及前沿跟踪几个方面进行分析评述。

学海无涯，国内外优秀学者在本领域发表了数以百万计的经典文献。为避免初学者在浩瀚的文献中迷失方向，也为避免在文献阅读和评述过程中以偏概全、" 盲人摸象"，本书除了传统的文献分析法之外，率先采用前沿的文献科学分析软件Citespace对四个领域的文献进行了数理统计和可视化分析。将定性和定量分析工具相结合，可以帮助从事本领域研究的高校教师和博硕士研究生在相对较短的时间内了解和掌握全球范围内投资学领域的学术焦点、研究前沿以及研究发展脉络。

从科研的角度来看，对相关领域经典文献持续跟进研读是一项长期而不可或缺的工作。文献积累的数量和质量会正向影响我们的选题、研究设计和论文、课题的研究和写作。本书适用于从事投资相关专业领域研究学习的高校教师和博硕士研究生，也对需要通过较短时间熟悉了解本领域理论前沿的政策制定者和实务工作者具有较高的参考价值。感谢中南财经政法大学和金融学院相关领导和前辈的悉心指导，他们坚定了编者一鼓作气完成本书的信心！感谢同事和亲朋好友在本书的撰写过程中所给予的鼓励和帮助！

本书受国家自然科学基金面上项目“海外投资集群化、外部化与‘逆向技术溢出’效应研究——基于信息科技企业的全球价值链分析（项目批准号：71472187）”支持，特此致谢！

最后，受个人能力和学术水平的限制，书中的错误和遗漏在所难免，还请读者多加批评指正！

中南财经政法大学　**顾露露**

2021年3月于湖北武汉

前　言

目　　录

第一编　新兴经济体的对外直接投资

第二编 创新主题

第三编　股权投资及其对创新的作用

第四编 CSR与公司治理

第一编

新兴经济体的对外直接投资

引　言

随着全球一体化的深入，对外直接投资作为连接国内国际双循环的纽带，在构建全球价值链、促进技术和知识等要素在全球的流动上发挥着重要作用，也是构建经济发展新格局的关键力量。与发达国家企业循序渐进的海外发展模式不同，近年来新兴经济体国家企业跨越式对外投资特征明显，体现在速度快、力度大，通过多种进入模式实现爆发式投资增长。然而当前全球格局一直处于规则调整和结构重塑的关键时期。2020 年以来新冠肺炎疫情的不断蔓延及其对全球经济体的影响逐渐深化，导致经济“逆全球化”态势越来越明显。因此新发展格局下中国的对外开放，包括“引进来”和“走出去”将会迎来诸多机遇，同时也面临一些新的问题与挑战。

首先，随着发达经济体和发展中经济体吸引 FDI 呈现两极分化趋势，中国的 FDI 吸引力凸显。近年来发达经济体吸引 FDI 的能力持续下降，新兴经济体 FDI 流量则逐年稳定增长。《2020 年世界投资报告》的数据显示，2019 年受全球贸易保护主义、英国脱欧等影响，以发达经济体资产为标的的跨国并购规模大幅下降，宣布的绿地投资项目也显著减少，使得全年 FDI 流入量仅为 6430 亿美元，处于历史最低点。而发展中国家全年 FDI 流入量达到 7000 亿美元。发达经济体的疲软进一步凸显了发展中经济体对吸引 FDI 的比较优势，发展中经济体的 FDI 流量在全球 FDI 流量中的占比已经连续两年超过 50%。中美贸易摩擦并未显著引起中国 FDI 流入量的大幅下滑，截至 2019 年底，中国保持着引资规模仅次于美国的第二大国地位，占全球 FDI 总额的 1/10 以上。

其次，新冠肺炎疫情在全球蔓延对世界经济形成重大冲击，对我国吸引外资也产生了显著影响。但由于我国采取了精准、有效的科学防疫措施，目前疫情已基本得到控制，且在全球率先开始了复工复产的进程，经济复苏预期强劲。“后疫情时代”中国在全球价值链上的重要地位、国内的全产业链布局以及本国巨大的消费市场对外资具有多重吸引力。与此同时，国内持续的经济增长预期同海外蔓延的疫情和经济持续低迷的预期形成鲜明对比，此时中国企业更加具有相对实力和机会加强国际或区域化的经济交流，深入开展海外投资合作经营，实现国内国际双循环的重要目标。

但是，我们不得不承认 2020 年的全球疫情导致国内国际经济下行的态势明显，进而会深度影响中短期的全球 FDI 的活跃程度，让中国企业的国际化道路蒙上了一层阴影。2020 年安永发布的《2020 年一季度中国海外投资概览》指出，由于受到新冠疫情的冲击，中国跨国公司对外直接投资持续下降，并预估未来一段时期将延续下降趋势，其中全行业对外直接投资及已经宣布的海外并购额分别下降 2. 8% 及 78%，海外并购额创十年来单季度最低值。

不仅如此，后疫情时代的全球经济重建中跨国公司为载体的FDI作用将越加突出。但是当前全球各国的利益诉求不一，特别是发达经济体的“逆全球化”诉求明显。以美国为代表的部分发达国家甚至发出了全球价值链“去中国化”的不和谐声音，各国的FDI政策也纷纷收紧，当前各经济体大有以区域性国际合作替代全球化国际分工的态势，不利于跨国公司的全球化有效资源配置。

在当前“逆全球化”和新冠疫情持续肆虐的背景下，如何为中国企业OFDI的海外经营“破冰”，助力完成国内国际双循环是理论界和实务界的共同课题。本部分在文献统计描述归纳的基础上，收集整理了OFDI领域部分中英文高被引文献和最新文献，进行了有针对性的评述和总结，旨在归纳总结OFDI经典文献的基础上，寻找提炼最新文献在本领域理论体系和实践运用上的创新点和边际贡献，特别是在新兴经济体OFDI研究方面的突破，希望对本领域的研究者和学习者有所助益。这是本书第一部分的主要研究动机和研究意义。

一、文献描述性统计

本次 OFDI 主题文献统计共计 3492 篇，涵盖中文数据库（南大 CSSCI 引文数据库）和英文数据库 World of Science（WOS）中核心期刊合集中的所有学术论文。在 WOS 数据库中获得 1985—2020 年的 979 篇相关文献。其中搜索“OFDI”获得 906 篇学术论文；搜索“Overseas Merger and Acquisitions”获得 73 篇相关论文。在 CSSCI 数据库中获得 2013—2020 年的相关学术论文 2513 篇。其中搜索关键词“对外直接投资”，获得相关学术论文 1863 篇；搜索关键词“跨国并购”，获得相关学术论文 650 篇。

（一）OFDI 经典英文文献梳理（基于 WOS 数据库核心期刊合集）

我们发现 2010 年以来，WOS 数据库中关于对外直接投资的文献集中领域从高到低分别是商科和经济学、国际关系、环境科学和生态学、科技及其他话题、区域问题研究和地理学（见图 1）。商科和经济学领域经典的 OFDI 研究集中讨论 OFDI 区位选择及其对企业生产率的影响。随着新兴经济体 OFDI，特别是中国的 OFDI 大规模地增加，学术界相关文献的选题开始集中于新兴经济体跨国公司、中国 OFDI、OFDI 制度距离问题（正式制度和非正式制度）、OFDI 中的国企以及“一带一路”倡议的影响等问题的研究。不少西方学者也较为关注 OFDI 第三国效应问题、欧洲经济体整合问题以及 OFDI 对供应链的影响、OFDI 的政治关联、环境规制、战略套利的问题。随着可持续发展理念逐步深入人心，对于企业 ESG 以及 OFDI 与绿色 TFP 的研究逐步兴起。

2010—2020 年，OFDI 文献作者主要来自中国、美国、英国、澳大利亚等全球较大的经济体。对 OFDI 相关问题进行研究的前 5 位高被引期刊分别是 *Journal of International Business Studies*（JIBs），*Journal of World Business*（JWB），*International Business Review*（IBR），*American Economic Review*（AER）和 *Strategic Management Journal*（SMJ）。金融学领域的顶级期刊 *Journal of Finance*（JF）和 *Journal of Financial Economics*（JFE）也发表了不少高影响力的 OFDI 文章，特别是研究跨国并购的文章。WOS 的文献共现数据显示，英国的雷丁大学、澳大利亚国立大学、悉尼大学是 OFDI 学者和发表文章比较集中的科研机构。中国 OFDI 问题研究影响力最大的几家高校分别是北京大学、浙江大学、中欧商学院、厦门大学和西南财经大学等。

2010 年以来，新兴经济体的 OFDI 成为学者们关注的焦点。针对新兴经济体企业的海外扩张，Luo Yandong 等在 2007 年发表于 JIBs 上的论文“International expansion of emerging market enterprises: a springboard perspective”中提出了著名的跳板理论，成为本

Freq	Burst	Degree	Centrality	Σ	PageRank	Keyword	Author	Year
878		13	0.00	1.00	0.00	BUSINESS & ECO		
189		32	0.00	1.00	0.00		Kolstad I, 2012, J ...	2012
187		43	0.00	1.00	0.00		Ramasamy B, 201...	2012
165	41.23	24	0.00	1.00	0.00		Buckley PJ, 2007, J...	2007
165		46	0.00	1.00	0.00		Cui L, 2012, J INT ...	2012
159		49	0.00	1.00	0.00		Luo YD, 2010, J W...	2010
153		47	0.00	1.00	0.00		Wang CQ, 2012, J I...	2012
125		44	0.00	1.00	0.00		Kang YF, 2012, J W...	2012
105	15.23	27	0.00	1.00	0.00		Morck R, 2008, J IN...	2008
103		17	0.00	1.00	0.00	INTERNATIONAL R...		
103	25.48	24	0.00	1.00	0.00		Luo YD, 2007, J IN...	2007
102		45	0.00	1.00	0.00		Wang CQ, 2012, IN...	2012
92	7.62	54	0.00	1.00	0.00		Deng P, 2009, J W...	2009
91		32	0.00	1.00	0.00		Lu JY, 2014, J INT ...	2014
90	2.80	17	0.00	1.00	0.00		Cheung YW, 2009, ...	2009
85		28	0.00	1.00	0.00		Gaur AS, 2018, J IN...	2018
72		34	0.00	1.00	0.00		Lu JY, 2011, MANA...	2011
70		7	0.00	1.00	0.00	ENVIRONMENTAL ...		
70		36	0.00	1.00	0.00		Quer D, 2012, ASIA ...	2012
70		41	0.00	1.00	0.00		Duanmu JL, 2012, ...	2012
65		55	0.00	1.00	0.00		Zhang JH, 2011, IN...	2011
59		29	0.00	1.00	0.00		Zhang XX, 2011, E...	2011
59	9.06	43	0.00	1.00	0.00		Rui HC, 2008, J W...	2008
59		33	0.00	1.00	0.00		Madhok A, 2012, G...	2012
58	3.62	56	0.00	1.00	0.00		Ramamurti R, 201...	2012
56	8.60	46	0.00	1.00	0.00		Peng MW, 2008, J I...	2008
56		26	0.00	1.00	0.00		Luo YD, 2018, J IN...	2018
53		69	0.00	1.00	0.00		Sun SL, 2012, J W...	2012
52	3.56	47	0.00	1.00	0.00		Peng MW, 2012, G...	2012
50		11	0.00	1.00	0.00		Cozza C, 2015, CHI...	2015
50		3	0.00	1.00	0.00	SCIENCE & TECH...		
50	22.37	25	0.00	1.00	0.00		Child J, 2005, MAN...	2005
50		35	0.00	1.00	0.00		Huang YP, 2011, C...	2011
49	3.66	24	0.00	1.00	0.00		Hoskisson RE, 201...	2013
49		35	0.00	1.00	0.00		Child J, 2014, MAN...	2014
48	7.36	25	0.00	1.00	0.00		Cuervo-Cazurra A, ...	2008
48		33	0.00	1.00	0.00		Chen YAY, 2010, A...	2010
48	2.84	46	0.00	1.00	0.00		Globerman S, 2009	2009
48	7.36	41	0.00	1.00	0.00		Yamakawa Y, 2008...	2008
47	11.52	33	0.00	1.00	0.00		Witt MA, 2007, J INT	2007
46	5.08	57	0.00	1.00	0.00		Cuervo-Cazurra A, ...	2014
46		16	0.00	1.00	0.00	AREA STUDIES		
45		32	0.00	1.00	0.00		Buckley PJ, 2018, J...	2018
44	2.69	38	0.00	1.00	0.00		Cui L, 2014, J WOR...	2014
43		41	0.00	1.00	0.00		Li J, 2012, GLOB S...	2012
43	3.15	35	0.00	1.00	0.00		Amighini AA, 2013, ...	2013
42	5.40	35	0.00	1.00	0.00		Li MH, 2014, J INT ...	2014
42		19	0.00	1.00	0.00		Cheung YW, 2012, ...	2012
42	6.29	50	0.00	1.00	0.00		Meyer KE, 2014, J I...	2014
41	2.69	43	0.00	1.00	0.00		Meyer KE, 2009, ST...	2009
40	6.31	21	0.00	1.00	0.00		Dunning JH, 2008, ...	2008
39	3.36	31	0.00	1.00	0.00		Duanmu JL, 2014, ...	2014
38	14.18	31	0.00	1.00	0.00		Mathews J A, 2006, ...	2006
37		20	0.00	1.00	0.00		Buckley PJ, 2014, J...	2014
37		14	0.00	1.00	0.00		Blomkvist K, 2016, ...	2016
37		6	0.00	1.00	0.00	GEOGRAPHY		
36		34	0.00	1.00	0.00		De Beule F, 2012, ...	2012
36		13	0.00	1.00	0.00		Alon I, 2018, ASIA P...	2018

图 1　2010—2020 年 OFDI 文献主要研究领域统计（Citespace 软件）

数据来源：WOS 数据库

阶段最受关注的理论文献之一（Luo and Tung 2007）。英国利兹大学的 Peter Buckley（2007）教授在 JIBs 上发表的关于中国企业 OFDI 影响因素的文章超越已故英国雷丁大学老教授 John Dunning，成为全球 OFDI 研究成果影响力最大的论文。Morock Randall 等 2008 年发表在 JIBs 上的讨论中国 OFDI 的论文也得到了广泛引用，成为 2010—2020 年被引文献的重要爆发点（Morck，Yeung et al. 2008）。2010—2020 年 OFDI 高被引作者及关键词共现图见图 2。

（二）OFDI 经典中文文献梳理（基于 CSSCI 数据库）

中文文献关于中企 OFDI 和跨国并购的研究热潮从 2013 年才开始，比英文要晚。影响力比较大的文献主要发表在《经济研究》《管理世界》和《世界经济》三本国内

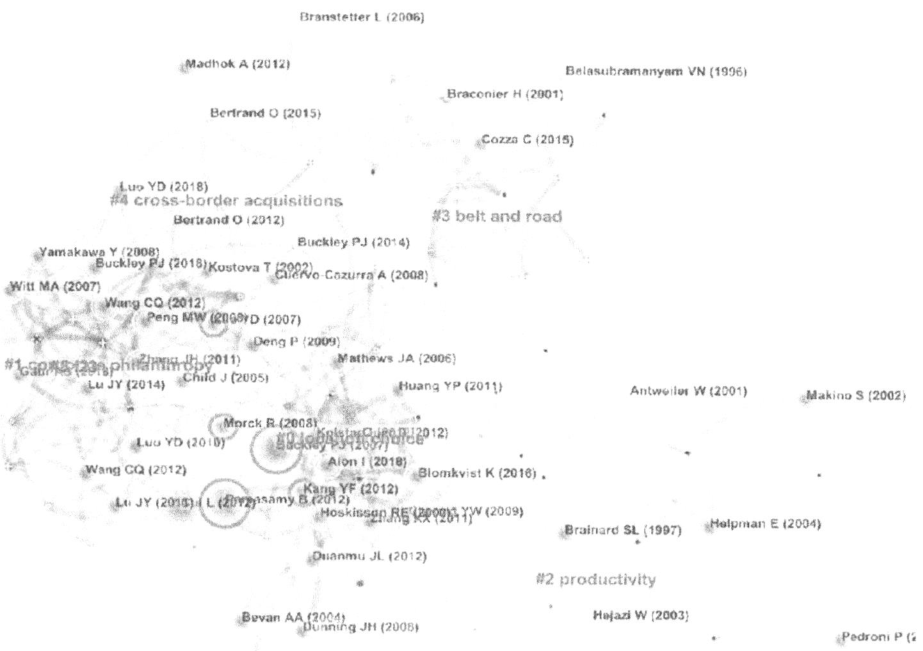

图2　2010—2020年OFDI高被引作者及关键词共现图（Citespace软件）

数据来源：WOS数据库

顶级期刊上。中国学者关于OFDI的研究主题和英文有很多类似的地方，如区位选择、“一带一路”等（见图3）。但是中文文献中有较多的学者聚焦OFDI的逆向溢出效应及其对产能国际转化和产业结构升级、经济增长质量等宏观因素的影响研究。也有些中国学者关注双向FDI、人民币汇率对OFDI的影响以及政治制度环境、融资约束对OFDI的影响等。

在中文的OFDI研究文献中，武汉大学的李梅等对于中国对外直接投资的逆向技术溢出效应的研究发表在《管理世界》上，北京大学宗芳宇等关于制度环境、双边投资协定对OFDI区位选择的研究和中南财经政法大学顾露露等对中企海外并购绩效评估的研究均发表在《经济研究》上，南开大学的毛其淋等对OFDI对企业创新的影响研究发表在《世界经济》上，这几篇文献在2010—2020年都得到了广泛关注（顾露露，Robert，2011；李梅，柳士昌，2012；宗芳宇，路江涌等，2012；毛其淋，许家云，2014）。南开大学的蒋冠宏等在2014年关于对外直接投资对出口和企业生产率进步影响的两篇文献也在本阶段被引文献的前列（蒋冠宏，蒋殿春，2014a；蒋冠宏，蒋殿春，2014b）。2013—2020年OFDI高被引作者及主题共现图见图4。

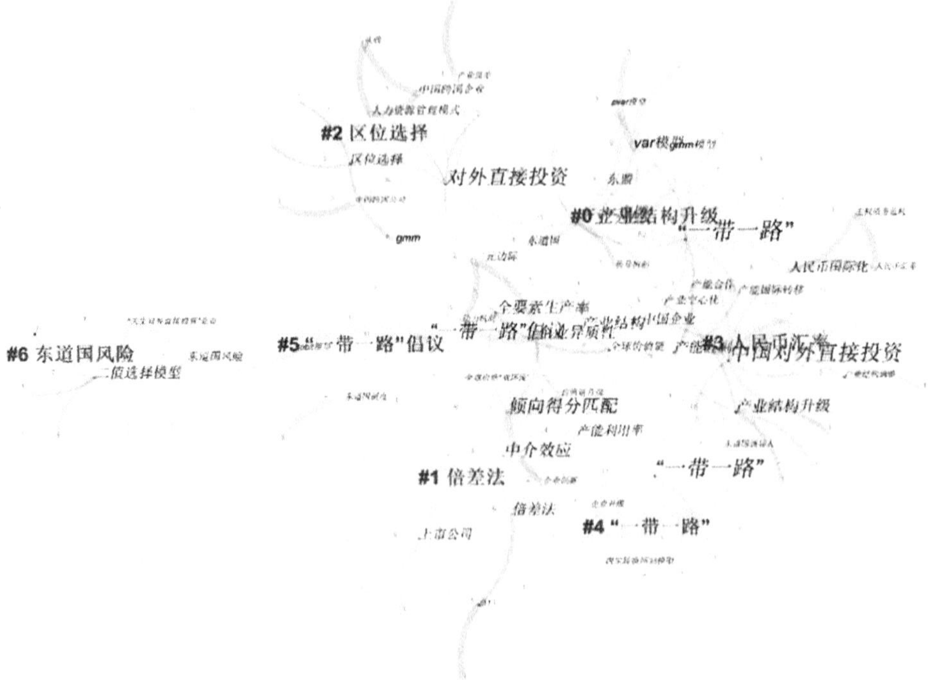

图 3　2013—2020 年 OFDI 文献关键词共现图（Citespace 软件）
数据来源：CNKI/CSSCI 数据库

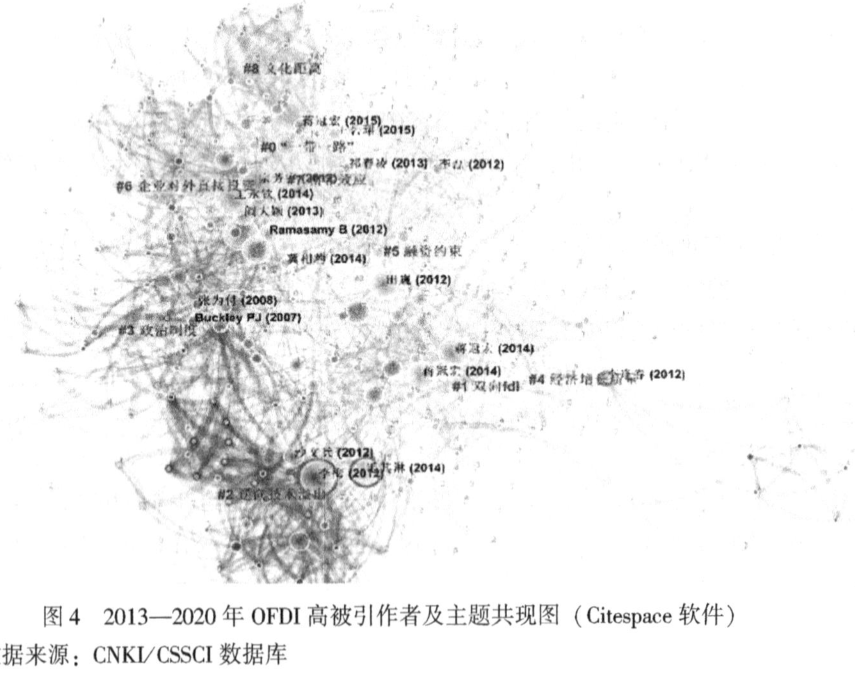

图 4　2013—2020 年 OFDI 高被引作者及主题共现图（Citespace 软件）
数据来源：CNKI/CSSCI 数据库

二、OFDI 最新文献评述

近两年国内外顶级期刊中有关 OFDI 选题的文章不少，它们从宏观或微观层面进一步深入探讨 OFDI 的作用与影响。首先依然有不少文章继续深入讨论 OFDI 或海外并购的区位选择和绩效问题，包括双向 FDI 的影响和海外并购溢价问题等（孙淑伟，何贤杰等，2017；Bonaime，Gulen et al.，2018；李磊，冼国明等，2018；王泽宇，刘刚等，2019）。此外，学者们还比较关注 OFDI 对于投资企业及目标企业产出或生产率的影响，以及 OFDI 对创新和产业升级的影响等。大部分作者的研究结果支持了 OFDI 的正面作用（Fresard，Hege et al.，2017；蒋殿春，谢红军，2018；冼国明，明秀南，2018；吴先明，张雨，2019；杨连星，沈超海等，2019）。

其次，讨论制度环境对 OFDI 的流量及企业创新影响的文献也比较丰富。制度环境的代理变量不仅包括抽象的制度环境指数，还涉及具体的最低工资标准、知识产权等维度的研究，并延展到政治关联，如双边政治关系、东道国或母国政府的政治关联等维度对 FDI 流入或流出以及创新的影响。而且最新文献对于 OFDI 影响的研究不仅讨论了直接影响效应，而且讨论了制度环境的调节效应影响，形成了多维度、多层次的丰富的理论补充并得出了相应的实证结论（刘晓光，杨连星，2016；Teng，Huang et al.，2017；李新春，肖宵，2017；李磊，王小霞等，2019；吴先明，张雨，2019）。

最后，官方的双边外交关系（如领导人访问）和双边经贸联系（如双边投资协定或区域贸易协定等）以及民间的文化交流或移民网络对 OFDI 区位选择及国际贸易的影响也是近期文献的研究热点（宗芳宇，路江涌等，2012；刘晓光，杨连星，2016；闫雪凌，林建浩，2019；Wang，Jia et al.，2020；铁瑛，蒙英华，2020）。“一带一路”作为中国发起的柔性的区域性经贸合作框架也得到了国内外学者的广泛关注。学者们广泛探讨了“一带一路”倡议下的对外投资及其对“一带一路”沿线国家双边贸易的积极影响（李兵，颜晓晨，2018；吕越，陆毅等，2019）。

三、述评系列：对外直接投资的区位选择和绩效影响

述评：
《中国企业对外投资选择的多样性及其绩效评价》

论文原作者：王泽宇　刘　刚　梁　晗
期刊：《中国工业经济》2019 年第 3 期

原文摘要

越来越多的中国企业在政策的推动下“走出去”，形成了不同投资区位的多元化格局。本文整合制度和组织学习理论视角，通过区分初始投资和后续投资构筑对外投资双阶段模型，并基于 2538 家中国企业的 11599 条对外投资数据，对地区制度环境、行业不确定性和企业生命周期多层面因素如何影响企业对外投资区位和路径选择，以及不同的投资区位如何影响企业绩效等进行实证分析。研究发现：初始投资时，企业所在地区制度治理水平、所处行业不确定性程度和所在生命周期阶段均与投资目的地国家制度治理水平显著正相关；后续投资时，企业所在地区制度治理水平越高、所处行业不确定性程度越大、越处于企业生命周期后期，越会推动企业由向单一制度治理水平国家投资到同时向两类制度治理水平国家投资转型。此外，本文根据投资收益率和生产力水平两个绩效维度，提出了对外投资区位和路径选择的决策路线图。当企业仅向低制度治理水平国家投资时，能够获得更高的投资收益率，但并未显著提升其生产力水平；而仅向高制度治理水平国家投资，能够有效提升企业的生产力水平，却对其投资收益率的影响不显著；只有同时向两类制度治理水平国家投资，才能同时提升企业的投资收益率和生产力水平。

问题导入

在中国经济转型的大背景下，越来越多的中国企业开启了对外投资之路，不同企业以及同一企业在不同发展阶段的对外投资区位选择却大不相同。不同企业在初始投资时选择何种制度治理水平的国家，企业在后续投资时为何实施区位转型，区位选择对企业绩效有何影响是中国企业对外投资需要关注的重要问题。

研究设计

一、研究假设

1. 初始投资阶段的对外投资区位选择

基于制度和组织学习的整合视角，企业一般根据高管的经验和认知选择向制度相似的地区投资（Vahlne，1990）。当企业所在地区制度治理水平较低时，企业积累了相应的制度嵌入资源，在制度相似性条件下能够产生更强的利用式学习效应。因此，本文提出：

H1a：初始投资时，企业所在地区制度治理水平与投资目的地制度治理水平正相关。

企业投资目的地国家的制度质量和企业的不确定性规避倾向会影响企业对外投资区位的选择（Holmes et al.，2013）。高水平的制度安排有利于降低经营风险；行业不确定性越高，经营风险就会越大，企业会倾向于向制度治理水平高的国家投资以降低企业的经营风险。因此，本文提出：

H1b：初始投资时，企业所处行业不确定性程度与投资目的地制度治理水平正相关。

企业所处生命周期阶段会影响其对外投资区位的选择。初期企业面临资金压力，将已有知识向制度治理水平低的国家转移，可发挥利用式学习能力实现短期获利。而处于生命后期的企业往往面临创新能力不足等问题，向治理制度水平较高的企业投资，便于获取先进知识技术，提高企业竞争优势。因此，本文提出：

H1c：初始投资时，企业所处生命周期阶段与投资目的地制度治理水平正相关。

2. 后续投资阶段的对外投资区位选择

企业在高制度治理水平国家投资和制度治理水平越来越高的母国环境的双重作用下，积累了技术化、市场化的嵌入性资源，对外投资经验降低了企业拓展到两类制度治理水平国家投资的风险（Bartels et al.，2014）。因此，本文提出：

H2a：后续投资时，企业所在地区制度治理水平越高，越有可能推动企业同时向高低两类制度治理水平国家投资转型。

对于已向低制度治理水平国家投资的企业，行业不确定性促使企业提升竞争优势以降低投资风险，促进了企业对外投资区位转型；对于已向高制度治理水平国家投资的企业而言，区位转型有利于将先进知识转移，从攫取利润的角度降低投资风险。因此，本文提出：

H2b：后续投资时，企业所处行业不确定性程度越高，越有可能推动企业同时向高低两类制度治理水平国家投资转型。

初始投资阶段仅向低制度治理水平国家投资的企业，发展后期积攒了物质资源和学习能力，但面临创新不足的难题，同时向两类国家投资可兼顾利用式和探索式学习；前期仅向高制度治理水平国家投资的企业，后期同时向两类国家投资可获得利润收益并获取未来竞争优势。因此，本文提出：

H2c：后续投资时，企业所处生命周期阶段越趋于后期，越有可能推动企业同时向高低两类制度治理水平国家投资转型。

3. 对外投资区位选择的绩效结果

当企业对外投资时，向低制度治理水平国家投资能凭借利用式学习能力和专有优势的发挥，短期内获得投资收益从而为向高制度治理水平国家学习提供资金支持；向高制度治理水平国家投资，有利于提高生产力，从而为企业获取长期投资收益提供保障（宋林等，2016）。因此，本文提出：

H3a：与国内投资相比，企业仅向低制度治理水平国家开展对外投资能提升投资收益率。

H3b：与国内投资相比，企业仅向高制度治理水平国家开展对外投资能提升生产力水平。

H3c：与国内投资相比，企业同时向两类制度治理水平国家开展对外投资既能显著提升投资收益率，又能显著提升生产力水平。

二、数据来源

本文选取 wind 数据库中 2010—2014 年中国 A 股上市企业财务数据和商务部提供的《中国企业对外投资名录》中的企业对外投资信息，采用数据匹配生成含 11599 条数据的中国企业对外投资数据库。以世界银行发布的全球治理指数作为投资目的地国家的制度治理水平数值，与中国 WGI 数值进行比较考察其治理水平的高低。

三、实证模型

本文采用分层回归方法检验上述研究假设。第一步，采用 OLS 模型分析初始对外投资决策。以投资目的地国家制度治理水平 ins_i 为因变量，以市场化指数 $marketindex_i$ 为自变量，β_n 代表所有的控制变量等。OLS 模型的表达式为：

$$ins_i = \beta_0 + \beta_1 marketindex_i + \beta_j controls_i + \zeta_i$$

另用行业不确定性 $ind\_ncertain_i$、生命周期指数 $lifecycle_i$ 为自变量做 OLS 回归。

第二步，采用 Logit 模型和 Probit 模型分析后续投资阶段的对外投资区位转型决策。以同时向两类制度治理水平国家投资的虚拟变量 bothstream 为因变量，$bothstream^*$ 代表内在变量，Logit 模型的公式如下：

$$P(bothstream_i = 1 \mid \beta_i X_i) = P(bothstream_i^* > 0) = P(\mu_i > -\beta_i X_i) = F(\beta_i X_i)$$

$$P(bothstream_i = 1 \mid \beta_i X_i) = F(\beta_i X_i + \mu_i) = \frac{1}{1 + e^{-(\beta_i X_i + \mu_i)}}$$

Probit 模型的变量设定与上述一致，Probit 模型的主要公式如下：

$$P_i = P(bothstream_i^* > 0) = F(X_i^T \beta)$$

$$bothstream_i^* = F^{-1}(P_i) = X_i^T \beta$$

第三步，采用面板数据随机效应模型检验企业三种对外投资的区位选择对企业投资收益率 roa 和生产力水平 tfp 两种企业绩效的影响。以 roa 和 tfp 为因变量，以向低制度治理水平国家投资（lowstream）为自变量，其模型表达式为：

$$\mathrm{roa}_{it+1}/tfp_{it+1} = \beta_0 + \beta_1\ \mathrm{lowstream}_{it} + \beta_j\ \mathrm{controls}_{it} + \zeta_{it}$$

另以向高制度治理水平国家投资（highstream）、同时向两类制度治理水平国家投资（bothstream）为自变量检验其对上述因变量的影响。

主要结论

第一，在初始投资阶段，企业所在地区制度治理水平、所处行业不确定性程度和所在生命周期阶段均与投资目的地国家制度治理水平显著正相关。第二，在后续投资阶段，企业所在地区制度治理水平越高、所处行业不确定性程度越大和所在生命周期阶段越趋于后期，均会显著推动企业投资区位转型，由已有的向单一制度治理水平国家投资转型到同时向两类制度治理水平国家投资。第三，企业仅向低制度治理水平国家投资提高了投资收益率，但对于生产力水平的提升不显著；而仅向高制度治理水平国家投资有效提升了企业生产力水平，却对其投资收益率影响不显著；只有同时向两类制度治理水平国家投资才能同时提升企业的投资收益率和生产力水平。

主要贡献

第一，基于制度理论和组织学习理论的整合视角，实现了制度理论和组织学习理论在对外投资区位和绩效领域的结合。第二，通过区分初始投资阶段和后续投资阶段的决策时点，构建了对外投资区位选择的双阶段模型，充分考察了初始投资阶段向不同制度治理水平国家投资的两种路径，并关注到后续投资阶段同时向两类制度治理水平国家投资的区位转型。

前沿追踪

在中国经济转型的大背景下，不同企业以及同一企业在不同发展阶段的对外投资区位选择表现出差异化、动态化的投资路径。基于此，国内外学者对企业初始投资时选择不同制度水平的国家，后续投资时实施区位转型，区位选择对企业绩效的影响等问题进行了广泛的探讨，从而为企业对外投资实践提供理论支持。在企业初始投资阶段的对外投资区位选择问题上，齐晓飞等（2017）研究发现，中国企业对外投资区位选择均考虑了母国制度环境的影响；在后续投资阶段的对外投资区位选择问题上，康永博等（2017）认为企业基于获利角度，应向高制度治理水平国家投资以获取先进技术，从提升竞争优势的角度降低风险，促进企业对外投资区位的转型；在对外投资区位选择的绩效结果问题上，任洪源等（2017）认为跨国企业在技术落后的国家有利于转移成熟技术且降低研发成本，故向低制度治理水平国家投资的企业具有更高的投资收益率；宋林等（2016）认为当制度环境越完善时，逆向技术溢出和创新效果提升等效应愈加明显，生产力提升水平也更明显。

参考文献

[1] 董晓芳，袁燕．企业创新、生命周期与聚集经济［J］．经济学（季刊），2014（2）：767-792.

[2] 蒋冠宏，蒋殿春．中国对发展中国家的投资——东道国制度重要吗［J］．管理世界，2012（11）：45-56.
[3] 金碚．新常态下国企改革与发展的战略方向［J］．北京交通大学学报（社会科学版），2015（2）：1-6.
[4] 康永博，王苏生，彭珂．公司创业投资对企业技术创新的影响研究——基于组织间学习的视角［J］．研究与发展管理，2017，29（5）：87-98.
[5] 齐晓飞，关鑫．中国企业对外直接投资的母国制度解释——基于 OFDI-S 模型的理论分析［J］．经济与管理研究，2017（8）：115-123.
[6] 任洪源，刘刚，罗永泰．知识资源\研发投入与企业跨境创新绩效关系研究——基于面板数据门限回归的实证分析［J］．管理评论，2017（1）：105-113.
[7] Bartel，F. L，F. Napolitano，and N. E. Tissi. FDI in Sub-Saharan Africa：a longitudinal perspective on location-specific factors（2003—2010）［J］. International Business Review，2014，23（3）：516-529.

（作者：马一涵）

述评：《“引进来”是否促进了“走出去”？——外商投资对中国企业对外直接投资的影响》

论文原作者：李　磊　冼国明　包　群

期刊：《经济研究》2018 年第 4 期

原文摘要

在中国外商投资和对外投资齐头并进以及党的十九大报告提出“坚持引进来和走出去并重”的背景下，本文构建了一个 2004—2013 年的企业层面微观数据集，研究“引进来”对中国内资企业“走出去”的影响。研究结果显示：“引进来”显著地促进了中国企业“走出去”。外商投资的水平溢出、前向溢出和后向溢出效应均会导致企业对外直接投资的增加。外商投资对内资企业对外投资的外溢效应在多种稳健性检验以及考虑了内生性情况下都是成立的。进一步地，外资溢出对企业向中、高收入国家或地区的投资影响较强；对于商贸服务型、研究开发型、垂直生产型对外直接投资的正向影响更为明显。最后本文发现外商投资在直接促进内资企业走出去的同时，还通过提升内资企业生产率水平，间接推动了其对外直接投资。本文的结论对促进中国双向投资升级以及经济长期的可持续发展均具有较重要的政策含义。

问题导入

近年来，随着中国融入经济全球化的步伐加快，以及参与贸易投资一体化的程度加深，中国吸引的外商直接投资（FDI）和国内企业的对外直接投资（OFDI）呈并行增长的趋势。由于一国 FDI 和 OFDI 水平对本国企业以及经济发展都有着重要的作用，因此 FDI 和 OFDI 吸引了大量学者进行研究。本文试图利用规范的经济学方法研究中国对外资的“引进来”是否促进了中国内资企业“走出去”，以期弥补现有文献的不足。

研究设计

一、研究假设

文章的研究假设主要基于投资发展路径理论和溢出效应理论。前者主要从宏观角度说明了随着一个经济体经济的发展，外资净流出经历了由负转正的过程。因此，外资的流入确实使东道国企业能够获得相应的跨国经营能力，并带动了东道国的 OFDI 发展。后者解释了这个因果关系的内在机制，提供了两种可能的解释机制，即“示范效应”和“竞争效应”。

因而本文提出第一个假设：

“引进来”会通过直接渠道对“走出去”产生影响。

除了通过示范效应和竞争效应对东道国企业产生直接影响外，外商直接投资还可以通过行业内和行业间的技术外溢，间接地提升东道国企业的劳动生产率，从而促进东道国 OFDI 发展。

因此本文提出第二个假设：

“引进来”会通过间接渠道对“走出去”产生影响。

在假设“引进来”可以直接或者间接对“走出去”产生影响后，本文还探讨了在这个影响过程中，是行业内受益大还是行业间收益大，其中行业间的影响还细分为前向溢出和后向溢出。

二、实证模型

为研究 FDI 是否对 OFDI 产生影响且通过何种渠道产生影响，本文利用模型（1）和（2）进行分析：

$$\text{ofd}i_{i,t} = c + \alpha_1 fdi_{j,t} + \alpha_2 x_{i,t} + \varepsilon_{i,t} \tag{1}$$

$$\text{ofdi}_{i,t} = c + \beta_1 \text{fdi}_{j,t} + \beta_2 \text{fdi}_{j,t} \times \text{tfp}_{i,t} + \beta_3 \text{tfp}_{i,t} + \beta_4 x_{i,t} + \varepsilon_{i,t} \tag{2}$$

模型（1）中主要关注的系数为 α_1，其为正说明“引进来”增加了中国企业“走出去”的概率。模型（2）中引入了交叉项，其中 tfp 为企业生产率，交叉项系数 β_2 为正说明“引进来”通过提高企业的生产率增加了中国企业“走出去”的概率。

在研究前向溢出和后向溢出的问题上，作者将 fdi 替换为溢出效应的值，其等于外商直接投资对下游行业或上游行业在总产值，劳动，资本金三个方面的贡献占比。

三、数据来源

本文的数据主要来源于 2004—2013 年的两个微观数据库。一个是商务部的《境外投资企业（机构）名录》，该数据库提供了企业在商务部备案的对外投资基本信息；另一个是国家统计局的《中国工业企业数据库》，该数据库包括全部国有企业以及主营业务收入超过 500 万元以上的非国有企业。本文还使用了 2007 年和 2012 年的《中国投入产出表》。

本文剔除了企业名称重复的数据；关键变量数值小于或等于 0 的样本；从业人数小于 8 的样本；总资产小于流动资产或固定资产的样本。

四、主要结果

回归结果发现，无论是水平溢出效应（行业内的影响）还是前向或后向溢出效应的 α 值都是显著为正的，说明“引进来”确实显著促进了“走出去”；在对比前向溢出和后向溢出的水平时发现，相比前向溢出，外资企业的后向溢出效应更大，即外资企业向上游内资企业购买中间品，比外资企业向下游内资企业提供中间品产生了更多的技术溢出；除此之外，文章将行业进行了分类，对投资原因进行了分析，发现外商投资溢出的正向效应主要作用于商贸服务型、研究开发型以及垂直生产型的 OFDI，对于受成本驱动的水平生产型和受国家战略驱动的资源寻求型 OFDI 的影响较小。

五、稳健性检验

本文采用了以下几种稳健性检验：一是将模型中因变量改为投资意愿的二值变量，研究 FDI 是否增强东道国企业 OFDI 愿望；二是剔除投资到中国香港和澳门地区的样本，避免由于避税或其他政策原因的 OFDI 现象；三是采用 LP 方法估计了企业 TFP；四是将因变量改为企业对外直接投资累计次数的影响。以上结果均显著为正，再次印证文章假设。

主要结论

第一，“引进来”会通过直接渠道和间接渠道对“走出去”产生影响，其中外资的水平溢出主要通过直接效应对企业 OFDI 发生作用，而外资的垂直溢出则能够通过间接效应对企业 OFDI 产生促进作用；第二，“引进来”对“走出去”的直接影响主要通过东道国企业获得外商投资带来的跨国投资经验及竞争与合作关系产生，这种传递既发生在行业内，也发生在行业间；第三，相比前向溢出，外资企业的后向溢出效应更大。

主要贡献

第一，弥补了国内目前对 FDI 和 OFDI 关系研究在企业层面上的不足，并通过实证研究印证“引进来”确实对“走出去”产生影响。第二，在探明 FDI 和 OFDI 关系后，为后续政策指明方向，即应继续坚持“引进来”的思想不动摇，鼓励内资企业在供应链不同位置同外资企业合作，并建立“引进来”与“走出去”相关协调机制。除此之外，应积极参与国际贸易投资新规则的制定，利用其促进中国双向投资升级以及经济长期的可持续发展。

前沿跟踪

针对 FDI 和 OFDI 关系的研究方面，陈涛涛等（2017）通过采用中国、巴西、日本和韩国等国家层面时间序列数据进行研究发现，对于具体国家来说，吸引外资对其对外投资的作用具有一定的不确定性，人力资本是最重要的国家特征影响因素，来自发达国家的投资具有更强溢出效应，因而对本土企业对外投资能力提升更显著。

中国吸引外资及原因的研究方面，李依颖等（2017）以省级面板数据为基础，利用双边随机前沿模型，对我国吸引外资最优规模及实际利用外资偏离最优规模的程度进行测算后，发现我国吸引外资不是过度而是不足，且区域间引资规模相对于最优规模的净效应差异较大。至于为何我国吸引外资持续快速增长，汪立鑫等（2018）提供了一种政策性的原因，他运用 2000—2014 年全球 194 个国家和地区以及中国省级面板数据进行相应的实证分析，发现中国特殊的政府间经济竞争的制度安排促进了 FDI 的流入，进而促进了经济增长，但遗憾的是地方政府的引资优惠行为削弱了 FDI 的增长效应。

在中国对外直接投资研究方面，隋广军等（2017）采用2003—2012年64个“一带一路”沿线国家的非平衡面板数据构建计量模型，分析中国向沿线国家直接投资、沿线国家基础设施建设与沿线国家人均实际GDP的关系，发现中国向沿线国家直接投资增长1%，即能显著促进沿线国家人均实际GDP增长0.01%。中国投资对沿线国家经济增长的贡献率约为12%，对促进沿线国家经济增长的效应约有30%，这是通过完善沿线国家的基础设施水平来实现的。林良沛与揭筱纹（2017）研究发现中国对“一带一路”沿线国家的直接投资与东道国市场规模、资源禀赋和政府治理等因素具有显著正向关系，其中资源禀赋和政府治理对中国在“一带一路”沿线国家直接投资的影响更为显著。

其他方面，罗军（2017）从融资约束对民营企业OFDI目的地的影响出发，梳理了融资约束在OFDI影响民营企业技术创新中的作用，发现受不同融资约束的民营企业，OFDI对技术创新的促进作用存在差异，随着融资约束程度的缓解，OFDI对技术创新的促进作用逐渐增大。同时由于民营企业投资目的地不同，OFDI和融资约束对技术创新的影响也存在一定差异。

参考文献

[1] 陈涛涛，柳士昌，陈晓，陈忱．吸引外资与对外投资：典型国家的经验检验——基于中巴日韩四国数据的比较研究［J］．国际经济合作，2017（3）：20-30.

[2] 李依颖，王增涛．我国引资最优规模偏离度研究——基于双边随机前沿模型的分析［J］．国际商务（对外经济贸易大学学报），2017（4）：73-86.

[3] 汪立鑫，闫笑．地方政府竞争对中国经济增长的贡献：FDI视角的分析［J］．上海经济研究，2018（2）：27-36.

[4] 隋广军，黄亮雄，黄兴．中国对外直接投资、基础设施建设与“一带一路”沿线国家经济增长［J］．广东财经大学学报，2017，32（1）：32-43.

[5] 林良沛，揭筱纹．比较视角下中国对“一带一路”国家直接投资的影响因素分析［J］．广东财经大学学报，2017，32（1）：57-62.

[6] 罗军．民营企业融资约束、对外直接投资与技术创新［J］．中央财经大学学报，2017（1）：96-103.

（作者：韩至杰）

述评：
《中国企业海外并购溢价研究》

原作者：孙淑伟　何贤杰　赵瑞光　牛建军
期刊：《南开管理评论》2017 年第 3 期

原文摘要

随着我国经济实力和国家影响力的增强，中国企业海外收购兼并活动日益频繁，正从以往主要担当资产被收购的角色逐渐变成主要的资产并购方。中国企业海外并购的现状和趋势受到了学术界和政府部门的高度关注。对主并购企业来讲，并购溢价将对并购活动产生重大影响。本文遵从由微观到宏观的分析框架，分别从国有产权性质（公司层面）、敏感行业（行业层面）以及文化差异（国家层面）研究了我国企业海外并购溢价的影响因素。研究发现，国有企业在进行海外并购时比民营企业支付了更高的溢价；中国企业并购国外敏感行业的公司时，也支付了较高的溢价；并购双方的文化差异越大，中国企业支付的溢价越高。进一步的研究显示，中国企业支付的溢价越高，海外并购的业绩就越低。最后，研究结果还表明，国有产权性质、敏感行业以及文化差异对并购溢价的影响存在着正向的交互效应。本文拓展了跨国并购的相关研究，对于中国企业海外并购实践具有一定的政策含义和实际参考价值。

问题导入

随着我国经济和资本市场的发展，中国企业作为主并购方的海外并购活动日益频繁，但往往需要支付较高的溢价来提高并购的成功率，这不利于企业并购成本的降低和并购收益的提高。基于此，本文提出以下问题以对海外并购溢价的影响因素进行研究：（1）国有企业进行海外并购时，是否需要支付比民营企业更多的溢价？（2）中国公司收购能源、通信等敏感行业时，是否需要支付更高的溢价？（3）目标公司所在国家与中国的文化差异是否为影响中国公司海外并购溢价的重要因素？

研究设计

一、理论分析与研究假设

在海外并购过程中，相较于民营企业，国有企业受到政府干预的程度更高。一方面，目标公司所在政府担心中国国有企业出于实现政府意愿目的进行并购，因而其审批部门常以国家安全为由加大审核力度，提高并购难度，此时较高的溢价是提高并购成功率的重要手段。另一方面，国有企业在进行海外并购时面临着国有资产流失、投资后业绩考核以及是否符合国家的企业发展战略等问题，因此并购申请、审核及审批的程序和流程较民营企业更为复杂。此外，国有企业往往因可以得到财政支持而对溢价不敏感，这限制了国有企业对并购成本的把控。基于此，本文提出以下假设：

H1：在其他条件相同的情况下，中国国有企业海外收购支付的溢价比民营企业高。

除了企业的产权性质外，被并购公司所处的行业也是影响并购溢价的重要因素。在对跨国并购进行审核时，不少国家会出于国家安全考虑限制国外投资者，特别是政治上存在疑虑国家的公司，对该国的能源或稀缺资源产品、军事产品、重要基础设施等敏感行业进行投资。因此，当中国企业的海外并购涉及资源、能源、重要基础设施等敏感行业时，国外政府的审查会更加严格，失败的可能性也更高。基于此，本文提出以下假设：

H2：在其他条件相同的情况下，中国企业海外收购处于敏感行业的被并购方时支付的溢价比收购非敏感行业公司支付的溢价更高。

文化差异是影响跨国并购溢价的另一重要因素，体现在以下两个方面。第一，两国间的文化差异越大，并购双方信任度越低，交易成本越高，并购方更有激励通过提高报价提升并购成功的可能性。第二，两国间的文化差异越小，被并购方的员工越容易接受并购方的企业文化和管理模式，从而更倾向于赞同并购交易。因此，文化差异较大的并购方会通过提高报价增强对于其他并购方的竞争力。基于此，本文提出以下假设：

H3：在其他条件相同的情况下，中国公司与目标公司所在国的文化差异越大，并购溢价越高。

二、样本选择与数据来源

本文的研究样本来自汤姆森全球并购数据库（SDC），样本期为 1988 年 6 月到 2012 年 12 月。根据 SDC 数据库的统计，这一期间总共发生了 2389 起并购方来自中国大陆、目标公司为其他国家和地区的海外并购交易。进一步地，本文剔除了未披露并购溢价（以被并购方在并购前四周的价格为基准）、被并购方母公司为中国公司和被并购方总资产为 0 及缺失的样本，最终的样本为 295 个。其中，并购溢价数据以及主要的控制变量数据均来自 SDC 数据库；中国并购方的企业性质通过公司网站、上市公司年报、交易所等多渠道收集得到。

三、模型设定

借鉴已有并购溢价文献，本文采用如下的 OLS 模型检验前文提到的研究假说：

$$
\begin{aligned}
\text{Prem4W} = {} & \alpha_o + \alpha_1\,\text{SOE} + \alpha_2\,\text{SensInd} + \alpha_3\,\text{CultureDiff} \\
& + \alpha_4\,\text{ContestedBid} + \alpha_5\,\text{IntraIndustry} + \alpha_6\,\text{Control} \\
& + \alpha_7\,\text{Advisor} + \alpha_8\,\text{TenderOffer} + \alpha_9\,\text{Ecorelationship} \\
& + \alpha_{10}\text{AcqExperience} + \alpha_{11}\,\text{TargetSize} + \alpha_{12}\,\text{TargetROA} \\
& + \alpha_{13}\,\text{yeardummy} + \varepsilon
\end{aligned}
$$

其中，Prem4W 为被解释变量，用并购公告日前四周的溢价衡量。SOE 为中国并购方是否为国有企业的虚拟变量；SensInd 表示被并购方所在行业是否涉及敏感行业；Culturediff 表示我国与目标国家之间的文化差异。此外，本文还在模型中控制了如下交易层面和并购双方的特征变量：ContestedBid 表示是否存在竞购方；IntraIndustry 表示并购是否为同一行业内并购；Control 表示该项交易中并购方欲收购的目标公司的股权比例；Advisor 表示并购方是否聘请专业顾问；TenderOffer 表示该项并购是否为要约收购；Ecorelationship 表示中国与目标国家的经济关联度；AcqExperience 表示中国企业是否有成功的海外并购经验；TargetSize 表示被并购方的规模；TargetROA 表示被并购方的总资产收益率；yeardummy 为年份虚拟变量。

四、稳健性检验与进一步分析

为了保证研究结论的稳健性，本文进行了如下检验：（1）重新定义并购溢价为并购公告日前一周的溢价（Prem1W）及并购公告日前一天的溢价（Prem1D）；（2）剔除并购交易目标地为中国香港地区的样本之后进行回归分析。结果显示，本文的研究结论均未发生实质性的改变。

进一步分析中，本文还进行了以下研究：（1）采用并购方股价在海外并购事件公告前后的波动产生的累计超额收益（CAR）作为并购绩效的衡量指标，研究了并购溢价和并购绩效的关系；（2）运用三个变量交互作用的检验方法，研究了产权性质（SOE）、敏感行业（SensInd）和文化差异（CultureDiff）对并购溢价的交互影响。

主要结论

第一，在中国企业海外并购中，国有产权背景会使中国并购方支付较高的溢价；当被并购方涉及目标国家的国家安全及基础设施行业时，我国企业支付了更高的溢价；并购双方的文化差异增加了中国企业海外并购交易中的溢价。第二，中国企业支付的溢价越高，海外并购的业绩就越低。第三，国有产权性质、敏感行业以及文化差异对并购溢价的影响存在着正向的交互效应。

主要贡献

第一，本文拓展了并购溢价决定因素的相关研究。现有文献主要从交易层面、并购双方的特征等方面考察并购溢价的决定因素，较少关注并购方企业性质、被并购方行业敏感性等因素对并购溢价的影响，本文在此方面进行了有益的探索。第二，本文拓展了跨国并购的研究文献，具有重要的理论价值。一方面，现有研究较少关注新兴市场国家公司的并购，或者新兴市场国家公司对发达市场国家公司的并购；另一方面，现有的跨国并购文献主要考察的是私有或民营企业之间的并购，而对交易一方为国有企业的情形则缺乏研究。第三，本研究具有重要的政策含义和实践价值。溢价作为并购交易的重要因素，是决定并购能否成功和取得收益的重要因素。本研究成果可为我国企业今后的海外并购活动提供重要参考。

前沿追踪

近年来，随着我国开放程度不断提高，越来越多的企业开始进行海外并购，并购溢价问题也越来越引起学术界的关注。

与本文类似，有学者从所有权和行业角度研究企业海外并购溢价程度。孙翔宇等（2019）同样使用了 SDC 数据库中的数据研究中国企业海外并购溢价的影响因素，结果表明，相较于民营企业，国有企业在并购敏感行业企业以及并购发达经济体企业时支付的溢价更高。钟宁桦等（2019）以 1991—2015 年中国企业的跨境并购交易为样本，考察“五年规划”中的产业政策与中国企业海外并购之间的关联，研究发现，与所在行业不受当期“五年规划”中的产业政策支持的企业相比，受到支持的企业支付了更高的并购溢价。

也有学者从企业国际化角度对海外并购溢价进行研究。季华等（2019）对跨国并购溢价度、公司国际化程度与并购绩效之间关系的研究发现，公司国际化程度越高，并购溢价度与并购绩效之间的正相关关系会越显著。董薇（2019）从企业参与国际分工的广度和深度两个维度度量企业的国际化水平，研究发现企业参与国际分工的广度和深度均和海外并购溢价负相关，在总体上我国并购企业国际化水平和海外并购溢价负相关。

参考文献

[1] 孙翔宇，孙谦，胡双凯．中国企业海外并购溢价的影响因素［J］．国际贸易问题，2019（6）：145-159.

[2] 钟宁桦，温日光，刘学悦．“五年规划”与中国企业跨境并购［J］．经济研究，2019，54（4）：149-164.

[3] 季华，刘海波．跨国并购溢价度、公司国际化程度与并购绩效［J］．宏观经济研究，2019（6）：58-72.

[4] 董薇．并购企业国际化水平对海外并购溢价的影响研究［J］．财会通讯，2019（5）：40-44.

（作者：姚沣格）

述评：
Does policy uncertainty affect mergers and acquisitions

论文原作者：Alice Bonaime，Huseyin Gulen，Mihai Ion
期刊：*Journal of Financial Economics*，2018，129（3）

原文摘要

Political and regulatory uncertainty is strongly negatively associated with merger and acquisition activity at the macro and firm levels. The strongest effects are for uncertainty regarding taxes，government spending，monetary and fiscal policies，and regulation. Consistent with a real options channel，the effect is exacerbated for less reversible deals and for firms whose product demand or stock returns exhibit greater sensitivity to policy uncertainty，but attenuated for deals that cannot be delayed due to competition and for deals that hedge firm-level risk. Contractual mechanisms（deal premiums，termination fees，MAC clauses）unanimously point to policy uncertainty increasing the target’s negotiating power.

问题导入

全球每年发生的兼并和收购总规模约 1.34 万亿美元。有文献研究了为什么并购活动会随着时间的推移呈现出巨大的变化，本文也尝试为该问题的解答做出贡献——提出了并购活动变化的一个重要来源，即政策不确定性，进而分析政策不确定性与 M&A 呈什么关系，作用机制是什么，哪种不确定性的影响是最强烈的。

研究设计

一、数据来源

本文研究 1985—2014 年发生的美国主并上市公司的 41050 起并购（Thomson SDC 数据库），剔除 CRSP 和 Compustat 中数据缺失的样本，最后剩余 32286 起。

作者使用 BBD 指标（http：//www.policyuncertainty.com），从新闻、税改、分析师对未来货币和财政政策的分歧等维度来衡量政策不确定性。其他变量包括 CRSP 的股票收益数据、BEA 的产出表、密歇根大学的消费者信心指数等，行业竞争度数据来自 US Census Bureau 和 Hoberg-Phillips Data Library。

二、实证分析

（一）政策不确定性与并购活动

作者首先进行宏观经济层面的实证分析，构造了一个包含并购活动、BBD 指数、错误定价、市场流动性和隐含股票市场波动率的向量自回归（VAR）模型，并计算了政策不确定性条件下并购的脉冲响应函数。

（二）为什么政策不确定性（PU）可以影响并购活动

（1）实物期权机制：项目不确定性越大，实物期权价值越大。特别的，政策不确定性对并购活动的负面影响取决于：（i）投资的可逆程度；（ii）延迟并购的成本；（iii）宏观政策不确定性转移到公司层面不确定性的程度，作者分别从这三方面出发来证明实物期权机制的成立。

在（i）中，投资不可逆性代理变量有：目标方行业资本密集度、目标方行业资产重新配置性、公司成本的沉没程度、公司产品销售周期。为解决目标方样本中的选择偏误问题，作者采用二阶段 Heckman 模型讨论政策不确定性对目标方投资不可逆性的影响，工具变量为共同基金中无法预料的资金外流（unanticipated mutual fund flows）。

在（ii）中，作者假设政策不确定性对并购的负面效应在低竞争度（高集中度）的行业中更强烈。对于目标方，作者分别用 Herfindahl 指数和 multiple census-based 集中度参与 Heckman 二阶段回归，以检验政策不确定性和目标方行业竞争度的关系；对于收购方，作者通过 Logistic 回归讨论并购可能性与 PU、竞争度、PU * 竞争度的关系，通过交互项系数来观察不同延迟成本带来的结果。

在（iii）中，作者检验是否政策不确定性对并购活动的负面影响对于那些与 PU 联系密切的公司更强，代理变量为公司收入对政府支出的敏感度和公司收益对 BBD 指数的敏感度。

（2）临时风险机制：政策不确定性对并购的负面影响是由于政策不确定性增加了目标方在宣布日和完成日之间（过渡期）价值变化的可能性。作者根据政策不确定性高低将样本分为两类。交易过渡期越长，政策不确定性的负面效应越强。此外，作者还专门讨论了要约收购和民营企业在该负面效应中的异质性。

（3）“帝国建设”机制：高政策不确定性条件下，公司的管理者会认为这种不确定性允许他们在没有直接后果的情况下参与帝国建设，以启动次优合并。因此作者分别假设（i）高政策不确定性与低质量交易相关；（ii）对于具有良好治理的公司，政策不确定性对兼并和收购活动的影响应该更负面。

（4）风险管理机制：已知国内政策不确定性的增加可能会促使（i）企业向海外寻求收购；（ii）纵向兼并会变得更具吸引力。因此，作者基于 Heckman 二阶段回归，检验了并购方是否倾向于通过寻找海外收购或纵向兼并来减少其对国内政策风险的敞口。

（三）哪种类型的不确定性影响最强烈

本节中作者采用 Logistic 回归进一步分析了政策不确定性对并购活动的负面影响是否取决于产生不确定性的政策类型。

主要结论

第一，政策不确定因素对并购活动和企业层面的影响都产生了负面作用。第二，实证结果支持实物期权和风险管理机制，即当涉及更不可逆的投资以及收购方对政策不确定性更敏感的交易时，政策不确定性对并购交易的影响更强，但对于不能轻易拖延的交易则较弱；当政策不确定性很高时，企业更有可能从事跨境或纵向兼并，这可能会使政策或价格风险多样化。但临时风险和帝国建设机制未得到实证支持。第三，政策不确定性的类型很重要：与货币政策、财政政策以及监管有关的不确定性对收购可能性有最强烈的负面影响，而与医疗保健、权利有关的不确定性计划、国家安全、贸易政策和主权债务对并购活动没有意义。

主要贡献

本文的研究结论进一步解释了：第一，兼并和收购活动的变化原因；第二，政策不确定性与实际经济结果的关系。

前沿跟踪

经济政策不确定性与并购活动是近年来比较新的一个研究方向，借助 BBD 指标，贾玉成和张诚（2018）针对我国企业跨国并购“逆周期”特征的研究发现，经济政策不确定性与并购正相关，并且在国企样本中表现得更为明显，且双边经济政策不确定性差距和双边市场增长潜力差距均与并购规模正相关。Nguyen 和 Phan（2017）利用美国并购事件样本进行的研究发现，政策不确定性减少了并购活动的发生，缩减了并购完成时间，此外，政策不确定性促使收购方使用股票进行支付，并支付较低的标的溢价。

仅考虑政治因素的政策不确定性时，Akey 和 Lewellen（2017）讨论了政策敏感性和政治连通性对企业风险承担和绩效的影响，研究结果表明对政策更加敏感的公司的政治联系受到外部冲击时，这些公司的投资、杠杆、公司价值、经营绩效、CDS 息差以及期权隐含的波动性会发生较大的变化。Cao 等（2017）通过 47 个国家的跨境并购和政治不确定性数据进行研究发现，企业为了将政治不确定性分散到国际市场，在全国大选前一年会有更多的跨境并购事件发生，且这种关系在制衡制度和总统体制较差、股东保护水平较低的国家更明显。

除了兼并和收购，政策不确定性与企业的其他投资行为也有着密切的关系。Gulen 和 Ion（2016）基于 BBD 指数发现了企业的资本投资与未来政策和监管结果相关的不确定性的总水平之间的强烈负向关系，且政策不确定性会因投资不可逆转而导致预防性延迟，从而抑制企业投资。Wang 等（2017）利用中国上市公司数据进行的研究发现，政策和市场不确定性都对企业研发投入产生负向影响，且两者的影响有差异。

参考文献

[1] 贾玉成，张诚．经济周期、经济政策不确定性与跨国并购：基于中国企业跨国并购

的研究 [J]. 世界经济研究，2018 (5)：65-79，136.
[2] Akey，Pat & Lewellen，Stefan. Policy uncertainty，political capital，and firm risk-taking [J]. SSRN Electronic Journal，2017.
[3] Chunfang Cao，Xiaoyang Li，Guilin Liu. Political uncertainty and cross-border acquisitions [J]. Review of Finance，2017.
[4] Nguyen，N.，& Phan，H. Policy uncertainty and mergers and acquisitions [J]. Journal of Financial and Quantitative Analysis，2017，52 (2)：613-644.
[5] Huseyin Gulen，Mihai Ion. Policy uncertainty and corporate investment [J]. The Review of Financial Studies，2016，29 (3)：523-564.
[6] Wang，Wei，& Song. Uncertainty and corporate R&D investment：evidence from Chinese listed firms [J]. International Review of Economics & Finance，2017 (47)：176-200.

（作者：般雨晗）

述评：《中国工业企业对外直接投资与企业生产率进步》

论文原作者：蒋冠宏　蒋殿春

期刊：《世界经济》2014 年第 9 期

原文摘要

针对企业对外直接投资是否提升了企业生产率问题，我们利用数据匹配法为 2004—2006 年 761 家对外直接投资的工业企业找到可供比较的对照组，运用倍差法检验了企业对外直接投资的“生产率效应”。通过检验我们有如下发现：（1）企业对外直接投资显著提升了企业生产率，但提升作用随着时间推移逐渐降低；（2）企业的技术研发型外向投资不一定显著提升其生产率；（3）东道国发展水平的差异对企业生产率的提升有较大影响。最后我们还计算了以对外直接投资企业为实验组的平均处理效应，结论仍然稳健。

问题导入

随着经济发展，中国对外直接投资问题备受关注。近年来中国不仅是吸收外商直接投资的大国，也是全球主要的资本输出国。已有文献虽然研究了国家或企业对外直接投资行为的“逆向技术溢出”或“逆向知识溢出”效应，但是并没有就企业对外直接投资的“生产率效应”给予直接回答。因此，企业对外直接投资对其生产率有何影响值得深入研究。特别是在中国企业大规模“走出去”背景下，企业对外直接投资是否提升了其生产率和市场竞争力？对上述问题给予明确回答不仅是理论界亟待解决的事情，也能够更好引导中国企业对外直接投资。

研究设计

由于企业对外直接投资存在“自选择问题”，因此对外直接投资企业在投资之前就比非对外投资企业的生产率高。如果将对外直接投资的企业与非对外直接投资企业进行比较，所得到的结论无疑是不可信的。因此本文采用数据匹配方法选择与外直接投资企业最有可比性的企业作为对照组。然后，利用倍差法检验了企业对外直接投资对企业生产率的提升作用。此外基于稳健性考虑，本文也计算了以对外直接投资企业为实验组的“平均处理效应”。

一、模型设定

基于倍差法思想，本文将对外直接投资的企业视为实验组，将从未对外直接投资的企业视为对照组。同时本文也构造了两个二元虚拟变量 du 和 dt。du 表示企业是否对外直接投资，如果 du=1 表示企业对外直接投资，如果 du=0 表示企业从未对外直接投资。dt 为时间二元虚拟变量，如果 dt=1 表示企业对外直接投资后的时期，如果 dt=0 表示企业对外直接投资前的时期。令 tfp_{it}表示企业在时期的生产率，Δtfp_i 表示 i 企业对外直接投资前后的生产率变化。若企业对外直接投资则将其两个时期的生产率变化记为 Δtfp_i^1；若企业从未对外直接投资则将其两个时期的生产率变化记为 Δtfp_i^0。因此，企业对外直接投资后对企业生产率的实际影响为：

$$\delta = E(\delta_i \mid du_i = 1) = E(\Delta tfp_i^1 \mid du_i = 1) - E(\Delta tfp_i^0 \mid du_i = 1) \tag{1}$$

（1）式中 E（$\Delta tfp_i^0 \mid du_i=1$）事实上是不可观察的。因为企业对外直接投资后其非对外投资时的状态其实已经不可观测。在此，我们利用匹配的方法为对外直接投资企业找到了最相近的从未有过对外直接投资的企业。我们可以用从未对外直接投资企业的生产率变化代替对外直接投资企业的生产率变化，即 E（$\Delta tfp_i^0 \mid du_i=1$）$=E$（$\Delta tfp_i^0 \mid du_i=0$）。那么(1)式可转化为：

$$\delta = E(\delta_i \mid du_i = 1) = E(\Delta tfp_i^1 \mid du_i = 1) - E(\Delta tfp_i^0 \mid du_i = 0) \tag{2}$$

然后依据倍差法将对外直接投资的企业视为实验组，从未对外直接投资的企业视为对照组，比较实验组企业和对照组企业在对外直接投资前后生产率的变化。如果实验组企业在对外直接投资后的生产率增加显著高于对照组企业，那么我们就有理由认为企业的对外直接投资促进了生产率提升。具体的检验模型如下：

$$tfp_{it} = \alpha_0 + \alpha_1 du + \alpha_2 dt + \delta du \times dt + \xi_{it} \tag{3}$$

上式中 du 和 dt 的含义与前文一致，i 和 t 分别表示企业和时间；tfp_{it}和 ξ_{it}分别表示企业的生产率和模型误差项，且 E（ξ_{it}）= 0。（3）式中实验组企业在对外直接投资前后的生产率分别为 $\alpha_0+\alpha_1$ 和 $\alpha_0+\alpha_1+\alpha_2+\delta$，因此实验组企业的生产率变化为 E（$\Delta tfp_i^1 \mid du_i=1$）$=\alpha_2+\delta$。相应对照组企业在对外直接投资前后的生产率分别为 α_0 和 $\alpha_0+\alpha_2$。因此对照组企业的生产率变化为 E（$\Delta tfp_i^0 \mid du_i=0$）$=\alpha_2$。根据（2）式可知：

$$\delta = E(\Delta tfp_i^1 \mid du_i = 1) - E(\Delta tfp_i^0 \mid du_i = 0) = \alpha_2 + \delta - \alpha_2 = \delta \tag{4}$$

由（4）式可知检验模型（3）的交互项（du×dt）系数 δ 为企业对外直接投资后对其生产率变化的实际影响。如果其为正则表示企业对外直接投资前后实验组企业的生产率增加大于对照组企业。这表明企业对外直接投资系统性增加了企业生产率，从而说明对外直接投资促进了企业生产率提升。基于稳健性考虑，本文还在式中加入了其他控制变量和固定效应。

二、经验检验和结果分析

1. 马氏距离匹配

本文运用马氏距离匹配法进行匹配。马氏距离匹配的原理如下：对于实验组个体 $p \in$（$d_{pt}=1$）和对照组个体 $q \in$（$d_{qt}=0$），d 为二值变量或表示个体是否属于特定组别，用 D_{pq}表示实验组个体和对照组个体之间的马氏距离，其计算公式如下：

$$D_{pq} = (U_p - U_q)^T C^{-1} (U_p - U_q) \tag{8}$$

其中，U_p 和 U_q 分别表示实验组和对照组的匹配变量的向量，C 为匹配变量的协方差矩阵。通过 D_{pq} 计算其最小值对应的对照组个体 q 就是与实验组 p 个体最接近的对照组个体。因此对照组个体就是匹配实验寻找的对象。具体而言如果满足如下条件：

$$D_{pq} = \min\{(U_p - U_q)^T C^{-1} (U_p - U_q)\};\ p \in d_{pt},\ q \in d_{qt} \tag{9}$$

则对照组个体 q 就是马氏距离匹配的最优值。当然，根据需要也可以选择匹配比例（1：n）表示想要匹配的对数。

2. 初始检验

基于 DID 方法和匹配的样本数据，本文对（3）式进行了初始检验。本文核心检验变量是交互项（du×dt），结果显示（du×dt）的系数显著为正，加入控制变量后，系数和显著性仍然稳健。这表明企业对外直接投资后的生产率增加显著大于非对外直接投资企业从而证明企业对外直接投资显著提升了企业生产率。本文逐步控制了年份、地区和行业差异对企业生产率的影响，从检验结果看，（du×dt）的系数也显著为正。这再次表明企业对外直接投资显著促进了企业生产率提升，说明中国企业的对外直接投资存在“生产率效应”。

3. 滞后效应检验

企业对外直接投资的“生产率效应”可能存在滞后作用。为检验这种猜测，本文进行了滞后效应检验。结果显示从核心变量（du×dt）的系数来看，投资 1 年后的系数都显著为正，说明企业对外直接投资存在“生产率效应”的滞后作用。通过比较企业对外直接投资的滞后效应，本文发现：第一，与投资 1 年后比较，投资 2 年后的系数增大；第二，与投资 1 年和 2 年后比较，投资 3 年后的系数下降，且不再显著。上述结果表明：企业对外直接投资的“生产率效应”存在先上升后下降的过程且呈现滞后的动态趋势。

4. 对投资动机的检验

由于不同动机的投资与东道国要素联系的紧密程度有差异。这可能对企业投资的“生产率效应”产生一定影响。本文按照企业对外投资的动机进行了分类检验。结果显示：商贸服务和当地生产类对外投资显著促进了企业生产率的提升，且当地生产型投资对企业的生产率促进作用更加明显；技术研发和资源开发型投资对企业的生产率促进作用不确定。

接下来本文检验不同投资动机的“生产率效应”是否有滞后作用。结果显示：商贸服务型投资对企业生产率的提升逐年递减；在投资后 1~2 年内当地生产类投资的生产率提升作用是上升的，但第 3 年不再显著；技术研发类投资和资源开发类投资的系数在投资 1~2 年后都不显著。

5. 对投资东道国的检验

影响企业对外直接投资“生产率效应”的因素中，投资东道国是一个很重要的因素。投资高收入国家的企业更有可能接触到当今世界最先进的技术和管理经验，因而“生产率效应”可能更加明显。检验结果显示，（du×dt）的系数都显著为正，说明企业不管投资高收入国家还是中低收入国家都存在“生产率效应”。但是从系数大小来看，投资中低收入国家的“生产率效应”更大。商贸服务和技术研发类投资的“生产率效应”衰减较快。因此，总体来看投资高收入国家的“生产率效应”未必比投资中低收入国家大。企业投资中国香港以外地区显著促进了企业生产率提升。企业只在中国香港地区或传统避税港投资对企业的生产率提升作用不明显。总之，企业对外投资的目的国对企业生产率的提升有重要影响。

接下来本文检验投资不同东道国的“生产率效应”是否存在滞后作用。结果显示，中国企业投资高收入国家1~2年后显著存在“生产率效应”，投资中低收入国家的（du×dt）系数的显著性变化趋势和高收入国家一致。这说明其“生产率效应”的滞后作用与投资高收入国家一致。只有中国香港地区和传统避税港的样本回归后（du×dt）的系数不显著，说明企业投资中国香港地区和传统避税港并没有显著促进企业生产率提升。

总之，通过东道国的滞后效应检验，本文认为，企业投资不同东道国的“生产率效应”存在滞后现象，但是投资不同东道国表现出较大差异。

三、稳健性检验

本文采用倾向得分匹配法重新匹配样本对上述结果进行稳健性检验。检验结果与前述结果有所差异，具体表现在：第一，技术研发类投资和资源开发类投资的企业“生产率效应”不再显著；第二，在中国香港地区投资的企业“生产率效应”变得显著。其他检验结果基本一致。

总之，通过偏向得分匹配获得对外直接投资企业的对照组企业后，检验结果基本与上节检验结论一致。这说明本文结论是稳健的。

四、数据来源

本文的企业数据来自商务部统计的中国对外直接投资企业与《中国工业企业数据库》。实验组企业来自商务部统计数据库，对照组企业来自《中国工业企业数据库》。具体方法为，首先根据商务部统计的对外直接投资企业名称与《中国工业企业数据库》进行匹配，进而找到对外投资企业的财务数据。商务部统计数据库公布了海外投资的母公司名称、海外投资分支机构名称、海外分支机构的主要工作性质、投资东道国、母公司所属省份及分支机构设立时间。因此可根据上述信息，与《中国工业企业数据库》进行匹配，从而完善对外投资企业的数据。本文处理组样本时间段为2004—2006年开始进行对外直接投资的企业，经过与《中国工业企业数据库》匹配，获得970家对外直接投资的中国企业数据，进一步剔除在此期间连续进行对外直接投资的企业后，只选择首次对外直接投资的企业作为样本；剔除了对外直接投资后没有形成两年以上时间序列数据的企业。因此本文最终获得761家对外直接投资企业。对照组数据来自《中国工业企业数据库（2005—2007年）》，经过数据整理获得了21678家企业的面板数据。

主要结论

第一，中国企业对外直接投资显著提高了其生产率，说明企业对外投资的“生产率效应”显著存在。但是，随着时间推移，“生产率效应”对企业生产率的提升作用递减。第二，技术研发类投资和资源开发类投资不一定提升企业生产率，特别是技术研发类投资并不一定促进企业生产率提升。这与鼓励中国企业“走出去”的“美好愿望”相违背。第三，不同东道国对中国企业对外直接投资的“生产率效应”有不同程度影响。具体而言：与投资高收入国家相比投资中低收入国家的企业“生产率效应”更大；与投资中国香港地区相比，投资其他地区或国家的企业“生产率效应”更大。总之，本文的研究结果说明中国企业的对外直接投资总体上促进了企业生产率提升。

主要贡献

本研究主要有以下贡献：首先，证明了中国企业的对外直接投资总体上促进了企业生产率提升，说明存在“生产率效应”。其次，本文较为全面地分析了影响“生产率效应”的各种因素及其内在机制，不仅具有理论价值也能够更好地引导中国企业“走出去”。

前沿跟踪

随着数据可得性的提高，学者们越来越多地从微观层面分析对外直接投资的“生产率效应”。已有研究重点回答了“生产率效应”是否存在以及影响“生产率效应”发挥的因素。

一、“生产率效应”是否存在

韩剑（2015）采用中国企业微观层面数据进行实证检验后发现，目前中国企业对外投资实际上偏重成本导向，对外投资并不像出口一样存在着“生产率悖论”，其生产率要显著高于无对外投资企业。实证检验还进一步证实了垂直型比水平型对外投资有着更低的生产率门槛。严兵，张禹，李雪飞（2016）基于江苏省2003—2007年企业层面的微观数据，实证研究了江苏省企业“走出去”的事后“生产率效应”。结果表明：OFDI存在“生产率效应”，但不同特征的企业“生产率效应”存在差异。戴翔（2016）利用中国企业层面的微观数据，实证研究了我国企业“走出去”开展对外直接投资的事后生产率效应。王怡，谢雪玉（2015）通过利用《中国工业企业数据库》和《境外投资企业（机构）名录》合并而成的浙江省制造业2000—2007年企业层面的数据实证分析了中国对美国直接投资与企业生产率的关系。

总的来看，以上研究证实了“生产率效应”存在，但不同类型的对外直接投资“生产率效应”的大小及持续时期存在差异。

二、影响“生产率效应”发挥的因素

李蕾，赵忠秀（2015）选取1999—2010年沪深证券交易所上市的对外直接投资企业为研究样本进行研究。实证结果发现，对外直接投资企业的资本劳动比、员工受教育程度、企业运营成本、行业内竞争程度、市场占有率对其生产率有正向影响；企业规模、国

家所有权水平对其生产率有负向影响。同时本文还发现存在投资到发达国家反而会使母国企业生产率降低、企业经营成本越高其生产率也越高等现象。袁东，李霖洁，余淼杰（2015）基于2002—2008年我国制造业企业数据和对外直接投资的数据，考察了母公司特征和子公司进入策略在其中的作用。袁其刚，樊娜娜（2016）检验了2005—2011年对外直接投资对企业生产率的影响，并研究了初始投资目的地以及再次投资目的地的影响差异。齐亚伟（2016）基于中国工业企业微观数据，采用倾向得分匹配方法检验2005—2007年我国企业对外直接投资的学习效应，并探讨了企业研发投入及投资区位对学习效应的影响。叶娇，赵云鹏（2016）从企业微观层面的角度出发，利用《中国工业企业数据库（2005—2007年）》与《境外投资企业（机构）名录》合并的综合数据库，考察了OFDI对中国企业技术水平的影响。宋跃刚，吴耀国（2016）基于《中国工业企业数据库（1999—2007年）》与《境外投资企业（机构）名录》的匹配数据，利用OP方法核算了工业企业的全要素生产率（TFP），并运用固定效应模型和空间面板计量方法实证研究了母国制度环境、对外直接投资对中国企业和省域TFP的影响。

总的来看，企业异质性受到了学者们的重点关注，企业的个体特征对“生产率效应”有重要影响。同时，对外直接投资的项目特征，如东道国、投资动机等，对“生产率效应”也有重要影响。但学者们的结论存在争议，例如一些学者研究认为投资高收入国家对“生产率效应”有正向影响，另一些学者认为投资高收入国家对“生产率效应”有负向影响。

参考文献

[1] 韩剑．垂直型和水平型对外直接投资的生产率门槛——基于中国企业层面微观数据的研究［J］．中国经济问题，2015（3）：38-50.

[2] 严兵，张禹，李雪飞．中国企业对外直接投资的生产率效应——基于江苏省企业数据的检验［J］．南开经济研究，2016（4）：85-98.

[3] 戴翔．“走出去”促进我国本土企业生产率提升了吗？［J］．世界经济研究，2016（2）：78-89.

[4] 王怡，谢雪玉．中国对美国直接投资与企业生产率关系研究——基于浙江省制造业企业层面数据的实证分析［J］．宏观经济研究，2015（8）：151-9.

[5] 李蕾，赵忠秀．中国对外直接投资企业生产率影响因素研究［J］．国际贸易问题，2015（6）：114-124.

[6] 袁东，李霖洁，余淼杰．外向型对外直接投资与母公司生产率——对母公司特征和子公司进入策略的考察［J］．南开经济研究，2015（3）：38-58.

[7] 袁其刚，樊娜娜．企业对外直接投资目的地选择的生产率效应［J］．中南财经政法大学学报，2016（1）：123-31.

[8] 齐亚伟．研发创新背景下中国企业对外直接投资的学习效应研究［J］．国际贸易问题，2016（2）：111-21.

[9] 叶娇，赵云鹏．对外直接投资与逆向技术溢出——基于企业微观特征的分析［J］．国

际贸易问题，2016（1）：134-44.
[10] 宋跃刚，吴耀国．制度环境、OFDI 与企业全要素生产率进步的空间视角分析［J］．世界经济研究，2016（11）：70-85.

（作者：吴泳涛）

述评：《外资并购与目标企业生产率：对中国制造业数据的因果评估》

论文原作者：蒋殿春　谢红军

期刊：《世界经济》2018 年第 5 期

原文摘要

本文利用中国 1999—2007 年微观制造业数据考察了两个问题：（1）被外资并购的内资企业具备哪些禀赋特征？（2）外资并购是否以及如何影响目标企业生产率？研究表明，外资倾向于并购生产率高、规模大、出口密度强的内资企业，即存在典型的“掐尖”现象。利用 PSM-DID 方法控制可能存在的内生性问题后发现，目标企业生产率在并购后第二年平均提升 14%左右，且该生产率效应具有一定的持续性。进一步分析目标企业在生产要素使用、投融资结构和出口市场等方面的变化后发现，生产率增进主要来源于有效资本积累（物化技术）和出口能力改善。

问题导入

受良好的引资政策和逐步开放的市场环境吸引，愈来愈多的外资企业以并购形式对中国进行直接投资。随着外资并购投资的兴起，一个自然的问题是，外资并购是否有助于提升国内目标企业生产效率？这些外资并购中的本地目标企业具有什么特征？围绕这两个问题，本文利用中国企业微观数据进行了较为细致的检验。

研究设计

一、研究方法

外资并购与目标企业生产率之间存在由自选择效应带来的内生性问题，倾向得分匹配法（PSM）可以很好地解决该问题，此外，对于不可观察因素的影响，可以通过差分（DID）消除处理组和对照组的共同变化趋势。本文将并购视作一次拟自然实验，发生并购的企业视为处理组（treat），未发生并购的企业为对照组（control），同时考虑外资并购的累积效应，最终利用 PSM-DID 方法估计外资并购对企业生产率的平均影响，相关模型见式（1）：

$$ATT_{DID}=\frac{1}{N_{treat}}\left[\sum_{i\in treat}\left(TFP_{i,\,t+1}^{treat}-TFP_{i,\,t-1}^{treat}\right)-\sum_{i\in control}\left(TFP_{j,\,t+1}^{control}-TFP_{j,\,t-1}^{control}\right)\right] \tag{1}$$

接下来文章分别从企业并购前的禀赋特征、外资并购的生产率效应和作用机制三个方面进行深入分析：

目标企业并购前的禀赋特征。本文利用 Logit 函数建立的外资并购决策模型见式（2），其中对照组为 1999—2007 年外资在总资本中的占比为零的持续经营企业，协变量 X_{it}包括企业的技术水平、企业规模、投资规模、TFP 增长率、长期投资额、补贴收入和利润率，考虑并购的当期影响，除企业年龄以外，均取滞后一期值。

$$\Pr(\text{treat} = 1 \mid X_{it}) = E(\alpha + X_{it}\beta + u_{it}) \tag{2}$$

外资并购的生产率效应。除了式（1）的非参数估计，本文还利用 OLS 法进行回归分析，模型见式（3）。其中，dt 在发生并购及以后取 1，之前取 0，衡量时间效应；与前文保持一致，treat 对发生并购的企业取 1，其他企业取 0，表示基期差异；交互项系数 γ 度量了并购的因果影响。两种方法本质上是一样的，但呈现结果时前者可以观察原始数值，后者则可以分析差异来源。

$$\text{TFP}_i = \alpha_0 + \alpha_1 \text{dt}_i + \alpha_2 \text{treat}_i + \gamma \times \text{dt}_i \times \text{treat}_i + \varepsilon_i \tag{3}$$

生产率效应的来源。本节试图通过分析并购后目标企业内部资源结构及出口能力的变化，剖析企业生产率提升的来源。由于模型（3）更加满足平衡性要求，且能够更加广泛地控制影响企业生产率的因素，因此文章主要基于模型（3）进行分析，发现产出的增加主要来源于外资企业对并购企业既有资源结构的优化调整，而非外部资源的转移和引入，文章进而通过对企业投资、债务结构以及出口密度的分析印证了该观点。最终将并购的生产率效应归结为两个渠道：一是有效资本累积路径，二是出口改善路径。

二、样本和数据来源

本文数据来源于《中国工业企业数据库（1999—2007 年）》，经初步处理后得到 38 个行业，32342 家企业，共 291078 条数据。关键变量劳动生产率（LFP）采用人均工业增加值表示，全要素生产率（TFP）采用 LP 法估计得出，资本存量采取永续盘存法计算得出。在外资并购口径选择问题上，选取外国投资者的出资比例不低于被投资企业注册资本的 25%的并购行为为一次外资并购，同时剔除变动前两年外资占比高于 10%或变动后两年占比低于 10%的样本，最终得到 2001—2004 年发生并购活动的企业共 247 家。

三、稳健性检验

文章针对“外资并购的确提高了中国目标企业的生产率”这个主要结论进行了四个不同角度的稳健性检验。（1）将前文的 1∶1 配对调整为 1∶3 后，对 TFP 进行倍差法分析；（2）将用于基准分析的样本扩展至包含短期存续企业，即包含那些并购发生一年或者两年后外资即退出的样本；（3）采用 Thomson 并购数据库记录的并购交易信息来识别确定并购事件，以此验证本文的结论不受并购识别方式的影响；（4）直接采用加入固定效应的倍差法对 124 个发布并购预告但最终未成功的样本进行分析。所有的稳健性结果都显示外资并购具有生产率促进效应的结论是比较稳健的。

主要结论

第一，相比于对照组的内资企业而言，被外资并购的企业具有生产率较高、规模较大和出口密度较强等先天优势；第二，外资并购后的第二年被并购企业生产率有14%左右的显著而持续的提升，且该效应主要来源于并购后企业内部资源的重新配置和更紧密的国际市场联系。

主要贡献

第一，利用PSM-DID方法较好地控制了最小二乘估计（OLS）中的选择性偏差问题，提高了估计的准确度；第二，通过控制并购前的出资比例将研究对象限定在以内资企业为目标的并购上；第三，深入分析外资并购的持续影响和累积效应，以及外资并购发挥生产率效应的作用机制。

前沿跟踪

随着我国经济发展进入新常态，化解过剩产能、优化产业结构已经成为供给侧改革的重点，而不少文献聚焦外资在华并购能否在一定程度上缓解这个问题。

绩效提升方面：吕若思等（2017a）利用PSM-DID法研究了外资并购对目标企业经营绩效的影响。结果显示，外资并购显著提高了目标企业以全要素生产率、工业增加值和息税前利润等为代表的经营绩效。但区分短期绩效和长期绩效后，徐晓慧和李杰（2016）发现短期内外资并购有助于中国企业获取超额收益，但长期来看，外资并购会损害本国企业绩效。

技术创新方面：学者们的观点见仁见智，如杜威剑和李梦洁（2016）认为外资进入会促使非研发企业进行产品创新并增加已研发企业的创新产出与研发投入；但何晖和刘帷韬（2018）在研究FDI进入我国制造业的锁定效应时发现FDI无论在哪种类型企业中看重的都是低廉的劳动力要素，外资的引入很少带来技术进步且出口的增长也并未改善。

其他微观分析：梁双陆和张梅（2018）基于混合寡头模型分析了外资并购我国僵尸企业对产出和企业的影响，认为外资并购可作为我国“供给侧”结构性改革中化解过剩产能、清理僵尸企业、保持社会稳定的一种途径。但也有学者发现了外资引入带来的弊端，如吕若思等（2017b）在研究外资在华并购对我国劳动力市场的影响时发现，虽然外资在华并购对我国企业工资和就业均有显著的正向水平效应，但对就业有显著的负向增长效应，对工资无显著增长效应。

参考文献

[1] 吕若思，刘青，黄灿，胡海燕，卢进勇．外资在华并购是否改善目标企业经营绩效？——基于企业层面的实证研究［J］．金融研究，2017（11）：112-127.

[2] 徐晓慧，李杰．外资并购的价值效应及绩效影响因素的实证研究［J］．国际经贸探索，2016，32（5）：99-112.

[3] 杜威剑，李梦洁．外资进入、外资并购与企业的研发创新——基于微观层面的实证研究［J］．世界经济研究，2016（6）：105-113，136.
[4] 何晖，刘帷韬．FDI对中国制造业企业的锁定效应研究［J］．技术经济与管理研究，2018（6）：70-74.
[5] 梁双陆，张梅．基于混合寡头竞争的外资并购“僵尸企业”微观机制分析［J］．西南民族大学学报（人文社科版），2018，39（2）：137-142.
[6] 吕若思，黄灿，刘青，胡海燕．外资在华并购的劳动力市场效应：基于匹配与双重差分的企业层面估计［J］．经济学报，2017，4（1）：179-202.

（作者：殷雨晗）

述评：
《对外直接投资如何影响企业产出》

原作者：杨连星　沈超海　殷德生

期刊：《世界经济》2019 年第 4 期

原文摘要

本文运用理论模型分析不同类型对外直接投资（OFDI）对母国企业产出的影响机制，模型从中间品进出口视角分析了水平型和垂直型对外直接投资的差异化影响。基于企业层面数据的经验研究发现，总体上 OFDI 对企业产出呈现促进效应。但是不同类型 OFDI 对产出的影响存在差异，商贸服务型、前向垂直型 OFDI 能够促进企业产出增长；水平型 OFDI 只有在中间品出口比重高于门槛值，后向垂直型 OFDI 只有中间品进口比重高于门槛值时，才对企业产出呈现促进效应；研究开发型、没有中间品出口的水平型 OFDI 对产出呈现显著“挤出”效应。

问题导入

近年来，随着“一带一路”倡议的实施，中国对外直接投资呈现更加迅猛增长的态势，其是否会使得母国企业进行生产转移，导致国内产出显著下降，引起了当下诸多研究的关注。基于此，本文从微观企业层面，就对外直接投资是否会影响企业产出，以及不同类型对外直接投资对产出的差异化影响展开研究并得出相应的结论。

研究设计

一、研究假设

已有研究表明，对外直接投资对国内产出的替代或互补效应主要取决于企业中间品的生产模式，且不同类型企业对外直接投资对母国企业产出存在差异化影响。

一般而言，水平型对外直接投资往往倾向于投资特定市场，这会对母国相应产品出口形成替代效应，抑制母国企业产出；同样，水平型对外投资如果利用母国企业中间品则会促进母国企业产出增长。因此，如果一个企业在母国的中间品转化率很高，那么更多的中间品被母国企业使用而非用于出口，则有利于企业母国的产出。基于此，提出以下假设：

H1：如果企业水平型对外直接投资中依靠母国生产中间品，那么当企业的母国生产中间品转化率低于某临界值，也就是母国企业中间品出口占工业产值（或销售额）的比重高于某临界值时，企业对外直接投资对企业母国产出呈现促进效应。

垂直化后向型对外直接投资以在海外建立中间品生产企业为主，会对母国生产形成替代，抑制母国企业产出，但如果企业中间品被母国企业进口利用，其对母国企业产出的替代效应不强。因此，通过垂直性对外直接投资，企业预期可以将中间品生产转移到生产率更高的地方，从而调整在母国用于最终品生产的资本与劳动力配置，进而提高母国的中间品转化率；与此同时，东道国更优的中间品生产条件可以使母国分工生产中间品转化率提高时有充足的中间品供给，最后使得母国国内产值得到提高。基于此，提出如下假设：

H2：如果企业进行后向垂直型对外直接投资，那么当企业在母国的中间品转化率高于某临界值，也就是母国企业中间品进口占工业产值（销售额）比重高于某临界值时，企业对外直接投资会对企业母国产出带来促进效应。

本文利用科布-道格拉斯生产函数构建了两国模型。该模型的理论推导结果表明，研究开发型 OFDI 能够提高生产中的中间品利用技术，这种技术进步在劳动力成本和资本成本比例适中的条件下，可以使企业充分使用所需劳动力以促进企业产出。基于此，提出如下假设：

H3：如果企业生产规模报酬递增并且劳动力成本与资本成本的比例适中，研究开发型 OFDI 有助于提高生产中的中间品利用技术，促进企业产出提升。

两国模型的理论推导结果还表明，当企业规模报酬递减或者资源产出的弹性系数较大时，随着生产要素价格的降低，企业产出会相应增加。而以获取东道国资源为目的的资源寻求型 OFDI 恰恰可以一定程度上降低母国企业生产要素的价格，进而促进母国企业产出。基于此，提出如下假设：

H4：当企业规模报酬递减或资源产出的弹性系数较大时，资源寻求型 OFDI 能够降低母国企业生产要素价格，进而促进母国企业产出增长。

对于商贸服务型 OFDI，企业进行海外投资的重要目的是将母公司产品出口到东道国市场销售，因此，母国企业总部与海外跨国附属机构的企业间贸易可以带动企业出口，进而对母国产出形成促进效应。基于此，提出如下假设：

H5：商务服务型 OFDI 通过开拓东道国市场增加销售，会带动国内企业产出增长。

二、样本与数据来源

本文的数据主要来源于商务部《境外投资企业（机构）名录》、国家统计局中国工业企业数据库和中国海关数据库，时间均为 2000—2010 年。中国海关数据库来自海关总署记录的产品层面交易数据，本文删除了赋值明显不合理的变量，将月份数据加总为年份数据。本文对中国工业企业数据库做如下处理：（1）仅保留处于营业状态的制造业企业；（2）剔除变量赋值明显不合理的观测值；（3）删除变量首尾 1%的样本。在此基础上利用合并数据库中的企业名称与《境外投资企业（机构）名录》中的“境内投资主体”名称进行匹配，成功匹配的企业标记为对外直接投资企业。

实证分析

一、模型设计

为了研究 OFDI 对企业产出的影响，本文构建如下基准模型：

$$\log \text{output}_{rst} = \alpha_0 + \alpha_1 \log \text{output}_{rs,\ t-1} + \alpha_2 \text{ofdi}_{rst} + \phi U_{rst} + \eta_s + \lambda_t + \varepsilon_{rst}$$

其中，因变量为企业产出 output，用工业总产值来衡量；考虑到企业产出可能存在滞后效应，在计量模型中加入了企业产出的 1 阶滞后项；ofdi 为虚拟变量，企业当年有对外直接投资取 1，否则取 0。控制变量包括：企业全要素生产率（tfp）、企业规模（size）、企业年龄（age）、资本密集度（capital）、企业所处行业竞争程度（herfind）、企业出口密集度（export）、金融危机变量（crisis）和企业所有制类型（ownership）。同时，模型还控制了行业和年份固定效应。进一步的，本文在上述基准估计基础上，估计了企业对外直接投资次数（numofdi）对企业产出的影响并运用两步系统动态 GMM 方法研究了商贸服务、资源寻求、研究开发、水平和垂直等不同类型的 OFDI 对企业产出的影响。此外，本文还探究了水平型和垂直型 OFDI 对企业产出的影响效应与中间品进出口的关联。

二、稳健性检验

为保证文章结果的稳健性，本文还进行了如下检验：（1）用工业增加值变量替代工业产值；（2）分析企业对外直接投资次数对企业产出的影响，用当年作为截止年份的累积次数来衡量；（3）进一步考虑对外直接投资 2~3 阶滞后项，同时也考虑仅用当年投资与否来衡量企业对外直接投资。检验结果依然支持本文结论。

主要结论

第一，中国对外直接投资对企业产出存在显著的促进作用，并不存在显著的挤出效应。第二，不同类型对外直接投资对企业产出的影响存在差异。具体而言，商贸服务型、垂直型对外直接投资有助于促进企业产出提升，但是研究开发型 OFDI 对企业产出存在显著的负向抑制效应。第三，不存在中间品出口的水平型对外直接投资显著抑制了企业产出，只有中间品出口比重高于一定门槛值的水平型对外投资，才能带动企业产出提升；前向垂直型对外直接投资对企业产出具有正向促进效应，后向垂直型对外投资仅在中间品进口比重高于一定门槛值时，企业对外直接投资才对母国产出带来促进效应。

主要贡献

第一，本文基于中国企业层面数据，通过合并《境外投资企业（机构）名录》、中国工业企业数据库以及中国海关数据库，对于海外投资与国内产出的关系进行了全面分析和检验，相关结论是对既有研究的有效拓展。第二，本文通过构建理论模型并区分不同对外直接投资类型，一定程度上厘清了对外投资影响国内产出的主要途径与机制。第三，本文从中间品出口和进口视角，进一步区分了水平型和垂直型 OFDI 对企业产出的复杂影响，相关结论有助于企业进行对外直接投资时选择更为适宜的路径和措施。

前沿追踪

近年来，随着改革开放的深入和“一带一路”倡议的实施，越来越多的学者就企业对外直接投资对母国企业的影响和企业对外直接投资行为的影响因素展开了深入研究。在对外直接投资对母国企业影响方面，李磊等（2016）和蒋冠宏（2016）利用中国企业层面数据发现中国企业对外直接投资总体促进了本土企业就业的增长。Javorcik 等（2018）基于土耳其制造业的研究发现，如果企业能够为其国外分支机构提供产品，那么母国企业的产出增长更快。在企业对外直接投资行为的影响因素方面，王欢欢等（2019）以 2004 年最低工资规定的实施作为外生冲击事件进行的研究发现，最低工资标准的提高促进了企业对外直接投资，并且最低工资法律的强化明显增强了这种促进作用。杨连星等（2016）基于 2005—2014 年中国企业对外直接投资数据进行的研究发现，友好的双边政治关系有助于促进企业对外投资规模、多元化程度和投资成功率的提高，但存在一定的政策工具和行业差异。

参考文献

[1] 李磊，白道欢，冼国明．对外直接投资如何影响了母国就业？——基于中国微观企业数据的研究［J］．经济研究，2016，51（8）：144-158.

[2] 蒋冠宏．我国企业对外直接投资的“就业效应”［J］．统计研究，2016，33（8）：55-62.

[3] 王欢欢，樊海潮，唐立鑫．最低工资、法律制度变化和企业对外直接投资［J］．管理世界，2019，35（11）：38-51，230-231.

[4] 杨连星，刘晓光，张杰．双边政治关系如何影响对外直接投资——基于二元边际和投资成败视角［J］．中国工业经济，2016（11）：56-72.

[5] Javorcik，B. S.；Turco，A. L. and Maggioni，D. New and improved：does fdi boost production complexity in host countries［J］. Economic Journal，2018，128（614）：2507-2537.

（作者：陆伟桢）

述评：Extending industry specialization through cross-border acquisitions

论文原作者：Laurent Frésard，Ulrich Hege，Gordon Phillips
期刊：*The Review of Financial Studies*，2017，30（5）

原文摘要

We investigate the role of industry specialization in horizontal cross-border mergers and acquisitions. We find that acquirers from more specialized industries in a country are more likely to buy foreign targets in countries that are less specialized in these same industries. The role of industry specialization in foreign acquisitions is more prevalent when contracting inefficiencies and exporting costs limit arm' s-length relationships. The economic gains in cross-border deals are larger when specialized acquirers purchase assets in less specialized industries. These results are consistent with an internalization motive for foreign acquisitions, through which acquirers can apply localized intangibles on foreign assets.

问题导入

过去三十年间，许多国家和行业的企业通过跨国并购参与到全球化进程中。学者们长期关注跨国并购动因、并购区位选择等相关问题研究，其中最有代表性的理论有规模经济理论、多元化经营理论、交易费用理论、市场优势理论和资源基础理论等。本文主要基于内部化理论，为跨国并购规模、区位选择及价值创造提供了新的证据。有证据显示，跨国公司通过自身的市场优势和定价能力转移其无形资产优势，以实现经营的协同效应。

那么，行业间无形资产优势是如何体现及衡量的呢？其对跨国并购是否有影响？此外，契约环境与贸易成本是否会影响跨国并购？并购交易之后股市反应又如何？本文将会回答这些问题。

研究设计

一、研究假设

已有研究表明企业内部化的能力能增加企业价值。内部化理论认为当某一家企业具有了内部化优势的时候，跨国并购就产生了。因此，跨国并购的动机为扩张公司的无形资产优势，将其作用于海外固定资产投资中。在研究设计中，文章选取了行业专业化指标作为无形资产优势的代理变量。文章认为处于专业化产业集群中的企业可以通过跨国并购来扩大自身无形资产优势。由此文章提出以下假设：

H1：行业专业化程度越高，同行业间跨国并购的可能性越大。

此外，已有研究表明企业行业专业化水平越高，企业议价能力越强，在其行业内的话语权越大。两个国家的行业专业化水平差异越大，它们越可能利用自身的内部优势（knowhow，skills）组建内部市场，用管理手段协调企业内部资源配置，以取得利润最大化，从而避免市场不完全带来的损失。而且当契约成本更高（如目标国的知识产权保护力度有限或私人合同执行困难）的时候，公司对于国外资产控制权的获取更倾向于采取并购方式。由此文章提出以下假设：

H2：当目标国契约环境较差时，同行业间跨国并购可能性随着行业专业化程度差异的增加变得更大。

现有的进入国际市场的方式还包括本国研发、生产然后出口，但如果关税、配额和运输成本过高，这种方式就不太划算，由此文章提出以下假设：

H3：当贸易成本较高时，同行业间跨国并购可能性随着行业专业化程度差异的增加变得更大。

最后，文章认为并购方在目标国利用其无形资产优势的效率越高，并购后价值增量越高，由此文章提出以下假设：

H4：随着并购双方行业专业化程度差异的增加，股票市场反应和控制权溢价也将增加。

二、实证检验

本文的主要解释变量行业专业化程度 SP 被定义为国家 c 的行业 i 在 t 年的总产出占全世界行业 i 当年总产出的比值。其中，总产出分别用行业销售额和雇用人数衡量。SP 越大表明行业专业化程度越高。

首先，文章为检验行业专业化程度与跨国并购流量和区位选择的关系，设定引力模型为基准回归模型（见式（1）），其中 V 为行业间并购总量，分别用数量或金额衡量；控制变量为并购双方国家层面特征值。鉴于预期并购收益为负的项目会终止并购，因变量最小值为 0。因此文章采用了 Tobit 模型回归。考虑到行业层面因素如行业规模、价值、融资、管制、竞争度等被基准回归模型忽略了，这可能会影响本文推论，因此文章将这些国家-行业层面因素加入模型来进行回归分析。

$$\log(1+V_{c,c',i}) = \alpha + \beta\Delta \mathrm{SP}_{c,c',i} + \gamma X_c + \delta X_{c'} + \eta X_{c,c'} + v_i + \varepsilon_{c,c',i} \tag{1}$$

其次，文章在基准模型中引入交互项 Ψ（见式（2））来讨论契约环境和出口成本是否对行业专业化程度和跨国并购两者之间的关系造成影响。其中，契约环境分别用合同执行时长、合同执行程序数量、正式法律程序总指标来衡量，出口成本分别用两国是否有共同边界、地理距离、双边贸易量来衡量。

$$\log(1+V_{c,c',i}) = \alpha + \beta_0\Delta \mathrm{SP}_{c,c',i} + \beta_1\Psi_{c,c'} + \beta_2(\Delta \mathrm{SP}_{c,c',i}\times\Psi_{c,c'}) + \cdots + \varepsilon_{c,c',i} \tag{2}$$

最后，文章检验了并购双方行业专业化程度差异是否与市场反应和并购溢价有关。为解决内生性问题，文章采用样本选择模型，将公司层面特征变量作为工具变量。文章分别将并购双方3日超额累积收益率CAR和并购方资产收益率ROA作为分析短期和长期市场反应的代理变量。此外，回归中的并购溢价表示为交易价格与宣布并购日前30天目标方的股价之差。

三、样本与数据

本文选取46个国家1990—2010年宣布且在2012年末完成的365496起兼并与收购事件作为样本。本文的并购事件数据来自SDC的并购数据库，行业分类标准依据ISIC Rev. 3，主要解释变量数据来自Worldscope，其余控制变量数据来自SDC、Worldscope、World Bank、Datastream、EU KLEMS Database、NBER Patent Database and Compustat、CEPII等。

主要结论

第一，行业专业化程度高低与跨国并购集中度正相关；第二，当其他发挥本行业无形资产优势的渠道更昂贵时，如目标国契约环境差、贸易成本高，并购是跨国公司全球化扩张的最好选择；第三，若并购方来自专业化程度较高的国家，则其会支付更高的控制权溢价且并购后会计绩效提升。

主要贡献

本文的结论表明公司利用其无形资产优势的意愿与行业专业化程度有关，且解释了并购全球化的地理分布特征，此外，控制权再分配造成的经济利得也与并购方的专业化程度有关。该结论有助于我们理解跨国并购的流量、方向和价值创造能力。

前沿跟踪

近两年来，研究中国企业跨国并购的文献不少，主要集中在跨国并购对企业绩效、生产率提升、创新以及管理效率的影响方面。

跨国并购对企业绩效的影响：Fang Tao等（2017）基于信号理论和制度视角，考察股票市场对跨国并购交易公告的反应程度，结果发现股市对跨国并购交易公告呈积极反应，且沪深两市反应程度比港股更显著。

跨国并购对生产率和创新的影响：蒋冠宏（2017a）从生产率、研发和资产收益率的视角研究了跨国并购对企业的影响，实证发现跨国并购明显促进了我国企业生产率和研发的提升，但没有显著提升其资产收益率；蒋冠宏（2017b）发现我国企业跨国并购总体促进了行业生产率进步，但在不同目标国（地区）的跨国并购对行业生产率进步有不同影响。创新效应方面，高厚宾和吴先明（2018）从跨国并购异质性视角实证研究了跨国并购的创新效应，结果显示跨国并购规模与创新绩效显著负相关，技术获取型跨国并购与创新绩效显著正相关，跨国并购股权与创新绩效显著正相关；王秋玉等（2018）借助中国工程机械企业合作专利数据和实地调研，探讨并购前后全球-地方创新网络的演化及实现机制，研究表明跨国并购之后企业内部资源增加，合作建立的合资企业因汇聚双方的创新资源具有较强的创新能力，集团内合作数量的增加导致创新网络呈现出等级性和“小世界”特征。

跨国并购对管理效率的影响：薛安伟（2018）首次实证检验了跨国并购对企业管理效率的影响，结果表明跨国并购在当年对管理效率产生了负向影响，但是随着时间推移，其正向影响作用逐渐显现并不断增强。

由此看来，跨国并购给我国企业带来的正效益更多，因此利用国外市场和资源来提升我国企业的竞争力是具有经验基础的。

参考文献

[1] 蒋冠宏．我国企业跨国并购真的失败了吗？——基于企业效率的再讨论［J］．金融研究，2017（4）：46-60.

[2] 蒋冠宏．我国企业跨国并购与行业内逆向技术溢出［J］．世界经济研究，2017（1）：60-69，136.

[3] 高厚宾，吴先明．新兴市场企业跨国并购、政治关联与创新绩效——基于并购异质性视角的解释［J］．国际贸易问题，2018（2）：137-148.

[4] 王秋玉，尚勇敏，刘刚，曾刚．跨国并购对全球-地方创新网络演化的作用研究——以中国工程机械产业为例［J］．经济地理，2018，38（2）：1-9，17.

[5] 薛安伟．跨国并购对企业管理效率的影响研究——基于倾向得分匹配方法的实证分析［J］．国际贸易问题，2018（3）：24-36.

[6] Fang Tao，Xiaohui Liu，Lan Gao，Enjun Xia. Do cross-border mergers and acquisitions increase short-term market performance? The case of Chinese firms［J］. International Business Review，2017，26（1）.

（作者：殷雨晗）

述评：《海外并购与企业创新》

论文原作者：冼国明　明秀南

期刊：《金融研究》2018 年第 8 期

原文摘要

在当前我国企业海外并购快速增长的背景下，本文利用 2008—2015 年上市公司海外并购交易数据和企业专利数据库，采用倾向匹配得分法和非线性双重差分法考察了跨国并购对企业自主创新的影响。研究发现，海外并购显著地提高了企业的创新水平，且这种提升效应具有持续性但呈逐年下降的趋势；区分专利类型来看，海外并购企业的发明、实用新型专利申请及发明授权数显著增加，但对外观专利的影响不明显甚至为负，海外并购企业创新产出的增加不仅体现在数量上，创新的质量也显著提高。

问题导入

创新是企业保持竞争优势的关键，也是经济持续增长的重要动力。党的十八大明确提出实施创新驱动发展战略，强调科技创新是提高社会生产力和综合国力的战略支撑，必须将其摆在国家发展全局的核心位置。但从中国规模以上制造业的数据上来看，企业研发强度远远低于发达国家的水平，随着我国“走出去”战略不断推进，企业通过海外并购获得海外前沿技术，实现技术上的“弯道超车”或许是一个好的途径。近年来，中国企业海外并购投资的热潮已经形成。那么，海外并购究竟是提高还是降低了企业的创新能力？本文对此进行了探究。

理论分析

本文主要参考 Desai 等（2009）简化的理论模型来分析在并购投资后，境外子公司的技术特征与母公司创新之间的关系。假定企业海外并购目标公司后，其知识、技术积累 $K(I_h, I_f)$ 将来自国内的创新投入（I_h）和并购获得的国外已有技术和创新投入（I_f）两部分，创新投资的成本为 $C(I_h, I_f)$，其中 $\partial K/\partial I_k > 0$，$\partial^2 K/\partial I_h^2 < 0$，$\partial K/\partial I_f > 0$，$\partial^2 K/\partial I_f^2 < 0$，$R(K, y)$ 为企业的收益函数，y 为影响企业技术投资的一些外部因素，如市场规模等。同时假设资源整合与协调成本为 $\lambda(I_f)$，$\partial\lambda/\partial I_f > 0$，利润函数为 $R(K, y, \lambda) - C(I_h, I_f)$，企业利润最大化的一阶条件为：

$$\frac{\partial R}{\partial K}\frac{\partial K}{\partial I_k} = \frac{\partial C}{\partial I_k} \text{和} \frac{\partial R}{\partial K}\frac{\partial K}{\partial I_f} + \frac{\partial R}{\partial \lambda}\frac{\partial \lambda}{\partial I_f} = \frac{\partial C}{\partial I_f}$$

给定国内创新成本的情况下，境外研发成本的变化将直接影响到海外子公司的创新投入，进而有可能影响到母公司的创新投入：

$$dI_h = \frac{\left[\frac{\partial R}{\partial K}\frac{\partial^2 K}{\partial I_h \partial I_f} + \frac{\partial^2 R}{\partial K^2}\frac{\partial K}{\partial I_f}\frac{\partial K}{\partial I_h} + \frac{\partial K}{\partial I_h}\frac{\partial^2 R}{\partial K \partial \lambda}\frac{\partial \lambda}{\partial I_f}\right] dI_f + \frac{\partial K}{\partial I_h}\frac{\partial^2 R}{\partial K \partial y} dy}{-\left[\frac{\partial R}{\partial K}\frac{\partial^2 K}{\partial I_h^2} + \frac{\partial^2 R}{\partial K^2}\left(\frac{\partial K}{\partial I_h}\right)^2\right]} \tag{1}$$

由（1）式可推知，只有当国内外技术互补程度足够大以抵消边际收益递减和整合成本时，（1）式才有可能为正。综上，企业的海外并购对创新的影响取决于企业间技术的互补性或替代性的特征和资源整合能力，这就需要母公司“内外兼修”，一是提高自身的技术创新效率，二是加强与子公司及海外消费者、供应商之间的沟通交流来获得知识。

实证分析

（一）模型设定

为分析企业跨国并购对于企业创新水平的影响，本文构建如下双重差分模型：

$$y_{it} = \alpha_0 + \alpha_1 \mathrm{dcma}_i + \alpha_2 \mathrm{dt}_i + \lambda \mathrm{dd} + \delta z_{it} + \nu_j + \nu_k + \varepsilon_{it} \tag{2}$$

被解释变量 y_{it} 为企业创新，用企业当年专利申请数来衡量，专利数是非负整数值，模型（2）为非线性的 DID 模型，文章采用泊松回归对模型（2）进行估计，系数 λ 可以捕捉到海外并购与企业创新之间的因果效应（Winkelmann，2008；Stiebale，2016），具体地文章参考 Puhani（2012）对非线性 DID 模型的交互项解释。$\mathrm{dcma}_i=$（0，1）表示企业是否进行了海外并购投资，$\mathrm{dcma}_i=1$ 为海外并购投资企业，$\mathrm{dcma}_i=0$ 为对照组企业；$\mathrm{dt}_i=0$ 和 $\mathrm{dt}_i=1$ 分别为企业跨国并购的前、后年份，对于样本期间内如果有超过一次的海外并购活动，文章仅以首次成功的海外并购公告日期来界定 dt。另外，回归还控制了行业、省份和年份固定效应。由回归结果可知：海外并购有利于提高企业创新水平。

（二）数据来源

文章使用的数据来源主要有两个：一是 WIND 上市公司财务数据库与企业跨国并购交易数据库，时间跨度为 2008—2015 年。二是中国专利数据库和佰腾专利检索，通过它们获取企业历年的发明专利、实用新型和外观设计三类专利的申请数以及发明专利授权数。为保证样本数据的一致性，删除了金融业、ST 股、借壳上市、营业收入等关键变量缺失的样本，最后保留了连续经营 4 年以上的企业，用于分析的有 2419 家上市公司共 16008 个样本。

（三）进一步分析

为保证结论的可靠性，文章进行了进一步检验：

1. 动态效应检验

文章构建了动态效应模型，以检验海外并购对于企业创新是否具有持续的正向影响。

2. 分样本检验

为探究海外并购对企业创新的异质性影响，文章按照企业所有权性质、东道国技术水平差异、行业技术水平进行分样本检验，结果依然稳健。

3. 影响机制检验

文章从“增加企业研发投入”和“通过与子公司、消费者、供应商进行沟通和交流”两个角度研究企业究竟是通过何种途径提高了其创新水平，并通过中介效应模型加以检验。

主要结论

第一，生产率高的企业进行海外并购的概率更大，企业跨国并购具有自选择效应。第二，在进行海外并购投资后，企业的创新水平得到了提高，企业更加注重创新的质量。区分专利类型来看，跨国并购后，发明专利申请数和发明授权数都显著增加，对企业发明专利的提升效应具有持续性，影响的强度随年份的增加呈下降趋势；能够提高实用新型专利产出但提升效应却不具有持续性；海外并购降低了外观设计专利的申请。第三，首先民营企业海外并购带来的创新提升效应要高于国有企业；其次，到技术前沿的发达国家并购投资，对企业创新的正向影响更显著且具有时间上的持续性；最后，技术密集型行业的企业海外并购对创新的提升效应也更加明显。第四，海外并购企业主要是通过与子公司、消费者、供应商等之间的相互沟通与交流来获取更多的外部知识进而提高其创新水平，而不仅仅是企业内部研发投入的增加。

主要贡献

第一，从理论上探讨了企业海外并购投资与创新投资之间的内在影响机理。第二，将企业的海外并购投资视为准自然实验，利用倾向得分匹配法并结合双重差分法来控制样本的自选择偏差问题和减轻内生性问题。第三，克服数据上的局限性，构建了 2008 年后上市公司海外并购交易数据库，来检验企业海外并购与技术创新之间的因果关系。第四，文章采用企业国内三类专利（发明专利、实用新型专利和外观设计专利）申请的数据作为创新的衡量指标，相对于朱治理（2016）等仅采用专利授权数，文章采用三类专利数据可以进一步甄别海外并购投资企业内部创新资源配置的结构性变化。

前沿追踪

随着中国经济的发展，越来越多的企业开始走出国门，开启海外并购之路，近年来国内学者对此展开大量的研究。

关于企业海外并购对技术创新和产业升级的正向影响方面，徐慧琳等（2019）通过实证研究发现，跨国并购不仅对企业创新投入和产出的绝对量及变化量有积极影响，对企业创新质量也有显著积极作用，并且这种提升作用随着企业所在省份的创新资源集聚，知识产权保护水平的提高而提高。张晗等（2019）研究发现，总体上，海外并购显著地促进了中国产业结构的合理化与高度化；并且分样本检验表明，海外并购对产业结构优化升级的促进作用在中西部地区要大于东部地区。

关于企业海外并购的影响因素方面，杨娜等（2019）采用 1992—2016 年我国 932 项海外并购事件进行的研究发现 CEO 与 CFO 的海外经历可以显著缩短企业后续海外并购的等待时间。黄亮雄等（2018）采用2002—2013年的面板数据，考察双边国家领导人访问对中国企业在“一带一路”沿线国家进行海外并购的影响，认为双边领导人访问显著提高中国企业海外并购的成功案例数量，且中国国家主席与国务院总理出访的促进作用大于外国元首来访的促进作用。

参考文献

[1] 徐慧琳，杨望，王振山．开放式创新与企业创新——基于中国沪深A股上市公司跨国并购的经验研究［J］．国际金融研究，2019（11）：86-96.

[2] 张晗，张华荣．中国企业海外并购与产业结构升级研究［J］．亚太经济，2019（1）：110-119，156.

[3] 杨娜，陈烨，李昂．高管海外经历、管理自主权与企业后续海外并购等待时间［J］．国际贸易问题，2019（9）：161-174.

[4] 黄亮雄，钱馨蓓，李青．领导人访问与中国企业在“一带一路”沿线国家的海外并购［J］．国际商务（对外经济贸易大学学报），2018（6）：47-60.

（作者：陆伟桢）

述评：《海外并购提升了产业技术创新绩效吗？——制度距离的双重调节作用》

原作者：吴先明　张　雨

期刊：《南开管理评论》2019年第1期

原文摘要

本文选取2001—2011年中国企业海外并购数据，实证检验了海外并购与产业技术创新绩效的关系，并验证了制度距离的双重调节作用。结果显示：第一，中国企业海外并购有效提升了产业技术创新绩效。第二，国家间的制度距离对海外并购与产业技术创新绩效之间的关系有正向调节作用。第三，对国家的分组检验显示，在成熟市场，海外并购对产业技术创新绩效有正向影响，制度距离对两者关系有显著的负向调节作用；在新兴工业化市场，海外并购有效提升了产业技术创新绩效，但制度距离对两者关系有显著的正向调节作用；在新兴市场，制度距离的调节作用不显著。第四，对国有企业和民营企业的分组检验显示，不管是国有企业还是民营企业，海外并购对产业技术创新绩效均有显著的正向影响。在国有企业中，制度距离对两者关系有显著正向调节作用；但在民营企业中，制度距离的调节作用不显著。这表明制度距离的调节作用是双重的，一方面，较大的制度距离会限制或阻碍海外并购创新绩效的实现过程；另一方面，较大的制度距离蕴含着更多创新机会，促进海外并购创新绩效的提升。

问题导入

在中国企业国际化的背景下，中国企业的海外并购正蓬勃兴起，呈现明显的技术资产寻求特征。发展中国家的实践经验表明，传统的“引进—落后—再引进—再落后”技术创新模式会遭遇瓶颈，探索熊彼特式创新具有重要意义。因此本文提出问题：海外并购对产业技术创新绩效的提升是否存在促进作用？制度距离对海外并购与产业技术创新绩效之间的关系具有负向影响还是正向影响？

研究设计

一、理论分析与研究假设

跳板理论认为新兴市场企业将国际扩张作为一个跳板，在全球市场采取一系列冒险行为收购发达国家企业的关键性资产，以弥补自身的竞争劣势，减少母国制度的约束。新兴市场的后发企业可以通过海外并购获取先进的技术资源，进而对研发成本进行分摊，将获得的优势资源整合到母公司生产活动之中，因此后发企业海外并购可以提升其技术创新能力，在产业内会引发“示范效应”和“竞争效应”，将增加技术逆向溢出的可能性。产业间的技术扩散现象也会使得并购企业供应链上下游企业受益于并购企业的技术创新成果。基于此，本文提出以下研究假设：

H1：中国企业的海外并购对产业技术创新绩效有积极的促进作用

由于经济全球化导致资源跨国流动，制度除对一国内部企业产生影响外，对国际商务环境的影响也日渐加深，并逐渐影响到企业海外并购过程中的信息搜集成本和交易成本。东道国与母国制度的差异程度对并购企业获取创新资源构成了挑战，加之企业国际化需要通用性和专用性两种知识，当制度环境存在差异时，并购双方所拥有的专用性知识与当地需要存在不匹配现象，限制了并购后期并购企业对知识的获取和转移，从而影响产业技术创新绩效。基于此，本文提出以下研究假设：

H2：制度距离对海外并购与产业技术创新绩效之间的关系有负向调节作用。

传统观点认为，企业跨国经营会面临与本国截然不同的制度环境，母国与东道国之间的制度差异越大，海外并购的成本和并购后期整合难度越大。但新制度主义认为，不同的制度恰好为组织战略转型、组织变革提供了绝佳的机会。海外并购差异化的制度环境恰好为企业技术创新提供了生长所需土壤，为企业学习和利用发达国家企业的先进技术进而实现技术追赶提供了可能。后发企业可以利用新兴市场的比较优势和市场潜力，从而为并购双方创造了双赢的机会。由此，本文提出另一反向假设：

H3：制度距离对海外并购与产业技术创新绩效之间的关系有正向调节作用。

二、数据来源与样本选择

本文选取2001—2011年我国38个工业行业规模以上企业的统计数据和中国企业海外并购数据进行实证检验。其中，海外并购数据来自BvD（Zephyr）数据库，在对数据进行筛选之后最终共得到137起并购事件。制度距离数据来自世界治理指标（Worldwide Governance Indicators，WGI）数据库。工业行业数据主要来自《中国工业经济统计年鉴》，专利数据来自《中国科技统计年鉴》。

三、模型设定

鉴于本文以海外并购与产业技术创新绩效为研究对象，且国家统计局所公布的数据年度不长，我们考虑采用面板数据进行实证分析。由于海外并购和产业技术创新绩效之间可能存在时滞效应，为了克服同时性偏差所产生的影响，文中对自变量、调节变量和控制变量做了滞后一期处理。

$$\begin{aligned}\mathrm{LnPatents}_{it} = {} & \beta_0 + \beta_1 \mathrm{LnTDS}_{i,\ t-1} + \beta_2 \mathrm{LnID}_{i,\ t-1} + \beta_3 \mathrm{Ln}(\mathrm{TDS}_{i,\ t-1} \times \mathrm{ID}_{i,\ t-1}) \\ & + \beta_n \mathrm{LnCONTROL}_{i,\ t-1} + \gamma_i + \gamma_t + \varepsilon_{i1}\end{aligned}$$

Patents表示产业专利申请总量；TDS表示海外并购规模；ID表示制度距离；CONTROL表

示所有的控制变量，包括行业资本密度（I_CD）、行业国际化程度（I_I）、行业利润率（I_P）、行业 FDI 水平（I_FDI）、行业国有化程度（I_N）。

四、分组检验

为了进一步检验制度距离的双重调节作用，本文对样本进行了两次分组回归。

第一，中国企业的海外并购在不同类型的东道国会存在较大差异，这种差异会与东道国的制度环境相互作用，进而影响海外并购与产业技术创新绩效的关系。因此本文根据东道国的经济发展程度将样本分为新兴市场、新兴工业化市场和成熟市场分别进行检验。

第二，国有企业的海外并购更容易获得政府的支持，这会导致国有企业与民营企业在风险承担、投资策略、公司治理及母子公司关系上的较大差异。并且国有企业的身份在海外并购时更容易受到东道国的抵制，会面临更大的新进入者负担和外来者劣势。因此本文将样本按照产权性质的不同分组进行回归检验。

五、稳健性检验

为保证结论的可靠性，本文借鉴李梅（2016）等、袁建国（2015）的研究，采用发明专利申请量作为专利申请总量的替代变量进行稳健性分析。综合看来，海外并购对产业技术创新绩效的正向影响表现稳定，制度距离的调节作用在总体和分组样本中的影响结果依旧稳健。

主要结论

实证结果表明：海外并购规模对产业技术创新绩效有正向影响；在此基础上加入了海外并购与制度距离的交互项，结果显示制度距离对海外并购与产业技术创新绩效之间的关系具有显著的正向调节作用。两次分组检验结果显示：企业进行海外并购时，东道国经济发展程度越高，制度距离对海外并购与产业技术创新绩效之间的关系的正向调节作用越显著；企业性质也影响制度距离的调节作用，较之民营企业，在海外并购活动中，制度距离对国有企业海外并购与产业技术创新绩效之间的正向调节更为显著。

主要贡献

第一，验证了中国企业的海外并购对产业技术创新绩效的促进作用。关于海外并购能否促进产业技术创新绩效在理论界一直争论不断，主要表现为挤出效应与示范效应或竞争效应之争。这些争论在中国企业海外并购方面的表现就是积极乐观与怀疑否定并存，但缺乏有力的实证检验。本研究弥补了这一研究缺口。第二，验证了制度距离对海外并购与产业技术创新绩效关系的双重影响。制度对于企业的海外并购行为一直扮演着限制和调控的角色，很少有研究证实制度距离对海外并购与产业技术创新绩效关系的积极作用。中国企业的海外并购为我们研究制度距离的双重影响提供了绝好样本，因为中国的制度环境与发达国家的制度环境存在很大差异，参与海外并购的企业中国有企业占有相当大的比重，这种情境更能体现制度影响的复杂性，是对现有研究的一种拓展。

前沿追踪

近年来，随着我国开放程度的深入，越来越多的企业开始进行海外并购，学者们对海外并购与产业技术创新之间的关系进行了持续深入的研究。冼国明等（2018）使用非线性双重差分法考察了跨国并购对企业自主创新的影响，研究发现，海外并购显著地提高了企业的创新水平，且这种提升效应具有持续性但呈逐年下降的趋势；海外并购企业创新产出的增加不仅体现在数量上，创新的质量也显著提高。徐慧琳等（2019）构建了“外部资源+内部能力”分析框架，在开放式创新视角下研究跨国并购对企业创新的影响机制。结果表明，东道国创新资源集聚作为外部资源，企业吸收能力和跨文化整合能力作为内部能力，显著促进企业创新。

与本文类似，有学者从制度距离的角度出发研究海外并购对企业绩效的影响：刘勰等（2019）研究了制度距离如何影响我国企业海外并购效率以及调节变量的影响，结果表明制度距离、文化距离可能缩短海外并购的完成时间，能提供多样性和异质性优势，促进双方完成交易。吴先明等（2019）基于资源基础观与制度基础观整合的视角，实证检验了国有企业海外并购对企业价值的影响，研究发现，海外并购提升了企业综合价值，但存在至少5年的滞后期。

也有学者从外商投资角度出发研究外国企业并购内资企业对内资企业绩效的影响。蒋殿春等（2018）以微观制造业数据为样本，考察了被外资并购的内资企业所具备的禀赋特征，研究结果表明：被外资并购的企业具有生产率较高、规模较大和出口密度较强等先天优势。

参考文献

[1] 蒋殿春，谢红军．外资并购与目标企业生产率：对中国制造业数据的因果评估［J］．世界经济，2018，41（5）：99-124.

[2] 刘勰，孟勇．制度距离与我国企业海外并购效率［J］．经济管理，2019（12）：22-39.

[3] 冼国明，明秀南．海外并购与企业创新［J］．金融研究，2018（8）：155-171.

[4] 吴先明，张玉梅．国有企业的海外并购是否创造了价值：基于PSM和DID方法的实证检验［J］．世界经济研究，2019（5）：80-91，106，135-136.

[5] 徐慧琳，杨望，王振山．开放式创新与企业创新——基于中国沪深A股上市公司跨国并购的经验研究［J］．国际金融研究，2019（11）：86-96.

（作者：姚沣格）

述评：《制度逃离还是创新驱动？——制度约束与民营企业的对外直接投资》

论文原作者：李新春　肖　宵

期刊：《管理世界》2017 年第 10 期

原文摘要

近年来，新兴经济体企业越来越多地进入发达经济体进行“逆向”投资，这一现象对主流国际商务理论提出了挑战。本文借助制度逃离理论对这一现象进行分析，探究制度因素对新兴经济体企业对外直接投资（OFDI）的影响。基于当前中国转型时期的制度背景，本文提出，不仅正式制度会影响企业 OFDI，关系文化这一非正式制度也是影响企业 OFDI 的重要动因。除了制度方面的动因因素，本文同时将企业创新能力纳入 OFDI 的动力因素模型中。运用中国创业板民营企业 2009—2013 年的面板数据，本文验证了：（1）同正式制度一样，非正式制度方面的约束也会驱动新兴经济体企业进行 OFDI；（2）企业政治关联则削弱了企业在制度约束下进行 OFDI 的动力；（3）企业创新能力是其在制度约束下成功实现 OFDI 开发国际创业机会的驱动力。本研究拓展和深化了新兴经济体企业制度逃离理论的分析框架，对民营企业国际化成长战略具有实践意义。

问题导入

近年来，新兴经济体企业的国际化成长由出口贸易为主逐渐转向对外直接投资，且呈现出与主流国际商务理论观点截然不同的两个趋势：一是出现了天生国际化或早期国际化；二是在区位选择上呈现出跳跃式发展，即直接从新兴经济体“逆向”流入发达经济体进行投资。制度逃离理论为理解新兴经济体的国际化战略提供了一个新的研究视角。那么能否用制度逃离的视角对中国企业国际投资的动因——动力问题进行分析？本文从实证的角度给出了答案。

研究设计

一、研究假设

制度逃离理论的核心观点是很多企业对外直接投资并不完全是为了在国外市场利用已有竞争优势，而是因母国市场制度约束而产生的“制度逃离”。地区市场制度的不完善意味着企业的知识产权等基本权利得不到保护；严重的政府干预造成企业经营效率低；产品市场、要素市场和市场中介组织的发育程度较低，导致资源分配不合理。进而本文提出以下假设：

H1a：地区正式制度约束越大，民营企业越倾向于制度逃离。

关系文化（人际关系）作为一种非正式制度会影响企业的本土成长。在关系文化较强的地区，企业为获取关键资源要通过宴请、赠礼等工具性行动建立资源控制方的人情债权；为获得合法性要通过关系策略与潜在的合作者建立良好的关系网络；关系文化在社会比较和竞争实践中可能被逐渐强化导致道德标准下降并催生腐败和寻租行为。进而本文提出以下假设：

H1b：地区非正式制度约束越大，民营企业越倾向于制度逃离。

具备政治关联的企业，能及时了解政策动向，也更可能获取政府控制的关键性资源。这种关联只能在本土制度环境中发挥作用，无法适用于发达经济体中的制度环境。进而本文提出以下假设：

H2a：当地区正式制度约束较大时，缺乏政治关联的企业更倾向于制度逃离。

H2b：当地区非正式制度约束较大时，缺乏政治关联的企业更倾向于制度逃离。

企业进行对外直接投资既需要动因（“走出去”的动因）也需要动力（“走出去”的能力）。创新能力是企业制度逃离的关键动力，是企业成功实现制度逃离、进入发达经济体经营的基本前提和有效保障。进而本文提出以下假设：

H3a：当地区正式制度约束较大时，创新能力强的企业更倾向于制度逃离。

H3b：当地区非正式制度约束较大时，创新能力强的企业更倾向于制度逃离。

二、数据来源

本文以创业板 2009—2013 年民营上市公司为研究样本，企业政治关联、研发能力等其他数据来自 Wind 和 CSMAR；OFDI 数据来自公司年度财务报表、招股说明书和上市公告，手工收录得到企业海外子公司信息，包括进入年份、进入国家、投资金额等。剔除流向维尔京群岛等典型避税地区的 OFDI；为体现企业制度逃离动机，仅保留了流向发达经济体的 OFDI，即只保留了流向商业制度环境比中国更加完备的发达经济体的这部分 OFDI。共 1020 个观测值。

三、实证检验

因变量制度逃离用流量 OFDI 衡量，为企业当年流入发达经济体的 OFDI 投资额（通过当年年底汇率换算成人民币）÷公司总资产×100；自变量为地区正式制度约束（企业所在省份的市场化指数取负数并滞后一期）和地区非正式制度约束（企业所在省份的关系文化指数滞后一期）；调节变量为企业政治关联（董事会中有政治关联的董事人数比例）和企业创新能力（研发费用÷总资产）。控制变量主要反映企业特征与行业环境两个方面。本文采用王小鲁等（2016）公布在《财经杂志》上的 2008—2014 年的市场化指数。采用叶文平等（2016）根据 2000—2010 年第六次全国私营企业抽样调查数据构建的全国 31 个省、自治区和直辖市（不含港澳台）的地区关系文化指数。

自变量和调节变量的交互项的正负符合预期且都显著，以上假设都成立。“创新能力”自身对企业 OFDI 呈现较显著的负向效应与我们的推论不一致，推测创新能力较强的企业是受到政府政策支持和资源倾斜发展的对象，或享受税收减免和补贴，或通过上市等方式获得较高的股权溢价，这种在国内市场才可以享受的特殊待遇在一定意义上会减缓企业的国际化步伐。

四、稳健性检验

因变量的测量使用 OFDI 存量，即公司从成立到给定年份期间的对外投资金额（按各 OFDI 发起当年汇率换算成人民币后加总）除以该公司当年总资产，再取百分比值。

主要结论

第一，制度不完备和市场发育不成熟给本土经营带来相对较高的制度约束和制度成本，研究表明逃离制度约束是企业进行 OFDI 的重要动因；第二，在面临地区制度约束时，缺乏政治关联的企业，更加倾向于制度逃离；第三，在面临地区制度约束时，企业创新能力会强化地区制度约束对企业制度逃离的正向影响。

主要贡献

第一，验证了制度环境是影响企业 OFDI 的重要因素；第二，拓展了中国情境下制度约束的维度，不仅考虑正式制度约束也考虑非正式制度约束对企业活动的影响；第三，从动因和动力双重视角考察企业的 OFDI。

前沿跟踪

国内外对对外直接投资的研究很多，王自锋和白玥明（2017）考察了 2005—2007 年中国制造业产能利用率对对外直接投资的影响，支持了体制性产能而非竞争性产能过剩是引致海外直接投资扩张的基本结论。侯文平和苏锦红（2018）研究发现中国对发达国家的投资具有战略资产寻求和金融发展寻求动机，对发展中国家的投资具有寻求其劳动力成本较低的动机和市场寻求动机，对欠发达国家的投资动机不明显。张相伟和龙小宁（2018）发现中国对外直接投资具有显著的跨越东道国反倾销壁垒的动机，且在不同类型的国家间具有异质性。从对外直接投资对母国影响的角度，白俊红和刘宇英（2018）研究发现对外直接投资显著地改善了中国整体资本和劳动力的资源错配，提高了资源配置效率，但这种改善作用存在着地区差异。

Shujie 等（2017）利用从 1991 年到 2009 年 132 个国家的数据研究发现我国的对外直接投资是为了获取发达国家的先进技术和满足自然资源供应安全的愿望，同时我国的技术对发展中国家也存在吸引力。Shen J. 和 Li L.（2017）利用从 2003 到 2012 年间 51 个国家的数据研究东道国的增长机遇和我国 OFDI 的关系，发现对发达国家的投资在一定程度上和其发展速度有关，而对发展中国家的投资和其发展速度无关，同时一个国家的金融发展和政治稳定能够吸引中国对其进行直接投资。

参考文献

[1] 王自锋，白玥明. 产能过剩引致对外直接投资吗？——2005—2007年中国的经验研究 [J]. 管理世界，2017（8）：27-35，63.

[2] 侯文平，苏锦红. 中国对外直接投资区位选择影响因素研究 [J]. 商业研究，2018（1）：79-86.

[3] 张相伟，龙小宁. 中国对外直接投资具有跨越贸易壁垒的动机吗 [J]. 国际贸易问题，2018（1）：135-144.

[4] 白俊红，刘宇英. 对外直接投资能否改善中国的资源错配 [J]. 中国工业经济，2018（1）：60-78.

[5] Shujie，Zhang，Wang. Location determinants of China's outward foreign direct investment [J]. China & World Economy，2017，25（6）：1-27.

[6] Shen J.，Li L. Host countries' growth opportunities and China's outward FDI [J]. Social Science Electronic Publishing，2017，31（2）.

（作者：魏阿欣）

述评：
Property rights institutions, foreign investment, and the valuation of multinational firms

原作者：Leming Lin, Atanas Mihov, Leandro Sanz, Detelina Stoyanova

期刊：*Journal of Financial Economics*, 2019, 134 (1)

原文摘要

We study the effect of property rights institutions in host countries, the institutions protecting investors from expropriation by host country agents, on the geographic structure and valuation of US multinational corporations (MNCs). We provide firm-level evidence that better property rights attract investment from MNCs. We disentangle the effects of the Stulz (2005) "twin agency problems" in the context of foreign direct investment and show that our results are not driven by legal institutions protecting investors from expropriation by corporate insiders. Further, we show that changes in the quality of property rights in locations where MNCs operate have material impact on MNCs' valuations.

问题导入

在外国直接投资（FDI）背景下，投资者面临的征收风险可以分成两类：一是所有投资者面临的国家征收风险；二是公司外部投资者面临的公司内部人的征收风险。研究者们将由此产生的国家代理问题和公司内部人代理问题称为“双重代理问题”，现有研究主要聚焦外部投资者-公司内部人代理问题，而对国家代理问题研究较少。本文将东道国产权保护制度作为国家征收风险的测度指标，从国家代理角度出发，研究产权保护制度与FDI及公司价值之间的关系，并得出相关结论。

研究设计

为了更好地研究产权保护制度与FDI及公司价值之间的关系，在“双重代理问题”存在的背景下，在选取样本的时候必须较好地控制外部投资者-公司内部人代理的程度。本文选取美国MNCs作为研究样本，主要考虑到MNCs统一受到美国法律体系的管制，因此样本可视作具有相同的投资者的保护水平，即外部投资者-公司内部代理得到了较好的控制。

一、研究假设

不完善的产权保护制度减少了公司投资的预期现金流。随着东道国产权保护制度的恶化，公司面临强制征收的风险变高，使得 MNCs 倾向于不在该国进行投资。基于此本文提出以下假设：

H1：美国 MNCs 直接投资与投资东道国的产权保护程度正相关。

产权保护制度与 FDI 的关系同样与 MNCs 价值有关。如果公司经理人在进行投资决定时只选择最高净现值的投资项目，那么东道国产权保护制度并不会影响公司价值。因此，为了调查产权保护制度与 MNCs 价值的关系，本文聚焦产权保护制度的变化对区位选择的影响，在其他条件不变的情况下，随着公司被强制征收风险逐渐上升，企业所有者对未来企业现金流的期望贴现率会逐渐变高，投资的净现值变低，从而公司的整体价值下降。基于此本文提出以下假设：

H2：随着东道国产权保护逐渐变强，美国 MNCs 的价值升高。

本文认为，由于 MNCs 统一受美国法律体系的管制，东道国自身对外部投资者的保护对 MNCs 的价值没有直接影响。然而，东道国对外部投资者的保护可以从以下两个方面间接影响 MNCs 的价值。一方面，东道国对本国外部投资者的保护促进了金融市场的发展，拓宽了 MNCs 的融资渠道；另一方面，随着东道国金融市场的发展，市场竞争加剧，减少了 MNCs 的现金流收入，这两个方面正好相互抵消，基于以上分析本文提出以下假设：

H3：东道国对外部投资者的保护对美国 MNCs 直接投资的影响较小。

二、数据来源

本文从 Compusta 中选择了 1996—2012 年所有上市公司的数据，并从 SEC 网站中获取了公司年报数据，收集整理出其对外直接投资的子公司数据。总共得到了 326371 条存在 FDI 的样本（公司-年-国家），这些样本中，共有 6869 家公司在 68 个国家进行 FDI 投资。进一步，将不存在 FDI 的样本放入数据集，扩充到 2882744 个样本。本文所使用的世界治理指数（WGI）和经济发展指标来自世界银行。其他控制变量如殖民联系、语言相似度、法律同源性、投资者保护指数等指标来源于他人研究；股票价格来源于 CRSP，财务报表数据来自 Compustat。

实证结果

一、实证模型

为检验 H1，首先，本文假定国家相关体系在 1996—2012 年保持恒定，将样本数据从三维层面（公司-时间-国家）在时间维度统一取值降维至二维（公司-国家），从而构建了面板回归模型（1）；其次，构建了展开时间维度的面板回归模型（2）。具体如下：

$$Y_{ij} = \alpha_i + \beta_1 \times \text{Property Rights}_{ij} + \beta_2 \times \text{Ctrls}_{ij} + \epsilon_{ij} \tag{1}$$

$$Y_{ijt} = \alpha_i \times \alpha_t + \beta_1 \times \text{Property Rights}_{ijt-1} + \beta_2 \times \text{Ctrls}_{ijt-1} + \epsilon_{ijt} \tag{2}$$

其中，下标 i 代表公司，下标 j 代表投资东道国，下标 t 代表年份。因变量 Y 表示公司在东道国的直接投资，Property Rights 代表东道国产权保护测度，使用了世界治理指数（WGI）中的三个指标：法律法规（rule of law）、贪腐控制程度（control of corruption）和媒体和问责（voice and accountability）并通过 PCA 提取主成分。Ctrls 代表一系列控制变量。回归中控制了公司固定效应，标准误在公司层面聚类。模型（1）和模型（2）的回归结果均显示，β_1 显著为正，H1 得到验证。为验证 H2，本文聚焦存在 FDI 的样本数据，将原全样本精简到共 273128 子样本，其中共有 5045 家美国 MNCs。进一步的，由于某家公司在某一年可能会在多个国家进行投资，为了便于面板回归，本文将某国家某年的多个区位的国家指标进行加权合并。回归模型与模型（1）类似，因变量采用公司托宾 q 值，自变量即产权保护指标的加权平均值。回归结果显示随着产权保护指标的增加，公司托宾 q 值呈递增趋势，验证了 H2。为验证 H3，本文采用与回归方程（1）类似的面板回归模型，采用了两个业内广泛使用的指数（anti-self-dealing index 和 anti-director rights index）作为东道国投资者保护程度的代理变量，分别将其作为自变量进行回归，回归结果显示参数不显著，说明东道国投资者保护指数对 MNCs 的对外直接投资影响较小，验证了 H3。

二、稳健性检验

为了检验结论的稳健性，本文进行了如下检验：（1）验证 H1 时，为了消除反向因果关系，采用了三个工具变量：17 至 19 世纪欧洲殖民者在殖民国家的死亡率、20 世纪的国家民主程度以及东道国邻国的产权保护制度的中位数进行工具变量回归；（2）验证 H2 时，将公司价值分别取前后一年、前后三年、前后五年的差值。结果均通过了显著性检验，本文研究结论较为稳健。

三、进一步证据

本文进一步分析了美国 MNCs 对外直接投资面临征收事件的证据，根据既有研究，本文共收集了 1995—2012 年 99 件具体的 FDI 征收事件，并以此为样本，采用类似双重差分的方法，研究了征收事件之前和征收事件之后公司托宾 q 值的变化。研究得出结论：征收事件对公司托宾 q 值具有显著负面影响，且这种影响是长期的（跨期五年参数仍然显著）。

主要结论

第一，通过 1996—2012 年的数据，本文发现公司更倾向于在具有强产权保护制度的国家进行对外直接投资。产权保护制度对 FDI 的影响在统计意义和经济意义上都是显著的，产权保护制度增长一个标准差会导致公司进行 FDI 投资的概率提升 1.8%，比原投资概率大概增长了20%。第二，本文发现东道国产权保护制度的强弱与美国MNCs价值正相关，这种相关性在统计和经济意义上也是显著的，随着东道国产权保护制度逐渐变强，它们会吸引更多对外直接投资，在促进东道国经济发展的同时提升公司自身价值。第三，本文发现东道国对投资者保护对母公司进行FDI选择的影响较小。

主要贡献

第一，本文的样本数据采集和模型设定较好地区分了产权保护和投资者保护问题，弥补了现有研究过多关注外部投资者-公司内部人代理问题的不足，为研究国家代理问题提供了新视角。第二，本文拓宽了产权保护制度和经济增长关系研究的渠道，使得产权保护和经济增长的关系在FDI层面变得更加清晰。第三，本文的研究对产权保护制度法制建设也具有现实意义，研究结果表明，在制定产权保护法律体系时，应该考虑产权保护制度对经济增长的影响。

前沿追踪

近年来，对于Stulz（2005）提出的国家代理以及公司内部人代理这一双重代理（twin agency problems）问题，学者们的研究重点逐渐从公司内部代理问题转移到国家代理问题，并从对外直接投资和强制征收的角度对国家代理问题进行了深入研究。在FDI区位选择方面，Jang（2018）研究发现，美国MNCs近十年的FDI发生了显著的变化，主要体现为投资区位多样化、投资方式多元化、投资总额持续增长等特征，且FDI与东道国的法律体系关系密切。Bekaert等（2016）研究发现，企业进行FDI时会考虑政治风险因素，即在选择投资区位时，公司会倾向于在强制征收风险较小的区位进行投资。在FDI强制征收的事件研究方面，Hajzler和Rosborough（2016）通过对1995—2012年美国MNCs面临的征收事件的详细整理，发现FDI强制征收事件近年来有逐渐增长的趋势，2007年之后的年均强制征收事件是2007年之前的三倍左右，强制征收行业和强制征收的国家数量也呈上涨趋势。因此，产权保护制度越来越应该受到公司管理者的重视。Mahdavi（2014）研究发现，强制征收存在溢出效应，即一个东道国对企业的强制征收事件会导致其邻国投资者对该国强制征收的担心，同时，一个东道国强制征收的成功会刺激其他国家增加其采取强制征收措施的可能性。

参考文献

[1] Stulz, R. M. The limits of financial globalization [J]. Journal of Finance, 2005, 60 (4): 1595-1638.

[2] Jang, Y. International corporate diversification and financial flexibility [J]. Review of Financial. Studies, 2018, 30 (12): 4133-4178.

[3] Bekaert, G., Harvey, C. R., Lundblad, C. T., Siegel, S. Political risk and international valuation [J]. Journal of Corporate Finance, 2016 (37): 1-23.

[4] Hajzler, C., Rosborough, J. Government corruption and foreign direct investment under the threat of expropriation [R]. Working Paper, Bank of Canada, 2016.
[5] Mahdavi, P. Why do leaders nationalize the oil industry? The politics of resource expropriation [J]. Energy Policy, 2014 (75) (Supplement C): 228-243.

（作者：潘京臣）

述评：《中国最低工资上升是否导致了外资撤离》

论文原作者：李　磊　王小霞　蒋殿春　方森辉
期刊：《世界经济》2019 年第 8 期

原文摘要

劳动力成本上升导致的外资撤离是近年来一个重要的研究议题。本文基于中国工业企业数据和城市最低工资数据匹配得到的微观数据库，分析最低工资标准上升是否会导致外资企业撤出中国。研究表明：最低工资上升显著提高了外资企业撤出中国的概率，月最低工资每上升 1 个百分点，外资企业退出中国的概率将平均上升 0.0743%。本文通过两种方法构造“准自然实验”，基于双重差分模型的估计结果显示上述结论依然成立。最低工资上升引起外资企业退出中国的效应在不同特征企业之间存在异质性，主要导致低生产率、低端制造以及加工贸易外资企业退出中国。

问题导入

改革开放以来，凭借低廉的劳动力和广阔的市场需求，中国吸引了大批外国企业来华投资。然而，近年来中国外商直接投资规模增速减缓，外资企业撤离中国的新闻时常见诸报端。与此同时，伴随着最低工资政策的不断调整，中国的劳动力成本呈现大幅上涨趋势。基于此，本文提出以下问题：（1）最低工资标准上升是否导致了外资企业退出中国？（2）部分外资企业撤出中国的动因是什么？（3）最低工资影响外资企业撤离中国的内在机制是什么？

研究设计

一、样本与数据来源

本文的数据样本区间为 1998–2012 年。其中，企业层面变量数据来源于国家统计局的中国工业企业数据库，并进行了以下基本处理：（1）参照 Brandt 等（2012）、聂辉华等（2012）的方法对数据库中同一家企业进行识别；（2）剔除样本中重复记录以及成立时间不合理的企业；（3）剔除明显不符合会计记账规则的企业，包括资产合计小于流动资产合计、资产合计小于固定资产净值以及累计折旧小于本年折旧等的企业（Cai 和 Liu，2009）；（4）为避免数据极端值对估计结果的影响，本文对固定资产净值年平均余额和工业总产值进行双侧 1%的缩尾处理。最低工资标准数据通过各个省份、城市的统计局官方网站手工收集。其他城市层面的指标数据来源于国泰安数据库。

二、实证模型构建

首先，为从微观企业层面研究最低工资上升对外资企业撤离中国的影响，在考虑模型可能存在的遗漏变量和企业异质性问题之后，结合样本数据中实际信息的可得性，本文建立如下模型：

$$\mathrm{EFDI}_{icjt} = \alpha_0 + \alpha_1 \ln \mathrm{mw}_{ct} + \beta X_{icjt} + \rho Z_{ct} + \gamma_c + \delta_j + \theta_t + \tau_{jt} + \varepsilon_{icjt} \tag{1}$$

其中，下标 i、c、j、t 分别代表企业、城市、行业和年份。被解释变量 EFDI_{icjt} 表示 t 年 c 城市 j 行业中外资企业 i 的退出状态，若 t 期该外资企业退出市场则取 1，否则取 0；核心解释变量 $\ln \mathrm{mw}_{ct}$ 表示城市 c 的最低工资标准，是对城市劳动力成本水平的基本反映。X_{icjt}、Z_{ct} 分别是企业和城市层面的控制变量，γ_c、δ_j、θ_t 分别代表城市、行业、年份层面的固定效应，τ_{jt} 表示行业-年份层面的固定效应，ε_{icjt} 为误差项。

其次，本文选取企业经营的利润、产出、固定资产投资以及就业水平作为中介变量，分析了最低工资上升影响外资退出的可能传导途径。此外，本文还从生产率差异、资本劳动密集度差异、行业技术水平差异、是否为加工贸易外资企业、地区差异、不同时段的影响这些角度就最低工资上升对外资企业退出的影响进行了异质性分析。

主要结论

第一，最低工资标准的不断调整会显著提高外资企业撤出中国的可能性。第二，最低工资上升会通过降低企业利润、缩减产出、投资和就业规模这些内在机制影响外资企业撤离中国。第三，本文的异质性研究还发现，最低工资上升导致外资企业退出中国的效应主要集中在低生产率、劳动密集型、非高新技术行业以及主要从事出口加工贸易的外资企业中。在区分东、中西地区进行考察时发现，由最低工资上升引起的外资退出效应主要发生在东部地区，中西部地区并不明显。

主要贡献

本文的贡献主要有三个方面：第一，利用中国工业企业数据库与地区最低工资数据库的微观匹配数据，对最低工资上升与外资企业撤离中国之间的关系进行了更准确的解读，发现最低工资上升确实会导致外资企业退出中国，本文通过变换外资退出指标、变换样本范围、构造准自然实验，进一步验证了结论的稳健性；第二，本文分析了最低工资上升导致外资企业退出中国的内在传递机制，中介效应检验发现，最低工资上升对外资企业的利润、产出、固定资产投资以及就业规模产生显著的负向影响，这从机制上进一步佐证了本文的核心结论；第三，在外资撤离的背景下，本文的分样本差异性分析对“外资撤离潮”的相关言论做出了一定的回应，研究表明撤离中国的外资企业大部分是低效率、低端制造企业，这一类企业退出中国市场符合企业更替规律，最低工资政策的调整有助于筛选出具有较高生产率、位于高端制造行业的外资企业。

前沿追踪

近年来，学者们对劳动力成本和外商投资进行了持续深入的研究。

从劳动力成本看，一方面，蒲艳萍（2019）基于中国企业层面劳动力工资向下扭曲的特征事实，对劳动力工资扭曲如何影响企业创新的问题进行了系统考察，并深入揭示了劳动力工资扭曲影响企业创新背后的微观作用机制与深层原因。研究发现劳动力工资扭曲显著抑制企业创新，工资扭曲程度越高，企业创新产值越低。另一方面，白雪洁等（2019）基于2003—2016年省级数据测算了劳动力成本并实证考察了劳动力成本上升对中国工业化的影响机制与路径。结果表明，工资和社会保险费等劳动力成本的上升会导致中国“去工业化”。

从外资投资方面看，杨超等（2019）研究发现外资撤离不仅在当年降低了企业的经营绩效，而且其负面影响一直持续到后续年份，外资撤离使得企业的全要素生产率在第三年和第四年相比没有发生撤资的企业分别低14.8%和17.7%，企业的销售额、总产出和出口额也表现出不同程度的下降趋势。同时，史贝贝等（2019）研究发现环境信息披露显著阻碍了外资的流入，并且存在着明显的时滞及长期性；同时，阻碍作用在地区外资饱和度与环境规制强度上呈现出递增规律。此外，外资撤离也会对全球价值链产生影响，罗伟等（2019）构建了反映外资投入产出流量的新型世界投入产出表，估算了各贸易增加值构成的内外资占比，并从部门、双边和双边部门层面评估了外资对中国出口增加值规模和结构的贡献。研究结果表明，外资凭借与跨国公司全球价值链网络的天然联系，强化了中国融入全球价值链的深度和复杂度，也因高加工贸易倾向促使中国制造业在融入过程中向全球价值链下游移动。

参考文献

[1] 蒲艳萍，顾冉．劳动力工资扭曲如何影响企业创新［J］．中国工业经济，2019（7）：137-154.

[2] 白雪洁，于庆瑞．劳动力成本上升如何影响中国的工业化［J］．财贸经济，2019（8）：132-145.

[3] 史贝贝，冯晨，康蓉．环境信息披露与外商直接投资结构优化［J］．中国工业经济，2019（4）：98-116.

[4] 杨超，林建勇．外资撤离会降低企业绩效吗？［J］．中南财经政法大学学报，2019（2）：128-137.

[5] 罗伟，吕越．外商直接投资对中国参与全球价值链分工的影响［J］．世界经济，2019，42（5）：49-73.

（作者：胡剑涛）

述评：
The performance of MNE subsidiaries in China：does it matter to be close to the political or business hub

论文原作者：Teng，L.，et al.

期刊：Journal of International Management，2017，23（3）

原文摘要

This study examines the impact of distance on financial performance of multinational enterprise（MNE）subsidiaries in China. We hypothesized and found that MNE subsidiaries performed better when located closer to the country's business hub，but performed less well when located closer to the political hub. We also hypothesized that distance effects are moderated by subsidiary size，subsidiary network，and state capital contribution to subsidiary. Our findings were based upon 45，248 MNE subsidiaries with location and geographic distance measured at the prefectural level in China.

问题导入

外商直接投资（FDI）是东道国弥补资金缺口、获得先进技术和知识，促进经济发展的重要手段之一。凭借庞大的国内市场、巨大的发展潜力以及不断改善的投资环境，中国吸引着大量的 FDI。截至 2015 年，中国实际利用外资额达到 1262.67 亿美元。而我国 FDI 的一个主要形式就是在华设立子公司，这就造成母公司和子公司分属不同国家、有着不同制度基础。已有文献从制度理论的角度分析认为，国家的制度是其比较优势，不同的制度安排承载着不同的激励效应和市场交易成本，从而会产生差异性的经济绩效。但是制度间的异质性不仅存在于国家层面，还可以存在于一国之中，而现有文献对此鲜有涉及。那么，一国之中不同区域的子公司，其经营绩效是否真的存在显著差异呢？若有，这些差异又会受到哪些因素的调节？

针对以上两个问题，本文以中国为研究背景，将对制度距离的度量从国家层面拓展至一国内部层面，分析其对跨国子公司绩效的影响，并在此基础上，提出 3 个可起调节作用的子公司特征，即：规模、网络化和国有入股。

研究设计

已有研究对制度距离的度量均集中在国家层面，包括政治距离、经济距离和文化距离等。本文在研究设计上，不仅考虑了这些国家层面的因素，更具新意的是对一国内的距离加以考量，即跨国子公司在东道国地理上离其经济中心和政治中心的距离。

一、研究假设

（1）一国的经济中心，对跨国子公司有着诸多益处。首先，基础设施建设更好、资本和资源更集中、信息也更易获得，这些有利于企业从事生产；其次，人力资本和劳动力规模也更大，这对于刚成立和处于发展期的子公司而言，更为重要；再次，经济管理机构和商业交易在一国经济中心更发达，从而使得企业间交易也更有效；最后，同市场和客户贴得更近，有利于企业评估和应对商业风险。因此，本文提出以下假设：

H1：跨国子公司离东道国经济中心越近，其经营绩效越好。

（2）离一国的政治中心近，也对跨国企业有一定好处，例如，更易形成政治关联和得到更便捷的行政审批。然而，本文认为这些收益不足以弥补成本。因为，近也意味着更严的监管和执行压力；越远反而会有更少的政治干预、官僚干扰和寻租行为。因此，本文提出以下假设：

H2：跨国子公司离东道国政治中心越远，其经营绩效越好。

（3）跨国子公司的规模会调节经济/政治中心距离对子公司的影响。一方面，子公司越大对其经营绩效越有益，因为其更有能力适应当地的市场环境、克服外来者劣势，对当地就业和经济发展的贡献也更多，政府也会更重视；另一方面，子公司越大对其经营绩效越不利，因为沉没成本更多，企业经营调整更困难。因此，本文提出以下假设：

H3：离一国经济/政治中心的距离对跨国子公司经营绩效的影响，受到子公司规模的调节。

（4）许多跨国公司在某一东道国不止设立一家子公司，这些同属于一家母公司的子公司们会抱团，形成一种网络化。这会有利于对内的资源共享和对外的谈判议价。因此，本文提出以下假设：

H4：离一国经济/政治中心的距离对跨国子公司经营绩效的影响，受子公司网络化的调节。

（5）跨国子公司，并非全部是母公司独资设立，还可能有其他资本，例如东道国政府。这种国有资本入股，相当于子公司获得当地政府背书，因而具有类似于当地国有企业的比较优势。因此，本文提出以下假设：

H5：离一国经济/政治中心的距离对跨国子公司经营绩效的影响，受子公司东道国政府入股的调节。

二、变量与模型

因变量：ROA，作者发现样本数据不满足正态分布，故设立 ROA 是否大于 0 这一哑变量，将样本划分为盈利子公司（取 1）和非营利子公司（取 0）。

自变量：常理上认为中国的经济中心是上海，政治中心是北京。不同于以往文献仅限于省级层面，作者将子公司地理方位延伸至县级层面，计算其到上海和北京的距离，最后再取自然对数。

调节变量：跨国子公司规模选取其销售收入，国有入股选择政府对子公司出资的认购额，网络化由同一家母公司在中国所有子公司的数量指代。

控制变量：（1）跨国子公司层面，外资占比、外籍员工占比、人均销售收入、设立时间；（2）跨国子公司县级所在地层面，当地人口、人均 GDP、大公司数量、自由职业者占比、FDI 占当地 GDP 比重；（3）跨国公司母国层面，人均 GDP、制度距离（Heritage.org）、文化距离（Hofstede，2001）。其中，制度距离和文化距离的计算较为简洁，均取两者各维度的算术平均数，国家间距离即为两国得分之差。

回归模型选择 Logit 模型，并且按照 SIC 的两位数代码控制了行业。

三、数据与样本

基于中国是 FDI 流入前几名和 FDI 投资国来源分散的国家，本文的东道国选取为中国。

初始样本来源为 2002 年国家统计局对外资投资企业的专项调查。剔除母公司来自中国香港和澳门的样本，因为这两个地方经常被作为对中国投资的中间地；删除子公司总资产或总营业收入为 0 的样本。最终，文章得到 45248 个跨国公司在中国设立的子公司样本。

四、内生性

1. 样本自选择问题

（1）跨国子公司可能更倾向于选择公司在当地盈利的区域，为此，本文选择当地企业 ROA 替代，即当地县级企业 ROA 均值；

（2）跨国子公司经营更好，可能是由于某一行业在中国经营更好，为此，本文选取中国企业的行业 ROA 均值替代；

（3）结果可能是由于样本本身就在经济中心（上海）或政治中心（北京），为此，本文剔除了跨国子公司设立在上海和北京的样本及其 200 公里以内的样本。

以上回归后，结果仍然稳健。

2. 工具变量

离政治中心距离（北京），参考 Firth 等（2013）选择当地政府的影响力作为 IV，用当地政府的开支衡量；离经济中心距离（上海），选择当地经济发展程度作为 IV，用当地人均收入衡量。采用 2sls 回归分析，结果仍然显著。

主要结论

文章以在中国的跨国子公司为样本，分析了其离中国经济中心（上海）和政治中心（北京）的距离，对经营绩效的影响和可能存在的调节效应，结果得出：第一，离经济中心（上海）越近，跨国子公司越有可能是盈利的；第二，离政治中心（北京）越远，跨国子公司越有可能是盈利的；第三，跨国子公司规模，会显著负向调节经济中心距离对跨国子公司经营绩效的影响，而政治中心距离则不显著；跨国子公司网络化和国有入股，会显著正向调节政治中心距离对跨国子公司经营绩效的影响，而经济中心距离则不显著。

主要贡献

第一，将跨国子公司区位选择这一国家间制度因素的影响拓展至一国内部层面。结果显示不仅是一国内的距离对跨国公司经营绩效存在影响，而且距离经济中心或政治中心的远近也存在着影响。第二，本文不仅提出了距离经济中心或政治中心远近，对跨国子公司经营绩效的影响。并且，通过实证得出了 3 个在其中起调节作用的跨国子公司特征，即规模、网络化和国有入股。第三，已有文献研究了一国内的距离特征会影响跨国子公司的诸多行为，例如进入模式。但是本文则给出了更为直接的影响，即对跨国子公司经营绩效的影响。

前沿跟踪

现有对制度距离的研究较为丰富，各自的切入点不一而足。概括而言：

（1）对制度距离的测量。更多的还是集中在国家层面，不同文献的差异主要在于指标维度的选取和计算方法的使用，以及这两者的搭配上。而陈怀超等（2014）则是基于专家建议和两步骤调研，开发出管制距离、规范距离和认知距离量表，有利于全面考察制度距离对跨国公司国际化的影响。

（2）对企业经营的影响。贸易方面，许家云等（2017）首次将相邻效应引入传统的制度与贸易关系的分析框架，运用空间面板模型深入考察了制度距离、相邻效应对中国与“一带一路”沿线国家双边贸易的影响，结果表明：中国与“一带一路”沿线国家之间在文化、法律、宏观经济制度以及微观经济制度方面的差异显著抑制了双边进出口贸易的发展，并且这种抑制作用在长期更为显著。跨国并购方面，张弛等（2017）利用 2009—2015 年中国企业 222 起跨国并购数据进行的实证研究发现：如果被并购的企业属于敏感行业，正式制度距离与跨国并购绩效负相关，对于水平并购这种负相关尤为显著；而在水平并购中非正式制度距离与跨国并购绩效负相关。海外进入模式方面，吴亮等（2016）以制度理论为基础，整合知识转移和合法性两条逻辑进行的研究表明：规制制度距离越大，中国企业选择独资进入模式的可能性越大；相反，规范制度距离越大，中国企业选择合资进入模式的可能性越大；同时，两者之间还存在着调节作用。

参考文献

[1] 陈怀超，范建红．制度距离构成维度的厘定和量表开发［J］．管理评论，2014（9）：69-77，159.
[2] 许家云，周绍杰，胡鞍钢．制度距离、相邻效应与双边贸易——基于“一带一路”

国家空间面板模型的实证分析［J］. 财经研究，2017（1）：75-85.
［3］张弛，余鹏翼．制度距离对中国企业跨国并购绩效影响的差异性——基于水平与垂直并购的比较［J］. 国际经贸探索，2017（2）：44-58.
［4］吴亮，吕鸿江．制度距离与中国企业海外进入模式选择——一个整合知识转移和合法性的框架［J］. 经济经纬，2016（3）：102-107.

（作者：倪子晴）

述评：《企业对外直接投资对母国环境污染的影响：本地效应与空间溢出》

原作者：欧阳艳艳　黄新飞　钟林明

期刊：《中国工业经济》2020 年第 2 期

原文摘要

本文基于 2005—2016 年中国上市公司对外直接投资数据，同时匹配地级及以上城市 PM2.5 等污染数据，采用面板空间滞后模型等方法，实证检验企业对外直接投资对母国本地环境污染的影响及其作用机制。研究发现：企业对外直接投资增加会显著改善本地城市的空气污染水平，同时会减少本地城市向周边城市的污染溢出。企业对外直接投资对本地环境污染的抑制作用受到城市规模、对外投资方式和城市污染程度的差异性影响。进一步的机制检验表明，企业多元化投资战略整合了上下游资源，提高生产经营效率的同时降低了能耗水平；在国内环保标准不断提高的新形势下，部分传统制造业通过产业转移的方式降低了本地污染排放；企业还通过对外直接投资逆向技术溢出获得节能减排的生产技术和管理经验，从而改善了本地环境质量。在剔除直辖市、更换控制变量、将因变量替换为水污染以及传统的空气污染物、扩大城市覆盖面以及考虑内生性等情况下，本文的实证结果仍然稳健。本文深化了企业国际投资与母国环境治理的研究，为促进城市的绿色发展提供了不同的思路和政策建议。

问题导入

目前我国城市环境污染问题仍然十分严峻，对外直接投资作为企业主动获取外部技术、积极转换生产经营方式的重要途径，能否提升企业的环保绩效引起学术界的关注。然而现有研究主要立足于投资东道国角度考虑环境污染问题，而对对外直接投资带来的本地环境变化研究较少。因此，本文基于母国视角，主要研究了以下问题：1. 企业对外直接投资有利于降低母国的环境污染吗？该影响是否存在空间溢出效应？2. 影响对外直接投资对母国环境污染作用发挥的异质性因素有哪些？3. 对外直接投资影响母国环境污染的作用机制是什么？

研究设计

一、研究假设

已有研究表明，对外直接投资作为企业克服内部资源限制、跨越技术前沿的有效渠道，具有产业结构优化效应和逆向技术溢出效应，可以为母国带来生产效率提高、成本降低、技术进步等积极影响，并优化母国的污染排放系统，进而对母国环境产生积极影响。此外，该影响还受到投资环境、投资规模、投资方式和区域差异等因素的限制。基于此，本文提出以下假设：

H1：对外直接投资有利于降低母国环境污染。

H2：对外直接投资对母国环境污染的改善作用具有异质性。

企业对外直接投资主要通过以下三种途径影响母国环境质量。一是多元化战略。企业通过对外直接投资实施多元化战略，能够整合上下游行业资源，提升企业跨行业经营能力和效率，降低企业经营成本，从而在整体上降低能源消耗水平，改善环境质量。二是产业转移。国内工业产业通过对外直接投资将部分产业转移至东道国，实现部分污染转移，从而在一定程度上减轻母公司所在城市的环境污染水平。三是逆向技术溢出。企业对外直接投资通过在东道国设立研发中心、建立技术联盟、并购技术领先企业等方式获取发达国家研发资源，提升技术研发水平，从而降低母国的环境污染水平。基于此，本文提出以下假设：

H3：企业对外直接投资主要通过多元化战略、产业转移和逆向技术溢出三种途径改善母国环境质量。

现有研究普遍认为环境污染具有空间溢出性，表现为污染排放存在的“你多排，我也多排”的策略型互动关系。此外，由于城市的环境质量存在空间自相关性，其污染程度不仅受到自身内部各因素的影响，地理邻近的周边城市环境在一定程度上也相互影响。基于此，本文提出以下假设：

H4：由于环境污染具有空间溢出性，企业对外直接投资既能降低母国本地的环境污染，又能降低周围城市的环境污染。

二、数据来源与样本处理

本文选择的样本区间为2005—2016年，城市PM2.5年均浓度来源于美国国家航天航空局（NASA）；企业对外直接投资金额以历年中国上市公司年报中的“长期股权投资”为基础，剔除非工业企业样本以及投资金额小于100美元的异常离群值，共收集到国内573家上市母公司在海外设立的2327家境外子公司的相关数据；国内母公司的专利数和企业规模等数据来源于CSMAR数据库。东道国监管程度包含的细分指标来源于世界银行全球治理指标（WGI数据库）。其余数据来源于历年《中国城市统计年鉴》《中国统计年鉴》等。除PM2.5数据、二产比重、人口密集度和东道国政府监管程度外，其他数据均进行了对数处理。

实证分析

一、模型设定

为检验上述H1，本文构建如下面板固定效应模型：

$$PM_{it}=\beta_0+\beta_1\ln ODFDI_{ift}+\beta_2\ln X_{it}+\beta_3\ln Y_{ct}+\beta_4\ln GOV_{ht}+\lambda_t+\mu_\phi+\gamma_h+\varepsilon_{ct} \quad (1)$$

其中，c 表示母国的城市；i 和 f 分别表示母公司和境外子公司；h 为东道国；t 为年份。因变量PM为城市环境污染程度。主要解释变量OFDI为企业对外直接投资金额。X 为企业层面控制变量，包含VP企业有效专利数和SCA企业规模。Y 为城市层面控制变量，包括：PGDP（城市人均GDP）、STR（城市二产比重）、FDI（地级市实际利用外资额）、DEN（地级市人口密度）等。国家层面控制变量为东道国政府监管程度GOV。此外，λ 表示时间固定效应；μ 表示母公司的行业固定效应，γ 是东道国固定效应。

为验证H2，本文根据企业所在城市规模（大、中、小城市）、投资方式（兼并或新建）和城市环境污染程度（较轻污染或严重污染），运用模型（1）进行了分样本回归，以检验企业对外直接投资对母国环境污染的异质性影响。此外，为验证H4，本文在模型（1）的基础上，加入了空间滞后模型以分析环境污染的空间溢出性。首先，在模型（1）中加入用周围城市对中心城市环境的污染程度衡量的空间滞后项，作为周边城市的污染“溢进来”效应的代理变量，以深入准确地分析企业对外直接投资对本地环境的影响。其次，将模型（1）中的因变量替换为本地污染对周围城市的污染溢出量，以探讨本地企业对外直接投资对污染“溢出去”的影响。

二、进一步分析

在进一步分析中，本文检验了H3提出的对外直接投资影响母国环境污染的三种传导机制。（1）以调整后赫芬达尔指数HHI和熵指数EI作为多元化的衡量指标，通过加入OFDI与多元化指标的交互项来分析企业OFDI对母国环境影响的多元化机制；（2）通过划分国内外企业是否为工业行业进行分样本回归，研究企业OFDI能否通过产业转移机制降低母国环境污染水平；（3）通过对中国企业对外直接投资逆向技术溢出的估算来分析OFDI对母国本地城市和周边城市的环境改善程度。

三、稳健性检验

为验证结果的可靠性，本文进行如下稳健性检验。（1）剔除直辖市样本，只保留地级城市样本，并且以夜间灯光强度（DN值）替代人口密度变量；（2）利用涉及的73家上市母公司对应的国内子公司数据（剔除非工业企业）、以国内子公司所在城市平均PM2.5水平替换母公司所在城市PM2.5水平；（3）更换面板回归方法，用面板校正标准误差进行重新检验；（4）将大气污染转换为水污染、二氧化硫污染和工业烟尘污染，同时考虑了这些环境污染的空间溢出性；（5）采用OFDI政策作为工具变量控制可能存在的内生性问题，并运用系统GMM估计进行回归。

主要结论

第一，企业对外直接投资对母国本地环境污染存在负向影响；在考虑环境污染空间自相关性的情况下，该负向效应依然显著存在。第二，母公司在中等规模城市、污染较轻地区、投资方式为新建时，其对外直接投资对环境污染的缓解效应更为明显。第三，企业对外直接投资在改善本地环境质量的同时，也会减轻污染的空间溢出。第四，进一步研究表明，企业多元化战略有利于整合上下游资源，减少交易成本从而提高企业生产经营效率；部分工业企业向发展中国家进行产能转移，客观上降低了母国的污染排放；企业 OFDI 带来的逆向技术溢出提高母国企业的生产效率并降低能源消耗，从而改善本地及周边城市的环境污染，该效应在投资东道国为发达国家时更明显。

主要贡献

第一，研究视角由东道国转向母国，探讨了企业对外直接投资带来的环境效应。采用中国上市公司对外直接投资存量数据，可以较好地代表所在城市的对外投资水平。同时，针对工业企业的数据能够准确、科学合理地测算出企业投资对城市污染和污染溢出的作用效果。第二，系统分析了企业对外直接投资影响本地污染的三个机制：多元化机制、产业转移机制和逆向技术溢出机制，有利于加深对个体企业环境行为的理解。第三，采用大气首要污染物 PM2.5 进行研究分析，打破以往文献局限于SO_2、CO_2等传统污染物的研究现状。

前沿追踪

目前关于对外直接投资对环境改善影响的研究有以下三种主流观点。一是“污染天堂”效应。Sakiru 等（2017）认为外商直接投资在发展中国家所带来的规模效应大于技术效应，污染治理步伐赶不上污染排放量从而会破坏当地生态质量；周杰琦等（2017）从要素市场角度研究发现要素市场的扭曲弱化了 FDI 对环境的正向技术溢出，不利于 FDI 对环境质量的改善。二是“污染光环”效应。Jiang 等（2018）基于空间计量模型对中国 150 个城市 FDI 与空气污染之间的关系进行了研究，结果表明外商投资企业的技术外溢能改善空气质量；李力等（2016）研究发现外资企业通过技术创新提高了珠三角地区的环境质量，改善了当地雾霾天气。三是“综合效应”。Liu 等（2018）研究发现 FDI 对不同污染物的作用机制不一样，表现为 FDI 能降低烟尘、粉尘排放量，却加剧了废水和 SO_2 的污染程度；刘飞宇等（2016）通过建立空间自相关模型也证实了 FDI 对我国城市环境具有“污染光环”和“污染天堂”的双重效应。

参考文献

[1] 周杰琦，汪同三 . FDI、要素市场扭曲与碳排放绩效——理论与来自中国的证据［J］. 国际贸易问题，2017（7）：96-107.

[2] 李力，唐登莉，孔英，刘东君，杨园华 . FDI 对城市雾霾污染影响的空间计量研

究——以珠三角地区为例［J］. 管理评论，2016（6）：11-24.
［3］刘飞宇，赵爱清 . 外商直接投资对城市环境污染的效应检验——基于我国 285 个城市面板数据的实证研究［J］. 国际贸易问题，2016（5）：130-141.
［4］Sakiru S.，Usama A. M.，Ibrahim M. Investigating the pollution haven hypothesis in Ghana：an empirical investigation［J］. Energy，2017（124）：706-719.
［5］Jiang L.，Hai H.，Zhou L. B.，Zhou P. Does foreign direct investment drive environmental degradation in China? An empirical study based on air quality index from a spatial perspective［J］. Journal of Cleaner Production，2018（3）：864-872.
［6］Liu Q. Q.，Wang S. J.，Zhang W. Z.，Zhan D. S.，Lia J. M. Does foreign direct investment affect environmental pollution in China's cities? A spatial econometric perspective［J］. Science of the Total Environment，2018（613-614）：521-529.

（作者：马一涵）

述评：
《双边投资协定、制度环境和企业对外直接投资区位选择》

论文原作者：宗芳宇　路江涌　武常岐

期刊：《经济研究》2012年第5期

原文摘要

双边投资协定是两国政府为了促进和保护双边投资而签署的协议。作为特定的联系两国的双边制度因素，双边投资协定给企业提供了不同于国家制度环境的保护，因而对企业的投资区位决策产生影响。本文建立了关于双边投资协定、东道国制度环境与母国制度对发展中国家企业对外投资区位选择作用的研究框架。基于中国上市公司2003—2009年对外直接投资的数据，本文有三点发现：首先，双边投资协定能够促进企业到签约国投资；其次，双边投资协定能够替补东道国制度的缺位，对于促进企业到制度环境较差的签约国投资的作用更大；最后，双边投资协定还能够弥补母国制度支持的不均衡性，对于帮助非国有企业到签约国投资有着显著的积极作用。

问题导入

双边投资协定（Bilateral Investment Treaties，BIT）是由两国政府签订的，旨在鼓励、促进和保护两国间投资的法律协定，会影响企业对外投资的区位选择。基于此，本文以我国企业对外直接投资为研究背景，探讨BIT对发展中国家企业对外投资区位选择的作用，并试图回答以下三个问题：（1）BIT能否促进发展中国家企业到签约国投资？（2）BIT与东道国制度环境之间的交互作用对企业对外投资区位选择有什么影响？（3）BIT与母国制度因素之间的交互作用对企业对外投资区位选择有什么影响？

研究设计

一、研究假设

首先，BIT规定签约国的投资不能受到歧视性或者不公平的待遇，收益可以随时汇出东道国。这为企业的投资提供了一个公平开放的环境。其次，BIT要求东道国不能非法征收签约国的投资，这大大降低了企业产权被侵犯的风险。再次，企业资产受到东道国造成的损失能够得到公平的赔偿，即使该东道国的政治环境不够好。最后，如果投资者和东道国之间的纠纷无法通过协议解决，则投资者可到国际专门机构对东道国的不公待遇和非法侵权提出诉讼，以寻求国际援助。因此，发展中国家的企业到与母国签订BIT的国家投资更能够有效地保护产权，大大降低了企业投资的风险和成本。基于此，本文提出如下假设。

H1：BIT 能够促使企业到签约国进行投资。

BIT 代表了东道国为保护签约国投资而提供的特殊性制度保障，对签约国投资的保护和待遇一般不低于本国和第三个国家的待遇。当东道国制度环境较好时，产权保护制度成熟，即使没有与母国签订 BIT，也仍然能够为企业提供较好的投资保护，BIT 特殊保护作用的重要性降低。当东道国制度环境较差时，BIT 能够发挥特殊的促进和保护机制的作用，给签约国的企业提供高于东道国制度的产权保护；同时，基于法律效力和对国家间政治关系的考虑，东道国也会履行 BIT 对签约国投资的承诺。因此，BIT 作为特殊机制在东道国制度环境这种一般性机制较差时更能够发挥作用。基于此，本文提出如下假设。

H2：BIT 对企业到制度环境较差的东道国投资的促进作用更大。

母国的制度也是促进企业对外投资的一般性机制，不同类型企业受到的母国制度支持程度不同，对外投资区位选择的倾向也有差异。国有企业在国内受到制度支持大，区位选择的约束相对小，BIT 提供的投资保护作用弱；而非国有企业接受的母国制度支持比国有企业少，在国外面临的风险更高，东道国的制度环境作用更大，而 BIT 的签订能够为非国有企业到签约国投资提供优惠政策和有效的产权保护，以弥补母国制度支持的不足。基于此，本文提出如下假设。

H3：BIT 对非国有企业到签约国投资的促进作用更大。

二、数据来源

本文以中国沪深两市 2003—2009 年持续存在并新建海外子公司的 105 家上市公司为研究对象，剔除发生重大变更的企业、仅向避税地投资的企业和金融类企业，最终得到 92 家上市公司在 60 个国家新建的 283 家海外子公司，共计 7724 条企业-年份-区位的观测值。其中，BIT 数据来自 UNCTAD 的 BIT 数据库；东道国制度环境质量数据来自世界银行的全球治理指标（WGI 数据库）；控制变量数据主要来自世界银行的世界发展指标、UNCTAD 的 FDI 和贸易数据库、CEPII 距离数据库等。

三、实证模型

本文使用了固定效应 Logit 模型，固定了年份和企业的效应。具体模型设定如下。

$Y_{ijt} = \beta_0 + \beta_1 \times \mathrm{BIT}(t-1) + \beta_2 \times \mathrm{BIT}(t-1) \times$ 东道国 j 制度环境质量 $+ \beta_3 \times \mathrm{BIT}(t-1) \times$ 企业 i 是否国有企业 $+ \beta_4 \times$ 控制变量

其中，投资 Y_{ijt} 为虚拟变量，如果第 t 年企业 i 在国家 j 新建了一家及以上的海外子公司，取值为 1，否则为 0。BIT 表示我国与国家 j 是否在第 t 年以前签订了 BIT，若是取 1，反之取 0。东道国制度环境质量，用世界银行的全球治理指标中“法治情况”（Rule of Law）维度来测量。企业类型为哑变量，如果一个企业最终控制人不是国家，则取 1，反之取 0。此外，控制变量主要包括东道国 GDP、FDI 开放度、贸易依赖度、行政距离、地理距离等国家层面的控制变量和企业规模、净资产收益率（ROE）、企业年龄、企业东道国经验等企业层面的控制变量。

此外，由于 BIT 是哑变量，H2 和 H3 的交互效应检验采取了分组方法，即验证 H2 时，以中国制度环境质量为界，将每年度的样本观测分为制度质量高于中国和低于中国两组进行检验；验证 H3 时，将样本观测根据企业的所有权类型分为国有企业和非国有企业两组进行检验。

主要结论

第一，BIT 对于引导企业到签约国投资具有积极的促进作用。在选择美国和加拿大这两个未与中国签订 BIT 的主要投资国以外的国家时，企业倾向于到与母国签订 BIT 的东道国投资。第二，BIT 对于引导企业到制度环境较差的签约国投资更有作用，这是一个基于发展中国家对外投资的新发现。第三，在选择美国和加拿大这两个未与中国签订 BIT 的主要投资国以外的国家时，发现 BIT 能够弥补母国制度支持的不足，这对于促进非国有企业到签约国投资更有作用。

主要贡献

首先，本文研究了母国和东道国之间的双边联系因素对促进企业到签约国投资的作用，完善了国际商务研究中企业对外直接投资区位影响因素的理论框架。其次，本文研究了 BIT 对于发展中国家企业对外投资的作用，弥补了已有政治经济学对 BIT 的研究中将发展中国家主要作为 FDI 流入对象的不足。此外，已有政治经济学研究主要是关于 BIT 在国家层面投资的作用，本文进一步挖掘和探讨了 BIT 对于企业对外投资区位选择决策的机制和作用。

前沿追踪

近年来，学者们对企业对外直接投资的动因及路径选择进行了持续深入的研究，以期更好地促进国内企业对外直接投资效率的提升以及经济的长期可持续发展。

关于企业对外直接投资动因。一方面，王自锋等（2017）通过对中国制造业产能利用率对对外直接投资影响的研究，发现对外直接投资是体制性产能过剩在面临国内有效需求不足时的必然选择。另一方面，李新春等（2017）以中国创业板民营企业为研究样本，发现逃离制度约束是民营企业进行对外直接投资的重要动因；同时，企业创新能力是其在制度约束下成功实现对外直接投资并开发国际创业机会的驱动力。此外，蒋为等（2019）基于路径效应、社群效应与邻伴效应的视角，提出出口网络联结是中国企业对外直接投资迅速扩张的重要原因。

关于企业对外直接投资路径选择。一方面，蒋冠宏等（2017）利用 2003—2009 年中国工业企业数据进行的研究发现，生产率高、资本密集、规模大、研发密度高且流动资产比重高的中国企业选择跨国并购方式的可能性大；出口越多的企业越有可能选择绿地投资的方式。另一方面，陈兆源等（2018）基于交易成本的视角，研究发现相较于民营企业，国有企业面临更大的进入壁垒和软预算约束，这提高了缔约成本而降低了治理成本，故其会选择民主程度较低、否决者数量较少的区位。

参考文献

[1] 王自锋，白玥明．产能过剩引致对外直接投资吗？——2005—2007 年中国的经验研究［J］．管理世界，2017（8）：27-35，63.
[2] 李新春，肖宵．制度逃离还是创新驱动？——制度约束与民营企业的对外直接投资［J］．管理世界，2017（10）：99-112，129，188.
[3] 蒋为，李行云，宋易珈．中国企业对外直接投资快速扩张的新解释——基于路径、社群与邻伴的视角［J］．中国工业经济，2019（3）：62-80.
[4] 蒋冠宏，蒋殿春．绿地投资还是跨国并购：中国企业对外直接投资方式的选择［J］．世界经济，2017，40（7）：126-146.
[5] 陈兆源，田野，韩冬临．中国不同所有制企业对外直接投资的区位选择——一种交易成本的视角［J］．世界经济与政治，2018（6）：108-130，159.

（作者：张凯歌）

述评：
《双边政治关系、东道国制度环境与对外直接投资》

论文原作者：刘晓光　杨连星

期刊：《金融研究》2016 年第 12 期

原文摘要

在企业对外直接投资中，双边政治关系能否对东道国制度环境起到一定的优化补充效应？以往研究往往忽略了双边政治关系与东道国制度环境间的交互影响。本文基于2005—2014 年中国企业对外直接投资数据，通过构建双边政治关系、东道国制度环境差异等指标进行的实证分析表明：第一，友好的双边政治关系对东道国制度环境具有一定的优化效应，从而促进企业海外投资，相反，双边政治冲突则表现出一定的恶化效应；第二，不论是正式制度还是非正式制度，友好的双边政治关系对东道国制度差异均起到了一定的补充效应，降低了东道国制度距离的阻碍，增强了企业海外投资的合法性；第三，进一步的，友好的双边政治关系与东道国制度环境的互补效应，能够显著提升企业对外直接投资的成效；第四，在较差的东道国制度中，双边政治关系的优化互补效应更为显著。

基于上述分析，在中国“一带一路”倡议实施进程中，一方面要增强与投资东道国的互联互通，注重与制度环境差异较大的国家进行政治交流，另一方面要积极构筑企业自身的所有权优势，保障企业对外投资收到实效。

问题导入

对外直接投资是一国参与国际分工的重要途径。随着中国“走出去”战略进程推进的加快，作为中国企业国际化的重要手段，中国对外直接投资近年来有着迅猛发展。截至至 2015 年，中国对外直接投资流量创历史新高（1456. 7 亿美元），金额仅次于美国，居世界第二位，初次实现了资本净输出。2016 年全年，中国境内投资者共对全球 164 个国家和地区的 7961 家境外企业进行了非金融类直接投资，累计实现投资 1701 亿美元，中国企业对外直接投资浪潮仍将继续。企业对外直接投资的成功与否与东道国制度环境、两国制度差异以及双边政治关系有着密不可分的关系。学术上，已有文献研究了双边政治关系和东道国制度环境对中国企业对外直接投资的影响效应，而进一步的研究还存在着哪些改进空间呢？本文指出了三个可行的方向，即：第一，微观企业层面的投资结构性特征的经验研究；第二，双边政治关系与东道国制度环境的互补性或者两者之间的交互效应的考量；第三，对企业投资成效的考察。

研究设计

一、研究主题

（一）双边政治关系对企业 OFDI 的影响

针对双边政治关系现有文献主要从友好外交关系、高层互访以及双边投资协定的签署等角度进行分析。从外交关系来说，建立外交关系的时间越长，越有利于各种规则的完善和保护投资者的利益，进而有助于投资者对东道国制度的适应与自我调整和修正（Makino and Tsang，2011；张建红和姜建刚，2012）。高层互访作为外交活动的一个重要组成部分，可以视为海外投资商政治权利从母国向东道国的扩散过程。双边投资协定是调节和规范 OFDI 的主要手段，通过保护投资产权以及保障外资的公平和优惠待遇，促进了签约国之间的双边投资（Neumayer and Spess，2005；Desbordes and Vicard，2009；宗芳宇，2012）。

（二）东道国制度环境及制度差异对企业 OFDI 的影响

在针对中国样本的研究中，存在诸多分歧性结论。一些学者认为，东道国政权稳定性和监管质量影响企业进入，但不影响投资规模（蒋冠宏和蒋殿春，2012）。另一些学者研究发现，中国企业对外直接投资时不太关心对方国家的政治制度和政治稳定度，而更关心政府效率、监管质量和腐败控制（王永钦等，2014）。

在东道国与母国间的制度“距离”方面，为了成功嵌入当地环境，减少组织协调与适应成本，企业在国际化初期倾向于到与母国文化距离、心理距离和制度距离较近的国家投资。政治和经济制度差异对发展中国家吸收中国 OFDI 有显著的负向影响，对发达国家则不显著（冀相豹，2014）。但另一部分学者研究发现，中国 OFDI 总体偏向于与自身制度环境差距较大并且制度环境较差的国家或地区（岳咬兴和范涛，2014），且东道国风险越大，中国对外投资企业过度债务依赖现象越严重，累积的信用风险越高（郭桂霞等，2016）。

（三）双边政治关系与东道国影响的交互效应

由前文的分析来看，双边政治关系可能对东道国制度环境具有一定的优化互补效应。东道国制度环境能够为母国投资提供基础性保障机制，即东道国政治稳定、法律制度完善、产权保护到位，能够促进企业投资提升。双边政治关系同样能够为母国投资企业提供一系列的投资合约等制度安排，降低跨国企业的交易费用，增强管理者与投资者的信心。但东道国制度环境的异质性对激励效应发挥存在显著的影响。当东道国制度环境较差时，由于东道国无法为母国投资者提供基础性保障措施，投资者面临着较高的投资风险，此时，双边政治关系通过建立外交、高层互访、签订投资协定等方式建立一系列制度联系能更好地为母国企业降低东道国制度环境的风险冲击。

在制度差异方面，当投资母国与东道国制度环境存在显著差异时，双边政治关系有助于企业克服制度差异，降低跨国投资的门槛和适应成本。东道国制度环境若与本国差异太大，一方面使得企业在熟悉当地市场、搜寻市场和人际信息、进行沟通与洽谈、保证合约履行等相关活动方面增加额外成本；另一方面会造成外资企业在东道国面临如何获取内外部合法性的困难，增加了企业投资风险。良好的双边政治关系建立的制度联系能够在一定程度上弥补存在显著差异的东道国制度环境，降低母国投资者的进入壁垒，增强母国企业投资的合法性。

二、模型

$$\text{odi}_{ijt} = \alpha + \beta_1 \times pol_{jt} \times rul_{jt} + \beta_2 pol_{jt} + \beta_3 rul_{jt} + \varphi U_{jt} + \eta_{ij} + \mu_t + \varepsilon_{it}$$

下标 i，j，t 分别指企业、东道国和时期，odi_{ijt} 代表企业对外直接投资的集约边际（intensive）与扩展边际（extensive）；借鉴 Keuschnigg（2008）关于企业海外投资二元边际的构架方法，文章将集约边际定义为一年中某企业在某一东道国所投资的行业数量，将扩展边际定义为一年中某企业在某一东道国所投资的行业数量；pol_{jt} 为双边政治关系变量，包括建交关（diplomacy）、高层互访（visits）、政治冲突（conflict）以及双边投资协定（bit）等衡量标；rul_{jt} 为东道国制度环境变量；$pol_{jt} \times \text{rul}_{jt}$ 为双边政治关系与东道国制度环境的交叉项，相应地包括建交时间（diplomacy_rul）、高层互访（visits_rul）、双边冲突（conflict_rul）和双边投资协定（bit_rul）等交叉项；U_{jt} 是国家层面的控制变量；η_{ij} 表示企业-国家个体效应；μ_t 表示年份效应；ε_{it} 为随机误差项。

三、实证回归结果

文章首先采用方差膨胀因子（VIF）对模型变量进行了多重共线性检验，发现模型变量不存在多重共线性问题。对于集约边际的分析，文章采用面板随机效应模型而不采用固定效应模型的原因在于：一方面，模型包含不随时间变化的解释变量，随机效应模型允许把这类变量引入模型，而固定效应模型要求控制面板所有数据随个体变化但不随时间变化；另一方面，文章样本数据为短面板，采用随机效应模型可以在一定程度上避免自由度的损失，提高估计效率。对于扩展边际的回归分析，文章遵循 Hayashi（2000）的做法采用负二项回归计数模型，以避免出现数量偏差而导致异方差问题（在回归末尾的显著性检验中，Hausman 检验的 P 值显著大于 0.1 不显著，因此接受零假设采用随机效应模型；Lnalpha 估计系数强烈拒绝“不存在过度分散参数”的原假设，因此采用二项回归模型具有合理性）。

在第一个回归中，以 OFDI 二元边际估计结果来看，交叉项建交时间（diplomacy_ru）、高层互访（visits_rul）和双边投资协定（bit_rul）的估计系数为正，在扩展边际中更为显著，支持了双边政治关系对东道国制度环境起到了一定的优化促进效应的观点。良好的双边政治关系在一定程度上能够为母国投资企业提供一系列正式的投资合约等制度安排，降低跨国企业的交易费用，增强管理者与投资者的信心，促进企业的再投资行为（Desbordes and Vicard，2009；Duanmu，2014）。对于其他变量，东道国制度环境变量（rul）在二元边际估计中的系数为正但不显著，说明投资东道国制度环境对于企业对外投资的正向促进效应不显著（Kesternich and Schnitzer，2010）；非正式制度环境差异（cd）

估计系数为负但不显著，说明投资母国与东道国非正式制度差异较大一定程度上会抑制企业的海外投资行为。双边政治关系中建交时间（diplomacy）、高层互访（visits）和投资协定（bit）变量的估计系数为正，尤其是在扩展边际估计中显著性水平更高，这表明两国外交关系的延续发展以及双边投资协定的争端解决机制的完善，有利于投资者利益的保护，为母国投资企业在东道国投资提供制度安排（张建红和姜建刚，2012）。相反，双边政治冲突（conflict）对企业 OFDI 造成显著的负面效应，这可能与中国企业对外直接投资的沉没成本高、转移能力弱的特征有关，当中国与东道国间国家利益不一致而发生政治冲突时，东道国政府会较为容易地将政治冲突的成本转移给境内的中国投资企业，甚至可能采取索取中国投资商的产权和进行资产没收等处罚手段（Büthe and Milner，2008）。因而，双边政治冲突对企业 OFDI 投资规模和跨国家-行业投资行为产生了显著的抑制效应。

第二个回归用随机效应模型对双边政治关系和东道国制度差异的关系进行检验。制度差异变量估计系数均为负，说明母国与东道国制度差异在一定程度上阻碍了企业的对外直接投资行为，支持了部分学者制度差异越大越不利于企业对外直接投资的观点。此外，从双边政治关系与制度差异变量的交叉项估计来看，高层互访（visits）、投资协定（bit）和建交时间（diplomacy）与东道国制度环境的交叉项估计系数基本显著为正，即在投资母国与东道国制度环境存在显著差异时，友好的双边政治关系有助于企业克服制度差异，降低跨国投资的门槛和投资成本，促进企业海外投资发展。相反，双边政治冲突与制度差异的交叉项估计系数（conflict_diff）显著为负，说明双边政治冲突放大了两国间制度差异对投资的门槛效应。无论是正式制度差异还是非正式制度差异，友好的双边政治关系均能在一定程度上对东道国制度环境产生优化互补效应。

文章接着以企业对外投资成败为被解释变量进行分析，设定投资成败虚拟变量，即为企业 i 在年份 t 投资东道国 j 的对外投资成效，如果项目未失败，则 $suc_{i,\ jt}=1$，否则 $suc_{i,\ jt}=0$，分析采用 Logit 和 Probit 模型。第三个回归的结果与前文基本一致，即良好的双边政治关系对东道国政治环境有一定的优化互补作用，能化解投资风险，保障企业投资成效。

四、数据选取

文章研究使用的企业海外投资数据主要来自 2005—2014 年美国企业研究所和美国传统基金会设立的中国“全球投资跟踪”数据库（China Global Investment Tracker）；双边政治关系数据，包括建交时间、政治冲突、高层互访等数据均来源于中华人民共和国外交部官方网站；双边投资协定数据来源于联合国贸发会议的 BIT 数据库；全球治理指标（WGI）数据来源于世界银行；文章对文化距离的度量由 Hofstede（2014）提供的文化距离各维度的数据计算得出；东道国 GDP、GDP 平减指数、贸易额、汇率水平、人均 GDP 等世界发展指标数据均来源于世界银行数据库；东道国地理距离指数来自 CEPII 数据库。最终得到 1168 个样本。

五、稳健性检验

（一）制度偏向性检验

发现双边政治关系和东道国制度环境的交叉项对中国 OFDI 二元边际存在显著的影响效应后，文章进一步探讨友好的双边政治关系对于不同质量的东道国制度环境的优化互补效应是否具有一定的差异。文章参考蒋冠宏和蒋殿春（2012）的做法。进行了制度偏向性检验。具体地，文章以东道国制度质量的中位数作为东道国制度环境的分类标准进行分组，检验企业 OFDI 的制度偏向性。结果发现不论是对于集约边际还是扩展边际，双边政治关系与东道国制度环境的交叉项在较差的制度环境样本中估计系数较为显著，因此，双边政治关系对东道国制度的互补效应往往偏向于较差的东道国制度环境。

（二）关于内生性问题

出于稳健性的考虑，文章针对双边政治关系、东道国制度环境与对外直接投资之间可能存在的内生性问题，分别选择了系统内部的工具变量和系统外部的工具变量，进行两阶段最小二乘法估计（2SLS）。文章参考 Desbordes 和 Vicard（2009）的做法，将双边政治关系的滞后变量作为系统内部双边政治关系有效的工具变量；同时引入了一个系统外部的有效工具变量作为双边政治关系的工具变量，进行稳健性检验，回归结果基本一致，进一步检验了文章结论的稳健性。

主要结论

文章基于企业对外直接投资二元边际和成败的视角，对双边政治关系、东道国制度环境与企业对外直接投资的影响关系进行全面系统的分析，深入探究双边政治关系对于东道国制度环境的交互效应，通过构建企业-国家维度下的投资二元边际和投资成败指标，实证分析发现：第一，友好的双边政治关系对东道国制度环境具有优化促进效应，在一定程度上为母国投资企业提供了一系列正式的投资合约等制度安排，进而有效地促进了企业的海外投资行为，而双边政治冲突则对东道国制度环境产生了一定的恶化效应。第二，不论是正式制度还是非正式制度，双边政治关系均在一定程度上对东道国制度环境差异起到了弥合效应，促进了企业海外投资。第三，在对企业对外投资成效的影响中，双边政治关系同样能够产生对东道国制度环境的优化补充效应，从而显著提升企业投资成效。第四，在制度偏向性视角下，双边政治关系对于较差的东道国制度环境的补充优化效应更强。

前沿跟踪

关于中国企业对外直接投资的近期文献，研究多集中于中国企业性质差异、东道国与母国视角、中国企业对外投资动机等方面。

企业性质方面，很多学者将中国企业分为国有企业和民营企业分别进行研究：陈丙利（2015）指出，从总体来看中国企业 OFDI 并不属于风险偏好型，东道国国家风险对中国企业 OFDI 区位选择并没有显著的影响；但国有企业由于承担着国家政治使命并且能得到政府的政策支持，其 OFDI 属于风险偏好型，而民营企业的 OFDI 属于风险规避型。单娟等（2016）提出，国有企业主要偏向于投资资源丰富、政治风险较高的国家，而私有企业则偏向于规避风险。与国有企业相比，私有企业更倾向于东道国广大的市场。

东道国与母国视角方面，蒋冠宏（2015）研究后发现：第一，虽然高收入国家的政治稳定降低了我国企业风险，但低收入国家的制度对我国企业投资更为敏感；第二，法制和腐败控制的差异与我国企业投资高收入国家的风险负相关，而政府效率差异与我国企业投资中低收入国家的风险正相关；第三，东道国传统文化中的保守和阶层观念增加了我国企业风险，而东道国传统文化中的自我意识和平等意识有助于降低我国企业风险；第四，我国企业风险与文化距离呈现“U”形趋势。张艳辉等（2016）认为，东道国的政府稳定性、拒绝腐败程度对中国对外直接投资具有显著影响。也有学者从母国视角进行研究，冀相豹等（2015）提出，母国制度环境是促进中国 OFDI 迅速发展的主要因素之一，其中，东部地区的制度环境对 OFDI 的促进作用要明显高于中西部地区，这是造成国内各地区 OFDI 存在差异的主要因素之一。

中国企业 OFDI 的动机方面，陈丙利（2015）发现自然资源寻求型 OFDI 具有风险偏好的特点，市场寻求型 OFDI 则具有风险规避的特点，而东道国风险对战略资产寻求型 OFDI 的影响则不显著。

参考文献

[1] 张艳辉，杜念茹，李宗伟，石泉．国家政治风险对我国对外直接投资的影响研究——来自 112 个国家的经验证据［J］. 投资研究，2016（2）：19-30.

[2] 单娟，吴珂珂，董国位．中国企业 OFDI 区位选择的决定因素——基于国有企业和私有企业差异的视角［J］. 华东经济管理，2016（1）：87-92.

[3] 陈丙利．东道国风险与中国对外直接投资的区位选择——基于微观企业数据的实证分析［J］. 现代管理科学，2015（11）：45-47.

[4] 蒋冠宏．制度差异、文化距离与中国企业对外直接投资风险［J］. 世界经济研究，2015（8）：37-47，127-128.

[5] 赵蓓文．经济全球化新形势下中国企业对外直接投资的区位选择［J］. 世界经济研究，2015（6）：119-126，129.

[6] 冀相豹，葛顺奇．母国制度环境对中国 OFDI 的影响——以微观企业为分析视角［J］. 国际贸易问题，2015（3）：76-85.

（作者：倪子晴）

述评：
《领导人访问与中国对外直接投资》

论文原作者：闫雪凌　林建浩
期刊：《世界经济》2019 年第 2 期

原文摘要

本文基于对外直接投资的区位选择理论，通过搜集 2004—2014 年新闻联播中的领导人访问数据和《中国对外直接投资统计公报》数据构建面板数据回归模型，并结合政治互信因素，考察了领导人访问对中国对外直接投资区位分布的影响。研究结果表明，领导人访问对中国对外直接投资的区位分布具有显著的当期促进效应；中国领导人出访效应大于东道国领导人来访效应，且随着中国经济全球影响力上升和外交政策调整，领导人访问的当期促进效应逐渐增强。此外，领导人访问会通过文化交流和提高东道国民众对中国的好感度等间接机制产生持续的长期影响。

问题导入

进入 21 世纪以来，中国逐步从贸易大国发展为投资大国，并于 2012 年首次成为世界三大对外投资国之一。伴随着规模的快速增长，中国 OFDI 的区位分布也呈现出对资源丰裕国家的强烈偏好和对东道国制度水平的异质偏好等特性。当前，中国正致力于积极参与全球经济治理和公共产品供给，提高在全球经济治理中的制度性话语权，这不仅需要通过各种经济手段来实现，更需要外交活动相配合，其中，有力的经济手段就是 OFDI，而直接的外交推动方式则是高层互访。在此背景下，本文深入研究中国 OFDI 区位分布中的领导人访问效应，并对其时变模式和长期效应进行全面分析。

研究设计

一、研究假设

领导人访问对于 OFDI 的直接影响是直观的。国家领导人出访时，除了相关财经官员随行之外，还有庞大的企业家代表团，这已成为世界惯例。随行经贸团往往在领导人访问期间与东道国签订巨额投资合同，直接推动两国间在企业和行业等多层面的合作。领导人访问传递两国交好信号，可以降低双边政治的不确定性，并以国家信誉为强大保障，通过直接对话和政治协商的方式解决可能存在的双边重大利益分歧，增强企业在该东道国长期投资的信心，促进企业对该国进行投资。

基于上述讨论，本文提出以下假设：

H1：领导人访问对中国 OFDI 的区位选择具有显著当期效应。

政治关系对双边经贸活动影响的时变性也是我们关心的问题。已有学者在研究中指出，只有当中国在世界经济中的地位不断提升时，负面政治事件才会对经济关系产生实质影响。近年来，中国参与全球治理和对外投资政策向更为积极主动的方向调整，也使得领导人访问产生了持续的长期效应。

综上所述，本文提出以下假设：

H2：领导人访问存在长期持续影响，且中国国力提升和对外政策战略的调整会增强访问的当期效应。

二、样本与数据来源

现有研究多使用《中国外交》或外交部网站提取领导人访问数据，但《中国外交》出版于 2010 年，数据较旧，外交部网站记载的访问信息有少量缺失。本文则通过统计中央电视台《新闻联播》的公开报道提取领导人访问数据，具有全覆盖、可复制和可及时更新的特点，并且通过《新闻联播》公开报道的访问事件具备更强的影响力。同时，我们也结合《中国外交》、外交部网站以及各大门户网站的相关信息进行校验。数据样本期为 2004 年 1 月 1 日至 2014 年 12 月 31 日。

三、实证模型构建

$$\ln OFDI_{it} = \alpha + \beta \text{ visit}_{it} + \gamma_1 \ln GDP_{it} + \gamma_2 \text{ resources}_{it} + \gamma_3 tax_{it} + \gamma_4 \ln pGDP_{it} + \gamma_5 \text{ institutions}_{it} + \gamma_6 bit_{it} + \gamma_7 \ln distance_i + \gamma_8 \text{ culture}_i + \lambda_t + \varepsilon_{it}$$

其中，下标 i 代表东道国，共有 172 个样本；t 代表年份，样本区间为 2004—2014 年。被解释变量 ln OFDIit 为历年中国对外投资流量对数值，数据来自商务部、国家统计局、国家外汇管理局联合发布的《中国对外直接投资统计公报》，以美元为计价单位，且剔除了中国港澳台地区。

visitit 为本文核心解释变量，包括 3 种虚拟变量形式：（1）中国领导人出访变量，如果中国领导人在第 t 年出访国家 i，则 $visit_{1it}$ 等于 1，否则等于 0；（2）外国领导人来访变量，如果第 i 个国家领导人在第 t 年访问中国，则 $visit_{2it}$ 等于 1，否则等于 0；（3）访问变量，只要在第 t 年发生了出访或来访之一，则 $visit_{3it}$ 等于 1，否则等于 0。

控制变量中，$\ln GDP_{it}$ 衡量东道国市场规模；$resources_{it}$ 是东道国资源丰裕度；tax_{it} 是东道国企业总体税率。$\ln pGDP_{it}$ 衡量东道国的经济发展水平；$institutions_{it}$ 是东道国总体制度水平；bit_{it} 表示东道国是否与中国签订了双边投资协定；$\ln distance_i$ 是两国地理距离对数值；$culture_i$ 表示两国的文化差异。

主要结论

本文利用 2004—2014 年的面板数据考察领导人访问对中国 OFDI 的促进效应，并对其时变模式、长期效应进行全面分析。在控制地理、文化、制度、利益驱动以及不可观测的共同冲击等因素的影响之后，本文发现：中国领导人出访促进中国 OFDI 当期增长 40%~60%的幅度，而东道国领导人来访的投资效应则为 20%~40%。而且，随着中国在全球经济事务中影响力的提高和转向更为主动的外交政策，领导人访问的当期促进效应逐渐增强。从长期来看，在领导人访问的推动下，两国间往往伴随着密集的文化交流，这有利于加深两国企业之间、消费者与企业之间的认知，从而使访问所代表的双边政治互信对投资的长期影响具有持续性。

主要贡献

第一，考察随着中国全球经济影响力的上升和对外开放政策的调整，领导人访问的当期效应时变性和长期效应，并从文化交流和国家好感度两个角度进行机制分析。第二，对领导人访问行为进行全面刻画，除使用是否访问的虚拟变量，还计算了每年的访问次数，区分了中国领导人出访与东道国领导人来访，区分了国事访问、正式访问、工作访问等访问类型，对中国领导人出访还进一步区分了主席出访和总理出访。

前沿追踪

近年来，学者们对影响对外投资的因素进行了持续深入的研究。

对外投资选择的多样性及其绩效评价方面，王泽宇等（2019）研究发现，初始投资时，企业所在地区制度治理水平、所处行业不确定性程度和所在生命周期阶段均与投资目的地国家制度治理水平显著正相关；后续投资时，企业所在地区制度治理水平越高、所处行业不确定性程度越大、越处于企业生命周期后期，越会推动企业由向单一制度治理水平国家投资到同时向两类制度治理水平国家投资转型。

对外直接投资的快速扩张方面，蒋为等（2019）的研究表明，中国企业对外直接投资的区位选择依赖于出口网络结构，趋向于选择经济临近、社群内地理临近地区作为东道国；企业对外直接投资决策依赖于出口网络的社群分布，企业向出口网络社群内地区对外直接投资所存在的路径效应显著大于社群外地区，从而更趋向于选择社群内地区进行对外直接投资。

对外直接投资与中国工业绿色创新效率方面，聂名华等（2019）的研究结果表明，对外直接投资显著提高了技术研发阶段的工业绿色创新效率，但对成果转化阶段的效率提升尚不明显。进一步研究发现，对外直接投资与国内工业绿色创新效率之间存在“倒 U 形”关系。

双边投资协定与对外直接投资方面，余鹏翼等（2019）的研究表明，BIT 的签订且生效对中国 OFDI 具有显著的正向影响，BIT 重新修订对中国 OFDI 具有显著的负向影响；BIT 签订和 BIT 文本质量可能会促进中国 OFDI，但未能通过稳健性检验。

制度距离与中国对外直接投资区位分布方面，刘振林等（2019）研究发现，中国同“一带一路”沿线国家的经济制度距离对中国直接投资几乎无影响，而法制制度距离则有显著的负向作用。在采用 Ward 系统聚类分析法将经济制度距离差异分为大、小两组后，上述结论依然成立。

参考文献

[1] 王泽宇，刘刚，梁晗．中国企业对外投资选择的多样性及其绩效评价［J］．中国工业经济，2019（3）：5-23.
[2] 蒋为，李行云，宋易珈．中国企业对外直接投资快速扩张的新解释——基于路径、社群与邻伴的视角［J］．中国工业经济，2019（3）：62-80.
[3] 刘振林，黄凯．制度距离对中国对外直接投资区位分布的影响研究——基于“一带一路”沿线47国数据的实证分析［J］．经济经纬，2019，36（2）：64-71.
[4] 聂名华，齐昊．对外直接投资能否提升中国工业绿色创新效率?：基于创新价值链与空间关联的视角［J］．世界经济研究，2019（2）：111-122，137.
[5] 余鹏翼，刘先敏，陈文韬．双边投资协定促进了中国对外直接投资吗——兼论对中美BIT谈判的启示［J］．国际经贸探索，2019，35（1）：70-87.

（作者：张　榕）

述评:《移民网络、国际贸易与区域贸易协定》

原作者:铁　瑛　蒙英华

期刊:《经济研究》2020 年第 2 期

原文摘要

本文从移民网络的角度探讨了区域贸易协定(FTA)缔结的动因问题,提出并证明了“移民网络促进 FTA 缔结”这一假说,并发现移民网络因素的加入可以将既有 FTA 缔结动因相关研究的模型预测准确率提升约 4%,这具有重要的意义。进一步的机制检验发现,移民网络主要通过促进双边贸易流来提升两国 FTA 的签订概率,表现为“移民网络-国际贸易-FTA 缔结”这一核心发生机制。本文拓展性的细化研究还发现,无论从时间趋势或 FTA 缔结数量而言,移民网络对 FTA 缔结所起到的促进作用都呈现出边际递减规律;“移民网络-国际贸易-FTA 缔结”机制在“南-北”国家对组合中会得到强化,但在“北-北”国家对组合中的表现较弱。本文的结论意味着,移民网络是发展中国家参与区域经济合作的重要资源,在当前贸易自由化多边进程受阻、逆全球化思潮涌动、国际秩序和规则面临重塑的背景下,充分发挥和利用“移民红利”,对我国 FTA 战略的推进及世界 FTA 领域“中国范本”的探索有重要意义。

问题导入

近年来,移民网络作为全球化的一个重要现象,已成为国际贸易领域的研究热点。同时,在当前多边贸易谈判陷入停滞、逆全球化思潮涌动的背景下,区域贸易协定(free trade agreement,FTA)已成为一国参与国际经贸合作的重要工具。此外,我国目前尚处于国际经贸合作探索阶段,且拥有较大规模移民网络资源。基于此,本文主要探讨了以下两个问题:(1)移民网络可以促进 FTA 缔结吗?(2)移民网络对 FTA 缔结的影响机制是什么?

研究设计

一、理论分析与研究假说

已有研究表明,一方面,移民网络有利于促进国际贸易的发生,即移民网络可以改善贸易中的信息不对称问题,克服贸易中的机会主义行为,从而降低交易双方的信息成本,产生贸易创造效应。另一方面,学者们普遍认同贸易创造效应及贸易利益的获得是影响

FTA 缔结的主要因素之一。此外，本文基于纳入目标市场需求变动的拓展 Melitz（2003）模型的数理推导结果显示，移民的存在会增加两国签订 FTA 的概率。综上，本文提出以下假设。

假设：双边移民数量更多的两国签订 FTA 的概率更高；移民网络提升两国 FTA 的签订概率是通过贸易创造所带来的更高效用水平实现的。

二、样本及数据来源

本文首先使用 1997—2012 年覆盖全世界 170 个国家（地区）的双边 FTA 和双边贸易额数据进行匹配，同时利用国家对信息，对滞后两期的双边移民数据进行匹配，最终构造出 1997 年、2002 年、2007 年以及 2012 年四个时间维度下的国家对截面所组成的面板数据。其中，具有明确的双边移民数据样本观测值共 5043 个，包含移民数据缺失的样本观测值 35476 个。此外，FTA 数据来源于美国圣母大学门多萨数据库；移民数据来源于联合国移民数据库；国家 GDP 数据来源于世界银行 WDI 数据库；两国距离数据来源于 CEPII 数据库；国家双边贸易额来源于 UN Comtrade 数据库；国家所处的大陆信息为手工收集。

实证分析

一、模型设计

为研究移民网络对区域贸易协定（FTA）的影响，本文构建如下基准 Probit 模型：

$$\Pr(\text{Dummy\_FTA}_{ij} = 1) = \Phi(\alpha\log(\text{Migration}_{ij-2}) + \beta_1\text{MFTA}_{it} + \beta_2\text{MFTA}_{jt} + \beta_3\text{ROWFTA}_{ijt} + X\beta + \theta_t)$$

其中，下标 i 表示 I 国，j 表示 J 国，t 表示年份。被解释变量为两国是否签有 FTA（Dummy_FTA）哑变量，等于 1 表示两国之间签有 FTA 协议。核心解释变量为移民网络（Migration），用 I 国往 J 国的移民存量与 I 国来自 J 国的移民存量之和来衡量，表示 I 国和 J 国之间的移民连接关系及网络互动关系，考虑到其影响可能是滞后的，对它进行了两期的滞后。同时控制了自主 FTA 效应（MFTA）与交叉 FTA 效应（ROWFTA）。X 为控制变量向量，包括两国的地理距离、两国到世界的平均距离、两国是否为同一大陆哑变量、两国与世界的同大陆指数、两国 GDP 之和以及两国 GDP 之差等。θ_t 为时间固定效应。

结果显示，移民网络（Migration）的系数显著为正，说明移民网络促进了 FTA 缔结。另外，本文还考察了加入移民网络变量和未加入移民网络变量模型的拟合优度，结果显示，移民网络的加入可以将预测精度提升约 4%，凸显了移民网络因素在 FTA 构建动机中的重要性。

另外，由于上述基准模型可能面临“多边阻力”的挑战，难以对 I 国和 J 国的无法观测信息进行有效控制，本文控制了 I 国-年份联合固定效应，以及 J 国-年份联合固定效应，并运用 LPM 模型进行了重新回归，结果与基准模型结论保持一致。此外，为了克服潜在的反向因果问题，本文引入语言相似度（Proxling）作为工具变量，运用两阶段回归（2SLS）进行了再检验，结果显示，核心解释变量的回归结果仍然正向显著。

二、稳健性检验

为了保证结论的可靠性，本文进行了如下稳健性检验：（1）核心解释变量滞后期的敏感性分析；（2）Probit回归的固定效应调整；（3）考察稀有事件偏误的影响；（4）针对缺失值的稳健性分析；（5）考察政治动因、历史因素以及经济集团等特异样本的影响。

三、机制检验

为了进一步检验“移民网络—国际贸易—FTA缔结”机制，本文进行了如下研究：（1）引入移民网络与双边贸易流（Tradeflow，加1取对数）的交互项进行估计，检验了双边贸易流在移民网络和FTA缔结中的调节作用；（2）运用中介效应模型，对“移民网络—国际贸易—FTA缔结”的垂直传导过程进行了验证。

此外，本文还基于双边贸易流分位数的逐步切割分析，细化研究了移民网络对FTA缔结的促进作用。并在拓展性研究中，分别引入移民网络与特定年份哑变量的交互项，一国保有的FTA数量与移民的交互项，“南-北”国家组合哑变量和“北-北”国家组合哑变量与移民网络、双边贸易流构成三重交互项，对移民网络对FTA缔结效应的时期差异性、代际差异性和国家对差异性进行了研究。

主要结论

第一，移民网络规模的扩大有助于提升两国缔结FTA协议的概率，并发现移民网络因素的加入可以将既有FTA缔结动因相关研究的模型预测准确率提升约4%。第二，进一步的机制检验发现，移民网络主要通过促进双边贸易流来提升两国FTA的签订概率，表现为“移民网络-国际贸易-FTA缔结”这一核心发生机制。第三，拓展性的细化研究还发现，移民网络对FTA缔结所起到的促进作用在时间趋势、FTA缔结数量方面都呈现出边际递减规律；“移民网络—国际贸易—FTA缔结”机制在“南-北”国家对组合中会得到增强，但在“北-北”国家对组合中的表现较弱。

主要贡献

第一，本文以国际贸易为纽带，对移民网络与FTA缔结之间的关系进行探讨，在国际贸易领域不仅拓展了移民网络的政治经济学意义，而且也在FTA签订动因中强调出“人”的作用并给出了理论依据与经验证据，是对FTA理论的有益补充。第二，本文的研究在当前特定背景下具有重要的实践价值，对于发展中大国如何挖掘“移民红利”参与国际经济合作，对于如何进一步推进实施我国“一带一路”倡议，以及缓和当前世界普遍存在的贸易与移民政策的冲突等问题都具有重要的指导性意义。

前沿追踪

近年来，在经济逆全球化趋势下，FTA已成为一国或者多国参与国际经贸的重要手段。因此，学者们对FTA签订的国家层面影响因素及其对国际经贸的作用展开了广泛研究。

从 FTA 签订的国家层面影响因素来看，金香丹等（2020）对中日韩 FTA 谈判进行了分析，认为三方在“获取收益”的目标下更加关注合作利益分配问题是协议难以取得突破的关键，中国应从战略视角出发发挥积极作用，推动谈判取得突破。彭羽等（2017）研究发现“一带一路”沿线国家广泛参与全球 FTA 网络，其协定的规则水平因美、日、欧、俄等主导国家或地区类型的不同而呈现明显差异。

从 FTA 签订对国际经贸的作用来看，孙玉红等（2018）基于跨国公司知识资本模型研究发现 FTA 货物和服务规则均有效地促进了中国的 OFDI，其作用程度高于世界各国平均效应。张应武等（2019）基于拓展的引力模型和 PPML 估计方法，探讨内容异质性视角下中国 FTA 的贸易效应，研究发现 FTA 显著促进了中国进、出口贸易，且对进口的促进远远大于出口。

参考文献

[1] 金香丹，刘雅君．前景理论视域下中日韩 FTA 建设的动力与挑战［J/OL］．［2020-03-27］．https：//doi. org/10. 16407/j. cnki. 1000-6052. 20200317. 006.

[2] 彭羽，沈玉良．“一带一路”沿线自由贸易协定与中国 FTA 网络构建［J］．世界经济研究，2017（8）：26-37，135.

[3] 孙玉红，许智贤．自由贸易协定对中国对外直接投资的影响研究——基于扩展知识资本模型的实证分析［J］．投资研究，2018，37（8）：42-57.

[4] 张应武，郑凡之．中国内容异质性 FTA 的贸易效应研究［J］．国际经贸探索，2019，35（3）：37-53.

（作者：陆伟桢）

述评：《中国与“一带一路”沿线国家双边贸易的新比较优势——公共安全的视角》

论文原作者：李　兵　颜晓晨

期刊：《经济研究》2018 年第 1 期

原文摘要

安定和平是经济发展与贸易繁荣的基石，然而日渐蔓延全球的恐怖主义活动对公共安全造成巨大威胁。本文使用 1984—2014 年全球双边贸易数据和全球恐怖袭击数据，运用引力模型分别考察了恐怖袭击对“一带一路”沿线国家出口和进口的影响。实证结果表明，恐怖袭击显著降低了“一带一路”沿线国家的出口和进口；相对其他国家而言，恐怖袭击对中国与“一带一路”沿线国家之间的贸易的负面影响较小，这一效果不仅与美国、日本和德国这样的贸易强国比较非常明显，而且也比墨西哥这样的发展中国家略微明显；这一效果在 2003 年伊拉克战争发生之前并不明显，但是在伊拉克战争之后更为明显。这一方面表明我国从事外经贸实务人员的勤劳勇敢、不惧死伤、勇于开拓进取的企业家精神，另一方面也表明我国“和平共处、互不干涉内政”的外交政策使得我们更少遭到恐怖袭击的侵害，这两个方面共同构成了我国与“一带一路”沿线国家双边贸易的新比较优势。但是，这种比较优势在中国与非洲国家和欧洲的 OECD 国家之间的贸易中不存在，在与拉丁美洲国家的贸易中，中国反而有比较劣势。本文的发现支持了我国的“一带一路”倡议。

问题导入

在中国与“一带一路”沿线国家的双边贸易迅猛发展的同时，恐怖主义活动也在这一区域的部分国家中肆虐，对当地公共安全造成巨大的威胁。值得注意的是，在“一带一路”沿线国家对中国双边贸易占比呈不断上升趋势的同时，对美国、日本和德国的贸易比重却呈逐年下降趋势。这反映了恐怖袭击并未阻碍中国与“一带一路”沿线国家之间日益密切的贸易往来，中国与“一带一路”沿线国家的双边贸易拥有比较优势。这不得不令我们思考：中国是否有免疫于恐怖袭击的贸易比较优势？来源是什么？本文将为您揭开答案。

研究设计

一、样本选择与数据来源

本文选取了2016年1月中国社会科学院工业经济研究所工业化蓝皮书课题组发布的研究结果中认定的“一带一路”沿线共计65个国家和地区与中国的进口和出口数据，时间跨度为1984—2014年。

双边贸易流量数据来自国际贸易研究领域的著名经济学家Robert C. Feenstra的个人主页。核心解释变量恐怖袭击指标（TI）来源于美国马里兰大学的START团队收集的全球恐怖主义数据库，包括每次恐怖袭击发生的具体时间、地点、袭击方式、袭击目标、死亡人数、受伤人数等详尽信息。其余数据来自世界发展指标、EIU、CEPII等数据库。

二、实证模型

本文使用了研究贸易流量的常用模型——引力模型来探究恐怖主义对于双边贸易的影响。模型设定如下：

$$\mathrm{In}X_{ijt} = \beta_1 \mathrm{Tl}_{it} + \beta_2 \mathrm{Tl}_{it} \times \mathrm{China}_j + \beta_3 \mathrm{In}Y_{it} + \beta_4 \mathrm{In}Y_{jt} + \beta C_{ijt} + \delta_{ij} + \mu_i + \varepsilon_{ijt} \tag{1}$$

$$\mathrm{In}X_{ijt} = \beta_1 \mathrm{Tl}_{jt} + \beta_2 \mathrm{Tl}_{jt} \times \mathrm{China}_i + \beta_3 \mathrm{In}Y_{it} + \beta_4 \mathrm{In}Y_{jt} + \beta C_{ijt} + \delta_{ij} + \mu_t + \varepsilon_{ijt} \tag{2}$$

（1）式的交互项中国为进口国，代表在i国发生恐怖袭击对于i国向中国出口的影响与向其他国家出口的影响的差异，（2）式中中国则为出口国。X为双边贸易流量，Y为GDP，控制变量包括两国是否拥有共同的边界、是否使用同一种语言、是否曾经有过殖民关系、是否曾经被同一国家殖民统治过、是否为WTO成员方、WTO交互项、两国是否有RTA，是否使用同一种货币等虚拟变量。

三、实证结果和机制检验

引力模型中的所有回归都控制了时间固定效应和国家固定效应，并使用以国家为聚类变量的聚类稳健标准差。主要回归结果显示恐怖袭击每增加100次，恐怖袭击死亡人数和伤亡人数每增加100人，该国的出口额分别会减少4.8%、2.4%和1.0%；当“一带一路”沿线国家为进口国的时候，恐怖袭击对进口额比出口额的影响要小一些；含中国的交互项都是正向显著的，证明当该国发生恐怖袭击，中国相对于其他国家而言与“一带一路”沿线国家的贸易减少量较小，甚至还有所增加。这表明相对于其他国家，中国在与“一带一路”沿线国家进行双边贸易的时候，具有免疫于恐怖袭击的比较优势。

为了探寻中国与“一带一路”沿线国家之间贸易免疫于恐怖袭击的比较优势的作用机制，本文分别设定冒险精神假说和外交政策假说，并给予了实证支持。

首先，本文将美国和墨西哥以同样的方式加入原有的引力模型中，通过t检验对比与两国交互项系数的差异，发现无论是与发达国家代表还是发展中国家代表相比，中国都具有免疫于恐怖袭击的比较优势，本文把这种原因归结于国内较低的机会成本。此外，本文还分别对不同袭击方式（爆炸和绑架）、不同袭击目标（官员和平民）进行交互项回归，结果均支持冒险精神假说。

其次，由于伊拉克战争是西方与“一带一路”沿线国家之间关系的分水岭，如果是外交政策在发生作用，伊拉克战争前后中国的比较优势应有不同的结果。于是，本文将样本分为2003年前后两部分进行回归，结果支持外交政策假说。

四、稳健性检验

考虑到恐怖袭击发生在大国和发生在小国的冲击可能存在不同，本文使用当地人口数为恐怖袭击指标加权，结果未发生改变。此外，验证两个假说时，本文在模型中又引入其他国家的交互项，综合全面对比不同国家的回归结果，均表明中国具有免疫于恐怖袭击的比较优势的结果是稳健的。

主要结论

本文首次发现了中国在与“一带一路”沿线国家进行双边贸易中确实存在不同于其他国家的、免疫于恐怖袭击的比较优势，并进一步探究和证实了中国比较优势可能的两种作用机制——中国经贸人员的“冒险精神”假说和中国互不干涉内政的“外交政策”假说。

主要贡献

第一，首次探究了恐怖袭击对不同国家贸易的异质性影响，并首次发现了中国在与“一带一路”沿线国家进行双边贸易中具有免疫于恐怖主义的比较优势；第二，进一步探索了中国的这种比较优势的两个来源。

前沿跟踪

“一带一路”倡议自提出以来就得到了国内外学术界的广泛关注，大量学者从多个角度就中国对“一带一路”沿线国家投资进行了广泛的研究。主要包括以下几个方面：

投资区位选择方面。李勤昌和许唯聪（2017）运用空间计量方法检验了中国对沿线55个国家的OFDI，发现存在空间集聚效应，但存在全域空间布局失衡，且存在空间溢出效应和第三国对东道国OFDI的挤出效应；刘晓凤等（2017）从国家距离视角出发，研究发现中国企业在沿线投资设厂的区域差异较大，且不同类型的国家距离（如经济、政治、外交、文化、地理等）对中国企业在“一带一路”沿线投资的作用机制有所差异。

投资动因方面。王颖等（2018）基于拓展的引力模型发现东道国市场规模、东道国人均收入水平以及东道国资源禀赋是影响中国企业对其投资的主要因素，但技术禀赋、政治稳定性以及与东道国的距离没有通过显著性检验。此外，不同投资动因下东道国制度质量差异也是研究的热点，彭冬冬和林红（2018）发现综合制度环境优良的国家对市场导向型、技术导向型、成本导向型与工程承包型的OFDI具有更大的吸引力，但是对资源导向型OFDI区位选择的影响不显著。

投资潜力估计方面。李计广等（2016）通过建立随机前沿模型，发现中国对“一带一路"国家的整体投资效率水平和平均值都比较可观，潜力得到较好实现，但仍缺少高投资效率国家，尚有巨大投资潜力。张亚斌（2016）通过构建一套系统的投资便利化测度体系对OFDI潜力进行两种不同的模拟分析，两个模拟结果表明中国对沿线地区分别存在98.67亿美元和120.34亿美元的投资潜力有待挖掘，其中东南亚和东亚为投资潜力最大的地区。

参考文献

[1] 李勤昌，许唯聪．中国对"一带一路"全域OFDI的区位选择——基于空间效应视角[J]．宏观经济研究，2017（8）：3-18，102.

[2] 刘晓凤，葛岳静，赵亚博．国家距离与中国企业在"一带一路"投资区位选择[J]．经济地理，2017，37（11）：99-108.

[3] 王颖，吕婕，唐子仪．中国对"一带一路"沿线国家直接投资的影响因素研究——基于东道国制度环境因素[J]．国际贸易问题，2018（1）：83-91.

[4] 彭冬冬，林红．不同投资动因下东道国制度质量与中国对外直接投资——基于"一带一路"沿线国家数据的实证研究[J]．亚太经济，2018（2）：95-102+151.

[5] 李计广，钊锐，张彩云．我国对"一带一路"国家投资潜力分析——基于随机前沿模型[J]．亚太经济，2016（4）：96-103.

[6] 张亚斌．"一带一路"投资便利化与中国对外直接投资选择——基于跨国面板数据及投资引力模型的实证研究[J]．国际贸易问题，2016（9）：165-176.

（作者：殷雨晗）

述评：《"一带一路"倡议的对外投资促进效应——基于2005—2016年中国企业绿地投资的双重差分检验》

论文原作者：吕　越　陆　毅　吴嵩博　王　勇

期刊：《经济研究》2019年第9期

原文摘要

本文采用目前可获得数据中较翔实和准确的2005—2016年全球企业绿地投资数据库，运用事件评估的有效识别方法——双重差分法对"一带一路"倡议的投资促进效应进行全方位的评析。主要结论是：首先，"一带一路"倡议实施显著促进了中国企业对外绿地投资的增长，"一带一路"沿线国家的投资项目数增长幅度达32%左右，且一系列的有效性和稳健性检验均表明这一促进效应显著存在。其次，"一带一路"倡议对中国企业绿地投资的积极促进效应通过"五通"实现，即设施联通、政策沟通、资金融通、贸易畅通、民心相通。再次，通过异质性分析发现，在地理上，"一带一路"倡议更显著地促进"海上丝绸之路"沿线国家和与中国邻近"一带一路"国家的投资增长，且对高政治风险经济体的投资不存在显著的促进效应。从投资动态来看，现阶段"一带一路"倡议的投资促进效应主要表现为集约边际的扩张，即主要带动已有投资基础或投资项目经济体的投资增长。此外，基于三重差分估计的结果看，在行业上，该倡议的对外投资促进效应主要集中在能源、交通和通信等基础设施相关领域；在投资来源上，该倡议尚未对"一带一路"重点省份产生显著的投资促进效应。

问题导入

拓展相互投资领域，鼓励本国企业参与沿线国家基础设施建设和产业投资是"一带一路"倡议合作的重点领域，这对中国企业"走出去"的目标国、重点产业、投资模式等产生了重要影响。本文就此展开讨论，提出五年多的"一带一路"倡议是否存在对企业对外直接投资的实际促进效应？如果存在，其内在影响机制是什么？从而为实现从对外投资大国到对外投资强国的历史性跨越提供重要理论依据。

研究设计

一、理论分析与研究假设

现有文献基于东道国禀赋，如经济因素（罗伟和葛顺奇，2013；陈健和徐康宁，

2009)、自然资源因素（阎大颖，2013）、投资母国禀赋（余官胜，2015）以及双边经贸合作视角（杨宏恩等，2016）研究对外直接投资问题，但未对特定政策事件的投资促进效应进行全面评析。本文以因果机制为切入点，研究“一带一路”倡议对中国企业沿线投资的影响。在机制研究部分，本文还进一步分析检验了“五通”——政策沟通、设施联通、贸易畅通、资金融通、民心相通是否为影响中国企业对“一带一路”投资的关键驱动因素，是否起到了消除不确定性和降低外部风险的积极作用?

二、数据来源与样本选择

本文采用了 FDI Markets 提供的 2005—2016 年全球对外绿地投资数据库、世界银行 World Development Index 和 Worldwide Governance Indicators 数据库的合并数据。由于中国对外直接投资主要发生在 2005 年以后，所以将样本的时间维度设定为 2005—2016 年，样本包含 199 个国家和地区的相关信息，涉及 60 个“一带一路”沿线国家和地区。

三、模型设定

本文采用双重差分法，以“一带一路”倡议提出为政策事件，准确评估其对中国企业“走出去”的影响及其作用机制。“一带一路”倡议主要涉及 65 个沿线国家和地区，这为我们通过特定政策事件评估对外投资促进效应提供了有效的准自然实验。借鉴 Lu&Yu（2015）的做法，选取“一带一路”沿线国家作为处理组，非“一带一路”沿线国家和地区作为对照组，构建如下双重差分模型：

$$y_{ct} = \beta \text{silk\_dum}_{ct} + X_{ct}\gamma + \alpha_c + \psi_t + \varepsilon_{ct} \tag{1}$$

$$\text{silk\_dum}_{ct} = \text{silkroad}_{c} - \text{post}_{t} \tag{2}$$

y 代表中国企业对特定东道国经济体的绿地投资的项目数量；post 代表处理效应时期虚拟变量，由于“一带一路”倡议在 2013 年提出，故将 2013 年及之后年份的 post 设定为 1，之前的年份设定为 0；silkroad 为处理组虚拟变量，如果东道国是沿线国家将该变量设定为 1，否则为 0；silk_dum 为“一带一路”倡议提出后时期虚拟变量与处理组虚拟变量的交互项，也是双重差分法关注的核心变量，其经济含义可解释为“一带一路”倡议对于中国企业海外绿地投资项目增长率的影响。

四、进一步分析

为保证结论的可靠性，本文进行了一系列稳健性检验：平行趋势检验；安慰剂检验：分别假设政策事件发生在 2013 年之前以及随机抽取实验组；异质性分析：海上与陆上丝绸之路的区分考察、邻近“一带一路”与非邻近“一带一路”的区分考察、高低风险经济体的区分考察、企业投资存续类型的区分考察；基于行业-国家和省份-国家维度的三重倍差法分析，结果均稳健。

五、机制检验

本文从政策沟通、贸易畅通、资金融通、设施联通以及民心相通五个角度出发，分别选取双边高级官员互访数量、贸易密集度指数、目标经济体金融发展情况、中国与目标经济体之间的直飞航班数量、出口的文化商品数量作为“五通”的代理变量，带入前文双重差分模型进行回归分析，对“一带一路”促进中国企业 OFDI 的机制进行了探索。结果表明，“一带一路”倡议对中国企业绿地投资的积极促进效应确实通过“五通”实现，是“一带一路”倡议促进对外直接投资的有效机制。

主要结论

第一，“一带一路”倡议实施显著促进了中国企业对外绿地投资的增长，该实证结果通过了双重差分有效性检验，包括安慰剂检验、平行趋势检验、多重固定效应控制以及多重稳健性检验。第二，“一带一路”倡议对中国企业绿地投资的积极促进效应通过“五通”实现，设施联通、政策沟通、资金融通、贸易畅通、民心相通是“一带一路”倡议促进对外直接投资的有效机制。第三，通过异质性分析，我们发现“一带一路”倡议的对外投资促进效应更明显地表现为面向海上丝绸之路沿线国家和邻近“一带一路”国家的投资增长。第四，当东道国经济体面临较高政治风险时“一带一路”倡议的积极投资促进效应无法体现。从投资动态来看，现阶段“一带一路”倡议的投资促进效应主要表现为集约边际的扩张，即主要带动对已有投资基础或投资项目经济体的投资增长。第五，本文进一步基于行业-国家和省份-国家维度的三重倍差法研究发现，“一带一路”倡议的对外投资效应主要集中在煤、石油和天然气、可再生能源、建筑材料、通信、运输以及仓储行业。但是，该倡议并未对“一带一路”的重点省份产生立竿见影的对外投资促进效应，这也是今后政策实施需关注的重点。

主要贡献

第一，较之以往“一带一路”研究主要考察投资目标国环境的可行性分析，本文创新性地采用双重差分法对“一带一路”倡议的实施效果进行系统评估，从事后分析的视角准确识别“一带一路”倡议的投资促进效果以及效果的异质性特征。第二，本文不仅对“一带一路”倡议是否有积极的投资效应进行了考察，还对倡议如何促进对外直接投资的内在机理进行了深入分析，且是现有文献中较早对“一带一路”倡议的“五通”机制进行全面深入探讨的。第三，使用全球绿地投资数据库，该数据库较完整地记录了当前中国所有对外直接投资的每一个实际投资项目，可以真实有效地描绘中国企业对外绿地投资的全貌。

前沿追踪

现有从“一带一路”倡议角度对企业对外直接投资问题的研究主要是从以下几个方面进行论述：

针对东道国的制度和环境因素，贺娅萍和徐康宁（2018）重点考察了东道国经济制度对中国 OFDI 的影响，对倡议前后的效应变化做了对比检验之后发现：东道国经济制度同时影响了投资选择偏好和投资规模。

除了东道国的因素，企业自身禀赋也很重要，针对企业自身的竞争优势，崔远淼等（2018）运用面板二元选择模型检验了出口经验对企业对外直接投资的影响，结果表明，企业自身出口经验能显著提升企业对“一带一路”国家的对外直接投资。Du 和 Zhang（2018）采用微观企业数据研究了“一带一路”倡议对企业海外并购的影响，研究发现国有企业在基础设施领域的投资占据主导地位，非国有企业在非基础设施领域占据主导地位。

此外区位因素也应考虑在内，针对东道国和母国的地理距离，方慧和赵甜（2017）在供需模型下综合分析国家距离对出口贸易和直接投资两种主要国际化经营方式选择的影响，随后使用 PPML 法进行的检验表明：国家距离对中国企业的国际化经营整体呈现抑制作用，其中对 OFDI 的抑制更为显著。

参考文献

[1] 罗伟，葛顺奇．中国对外直接投资区位分布及其决定因素——基于水平型投资的研究［J］．经济学（季刊），2013，12（4）：1443-1464.

[2] 陈健，徐康宁．跨国公司研发全球化：动因、地域分布及其影响因素分析［J］．经济学（季刊），2009，8（3）：871-890.

[3] 阎大颖．中国企业对外直接投资的区位选择及其决定因素［J］．国际贸易问题，2013（7）：128-135.

[4] 余官胜．东道国金融发展和我国企业对外直接投资——基于动机异质性视角的实证研究［J］．国际贸易问题，2015（3）：138-145.

[5] 杨宏恩，孟庆强，王晶，李浩．双边投资协定对中国对外直接投资的影响：基于投资协定异质性的视角［J］．管理世界，2016（4）：24-36.

[6] 贺娅萍，徐康宁．“一带一路”沿线国家的经济制度对中国 OFDI 的影响研究［J］．国际贸易问题，2018（1）：92-100.

[7] 崔远淼，方霞，沈璐敏．出口经验能促进中国对“一带一路”国家的直接投资吗——基于微观企业面板数据的实证检验［J］．国际贸易问题，2018（9）：66-79.

[8] 方慧，赵甜．中国企业对“一带一路”国家国际化经营方式研究——基于国家距离视角的考察［J］．管理世界，2017（7）：17-23.

[9] Julan Du，Yifei Zhang. Does One Belt One Road initiative promote Chinese overseas direct investment?［J］. China Economic Review，2018，47：189-205.

（作者：姚沣格）

第二编

创新主题

引　言

技术和创新是企业的核心战略资源。中国企业历经改革开放后几十年来的高速发展，在自主研发上有了不少成果积累。① 但自 2018 年 3 月中美贸易摩擦开始以来，美国特朗普政府假借知识产权保护为由，联合部分西方发达国家，对中国的技术封锁意图越来越明显。2019 年前后发生在中兴、华为公司身上的一系列事件也证明了这一点。在中国企业开展外部技术学习，获取逆向技术溢出的外源创新模式暂时受到阻碍的形势下，重视并深入研究探讨内源创新即企业的自主研发创新绩效具有很强的理论和现实意义。

世界正迎来百年未有之大变局。2020 年爆发的新冠疫情目前仍在全球蔓延，给各国的经济发展带来不可估量的损失，对未来全球的政治、经济格局以及生态、可持续发展等走势造成巨大的不确定性，也给各国的科技人文交流带来客观上的困难。中国企业如何在国内国际双循环发展的格局下拥有可转移优势，尤其是其中的技术优势，解决“卡脖子”的技术瓶颈是值得理论和实务界不断探讨的问题。

本部分归纳整理了 2015—2020 年国内外创新主题的研究成果，以期为对创新领域感兴趣的研究者提供理论支撑和研究思路，进而具有一定参考价值。

---

① 《2018 中国科技统计年鉴》数据显示，2017 年全国专利授权数量达 1720828 件，其中发明专利授权数为 326970 件，实用新型专利授权数为 967416 件，外观设计专利授权数为 426442 件。

一、文献描述性统计

创新主题的文献极其丰富。截至2020年12月29日，从发表论文的数量来看，WOS数据库中创新（innovation）文献总数达到了184316篇，CSSCI数据库65612篇，体现出全球学者对“创新”主题研究的高度关注。为进一步精确锁定最新经管和社科领域的相关成果，在WOS核心合集数据库中，我们选择SSCI和SCIE两个数据库，检索经济（Economics）、管理（Management）和商务（Business）三个学科中“创新”（Innovation）主题论文类（article）文献，本书仅保留了2015—2020年的相关文献进行深入分析，共计21379篇。

图1显示在WOS数据库中，英国、美国、意大利、德国、西班牙、澳大利亚、荷兰、法国和中国是发表创新主题文献最集中的九个国家。体现出这九个国家的学者们对创新的关注度最高。而且在这九个国家中，只有中国是新兴经济体，其他八个国家都是发达经济体。

图1　2015—2020年创新文献来源国家共现图（Citespace软件）

数据来源：WOS文献数据库中的SSCI和SCIE数据库。

图2显示，欧洲高校在创新主题研究中的重要性突现。其中不仅仅老牌的欧洲名校，如英国剑桥和牛津大学表现突出，不少欧盟国家的高校在本领域的研究成果数量也占据重

要位置，如丹麦哥本哈根商学院、瑞典隆德大学、荷兰乌德勒支大学、格罗林根大学、英国曼彻斯特大学、利兹大学、意大利米兰博克尼大学、西班牙巴伦西亚大学、芬兰阿尔托大学和比利时鲁汶大学等。中国高校如清华大学、浙江大学、西安交通大学等在创新领域的研究成果数量位列第二梯队。美国印第安纳大学、加州伯克利、麻省理工学院和哈佛大学的创新研究文献数量在本领域位列第三梯队。

图 2 2015—2020 年创新文献所属研究机构共现图（Citespace 软件）
数据来源：WOS 文献数据库中的 SSCI 和 SCIE 数据库。

图 3 显示，从 WOS 数据库中的英文文献关键词的共现频率和中介中心度来看，学者们注重创新机制和机理问题研究。学者们高度关注“知识”（knowledge）、“技术”（technology）、“网络”（network）、“企业家精神”（enterpreneurship）、“合作”（cooperation）、“治理”（governance）和“战略”（strategy）在创新中的作用，以及创新过程中的“研发”（r&d）、“探究”（exploration）、“变革”（evolution）、“溢出”（spillover）、“发散”（diffusion）和“适应”（adoption）等问题，也在不断探讨“创造力”（creativity）、“吸收能力”（absorbtive capability）、“生产力”（productivity）和“可持续性”（sustainability）等对创新的关键影响。在 2017—2020 年，“开放创新”（open innovation）、“科学”（science）和“经济增长”（economic growth）位列创新领域被引文献关键词突现前 8 名（见图 4）。

在文献共被引检索中，我们发现 West 等在 2014 年发表的两篇关于开放创新的文章占据领域重要地位（见图 5）。其中 West 和 Bogers（2014）标题为《借助外部资源的创新：开放创新研究综述》（“Leveraging external sources of innovation：a review of research on open innovation”）的综述文章在 WOS 中被引用 572 次，突现值（Burst）达到 20.57，中介中心度（Centrality）高达 27%，位列本时期创新共被引文献之首。Laursen 和 Salter（2014）从创新战略和商业模式的角度进一步探讨了开放创新，指出创新创造需要开放，但是创新

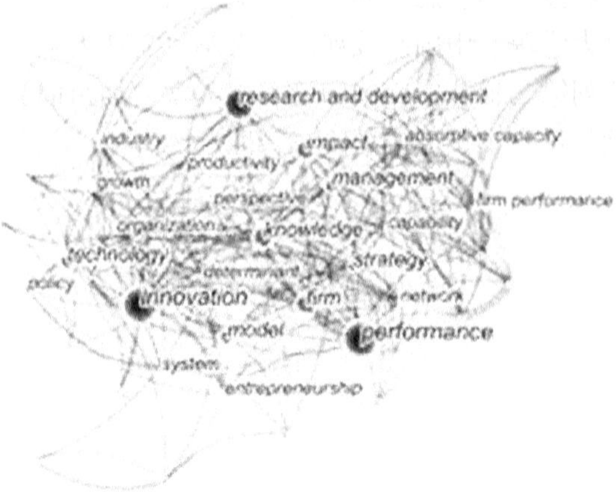

图 3　2015—2020 年创新文献关键词共现图（Citespace 软件）

数据来源：WOS 文献数据库中的 SSCI 和 SCIE 数据库。

Top 8 Keywords with the Strongest Citation Bursts

Keywords	Year	Strength	Begin	End	2015 - 2020
market orientation	2015	55.1	**2015**	2016	
adoption	2015	40.9	**2015**	2018	
diffusion	2015	38.93	**2015**	2018	
integration	2015	37.83	**2015**	2016	
product development	2015	3.3	**2015**	2016	
open innovation	2015	66.36	**2017**	2020	
science	2015	20.68	**2017**	2020	
economic growth	2015	67.61	**2018**	2020	

图 4　2015—2020 年创新被引文献关键词突现前 8 名（Citespace 软件）

数据来源：WOS 文献数据库中的 SSCI 和 SCIE 数据库。

产品的商业化过程又需要创新保护，这个观点显然得到了学者们的普遍认可，因而文献也被大量引用（344 次）；而 Anderson，Potocnik 等（2014）发表在管理学期刊（*Journal of Management*）上标题为《组织创新和创造力：发展综述、前瞻性评论和指导框架》（“*Innovation and creativity in organizations：a state-of-the-science review，prospective commentary，and guiding framework*”）的文章将研究引入对个体创新、团队创新、组织创新和多层面创新的探讨。该论文在 WOS 数据库中被引 848 次，突现值 17.34，也堪称本阶段创新领域的研究经典。

接下来我们针对“创新”主题的中文文献进行了同样的梳理。我们在 CSSCI 数据库中检索 2015—2020 年关键词为“创新”的中文 C 刊文献，精确匹配下得到 1719 篇。研

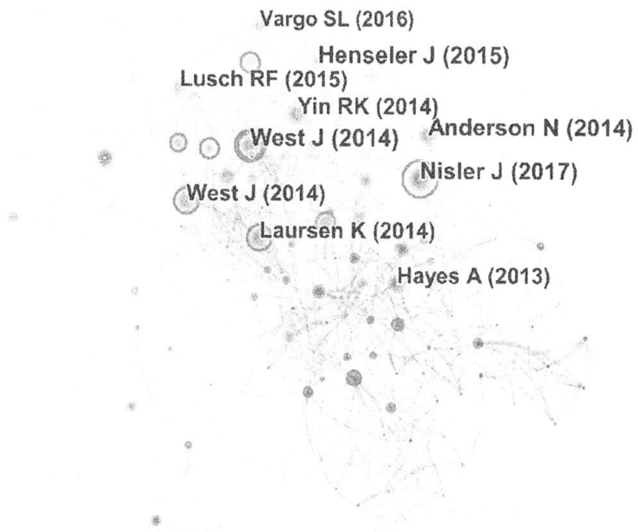

图5　2015—2020年创新文献共被引共现图（Citespace软件）
数据来源：WOS文献数据库中的SSCI和SCIE数据库。

究显示，国内的创新研究开放程度很高，体现在共被引文献中英文文献占据了半壁江山。据图6可知，中国的研究者们在开展“创新”主题研究时不仅大量引用了《经济研究》《管理世界》《中国工业经济》《世界经济》《金融研究》等国内顶级期刊上的创新主题论文，而且频繁引用了*American Economic Review*，*Academy of Management Journal*，*Journal of Political Economy*，*Strategic Management Journal*和*Research Policy*等国际顶级期刊上有关本领域的经典论文。

与英文期刊不同的是，国内期刊发表的创新主题论文更重视中国情境下创新的实现问题研究。在图7的关键词共现图中，创新与创业出现频率极高。在相关选题的讨论中，中国学者对“改革开放”“传承”与“发展”的讨论频繁，重视研究“科技”“大数据”“互联网+”和“人工智能”等核心问题，以及上述因素在创新实现过程中的作用和机制，也集中探讨了创新对“经济增长”的作用以及创新在“新时代”和“高质量”发展中的重要作用。

图8显示了2015—2020年中文C刊的文献创新主题共被引最集中的十余篇论文。其中黎文靖和郑曼妮（2016）在《经济研究》上发表的题为《实质性创新还是策略性创新？——宏观产业政策对微观企业创新的影响》一文，研究企业利用宏观产业政策进行策略性创新的投机行为，该文知网被引907次，中介中心度达到0.2，位居2015—2020年创新领域文献共被引榜首。但是，余明桂等（2016）在《中国工业经济》上发表的文章认为产业政策与企业创新的关系是显著正相关，观点和前者相反，但该研究结论也得到了学者们的普遍关注，知网被引用高达463次。与此同时，袁建国等（2015）研究了政治

图6　2015—2020年刊物共被引共现图（Citespace软件）
数据来源：CSSCI文献数据库。

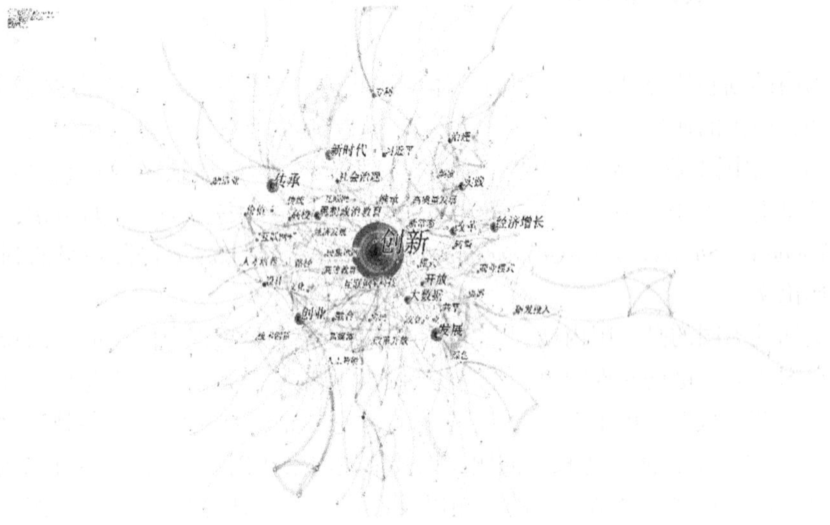

图7　2015—2020年关键词共现图（Citespace软件）
数据来源：CSSCI文献数据库。

关联对创新的诅咒效应，知网引用达到777次之多，成为CSSCI数据库中创新领域位列第二的重要中文文献。党力等（2015）则讨论了反腐败与企业创新的关系，同样得到了学者们的广泛关注，知网被引达391次。

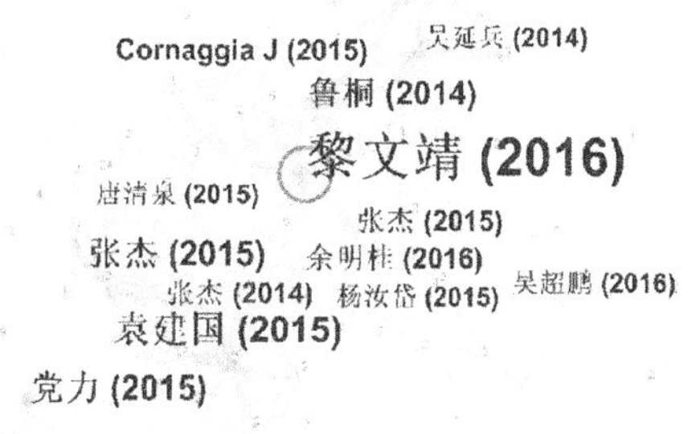

图 8　2015—2020 年文献创新主题共被引共现图（Citespace 软件）

数据来源：CSSCI 文献数据库。

二、创新最新文献评述

通过分析我们发现，2015—2020年国内外学界对于创新问题的研究十分热烈。但是中外学者对于创新的关注点却不尽相同。英文文献更注重研究开放对创新的作用与创新成果保护的必要性，研究创新的形成机制，深挖创新促进的机理，而且本阶段还形成了不少领域内经典的综述型文献；中国学者在本时期的创新研究非常开放性地大量分析引用了英文文献成果，但关注重点更侧重于讨论中国情境下如何实现企业创新以及企业创新效果的实证检验。中国学者更注重创新问题的宏微观结合研究，如“新时代”背景下，宏观层面的产业政策如何促进创新和“高质量”发展；制度环境（腐败）、政治关联对于微观企业创新的影响，检测、捕捉企业创新的投机性行为及其产生机理等。

近年来，学者们对于创新选题的研究非常丰富，许多研究关注宏观经济政策、制度环境对微观企业的影响。如研究经济政策不确定性对上市公司创新的影响（顾夏铭，陈勇民等，2018）；研究媒体监督、互联网化对于企业创新的影响（杨道广，陈汉文等，2017；沈国兵和袁征宇，2020）；研究中国的融资融券制度对企业创新的影响（权小锋和尹洪英，2017；郝项超，梁琪等，2018；林志帆和龙晓旋，2019）；中国的政府补贴政策对企业创新的影响（杨洋，魏江等，2015；黎文靖和郑曼妮，2016；李万福，杜静等，2017）以及政府的劳动保护政策（王珏和祝继高，2018）、知识产权保护执法力度等对企业创新的影响（吴超鹏和唐菂，2016）。

在微观层面，学者们一方面从公司治理角度探讨企业创新的影响因素，如业绩考核、薪酬差距、工资扭曲、企业员工友好氛围等对企业创新的影响（Chen，Leung等，2016；余明桂，钟慧洁等，2016；孔东民，徐茗丽等，2017；蒲艳萍和顾冉，2019）；另一方面学者们广泛开展了股权性质、股权结构和股东特征等对创新影响的讨论（李文贵和余明桂，2015；朱沆，Kushins等2016；李姝、翟士运等，2018；朱冰，张晓亮等，2018；罗宏和秦际栋，2019）；研究创业企业的创新行为（万坤扬和陆文聪，2016；王康，李逸飞等，2019）以及检验融资约束对创新的影响也是两个重要的研究方向（张璇，刘贝贝等，2017；周开国，卢允之等，2017）。也有部分学者开展了企业集团及企业扩张类型对创新影响的讨论（蔡卫星，倪骁然等，2019；陈爱贞和张鹏飞，2019；谭洪涛和陈瑶，2019）。

三、述评系列：创新主题

述评：《经济政策不确定性与创新——基于我国上市公司的实证分析》

论文原作者：顾夏铭　陈勇民　潘士远
期刊：《经济研究》2018 年第 2 期

原文摘要

本文阐明了一个经济政策不确定性如何影响企业创新的理论机制，提出经济政策不确定性会对企业创新产生激励效应和选择效应。在此基础上，本文利用 Baker 等（2016）构建的中国经济政策不确定性指数和我国上市公司的创新数据来进行实证研究。结果表明，与经济政策不确定性抑制企业投资活动的已有结论不同，经济政策不确定性正向影响上市公司 R&D 投入和专利申请量。此外，这一经济政策不确定性与创新活动的关系受政府补贴、金融约束、企业所有权性质、行业特征等因素影响。这些发现与经济政策不确定性对企业创新产生的选择效应和激励效应相吻合。

问题导入

经济政策不确定性指的是经济主体无法确切预知政府是否、何时以及如何改变现行经济政策。不少研究表明经济政策不确定性会给宏观环境带来负面影响，比如不利于就业和产出、阻碍经济复苏；同时，经济政策不确定性可能通过改变企业经营活动成本抑制微观企业活动。但回顾相关文献发现，经济活动中的重要一环——创新活动被大部分研究所忽略了。那么，经济政策不确定性对企业的创新活动是否有影响呢？这种影响是否不同于其对企业其他类型投资活动的影响呢？本文将予以解答。

研究设计

一、理论模型与机制

本文在前人的研究基础上，通过对动态模型的量化分析，阐述经济政策不确定性如何影响创新。假设企业满足Cobb-Douglas生产函数以及需求弹性价格不变的需求函数，定义企业面临的经营条件 X 为生产性条件和需求冲击的结合，经济政策不确定性直接影响企业经营条件 X，且 X 服从随机游走过程。为了识别R&D活动对不确定性的反应，文章对模型进行简化，最终得到企业最大化问题对应的贝尔曼方程：

$$V(\tilde{x}_t, 1, r_{t-1}, \sigma_t) = \max_{r_t} \tilde{M}(\tilde{x}_t, 1) - C(r_t, r_{t-1}) - wr_t + \frac{1-\delta_G + r_t}{1+\beta} E[V(\tilde{x}_{t+1}, 1, r_t, \sigma_{t+1})]$$

其中，x 表示单位经营条件，r 表示单位R&D强度。通过对该动态模型进行模拟量化，可以得到最优路径上变量之间的关系：（1）当经济政策不确定性上升时，企业会增加创新来提升其长期收益。（2）经济政策不确定性对异质性企业的最终影响也会不同。作者把这两种模拟结果概括为“激励效应”和“选择效应”，也即经济政策不确定性影响创新的两种理论机制。

二、实证设计

首先，根据前文分析，文章提出假设H1：经济政策不确定性正向影响上市公司的创新活动，即经济政策不确定性对创新具有激励效应。并构建如下多元回归模型来验证假设H1：

$$\text{Innovation}_{i,t} = \alpha_0 + \alpha_1 \text{EPU}_{i,t-1} + \sum \phi_i x_{i,t-1} + \eta_t + \eta_{\text{ind}} + \eta_{\text{area}} + \varepsilon_{i,t}$$

式中，因变量Innovation表示上市公司的R&D强度和专利申请情况（包括发明专利、实用新型专利和外观设计专利），EPU表示经济不确定性滞后一期，控制变量包括企业规模、企业年龄、托宾 Q 值、盈利能力、有形资产比率、现金流比率等。

其次，文章提出假设H2来讨论当不确定性上升时，由于企业异质性因素带来的选择效应。假设H2包括：（1）经济政策不确定性上升对国有企业和非国有企业创新活动的影响程度将不同，即经济政策不确定性在不同所有制性质的企业间具有选择效应；（2）经济政策不确定性对高科技行业和非高科技行业具有选择效应，它对高科技行业中企业的激励效应大于非高科技行业中企业；（3）经济政策不确定性对受金融约束程度不同的企业具有选择效应，它对受金融约束小的企业更具激励效应；（4）经济政策不确定性对获得补贴程度不同的企业具有选择效应，它对获得补贴多的企业更具激励效应。

为验证假设H2，文章分别在原回归方程的基础上引入是否国企、是否高科技行业、金融约束、政府补贴四个解释变量以及它们与政策不确定性的交互项，模型如下：

$$\text{Innovation}_{i,t} = \alpha_0 + \alpha_1 \text{EPU}_{i,t-1} + \alpha_2 X_{i,t} + \alpha_3 \text{EPU}_{i,t-1} \times X_{i,t} + \sum \phi_i x_{i,t-1} + \eta_t + \eta_{\text{ind}} + \eta_{\text{area}} + \varepsilon_{i,t}$$

三、样本和数据

文章选取沪深两市A股上市公司2007—2015年的R&D投入和2000—2015年的专利申请数据，经清理后，涉及R&D强度的回归样本量共有10641个，涉及专利申请量的回归样本量共有24358个。经济政策不确定性数据来自斯坦福大学和芝加哥大学联合发布的经济政策不确定性指数（EPU Index），专利数据来自国家知识产权局专利查询系统，其余数据来自CSMAR、WIND、CCER数据库。

四、稳健性检验

（1）对可能出现的内生性问题进行了讨论；（2）对经济政策不确定性指标进行了重新测算；（3）对被解释变量进行了重新定义和衡量。实证表明三类检验结果均稳健。

主要结论

本文的研究结论表明，不同于经济政策不确定性抑制企业投资行为这一已有研究结论，经济政策不确定性与上市公司R&D投入和专利申请量之间存在显著的正向关系。同时，经济政策不确定性的影响程度与企业所有制性质、行业特征、政府补贴、金融约束等因素相关。实证研究结果验证了理论机制中提出的经济政策不确定性对企业创新的激励效应和选择效应。

主要贡献

第一，在Bloom（2007）的基础上阐述了经济政策不确定性影响创新的理论机制，提出经济政策不确定性对创新活动具有激励效应和选择效应；第二，分别拓展了创新和经济政策不确定性相关方面的研究；第三，与已有使用政治关联、政府换届来衡量地方政府层面经济政策不确定性的文献不同，本文着眼于研究我国经济政策的波动对创新的影响。

前沿跟踪

Baker等2013年和2016年开发编制的经济政策不确定性指数（EPU）丰富了学术界的研究成果，为各领域的经济政策不确定性研究提供了一个新的视角。

宏观方面，谭小芬等（2018）发现全球经济政策不确定性对于新兴经济体资本流动的影响具有非线性特征，即当全球EPU较低时，经济增长和经济政策不确定性成为资本流动的主导因素；而当全球EPU较高时，利差成为主要的影响因素。杨永聪和李正辉（2018）基于动态面板数据的系统GMM回归，检验了经济政策不确定性对中国OFDI的影响，发现中国在东道国的OFDI规模与国内经济政策不确定性水平显著正相关，而与东道国经济政策不确定性水平显著负相关。同时，跨国并购作为中国对外直接投资的重要方式同样值得关注，贾玉成和张诚（2018）针对中国企业的“逆周期”并购现象，以不确定性为视角研究发现经济政策不确定性与并购正相关，并且在国企样本中表现得更为明显。

微观方面，纪洋等（2018）利用EPU和上市公司季度数据，研究近年来国企与非国有企业杠杆率的走势分化现象，发现EPU指数每增加1个标准差，国有企业的杠杆率增加2.05个百分点，非国企则下降1.35个百分点。饶品贵等（2017a）针对企业投资及其效率问题进行的研究发现经济政策不确定性升高导致企业投资显著下降，但促使企业投资效率上升且那些受政策因素影响大的企业群体这一效应更为明显；针对高管变更问题，饶品贵等（2017b）研究发现在外部不确定性高时，企业内部会采取风险对冲的策略，从而降低高管变更的概率，这一情况在风险承担能力弱的企业中更为明显。

参考文献

[1] 谭小芬，张凯，耿亚莹．全球经济政策不确定性对新兴经济体资本流动的影响［J］．财贸经济，2018，39（3）：35-49.

[2] 杨永聪，李正辉．经济政策不确定性驱动了中国OFDI的增长吗——基于动态面板数据的系统GMM估计［J］．国际贸易问题，2018（3）：138-148.

[3] 贾玉成，张诚．经济周期、经济政策不确定性与跨国并购：基于中国企业跨国并购的研究［J］．世界经济研究，2018（5）：65-79，136.

[4] 纪洋，王旭，谭语嫣，黄益平．经济政策不确定性、政府隐性担保与企业杠杆率分化［J］．经济学（季刊），2018，17（2）：449-470.

[5] 饶品贵，岳衡，姜国华．经济政策不确定性与企业投资行为研究［J］．世界经济，2017，40（2）：27-51.

[6] 饶品贵，徐子慧．经济政策不确定性影响了企业高管变更吗？［J］．管理世界，2017（1）：145-157.

（作者：殷雨晗）

述评：《媒体压力与企业创新》

论文原作者：杨道广　陈汉文　刘启亮

期刊：《经济研究》2017 年第 8 期

原文摘要

媒体虽然能发挥公司治理功能，但是它所产生的巨大市场压力可能会导致经理人更加短视（“市场压力假说”）。为此，本文以媒体负面报道数量衡量媒体压力，从企业创新的视角对此进行了检验。结果表明：首先，媒体负面报道数量与企业创新水平显著负相关，支持了“市场压力假说”。其次，区分媒体报道的内容、来源、严重性及深入程度后发现，与会计相关的负面报道数量更可能与企业创新水平负相关，证实了短期财务业绩压力是抑制创新的主要原因；来自权威媒体、性质严重的负面报道更可能抑制企业创新，说明报道的负面影响越大对企业创新的损害越强；不深入的负面报道更可能抑制企业创新，但能还原整个事件来龙去脉的财经类杂志所做的负面报道却促进了企业创新，从侧面凸显了媒体负责、客观、翔实报道的重要性。最后，非负面报道数量和总报道数量均与企业创新水平显著正相关。本研究有助于更深刻、更全面地理解媒体在资本市场中的作用，且对国家创新环境优化、媒体监管与治理具有重要启示意义。

问题导入

媒体在资本市场中所扮演的外部治理者角色已为大量经验证据所证实。然而，部分媒体只注重新闻的轰动性而非实质性，不免令人深思：这类媒体报道能在多大程度上发挥公司治理功能呢？更有甚者，这类媒体报道是否会产生不良影响呢？本文或许可以提供一种答案。

研究设计

一、研究假设

代理冲突下的经理人风险承担不足和内外部环境对短期失败与风险的低容忍度是抑制企业创新的两大主要因素；而媒体既可能发挥积极的公司治理作用，也可能因其带来的巨大市场压力而导致经理人更加短视。

在“公司治理假说”下，来自媒体的压力会促使管理者纠正或主动放弃与股东或企业整体的长期价值相悖的行为。鉴于企业创新正是这样一类会增大管理者与企业风险但具有长远价值的活动，文章提出如下假设：

H1：其他条件相同时，媒体压力与企业创新水平显著正相关。

但在“市场压力假说”下，更多的媒体报道，特别是负面报道，会给经理人形成巨大的短期业绩压力。一旦出现短期的业绩下滑或创新失败，便会遭到众多媒体的争相报道，引来投资者的“围观”。特别是当媒体热衷于轰动效应时，更是如此。因此，来自媒体的较大压力不利于企业创新。基于此，文章提出与 H1 相对立的假设：

H2：其他条件相同时，媒体压力与企业创新水平显著负相关。

二、数据来源

文章以我国 2007—2009 年沪深 A 股非金融类主板上市公司为样本。剔除 ST 和相关变量数据缺失的样本后获得了 3212 个企业年度观测值。文章使用了三类数据：(1) 企业专利数据根据国家知识产权局网站的“中国专利公布公告”手工整理而来；(2) 媒体报道数据来自高校财经数据中的中国经济新闻数据库；(3) 其他变量数据均来自 CSMAR 数据库。为避免极端值的影响，对主要连续变量进行了 1%的 Winsorize 处理。

实证分析

一、实证模型

文章利用以下模型来检验媒体报道对企业创新产出的影响：

$$\text{Innov}_{i,\ t+n} = \alpha_0 + \alpha_1 \text{Media}_{i,\ t} + \sum_{j=2}^{13} \alpha_j X_{i,\ t} + \text{Industry} + \text{Year} + \varepsilon_{i,\ t}(n = 1,\ 2,\ 3,\ 4)$$

其中，Innov 代表企业的创新水平，以企业当年申请并最终获得的发明授权、实用新型和外观设计这三类专利数量之和加 1 后取自然对数衡量。由于专利从投入到产出需要一定的转化过程但具体时间又难以确定，同时也为了检验媒体负面报道对企业创新影响的持续性，在主检验中分别以 $t+1$ 至 $t+4$ 期的 Innov 为因变量。Media 表示媒体压力，以媒体负面报道数量加 1 后取自然对数衡量。控制变量 X 包括产权性质、研发投入、企业规模、资本密集度等。此外，模型中还控制了年度和行业效应。

二、进一步实证性分析

1. 内生性问题

本研究可能受到两类内生性问题的干扰。其一，遗漏变量导致的伪相关问题，即基本面较差的企业更容易被媒体负面报道，同时其创新能力也差。其二，互为因果导致的内生性问题，即企业创新不足才引来了媒体负面报道。

针对第一类问题，采用 PSM 配对方法来缓解。通过配对使有负面新闻报道的观测值与无负面新闻报道的观测值在各控制变量上不存在显著性差异。结果表明，媒体负面报道抑制企业创新并不是因为被媒体负面报道的企业资质本来较差，而是源于其产生的市场压力。

针对第二类问题，采用工具变量方法处理。文章以非流通股比例和媒体负面报道的行业年度均值为工具变量进行两阶段回归。检验结果证实结论依然稳健。

2. 进一步区分媒体报道类型

首先，按内容将媒体负面报道划分为会计与非会计方面两类。其次，根据报道来源将媒体负面报道划分为四大证券报、权威财经报纸、其他财经报纸、地方性非财经报纸、全国性非财经报纸、财经杂志。再次，按严重性程度将媒体负面报道分为严重与不严重两类。最后，媒体作为信息中介，其报道内容的深入程度将极大地影响公众对新闻事件的关注点及价值判断的准确性与客观性。文章根据报道深度将媒体负面报道分为深入与非深入两类进行分析。

3. 主动预防还是被动应对

对于主检验结果可能存在另一种解释：企业能预期到未来的负面报道，因而主动减少了企业创新，而不是在负面报道出现后才采取行动。因此，文章在主检验模型的基础上控制了与因变量同期的媒体负面报道数量（Mediat+n）。若支持“主动预防”解释，则Mediat+n 的系数应显著为正且 Mediat 的系数将变小或不显著。

4. 媒体总报道数量、媒体非负面报道数量与企业创新

文章还分别检验了媒体总报道数量、媒体非负面报道数量与企业创新之间的关系。

三、稳健性检验

（1）将样本期间扩展为 2003—2009 年；（2）分别以未来期间的研发投入、发明授权型专利数量加 1 后取自然对数衡量企业创新；（3）以“媒体负面报道数量加 1 与媒体非负面报道数量加 1 之比取自然对数”衡量媒体压力；（4）采用 Tobit 回归方法重新检验。以上检验结果均证实了结论的稳健性。

主要结论

研究结果表明：首先，媒体负面报道数量与企业创新水平显著负相关，支持了媒体的“市场压力假说”。其次，进一步区分媒体报道的内容、来源、严重性及深入程度后发现，与会计相关的负面报道数量更可能与企业创新水平负相关，证实了短期财务业绩压力是抑制创新的主要原因；来自权威媒体、性质严重的负面报道更可能抑制企业创新，说明报道的负面影响越大对企业创新的损害越强；不深入的负面报道更可能抑制企业创新，但能还原整个事件来龙去脉的财经类杂志所做的负面报道却促进了企业创新，从侧面凸显了媒体负责、客观、翔实报道的重要性。最后，非负面报道数量和总报道数量均与企业创新水平显著正相关。

主要贡献

本文主要有三方面的创新与贡献。首先，基于我国当前的媒体生态，以企业创新为例证实了媒体的“市场压力假说”。其次，拓展了媒体报道如何影响企业创新的文献，有助于更全面、更深刻地理解媒体在资本市场中的作用。最后，本文也得到了一些极具启发意

义的发现。如报道不深入的负面新闻更可能抑制企业创新，而能还原整个事件来龙去脉的负面报道（如财经类杂志的报道）却促进了企业创新。这说明媒体只有负责地报道才能发挥积极的公司治理功能。

前沿追踪

近年来，随着媒体在监督企业违规行为方面日益重要作用的发挥，媒体报道对企业治理层面产生的影响逐渐成为学术界研究关注的焦点和重要内容。

媒体报道与企业创新方面，李大元等（2018）立足于企业绿色创新的视角，研究发现舆论压力能显著促进企业绿色创新，环境监管对这一关系具有正向调节效应，市场竞争的调节效应不显著。夏晓兰等（2018）研究了媒体对竞争对手创新活动的报道对企业创新活动的影响，结果发现媒体对竞争对手创新活动的正面报道次数越多，企业的创新活动越多；负面和中性报道则对企业的创新活动没有激励作用。

媒体报道与公司治理方面，杨晶等（2017）从新媒体力量——互联网舆论出发，指出网络负面舆论可以促进国有企业高管薪酬效率性和公平性的改进，同时可以抑制国有上市公司高管与员工薪酬差距的增加。当加入政策因素之后发现，网络负面舆论能够起到替代监督作用，在没有政策作用的年份效果更加明显。李明等（2018）以我国创业板上市公司为研究对象，发现上市前盈余管理程度越高，媒体负面报道越多；在法律环境水平高的地区，媒体负面报道对公司业绩变化影响较大等。

参考文献

[1] 杨晶，沈艺峰，李培功．网络负面舆论对高管薪酬公平与效率的影响［J］．经济管理，2017，39（2）：117-134.

[2] 李明，郑艳秋．盈余管理、媒体负面报道与公司上市后业绩变脸——基于我国创业板上市公司的经验证据［J］．管理评论，2018，30（12）：212-225.

[3] 周兰，谷沛林．媒体报道、产权性质与会计稳健性［J］．系统管理学报，2018，27（5）：828-843.

[4] 李大元，宋杰，陈丽，张璐．舆论压力能促进企业绿色创新吗？［J］．研究与发展管理，2018，30（6）：23-33.

[5] 夏晓兰，唐雪松，赖黎．媒体报道、竞争对手与企业创新［J］．财经问题研究，2018（7）：94-101.

（作者：王雅菲）

述评：《企业互联网化对中国企业创新及出口的影响》

原作者：沈国兵　袁征宇

期刊：《经济研究》2020 年第 1 期

原文摘要

本文扩展了 Bustos（2011）的模型，在异质性框架下纳入企业互联网化和企业创新选择行为，从微观视角揭示出企业互联网化对中国企业创新及出口的影响。研究发现：（1）企业进行互联网转型对中国企业创新能力有着显著的提升作用，虽然随所有制的不同而存在差异，但是低生产率企业和中小企业仍能从中获益；（2）无论是垄断行业还是低技术行业中，企业互联网化对企业创新均有着显著促进作用；（3）三种方式的企业互联网化都对中国企业创新及出口活动有着显著促进作用，且通过企业创新选择行为间接地促进企业出口。这对于积极参与互联网化的低生产率企业表现得尤为显著。因此，进行互联网转型的企业应该通过激励其创新能力来提升出口。

问题导入

自加入 WTO 以来，具有较强创新能力的出口企业的国际市场规模持续扩大，如何增进企业的创新能力，进而提升我国企业的出口能力就成为迫切需要解决的问题。同时，在数字经济正成为全球经济增长新动力的背景下，企业的生产、运营和销售越来越依赖于互联网。基于此，本文从微观企业视角出发，研究了互联网化对中国企业创新及出口的影响，并得出相关结论。

研究设计

一、理论分析与研究假设

已有研究表明，企业互联网化可以从两个方面促进企业创新。一是企业互联网化可以提高创新主体同外界交换想法的频率和学习外界知识和经验的能力，降低信息获取成本，提高创新效率。二是企业互联网化可以通过降低信息搜寻成本和匹配成本，降低企业内部沟通和同外部沟通的信息交流成本，从而降低创新活动的边际成本，提高企业创新能力。基于此，本文提出以下假设：

H1：企业互联网化有利于促进中国企业（无论是出口企业还是非出口企业）进行创新。

一方面，已有研究表明，企业内部生产经营与互联网等信息技术的融合对创新有积极的显著影响，且互联网作为交易平台，可以通过提高生产效率、交易匹配效率和降低出口门槛三条路径促进出口。另一方面，本文基于异质性企业模型和技术选择模型的数理推导结果显示，在互联网化和企业创新活动的共同作用下，生产率较低的企业进行出口也是有利可图的。基于此，本文提出以下假设：

H2：互联网化能够帮助生产率水平较低的企业通过提高创新能力进行出口。

二、数据来源与处理

本文数据来源主要有三个：第一，企业的创新活动（INNO），以每年的专利申请数来衡量，来源于谷歌专利数据库。本文以样本期内的企业名称列表进行检索，爬取谷歌专利数据并与中国工业企业数据库进行匹配。第二，企业互联网化（INTENT），以企业是否拥有微博以及是否拥有邮箱和主页来衡量，来源于爬取到的新浪微博的企业社交网络数据，以及中国工业企业数据库。同样以样本期内出现的企业名称列表进行检索，爬取新浪微博数据并与中国工业企业数据库进行匹配。第三，企业出口决策哑变量（EXDUM）及控制变量（X）等，来源于2010—2013年中国工业企业数据库。经过整理后最终得到1162162条观察值，477503家企业所组成的面板数据。

实证分析

一、模型设定

为验证H1，本文将企业互联网化对其创新的影响模型设定为计量模型（1）；为验证H2，进一步识别企业互联网化对出口的直接效应和中介效应，本文纳入非 出口企业，以企业是否出口作为被解释变量，建立联立方程组模型（2）。

$$\mathrm{INNO}_{ijt} = \phi_0 + \phi_1 \mathrm{INTNET}_{i,\ t-1} + X_{ijt}\phi + \xi_o + \xi_t + \varepsilon_{ijt} \tag{1}$$

$$\begin{cases} \ln \mathrm{INNO}_{ijt} = \mu_o + \mu_1 \mathrm{INTNET}_{i,\ t-1} + X_{ijt}\mu + v_p + v_o + v_j + v_t + v_{ijt} \\ \mathrm{EXDUM}_{it} = \beta_o + \beta_1 \ln \mathrm{INNO}_{ijt} + \beta_2 \mathrm{INTNET}_{i,\ t-1} + X_{ijt}\beta + \zeta_p + \zeta_o + \zeta_j + \zeta_t + \zeta_{ijt} \end{cases} \tag{2}$$

其中，i代表企业，j代表行业，t代表年份；INNO表示企业的创新活动，以企业每年专利申请数衡量；INTNET表示企业互联网程度，以企业是否拥有邮箱和主页表示，由于企业将互联网融入生产和创新过程存在时间上的滞后性，因此将企业互联网化变量滞后一期纳入计量模型；EXDUM表示是否出口的虚拟变量，以企业是否有出口交货值衡量；X为相关控制变量，包括企业规模、年龄、资本密集度、所处行业市场集中度、所在省份互联网普及度等；其中，ξ_o、v_o和ζ_o为企业所有制固定效应，v_j和ζ_j表示行业固定效应，ξ_t、v_t和ζ_t表示年份固定效应，ε_{ijt}、v_{ijt}和ζ_{ijt}代表随机误差项。

此外，在拓展分析中，本文还进行了以下研究：（1）以存在微博的企业为样本，探究了互联网化前后企业创新的变化；（2）按照企业自身的性质（企业规模、生产前沿水平和所有制类型）和所在行业性质（行业技术水平和市场集中度）进行分样本回归，研究企业互联网化对创新的异质性影响；（3）按行业内生产率水平中位数进行分样本回归，考察了互联网化是否有助于生产率水平较低的企业通过创新活动进行出口。

二、内生性分析

本文运用以下三种方法检验可能存在的内生性问题：（1）选取企业互联网化滞后一期数据作为工具变量解决双向因果问题；（2）选取企业所在行业的互联网化水平作为替代企业互联网化指标的工具变量；（3）使用 Bartik 方法，以 2004 年作为基期设置外生权重对企业所在地区的互联网发展水平进行加权，构建工具变量。上述结果均显示，企业互联网化对中国企业创新产生了显著的促进作用，验证了本文实证结果的稳健性。

主要结论

第一，无论是出口企业还是非出口企业，企业进行互联网转型都对其创新能力有显著的提升作用，且随着时间推移，互联网化对其创新能力的促进作用越强。第二，异质性回归显示，企业互联网化对中国企业创新能力存在促进作用，且具有明显的普遍性。具体地，从企业性质看，非国有企业互联网化对企业创新能力的提升作用更明显。同时，低生产率企业和中、小规模企业也能够通过互联网化增强企业创新能力。从行业看，不论高科技行业还是低科技行业，以及无论行业的竞争程度高低，互联网化均能够发挥对企业创新的促进作用。第三，三种方式的互联网化（企业微博、企业邮箱和企业主页）不仅对企业创新产生了显著的促进作用，而且也对出口活动产生了显著的直接促进效应。并且，三种方式的互联网化可通过企业的创新选择行为间接促进企业出口，说明制造业企业和互联网的融合需要以企业自身的创新能动性为桥梁，这能够更大地激发企业进行出口的积极性。

主要贡献

第一，基于技术选择模型，引入企业的创新选择行为，通过数理模型揭示互联网技术的选择影响企业创新和出口行为的内在机制。第二，利用微观数据揭示互联网化对企业创新及出口的影响，研究发现，互联网化对中国企业创新能力产生显著的促进作用，这种促进效应随所有制的不同而存在差异。第三，相比于其他使用宽带接入、双向链接网址、企业邮箱等指标衡量互联网水平的研究，本文通过爬取企业的社交网络数据构建出企业互联网化水平指标，更贴合当下的互联网应用场景，是对已有互联网指标的一个完善。

前沿追踪

近年来，在“互联网+”和供给侧结构性改革等背景下，互联网企业已成为社会经济发展进步的重要组成部分，传统企业和银行也纷纷朝着互联网方向转型。

传统企业的互联网化转型研究方面，黄宏磊（2018）认为传统制造企业互联网战略转型应从产品模式转型、生产模式转型、商业模式转型、营销模式转型和管理模式转型等方面进行；李艳琴（2019）指出传统企业可以与互联网企业通过战略性纵向整合、跨界整合实现企业的转型升级；宋雪（2019）通过将企业的互联网化纳入经济视角进行研究，认为传统企业通过互联网思维和信息技术，不断将产品、销售和服务等内容从线下转移到线上，再从线上不断辐射扩展到线下，可以带动整个产业的互联网化转型。

银行的互联网化转型研究方面，张秋和朱翠华（2018）认为，当前高速发展的互联网金融给传统商业银行发展带来了挑战与压力，随着互联网金融市场规模的扩大，部分金融领域已经表现出替代传统商业银行的趋势，传统商业银行也要开展互联网金融，以实现互联网化发展；孙英丽（2018）根据战略分析，为商业银行在互联网金融下的转型提出了四种应对措施，即利用好自身优势有效整合信息，展开与互联网金融企业的多方位合作，引入混业经营和提供更好更全的金融服务。

参考文献

[1] 黄宏磊．传统制造企业互联网战略转型路径研究［J］．商业经济研究，2018（24）：105-108.

[2] 李艳琴．传统企业互联网转型并购的特点与动因分析［J］．知识经济，2019（36）：54-55.

[3] 宋雪．浅析新常态下传统企业的互联网化转型［J］．现代商业，2019（18）：136-137.

[4] 张秋，朱翠华．传统商业银行的互联网化转型研究［J］．财会月刊，2018（21）：157-162.

[5] 孙英丽．互联网金融下商业银行转型升级的研究［D］．济南：山东大学，2018.

[6] Bustos，P.，Trade liberalization，exports，and technology upgrading：evidence on the Impact of MERCOSUR on Argentinian firms［J］．American Economic Review，2011，101（1）：304-340.

（作者：杜诗琰）

述评：
《中国式卖空机制与公司创新——基于融资融券分步扩容的自然实验》

论文原作者：权小锋　尹洪英

期刊：《管理世界》2017 年第 1 期

原文摘要

本文基于双重差分模型，以我国融资融券标的股票分步扩容为自然实验事件，系统考察了卖空机制对公司创新行为的影响效应及其价值机理。研究发现，首先，融资融券制度的实施并没有显著影响公司的创新投入，却显著提升了公司的创新产出，表明融资融券制度具有“创新激励效应”，能够显著提升公司的创新效率。其次，融资融券制度的“创新激励效应”在信息不透明公司、低管理层权力公司及垄断程度强行业表现得更加显著。最后，融资融券制度的实施能够通过创新渠道产生滞后的“价值提升效应”。本文结论总体证实，中国式卖空机制（融资融券制度）的实施符合“约束假说”而非“压力假说”，卖空机制具有显著的创新激励效应和价值提升效应。

问题导入

现有文献有关卖空机制的研究主要集中于对股票定价、财务信息披露质量及投资行为的短期影响。那么卖空机制如何影响企业的长期行为？本文系统研究融资融券制度对企业创新的影响和价值效应。

研究设计

一、研究假设

1. 约束假说

卖空机制下的约束作用会提高公司创新的内在质量和基础特性。（1）从代理理论来看。股东和管理层存在委托代理关系，管理层为了享受“平静生活”，对高风险和长期投资的研发活动缺乏热情，且经常会表现出道德风险行为。卖空机制的引入，增加了外部监督机制，会促使管理层出于公司利益最大化的目的积极布局旨在提升公司长期价值的优质、创新型项目。（2）从信息理论来看。创新项目的价值经常会被股东低估，因此管理层经常会更少投资创新项目。而大股东的财富高度依赖于股价市场表现，卖空机制的引入使得大股东会更积极地收集和分析高风险的创新项目信息，并且对管理层的创新决策更加严密监管，从而促进了管理层对创新项目的管理，最终提升了公司的创新效率。因此本文提出以下假设：

H1：如卖空机制符合“约束假说”，则卖空机制的实施会显著提高公司的创新效率。

2. 压力假说

卖空机制的引入会给公司股价带来极大的短期价格压力，这种价格压力会使管理层投资决策模式更偏重短期项目而忽视长期项目，而公司创新项目是高风险、结果高度不确定性以及需要长期持续投资的项目。因此本文提出以下假设：

H2：如卖空机制符合“压力假说”，则卖空机制的实施会显著降低公司的创新效率。

二、数据来源

本文采用双重差分模型来检验融资融券对公司创新的影响。以沪深两市上市公司中进入融资融券名单的公司作为处理组，未进入该名单的公司作为控制组。样本期间为2007—2014年。对于样本公司，剔除（1）金融类公司；（2）B股公司；（3）ST、PT公司；（4）其他财务和治理变量缺失公司。另外，还剔除了17只在样本期间被交易所调出融资融券名单的股票。所有财务数据、股票交易数据、融资融券数据均来自CSMAR数据库。专利数据通过国家知识产权局网站进行手工收集整理，研发支出数据来源于同花顺iFinD数据库，机构投资者数据来自Wind数据库。为控制极端值的影响，对所有连续变量按照1%的标准进行Winsorize处理。

实证分析

一、实证模型

本文从创新投入和创新产出两个层次测度公司创新。模型如下：

$$RD\_AT_{i,t}/RD\_SALE_{i,t} = \alpha + \beta_1 LIST_{i,t} + \beta_2 LIST_{i,t} \times POST_{i,t} + \beta_3 CV_{i,t} + \sum Industry + \sum Year + \varepsilon_{i,t} \quad (1)$$

$$LNPAT1_{i,t}/LNPAT2_{i,t} = \alpha + \beta_1 LIST_{i,t} + \beta_2 LIST_{i,t} \times POST_{i,t} + \beta_3 CV_{i,t} + \sum Industry + \sum Year + \varepsilon_{i,t} \quad (2)$$

其中，创新投入用研发支出占期初总资产的比重（RD_AT）和研发支出占期初营业收入的比重（RD_SALE）两个指标测度。创新产出用LNPAT1和LNPAT2两个指标测度。LNPAT1表示发明专利、实用新型和外观设计专利的总申请量加1的自然对数。LNPAT2表示发明专利、实用新型和外观设计专利的加权总申请量加上1的自然对数，3种专利的权重按照3：2：1进行取值。LIST为融资融券的虚拟变量，当该公司股票在样本期间被纳入融资融券标的股票时，取1，否则取0。POST为公司进入融资融券标的股票后的虚拟变量，当公司年度时期处于该样本进入融资融券标的股票名单以后（包括当年），取1，否则为0。控制变量CV包括公司规模、自由现金流水平、总资产收益率、公司年限、高管持股比例等。Industry表示行业、Year表示年份。

二、稳健性检验

（1）创新操纵假说：在融资融券制度实施以后，企业管理层面临市场卖空机制的压力，也许会在创新专利申请上故意多报，以营造企业长期价值投资的良好表现。因此应用法律生效的专利授予总数而不再用专利申请的总数来测度创新产出，用每单位研发投入的专利申请数作为创新效率的综合指标。

（2）通过融资融券标的股票的选择标准得到基于 PSM 方法的匹配样本进行回归。

（3）由于融资融券在推出前市场可能会由于预期做出提前反应，在推出后又可能因为信息不对称等出现反应过度，因此本文剔除进入融资融券标的股票名单当年的观测值后进行分析。

（4）将创新投入的测度变量更换为经期初资产调整的无形资产增量和期初营业收入调整的无形资产增量，同时将创新产出的测度变量更换为单纯发明专利的数量测度。以上检验结果均证实结论的稳健性。

主要结论

研究发现：（1）融资融券制度的实施并没有显著影响公司的创新投入，却显著促进了公司的创新产出，表明融资融券制度具有显著的“创新激励效应”。（2）融资融券的“创新激励效应”是随着制度的推进逐步显现的。（3）融资融券制度的“创新激励效应”在信息不透明公司、低管理层权力公司、垄断程度强的行业表现得更加显著。（4）借助创新渠道，融资融券制度的实施具有滞后的价值提升效应。本文的结论总体证实，中国式卖空机制的实施符合“约束假说”而非“压力假说”，卖空机制具有显著的创新激励效应和价值提升效应。

主要贡献

本文研究的边际贡献是：（1）拓展了卖空机制的研究视角。本文从公司创新的视角，分析和检验了卖空机制影响企业创新的效应及其价值提升机理，研究将金融创新和长期公司行为有机联系起来，通过分析卖空机制下管理层和股东的决策行为变化，提供了新的卖空机制价值效应检验的途径和范式。（2）丰富和补充了公司创新的研究。（3）提供了卖空机制价值效应的政策启示。融资融券制度的实施从长期来看，具有显著的创新激励效应和价值提升效应，这对当前我国资本市场的制度建设和投资者的风险教育具有重要的实践启示。

前沿追踪

近年来，融资融券制度的实施对企业产生的影响引起了学者的广泛关注。

融资融券与企业创新方面，王立威等（2017）的实证检验发现，在加入融券标的后，卖空标的公司的创新数量和创新质量都有显著提升，而且这种促进作用在国有企业中表现得更加明显。郝项超等（2018）的研究发现融券促进了创新数量与质量的同步增加，而融资却导致创新数量与质量同步下降。在融资交易为主的情况下，融资的负面影响超过了融券的正面影响，从而使得融资融券总体上阻碍了企业创新。

融资融券与公司治理方面，顾乃康等（2017）研究发现，与不允许卖空的企业相比，允许卖空的企业新增的外部权益融资、债务融资以及外部融资总额均显著减少，且新增债务融资的减少程度要比新增外部权益融资的减少程度更大。这说明卖空机制作为一种来自外部的治理机制正发挥着事前威慑作用，并通过弥补内部治理水平的不足而规制着企业的融资行为。陆瑶等（2018）以我国A股市场上市公司为样本，证明融资融券机制可以提高资本市场对企业的监督，促进企业信息释放，从而提高上市公司治理水平。祁怀锦等（2018）采用双重差分模型进行研究发现，在引入融资融券制度后，与控制组样本相比，处理组中的融资融券标的样本降低了企业社会责任水平；同时，在融资融券背景下，研究发现管理者自信程度与企业社会责任水平之间的负相关关系仅存在于非融资融券样本中。这说明融资融券呈现出了一定的公司外部治理效应。

参考文献

[1] 王立威，周鹏．卖空对企业创新产出影响的实证检验［J］．统计与决策，2017（9）：163-167.

[2] 顾乃康，周艳利．卖空的事前威慑、公司治理与企业融资行为——基于融资融券制度的准自然实验检验［J］．管理世界，2017（2）：120-134.

[3] 郝项超，梁琪，李政．融资融券与企业创新：基于数量与质量视角的分析［J］．经济研究，2018，53（6）：127-141.

[4] 陆瑶，彭章，冯佳琪．融资融券对上市公司治理影响的研究［J］．管理科学学报，2018，21（11）：92-111.

[5] 祁怀锦，刘艳霞．管理者自信会影响企业社会责任行为吗？——兼论融资融券制度的公司外部治理效应［J］．经济管理，2018，40（5）：141-156.

（作者：贺静如）

述评：
《融资融券与企业创新：基于数量与质量视角的分析》

论文原作者：郝项超　梁　琪　李　政
期刊：《经济研究》2018 年第 6 期

原文摘要

本文实证研究了融资融券对我国上市公司创新数量与质量的影响。为克服模型的内生性，首先采用倾向配比评分法对每个标的公司按照一比一的比例进行配对，然后构建双重差分模型。本文发现融券促进了创新数量与质量同步增加，而融资却导致创新数量和质量同步下降。在融资交易为主的情况下，融资的负面影响超过了融券的正面影响，从而使得融资融券总体上阻碍了企业创新。在控制了配对偏差和所有权性质差异影响、采用其他创新替代变量以及更长事件窗口的情况下，上述结论依旧成立。进一步研究发现，融资融券影响企业创新的机制不仅包括公司治理机制，还包括信息机制。面对融资融券的复杂影响，标的公司倾向于采取“重申请数量轻质量”的创新策略应对，最终导致其创新质量明显下降。

问题导入

融资融券是完善我国股票市场的重要举措，已经产生了非常广泛的影响。那么融资融券对企业创新有何影响？对不同企业的影响有何差异？其潜在的影响机制与结果又是什么呢？本文可以提供一种答案。

研究设计

一、融资融券标的公司配对

现有研究普遍采用双重差分模型来检验融资融券的政策效应，但该模型的准确估计是建立在样本随机与趋势相同的假设基础上。由于监管部门公开表明进入融资融券标的股票遴选是依据股票规模、流动性等指标来确定的，我们并不能完全排除创新能力等遗漏因素对是否成为融资融券标的股票造成影响。因此本文构建了如下倾向分数模型来解决内生性问题。

$$\mathrm{RZRQ} = a_0 + a_1\mathrm{STKCHAR} + a_2\mathrm{PATCHAR} + u$$

其中，RZRQ 是虚拟变量，公司股票为标的股票为 1，否则为 0。STKCHAR 是上海与深圳证券交易所选择融资融券标的股票所考虑的股票特征，主要包括股票流通规模（LTSHR），成交额占流通市值比（TRDPERC）、股东人数（SHRNUM）、上市年限（AGE）、年平均换手率（TURNOVER）以及股价波动率（VOL）。PATCHAR 是与创新有关的变量，包括公司股票成为标的股票前三年（$t-3$）到前一年（$t-1$）的专利数量增长速度（PATGRPWTH）与专利他引次数增长速度（CITGROWTH）。

二、实证模型构建

由于本文使用的是面板数据，涉及多个年度以及不同的公司个体，因此本文构建了如下双重差分模型，用模型中的 b_1 回归系数来检验融资融券对上市公司创新数量与质量的影响。

$$\text{PATNUM}_{it}=b_0+b_1\text{RZRQ}_{\text{it}}\times \text{AFTER}_{it}+b_2\text{CV}_{it}+\mu_{i1}+v_{t1}+\varepsilon_{it1}$$

$$\text{PATCIT}_{it}=c_0+c_1\text{RZRQ}_{\text{it}}\times\text{AFTER}_{it}+c_2\text{CV}_{it}+\mu_{i2}+v_{t2}+\varepsilon_{it2}$$

其中，PATNUM_{it}是 t 年度企业 i 发明、实用新型以及外观设计三种专利申请且被授权的数量合计，PATCIT_{it}是 t 年度企业 i 单个专利他引次数，等于每家企业每年新增专利他引次数之和除以该企业当年申请且被授权专利总数的比值。本文通过估计专利授权与引用的滞后时间分布对 PATNUM 和 PATCIT 进行了调整。RZRQ 是虚拟变量，定义同前。AFTER 是虚拟变量，当财务年度晚于公司首次成为标的股票年度时为 1，否则为 0。CV 为控制变量，主要包括财务变量与公司治理变量。μ_i 和 v_t 分别表示公司个体与时间固定效应。b_1 和 c_1 分别度量了融资融券对企业创新数量和质量的影响。

三、样本与数据

本文专利基础数据来自各国知识产权局、欧洲专利局、世界知识产权组织以及律商联讯数据库，财务与交易数据均来自国泰安数据库（CSMAR）。本文将考查的事件窗口设定为融资融券前后各三年，因此本文初始样本只包括 2010—2013 年共计 700 家融资融券标的公司。本文剔除了金融与房地产行业的上市公司以及因不符合融资融券标的股票标准被调出的标的公司。对于非标的公司，本文剔除了 2010 年及之后年度股票被特别处理（ST）的公司。依据标的公司与非标的公司前一年的数据，本文估计了前述倾向分数模型，并计算了每家上市公司的倾向分数。本文按照同板块、同行业以及最邻近匹配原则为每家标的公司进行一比一配对，最终得到 509 组标的公司与配对公司。

四、回归结果

融资融券对企业创新数量与质量的总体影响分析结果显示，融资融券对企业创新数量没有显著影响，但却降低了创新质量，阻碍了创新。融资融券对企业创新数量与质量的差异影响分析显示，融券更可能促进企业创新，导致创新数量和质量同时上升；但融资却不利于企业创新，导致创新数量和质量同时恶化。在融资交易规模远远大于融券交易规模的情况下，融资对企业创新的不利影响很可能超过了融券对企业创新的积极影响，结果导致融资融券改革对企业创新的总体影响是负面的。

主要结论

本文实证分析了我国融资融券改革对上市公司创新数量和质量的影响。本文发现融券促进了创新数量与质量同步提升，但融资却导致创新数量与质量同步下降。同时发现在融资交易占绝对比例的情况下，融资负面影响超过融券负面影响。本文进一步发现除了公司治理机制外，融资与融券也通过信息机制影响企业创新。本文还发现面对融资融券的复杂影响，上市公司采取了“重申请数量轻质量”的创新策略应对，而这样的创新策略最终导致其创新质量明显下降。

主要贡献

首先，本文同时分析了融资与融券对企业创新的影响，并区分两者差异，弥补现有文献不足。其次，本文发现除了公司治理机制，信息机制也是融资融券影响企业创新的重要途径，拓展了现有文献。最后，本文结合我国融资与融券同时实施的制度特征来分析其对企业创新的影响，进一步丰富了金融影响企业创新的相关文献。

前沿追踪

近年来，学者们的研究普遍认为，融资融券制度是影响企业创新投入和产出的重要因素。权小锋等（2017）以我国融资融券标的股票分布扩容为自然实验事件，系统考察了卖空机制对公司创新行为的影响效应及价值机理。结果表明，融资融券制度的实施并没有显著影响公司创新投入，却显著提升了公司的创新产出，表明融资融券制度具有“创新激励效应”。孟清扬（2017）以历次融资融券为扩容政策冲击，采用多时点双重差分模型，验证了卖空与国有企业创新产出的关系，发现加入融资融券标的后，国有上市公司的专利申请量相比民营上市公司有显著增长。陈怡欣等（2018）通过对比卖空机制实施前后融资融券标的公司与非标的公司专利申请数量变化的差异发现，融资融券标的公司在卖空机制实施后专利申请数量显著提高，这有利于增强管理层的创新动机，有效提高标的公司的创新水平。王春燕等（2018）通过构建双重差分模型探讨了融资融券对创新投入的影响。

参考文献

[1] 权小锋，尹洪英．中国式卖空机制与公司创新——基于融资融券分步扩容的自然实验［J］．管理世界，2017（1）：128-144+187-188.

[2] 孟清扬．卖空压力对国有企业创新产出的影响［J］．技术经济，2017，36（9）：58-67.

[3] 陈怡欣，张俊瑞，汪方军．卖空机制对上市公司创新的影响研究——基于我国融资融券制度的自然实验［J］．南开管理评论，2018，21（2）：62-74.

[4] 王春燕，张玉明，朱磊．卖空真的会促进企业的创新投资吗？——基于双重差分模型的检验［J］．证券市场导报，2018（5）：52-61.

[5] Quynh T. P. Corporate debt and investment with financial constraints：vietnamese listed firms［J］. Research in International Business & Finance，2018，46：268-280.

（作者：胡剑涛）

述评：《卖空威胁能否激励中国企业创新》

论文原作者：林志帆　龙晓旋

期刊：《世界经济》2019 年第 9 期

原文摘要

本文以股票市场引入融资融券制度为准自然实验，基于双重差分法研究卖空威胁对中国企业创新的影响。结果发现：一方面，卖空威胁使实用新型和外观设计这两类“短平快”低质量专利的申请和授权显著增加；另一方面，卖空威胁使发明申请显著增加，但通过实质审查的授权增长很少，表明卖空威胁迫使企业以策略性专利活动来释放伪利好信号，恶化了授权专利的类型结构并使发明申请质量下降。进一步检验发现，卖空威胁的影响集中体现于融券交易强度高的企业，尽管“专利注水”能有效缓解卖空机制对企业市值的冲击，但显著降低了全要素生产率，且使企业对非发明专利“重申请轻维持”，导致策略性创新仅是一种被动应激反应。在中国经济发展的深水区与攻坚期，政府应完善制度设计以防范资本市场压力对企业创新的“意外伤害”。

问题导入

2010 年 3 月 31 日，中国证券监督管理委员会正式启动了国内 A 股市场融资融券交易试点，改变了中国资本市场长期以来的“单边市”格局。理论上，做多与做空机制的引入将使乐观和悲观投资者对企业价值的判断都反映于股票价格中，有助于改善公司治理，提高股票定价效率，为投资者提供双向操作规避市场风险的工具，从而促进资本市场的健康发展。但在现实中，中国融资融券制度到底产生了哪些影响？本文将对其进行探讨。

研究设计

一、研究假设

卖空威胁能够惩戒那些为一己私利而牺牲企业长期价值的经理人。标的企业盈余管理越多、实际控制人的控制权与现金流权的分离度越高，融券交易的强度就越大，说明投资者的确倾向于做空治理水平较低的公司。简而言之，尽管卖空投资者仅以获取投机利益为目的，但可能无意间削弱了委托-代理问题对研发创新的负面影响。因此，本文提出以下激励假说：

激励假说：卖空威胁可能对标的企业的创新具有积极影响。

He 和 Tian 基于美国资本市场的研究发现，分析师关注与企业未来 3 年间的专利数量和专利质量显著负相关；Guo 等也发现分析师关注显著减少了企业的研发支出。还有新闻证据表明，一些金融机构以做空获利为目的，捏造并散布关于企业研发项目的负面信息以煽动投资者情绪，可能迫使管理层放弃一些当下成功概率不高、但在未来极具价值的突破性创新。因此，本文提出以下压力假说：

压力假说：卖空威胁可能对标的企业的创新具有消极影响。

由于当前中国资本市场中投资价值取向不成熟的中小投资者占比极高，企业通过申请大量短平快的实用新型和外观设计专利来释放伪利好信号，有助于规避卖空风险、甚至吸引融资做多来抬升股价。因此，本文提出关于实用新型和外观设计专利的研究假说：

专利结构假说：卖空威胁可能使标的企业增加实用新型和外观设计专利。

企业仅申请大量实用新型和外观设计专利很难糊弄所有投资者，尤其是具备一定研究能力的机构投资者。中国资本市场已基本具备对无形知识资本进行定价的能力，发明专利对企业价值的贡献显著高于实用新型和外观设计。这说明发明专利可能对卖空冲击的缓解作用更强。同时，中国发明专利的审查流程也存在漏洞。因此，除非企业主动披露技术信息或申请提前公开，否则投资者难以在企业申请时准确判断专利最终被授权的概率，进而，在企业难以短期内迅速提升实质性创新的情况下，尽管发明专利有较高的流程费用，但虚增发明申请也可以成为企业粉饰创新能力和发展前景的可行策略。但是，只要国家知识产权局的实质审查维持较稳定的标准，则创新性较低的发明申请将被驳回。综上，本文提出以下研究假说：

发明申请质量假说：卖空威胁可能使标的企业增加发明申请，但授权无法增加。

二、样本与数据来源

本文使用 DID 法来研究卖空威胁对上市公司创新产出的影响，以中国 2007—2015 年沪深两市 A 股中被列为融资融券股票标的企业为处理组，非标的企业为控制组。我们剔除：金融类公司；在样本期被 ST、*ST、PT 处理以及终止上市的公司；发行 B 股的 A 股公司；当年首次公开募股的观测值；关键财务变量数据缺失或明显异常的观测值。上市公司的专利、财务数据与特征信息均来自国泰安数据库。对在上半年进入融资融券标的列表的股票，将该年与往后年度的交互项赋值为 1；对在下半年进入列表的股票，将该年的交互项赋值为 0，下年与往后年度赋值为 1。此外，在本文样本期，共有 91 只股票因公司违规、盈利不稳定等问题被调出标的列表，为保证 DID 研究要求的冲击连续性，我们剔除了这些公司，最终得到包括 2007—2015 年 2015 家上市公司共 13007 个观测值的非平衡面板数据。

三、实证模型构建

$$\text{Patent}_{it} = \beta \text{Treat}_i \times \text{Post}_t + \gamma X + \mu_i + \omega_t + \varepsilon_{it}$$

其中，变量下标 i 表示企业、t 表示年度，μ_i 与 ω_t 分别为企业固定效应和年度固定效应。被解释变量 Patent 分别为上市公司当年的整体专利申请量、发明申请量、实用新型申请量、外观设计申请量以及各类专利当年申请对应的最终被授权数量。我们对原始数据加 1 后取自然对数作为被解释变量。

为提高 DID 模型的解释力和估计效率，保证冲击前平行趋势假设成立，模型引入一系列协向量：企业规模、企业年龄、杠杆率、流动比率、净利润、资产回报率、管理层持股比例。

本文还通过一系列拓展检验深入探索企业策略性专利活动的前因后果，研究结果表明尽管策略性专利活动营造的创新繁荣假象能有效对冲卖空机制对企业市值的负面影响，但短平快专利显著拖累了企业的全要素生产率，且企业重申请轻维持，证明注水的专利不具有真实创新价值，策略性专利活动仅是一种被动应激反应；构造企业风险承担指标的稳健性检验也发现，卖空机制并未切实激励企业创新。

主要结论

首先，融资融券制度的引入会轻微促进标的企业整体专利数量的增长，但主要增加的是创新含量低、申请与代理费用低廉、仅需形式审查的实用新型和外观设计的申请与授权。其次，尽管标的企业发明申请显著增加，但能通过实质审查的授权几乎没有增加，说明企业可能将较为边缘的技术也作为发明进行申请。最后，专利活动的扭曲集中体现在融券交易强度较高的企业。

主要贡献

自中国推出融资融券制度以来，融券交易的企业外部治理功能毁誉参半，许多专家学者认为融资融券的“杠杆效应”造成股票市场频频震荡，成为机构投资者利用信息优势对散户“割韭菜”的工具。在这一背景下，本文研究融资融券制度引入带来的卖空威胁对企业创新的影响，有助于我们对该制度的得失利弊形成更全面的认识。这对持续完善资本市场的制度设计、实现“以金融助实体、以改革促发展”的政策目标具有重要意义。

前沿追踪

近年来，学者们对卖空机制的影响进行了持续深入的研究。关于卖空与企业战略的研究，黎来芳等（2019）的研究表明，企业战略激进对融券卖空规模具有显著的正向影响，相比于防御型企业战略，进攻型企业战略被融券卖空的规模更大。在高新技术企业中，公司战略激进对融券卖空规模的正向影响不显著；在代理成本高的企业中，公司战略激进对融券卖空规模的正向影响更显著。孟庆斌等（2019a）的研究发现，公司战略之所以趋于稳健，是由于卖空机制改变了资本市场环境，提升了管理层所面临的资本市场压力，包括监督压力、融资压力和业绩压力。在上述压力下，管理层通过削减研发创新和市场扩张业务的资源投入、提升主营业务集中度、增强组织结构稳定性等具体路径调整公司战略。此外，战略激进度下降后，公司的风险水平得以降低，但损失了部分盈利性和成长性。关于卖空与公司违规的研究，孟庆斌等（2019b）的研究发现，首先，卖空机制的引入降低了公司的违规倾向，提高了其违规行为被稽查的概率，其次，信息透明度在卖空机制影响公司违规的过程中，既具有调节作用，又发挥中介效应。同时，卖空机制通过提高对公司的威慑力，从而降低其违规倾向。雷啸等（2019）的研究发现卖空机制能抑制公司的违规行为。进一步研究发现，良好的内部控制能强化卖空机制对公司违规行为的抑制作用；相较于国有企业，卖空机制对民营企业违规行为的抑制作用更强。

参考文献

[1] 孟庆斌，李昕宇，张修平．卖空机制、资本市场压力与公司战略选择［J］．中国工业经济，2019（8）：155-173.

[2] 孟庆斌，邹洋，侯德帅．卖空机制能抑制上市公司违规吗？［J］．经济研究，2019，54（6）：89-105.

[3] 雷啸，唐雪松，郑宇新．放松卖空管制能抑制上市公司违规吗［J］．当代财经，2019（4）：119-130.

[4] 黎来芳，孙河涛．企业战略激进度与融券卖空规模［J］．中央财经大学学报，2019（2）：74-84.

（作者：张　榕）

述评：《劳动保护能促进企业高学历员工的创新吗？——基于A股上市公司的实证研究》

论文原作者：王　珏　祝继高

期刊：《管理世界》2018年第3期

原文摘要

高学历员工作为企业创新的微观实施主体，如何充分发挥其作用是促进企业创新产出的重要环节。本文手工搜集了2006—2013年A股上市公司员工的受教育水平数据，检验劳动保护的加强是否能够促进高学历员工的创新产出。研究发现劳动保护弱化了高学历员工对企业创新产出的促进作用，这种弱化作用主要集中体现在非发明专利的申请数和有效专利数。通过分组分析发现，劳动保护对高学历员工创新产出的弱化效果在民营企业和最低工资标准高的地区更为显著。进一步研究发现，最低工资标准的强制提高显著地降低了高学历员工对企业创新产出的促进作用。本文的研究结论为劳动保护在企业创新层面的实施效果提供了政策参考，也为企业进一步制定有效的创新激励措施提供了依据。

问题导入

人力资本劳动保护的加强能否有效促进企业的创新产出是关系到企业创新激励和劳动保护在员工层面实施效果的重要议题。那么，《劳动合同法》对员工实施的劳动保护是促进还是抑制了高学历员工对创新产出的作用？劳动保护对高学历员工创新的影响在不同产权性质的企业和不同最低工资标准的地区是否存在差异？本文的研究给出了答案。

研究设计

一、研究假设

创新活动的实施主体是以知识为核心的人力资本，因此知识员工是推进技术创新的必要因素。此外，受教育水平是员工创新能力的一个显性体现，较高的受教育水平意味着更多的知识存量和较好的新知识获取能力，因此受教育程度对创新行为应产生积极的影响。

基于以上分析，本文提出如下假设：

H1：相比低学历员工，高学历员工可以更好地促进企业的创新产出。

一方面，高学历员工与低学历员工一样，在更强的劳动保护政策之下，不会因为工作业绩差和懈怠而被企业轻易开除，很可能造成保护偷懒者的效应。另一方面，在较强的劳动保护下，部分偷懒员工、低学历或低工资员工努力程度的降低不会受到相应的惩罚会让具有创新能力的高学历员工产生不公平感，进而影响到团队整体的创新工作积极性和工作效率，最终导致创新产出的降低。基于以上分析，本文提出如下假设：

H2：劳动保护弱化了高学历员工对企业创新产出的促进作用。

与民营企业相比，国有企业本身有着较规范的劳动保障制度，《劳动合同法》的实施对国有企业用工的影响相对较小。此外，在最低工资标准高的地区，一方面，员工的相关待遇好，根据偷懒者效应，该地区员工工作的努力程度更可能降低；另一方面，根据公平理论，之前工作努力的高学历员工的投入回报配比与偷懒者、低学历或低工资员工相比会进一步下降，不公平感会进一步增强，因此工作投入和创新积极性也会降低更多，从而导致整体的创新产出相比最低工资标准低的地区降低更多。基于以上分析，本文提出如下假设：

H3：相对于国有企业，劳动保护更加弱化了民营企业高学历员工对企业创新产出的促进作用。

H4：相对于最低工资标准低的地区，劳动保护更加弱化了最低工资标准高的地区高学历员工对企业创新产出的促进作用。

二、数据来源

本文以我国深圳证券交易所和上海证券交易所2006—2013年所有A股上市非金融企业作为研究对象。其中，企业创新数据来自CSMAR数据库中中国上市公司专利研究数据库，员工受教育水平数据从上市公司年度报告中手工收集整理，各省最低工资标准根据公开数据整理而成，其他财务数据均来自CSMAR数据库。

三、实证模型

本文利用模型（1）来检验高学历员工对企业创新产出的促进作用：

$$\text{PATENA}_t/\text{PATENH}_t = \alpha + \beta_1\text{EDU}_t + \text{Controls} + \text{IndustryEffect} + \text{YearEffect} + \varepsilon \quad (1)$$

利用模型（2）来检验《劳动合同法》的实施减弱了高学历员工对企业创新产出的促进作用：

$$\begin{aligned}\text{PATENA}_t/\text{PATENH}_t = \alpha &+ \beta_1\text{EDU}_t + \beta_2\text{LAW}_t + \beta_3\text{EDU}_t \times \text{LAW}_t + \text{Controls} \\ &+ \text{IndustryEffect} + \text{YearEffect} + \varepsilon \qquad (2)\end{aligned}$$

其中，被解释变量PATENA和PATENH分别为i公司在第t年申请专利数量和持有的有效专利数的自然对数。解释变量EDU为员工受教育水平，以员工中本科及以上学历人数占总人数的比例来度量；LAW为《劳动合同法》实施虚拟变量，以《劳动合同法》实施的年份 2008 年为分界线，当年份大于等于 2008 年时取值为 1，否则为 0。此外，模型中控制了若干变量以及年度和行业效应，并在企业层面进行了聚类处理。

实证分析

一、实证结果

员工的受教育水平越高，企业的专利申请数量和持有的有效专利数就越多。而《劳动合同法》的颁布，降低了高学历员工对创新产出的这种促进作用。进一步地，作者将专利区分为发明专利和非发明专利。可以发现，发明专利对相关政策变动的敏感性较低，而非发明专利因为其申请难度较低，所以有相应的激励政策或员工努力工作就较容易取得，劳动保护政策降低了高学历员工的工作压力和积极性，因此对非发明专利的降低影响更为显著。

二、稳健性检验

1. 内生性问题

考虑到模型（1）可能存在着反向因果问题和遗漏变量问题，作者以各省拥有的教育部“211 工程”大学数量作为高学历员工的代理变量，采用工具变量法进行检验。结果显示，在控制了内生性问题后，劳动保护依然降低了高学历员工对创新产出的促进作用。

2. 重新界定高学历员工

以研究生及以上学历占员工总数的比例作为高学历员工的划分标准，检验高学历员工对创新影响的稳健性。结果显示，上述结论依然稳健。

三、基于产权性质和最低工资标准的分组检验

将上市公司分为国有企业和民营企业，对上述结果进行检验发现，劳动保护对国有企业高学历员工对创新产出促进作用的影响并不显著，但显著降低了民营企业高学历员工对创新产出的促进作用。

根据该省的最低工资标准与全国各省平均最低工资标准的关系，将样本分为最低工资标准高和最低工资标准低的两组进行回归检验。结果显示，劳动保护显著降低了最低工资标准高地区的高学历员工对企业创新的促进作用，但是这一作用在最低工资标准低地区的企业中并不显著。

主要结论

本文以《劳动合同法》的实施作为劳动保护提高的外生冲击事件，研究发现高学历员工对企业的创新产出具有促进作用，但《劳动合同法》的颁布弱化了这种促进作用，这种弱化作用主要集中体现在非发明专利的申请数和有效专利数上。通过分组分

析发现，劳动保护对高学历员工创新产出的弱化效果在民营企业和最低工资标准高的地区更为显著。

主要贡献

第一，已有研究大都从企业层面讨论劳动保护对企业劳动力成本的影响，本文则从劳动保护的直接对象——企业员工角度出发，研究劳动保护的提升在员工层面的作用效果，进而对创新产出的影响，为《劳动合同法》实施在企业微观层面的传导机制提供了新的研究视角。第二，本文利用手工收集的员工学历数据，较为准确地刻画了企业员工的受教育水平，能够比较直接地测量到高学历员工在《劳动合同法》颁布前后，对创新产出贡献的差异性，为已有的关于创新的研究提供了有益的补充。第三，本文发现在原本更具创新能力的民营企业、最低工资标准高的地区，《劳动合同法》的颁布更加弱化了高学历员工对创新产出的促进作用。同时，最低工资标准的提高也显著降低了高学历员工对创新产出的促进作用。这说明劳动保护的加强在兼顾公平的同时，损失了部分效率。这一结论具有一定的政策参考价值。

前沿追踪

近年来，学者们的研究普遍认为，劳动保护制度是影响企业绩效的重要因素之一。潘红波等（2017）指出《劳动合同法》对国有企业投资的影响较弱，但是会显著降低民营企业的投资水平，且这种效应主要体现在劳动密集型行业。罗劲博（2018）指出劳动保护降低了企业整体的业绩薪酬敏感性，降低了高管却提高了员工的业绩薪酬敏感性。Ni等（2018）指出，《劳动合同法》的颁布显著提高了企业透明度，但降低了经营灵活性，这可能对企业施加外部压力，并加剧管理层的短期主义问题。

关于劳动保护对于企业创新的影响，则有两种不同的见解。一方面，倪骁然等（2016）以2008年《劳动合同法》实施为准自然实验构建双重差分模型，研究发现在劳动密集型企业中，创新投入和创新产出均显著增强。另一方面，Bill等（2018）研究发现，劳动保护的加强对创新产生负面影响，这种负面影响在严重依赖外部融资、高研发强度的公司中更为明显。

参考文献

[1] 潘红波，陈世来.《劳动合同法》、企业投资与经济增长［J］. 经济研究，2017，52（4）：92-105.

[2] 倪骁然，朱玉杰. 劳动保护、劳动密集度与企业创新——来自2008年《劳动合同法》实施的证据［J］. 管理世界，2016（7）：154-167.

[3] 罗劲博. 劳动保护：保护员工还是优待高管？——基于业绩薪酬敏感性视角［J］. 上海财经大学学报，2018，20（3）：44-62.

[4] Bill B. Francis，Incheol Kim，Bin Wang，Zhengyi Zhang. Labor law and innovation

revisited [J]. Journal of Banking & Finance, 2018, 94: 1-15.

[5] Xiaoran Ni, Weikang Zhu. The bright side of labor protection in emerging markets: the case of firm transparency [J]. Pacific-Basin Finance Journal, 2018, 50: 126-143.

（作者：王雅菲）

述评：《知识产权保护执法力度、技术创新与企业绩效》

论文原作者：吴超鹏　唐　菂
期刊：《经济研究》2016 年第 10 期

原文摘要

知识产权制度及在其保护下的技术创新日益成为综合国力竞争的决定性因素。本文研究我国各省知识产权保护执法力度对上市公司技术创新及企业绩效的影响机制和作用效果。结果表明：政府加强知识产权保护执法力度，可以提升企业创新能力，表现为企业专利产出和研发投资的增加；进一步研究还发现，加强知识产权执法力度可以通过减少研发溢出损失和缓解外部融资约束两条途径来促进企业创新。当知识产权保护执法力度较强时，企业专利产出对未来财务绩效的提升作用更大。综合以上研究结果，本文认为政府部门可以通过加强知识产权保护执法力度来提升企业创新能力和财务绩效，以科技创新驱动供给侧结构性改革，实现经济发展方式的转型。

问题导入

根据 2014—2015 年《全球竞争力报告》，中国的知识产权保护指数在全球排名第 53 位。理论上，知识产权保护较弱将导致企业不愿意投资进行研发活动，但事实上，《联合国教科文组织 2015 年度报告》却显示中国研发支出占全球研发支出总额的 20%，仅次于美国的 28%。这一现象是否意味着中国企业如此特殊，不需要一个强有力的知识产权法律体系来保护其技术创新？针对这一现象，本文基于跨省比较的新视角，研究知识产权保护执法力度对我国上市公司创新投入和产出的作用效果及影响机制。具体而言，本文按如下三个层次展开分析：第一，地方政府加强知识产权保护的执法力度，能否激励企业增加研发投资强度，提升专利创新产出；第二，若能，又是通过何种机制产生影响；第三，这种创新的提升能否促进企业绩效。

研究设计

一、理论分析与研究假设

（一）知识产权保护执法力度对企业创新的影响

1. 知识产权保护执法力度与企业研发投资强度

第一，政府加强知识产权保护减少了外部性问题，降低了企业知识产权被模仿的风险，提高了研发投入的期望收益，从而鼓励企业进行更多的研发；第二，如果政府加强对知识产权侵权行为的打击力度，那么企业将更愿意披露研发项目信息和未来前景给外部资金提供者，从而减少了信息不对称问题，进而减少研发项目融资的难度。由此本文提出以下假设：

H1：知识产权保护执法力度的加强，将使得企业增加研发投资强度。

2. 知识产权保护执法力度与企业专利产出

加强知识产权保护执法力度对企业专利产出有直接和间接两方面影响。直接影响表现在：当知识产权保护较好时，企业更愿为新技术申请专利保护，而不是作为商业秘密；间接影响表现在：知识产权保护将通过增加企业研发投入进而增加专利产出。由此本文提出以下假设：

H2：加强知识产权保护执法力度，将会提升企业专利产出。

（二）知识产权保护执法力度对企业创新的影响机制分析

1. 减少研发溢出损失机制

当一个行业存在较严重的研发溢出时，行业内公司更加依赖于其他公司的技术创新。若政府加强知识产权保护执法力度，将使行业内实施创新的企业更可能通过专利授权或垄断使用专利而获益，更不可能因技术被侵权而利益受损，这将激发企业进行持续的创新。由此本文提出以下假设：

H3：在研发溢出较严重的行业，加强知识产权保护执法力度对企业创新影响程度较大。

2. 缓解外部融资约束

第一，知识产权保护的增强使得公司更愿意披露信息给外部股东和债权人，减少信息不对称；第二，外部投资者预期到所投资的研发项目的创新成果可以得到较好的法律保护，不至于因被侵权而造成投资损失，因此其投资意愿更强。由此推知，当政府加强知识产权保护时，外部投资者更可能为企业提供创新融资，进而促进企业创新。由此本文提出以下假设：

H4：当企业处于对外部资金依赖程度较强的行业，或者企业存在较强的外部融资约束时，加强知识产权保护执法力度对企业创新的影响程度更大。

（三）知识产权保护执法力度与企业创新对财务绩效的影响分析

当知识产权保护较强时，企业的专利技术被侵权概率较低，因此研发投入和专利技术所带来的技术垄断利润和专利授权费收益将会提高，这将提升企业的未来财务绩效。由此本文提出以下假设：

H5：随着知识产权保护执法力度的加强，企业的研发投入与专利产出可以在更大程度上提升企业未来的财务绩效。

二、变量构建

（一）知识产权保护执法力度（IPP）

本文从行政执法、司法保护与执法效果三个维度构建知识产权保护执法指数，进而展开实证检验。

第一，在行政执法方面。各省省委重视知识产权保护程度（IPP1）：等于2000—2013年各省省委每年在省委机关报上宣传知识产权保护的文章数目除以当年该省委机关报所有文章数目；专利未被侵权率（IPP2）：1减去一省知识产权局当年受理的专利侵权纠纷案件数除以该省截至当年累计授权专利数。

第二，在司法保护方面。被侵权方司法判决胜诉率（IPP3）：以1993—2013年各省各年度知识产权侵权案件中被侵权方胜诉的案件数除以当年法庭做出判决的总案件数来衡量。

第三，在执法效果方面。知识产权保护执法效果指标（IPP4）基于《中国城市竞争力报告》计算。

最后，作者基于上述四个指标，采用主成分分析方法构建"各省知识产权保护执法指数"（IPP Index）。

（二）企业创新能力

第一，专利产出：公司申请并获得授权的专利存量除以公司年末总资产。

第二，研发强度：公司的研发费用存量除以公司年末总资产。

模型中加入了其他可能影响企业创新投入和产出的公司特征和省际特征控制变量，包括：公司年末总资产、无形资产率、总资产净利润率、国有企业哑变量、各省人均GDP的增长率、各省城镇人口比重等。

三、实证过程

（一）知识产权保护执法力度对企业创新的影响分析

本文采用如下多元回归模型来检验知识产权保护执法力度对企业创新能力的影响：

$$\text{Innovation}_{i,\ t} = \alpha + \beta_1 \text{IPP}_{i,\ j,\ t-1} + \beta_2 \text{FirmCharacteristics}_{i,\ t-1} + \beta_3 \text{ProvinceCharacteristics}_{i,\ t} - 1 + \beta_4 \text{Industry} - \text{fixed Effects} + \beta_5 \text{Year} - \text{fixed Effects} + \varepsilon \quad (1)$$

其中，$\text{Innovation}_{i,\ t}$ 为公司 i 第 t 年的创新能力，采用专利产出与研发强度来衡量；$\text{IPP}_{i,\ j,\ t-1}$ 表示公司 i 所在省份 j 第 $t-1$ 年的知识产权保护执法力度，分别采用IPP Index以及该指数的四个分指标（IPP1~IPP4）来衡量。

回归结果显示：分别使用IPP Index以及四个分指标来度量知识产权保护执法力度的回归系数全部都在1%或5%水平上显著为正，进一步控制省份效应后系数同样显著。这表明随着知识产权保护执法力度的提升，企业的专利产出和研发强度都显著提升，这一结果支持H1和H2。

（二）知识产权保护执法力度对企业创新的影响机制检验

1. 减少研发溢出机制的检验

基于中国工业企业数据库和C-D生产函数，本文估计出37个行业的研发溢出程度，然后构建哑变量：行业研发溢出程度（$\text{Spillovers}_{i,k}$），若公司 i 所在行业 k 的研发溢出程度高于所有行业的研发溢出程度的中位值则取1，否则取0。

本文在模型（1）中加入行业研发溢出程度哑变量（$\text{Spillovers}_{i,k}$）及其与知识产权执法力度指数（IPP index）的交乘项以检验 H3。

结果显示，交乘项显著为正，表明在研发溢出较严重的行业，知识产权执法力度的加强对企业专利产出和研发强度的影响显著较大，该结果支持 H3。

2. 缓解外部融资约束机制的检验

本文采用如下三个指标来度量企业对外部资金的依赖程度：

（1）行业中某一家公司在某一年的外部资金依赖程度=（该公司当年短期借款与长期借款的增加额+新发行股票金额（包括首发和增发）—股票回购金额）/总资产；然后，计算行业内所有公司外部资金依赖程度的平均值，即为该行业外部资金依赖程度。

（2）采用 Whited 和 Wu（2006）构建的融资约束指数，即 WW 指数来衡量企业面临的融资约束。

（3）以公司成立年限作为划分公司外部融资依赖高低的标准，成立年限较短的公司对外部融资的依赖程度高。

然后根据上述三个指标计算哑变量，若其大于中位值则取 1，否则取 0。

本文在模型（1）中分别加入上述三个外部资金依赖程度指标及其与知识产权执法力度指数（IPP index）的交乘项进行回归分析。总体而言，回归结果支持 H4。

（三）知识产权保护、企业创新与财务绩效

本文通过构建如下多元回归模型来考察当知识产权保护较强时，企业的创新投入与创新产出是否更可能提升企业未来财务绩效：

$$\begin{aligned}\text{Earn5}_{i,\ t+1\ \text{to}\ t+5} = {} & \beta_0 + \beta_1\text{Innovation}_{i,\ t} + \beta_2\text{IPPindex dummy}_{i,\ j,\ t} + \beta_3\text{Innovation}_{i,\ t} \\ & \times \text{IPPindex dummy}_{i,\ j,\ t} + \beta_4\text{Firm characteristics}_{i,\ t} \\ & + \beta_5\text{Province characteristics}_{j,\ t} + \beta_6\text{Industry} - \text{fixed Effects} \\ & + \beta_7\text{Year} - \text{fixed Effects} + \varepsilon\end{aligned}$$

其中，$\text{Earn5}_{i,t+1\ \text{to}\ t+5}$为企业未来五年的财务绩效，采用企业 t+1 年至 t+5 年间营业利润均值除以第 t 年末的总资产来度量。$\text{IPP index dummy}_{i,j,t}$为各省知识产权保护执法指数（IPP Index）哑变量，若公司 i 第 t 年所在省份 j 的知识产权保护执法指数大于当年各省的中位值，则取 1，否则取 0。本文将两个企业创新指标（$\text{Innovation}_{i,t}$），即专利产出与研发强度，同时放入回归模型中。

回归结果部分支持 H5，即当知识产权保护较强时，企业的专利产出对未来财务绩效的提升作用更大。

（四）内生性问题的检验

上述结论可能存在内生性。为此，本文为解释变量 IPP 选取了两个工具变量：第一个是英租界哑变量，第二个是各省 1992 年以前存在的教会大学数量。这两个变量可以反映出当地人民价值观中对知识产权保护的重视程度。本文基于工具变量对上述假设进行重新回归，结果与上述结论一致。

四、数据来源

作者以 1993—2013 年所有 A 股主板、中小板和创业板上市公司作为初始样本。上市公司2006—2013年财务数据（从2006年开始是因为，当年国家对研发支出的会计处理做出了较大调整，前后不具可比性）来自Wind和CSMAR数据库；上市公司专利数据手工收集自国家知识产权局专利检索网站；省际数据均来自国家统计局各年度的《中国统计年鉴》。最终样本涉及2413家上市公司，共23188个公司年度观测值。

主要结论

作者以1993—2013年我国2413家A股上市公司为样本，并基于我国知识产权执法体系，构建各省知识产权保护执法指数，进而展开实证检验发现：第一，地方政府加强知识产权保护执法力度，可以激励当地企业增加研发投资强度，并提升专利产出；第二，知识产权保护对企业创新的影响机制是减少研发溢出损失和缓解外部融资约束；第三，当知识产权保护较强时，企业的专利产出对未来财务绩效的提升作用更大。

主要贡献

第一，从研究视角上看，本文基于跨省比较的视角，由于我国各省只有执法力度差异，无立法差异，因此可以更集中地考察知识产权保护执法力度对企业创新的影响。第二，从研究内容上看，本文率先基于上市公司的数据来检验我国各省知识产权保护执法力度对企业创新活动的影响；此外，本文还将研究内容拓展到考察知识产权保护执法力度对企业创新的影响途径及其能否通过企业创新影响财务绩效等目前国内外研究涉及较少的内容。第三，从研究工具上看，作者从我国知识产权保护执法运行体系出发，从行政执法、司法保护与执法效果三个维度，率先构建省级水平的知识产权保护执法指数，为开展知识产权保护执法力度与经济金融领域的研究提供了一个可资借鉴的分析工具和检验方法。

前沿跟踪

目前知识产权保护与企业创新的研究主要集中在以下两个方面：

一、知识产权保护能否促进企业创新

刘思明等（2015）研究发现知识产权保护与新产品和专利产出均存在倒U形关系，但超过95%的样本位于拐点左侧。张鸿武和钟春平（2015）研究发现由于立法的铺垫和执法的缓慢提升，知识产权保护强度得到提高，这种制度安排对技术创新产生了显著的正向促进作用；相反，R&D补贴对技术创新的效应并不明显。赵娜和王博（2016）认为合理的知识产权保护制度、企业技术更新换代及其科研管理水平的提高都将对中国企业技术创新产生重要影响。宋振东等（2016）研究得出，陕西省知识产权保护与大中型工业企业自主创新能力存在动态均衡关系，表现出较强的波动性和阶段性不稳定特征，但2007年以后，知识产权保护对企业自主创新能力提升表现出较强的促进作用。李春涛等（2016）发现良好的知识产权保护能够鼓励企业进行创新投资。王海成和吕铁（2016）基于自然实验方法，研究了三审合一对企业创新的影响，结果显示，加强知识产权司法保护，推进知识产权审判体制和工作机制改革，提高审判质量和效率，可以为创新驱动发展

战略提供有力的制度保障。

二、以知识产权保护作为重要的环境变量研究其他因素对企业创新的影响

潘健平等（2015）研究发现，企业家精神的确能够促进企业创新，但这种机制只在民营企业中存在；在知识产权保护力度较高的地区，企业家精神可以显著地促进企业创新，但是，在知识产权保护力度较低的地区，企业家精神反而会进一步抑制企业的创新行为。

总的来看，已有研究证实了知识产权保护对于企业创新具有显著的促进作用，而且知识产权保护水平对发挥其他创新要素的作用具有正向的调节效应。

参考文献

[1] 刘思明，侯鹏，赵彦云．知识产权保护与中国工业创新能力——来自省级大中型工业企业面板数据的实证研究［J］. 数量经济技术经济研究，2015（3）：40：57.

[2] 张鸿武，钟春平．知识产权保护还是R&D补贴？——提升中国工业技术创新能力的公共政策选择［J］. 东南学术，2016（2）：55-67.

[3] 赵娜，王博．知识产权保护对企业技术创新：促进还是抑制？——2008—2014年我国高技术产业的经验证据［J］. 中央财经大学学报，2016（5）：113-122.

[4] 宋振东，张岗，丁巨涛．知识产权保护与大中型工业企业自主创新关系研究［J］. 统计与决策，2016（22）：183-185.

[5] 李春涛，郭培培，张璇．知识产权保护、融资途径与企业创新——基于跨国微观数据的分析［J］. 经济评论，2015（1）：77-91.

[6] 王海成，吕铁．知识产权司法保护与企业创新——基于广东省知识产权案件“三审合一”的准自然试验［J］. 管理世界，2016（10）：118-133.

[7] 潘健平，王铭榕，吴沛雯．企业家精神、知识产权保护与企业创新［J］. 财经问题研究，2015（12）：104-110.

（作者：凌　丽）

述评：
《谁在利用政府补贴进行创新？——所有制和要素市场扭曲的联合调节效应》

论文原作者：杨　洋　魏　江　罗来军
期刊：《管理世界》2015 年第 1 期

原文摘要

本文采用 2003—2007 年中国工业企业数据库的面板数据，从资源获取和信号传递的角度来剖析不同所有制企业如何利用政府补贴进行创新，以及要素市场扭曲对政府补贴有效性的调节效应，并在此基础上进一步考察了要素市场扭曲与所有制的联合调节效应。结果发现：相比国有企业，政府补贴对民营企业创新绩效的促进作用更大；要素市场扭曲程度低的地区，政府补贴对企业创新绩效的促进作用更大；所有制对政府补贴和企业创新绩效的调节作用还依赖于要素市场的扭曲程度。

问题导入

政府补贴作为促进企业自主创新能力提高的重要政策工具之一，在我国被长期执行且取得了显著成效，每年对于科技企业的政府补贴，可达上万亿元。这也引起了理论界和政策界的反思。一种观点认为，从公共产品的溢出效应角度出发，政府的补贴能够解决因为研发创新活动过程中不可避免的知识泄露以及非完全专有性带来的市场失灵问题；另一种观点认为，政府补贴有可能挤出企业自身研发投入进而一定程度上阻碍企业的创新行为。

这一悖论在转型经济背景下显得更为突出：一方面，所有制作为制度安排的潜在表征，不同类型的企业在资源获取和管理能力上都有很大的差异，进而在利用政府补贴进行创新的机制上也有不同；另一方面，要素市场与产品市场的市场化进程不同步带来的要素市场扭曲问题，显著影响政府补贴对不同类型企业创新行为的影响。那么，在转型经济背景下，到底何种类型的所有制企业更倾向于利用政府补贴进行创新呢？要素市场扭曲又如何影响这些关系呢？本文对这些问题进行了探讨。

研究设计

一、实证假设

（一）不同所有制企业利用政府补贴进行创新活动的差异

首先，从资源基础观出发，政府补贴可以通过直接的创新资源补充机制影响企业创新行为；其次，从信号理论出发，政府补贴作为一种利好投资的信号被传递给私人投资者，可以帮助企业贴上被政府认可的标签，进而帮助企业获取所需创新资源提升创新绩效。国有企业和民营企业在自身资源禀赋和制度逻辑两个方面存在巨大差异导致各自在利用政府补贴进行创新的资源获取和信号传递两个具体机制方面存在明显不同。

（1）资源禀赋：对企业而言，通过政府补贴获取资源进而提升创新绩效是其利用政府补贴进行创新的主要途径，然而这一途径对国有企业不是那么重要。相比之下，政府补贴对于民营企业而言特别重要，一方面，民营企业的发展和创新首先面临着较大的资源、资金等方面的约束，常年以来都受到资源匮乏和融资难问题的困扰，尤其是中小企业。那么此时外部融资以及外部机会就更能促进民营企业进行创新。另一方面，相比国有企业，民营企业在组织和管理能力上有优势，而这些优势使得民营企业能更有效地将已有的创新资源转化为创新产出。

（2）制度逻辑：对国有企业而言，由于本身主导制度逻辑为政府主导逻辑，通过把政府补贴当作一种信号，进而提升创新绩效这一过程机制显得不是那么重要。对民营企业而言，由于其主导制度逻辑为市场主导逻辑，通过把政府补贴当作一种信号，进而提升创新绩效这一过程机制可能比资源获取机制更为重要。一方面，对于民营企业自身而言，获得政府补贴往往意味着政府传递给企业乃至其所处行业认可的信号，基于这一信号民营企业可以获取更多的外部投资者提供的创新资源，进而提升创新绩效。另一方面，在转型经济背景下，由于制度缺失的存在，获取政府补贴是民营企业顺应政策导向，获取合法性的重要渠道，可以帮助他们转变自己的战略，使他们更加积极地投入创新活动中，因而补贴所带来的信号作用被进一步放大，最终带来企业创新绩效的增长。综上所述，本文提出以下假设。

H1：相比国有企业，政府补贴对民营企业创新绩效的促进作用更大。

（二）要素市场扭曲下企业利用政府补贴进行创新活动的差异

我国正处于经济转型的过程中，市场化进程已经取得了公认的成功，但是由于各地区资源禀赋、地方政策的不同，市场化程度存在着明显的地域差异，这就为我们分析在市场化进程的不同阶段，政府补贴对企业创新激励作用的差异提供了可能。

首先，要素市场扭曲会减弱企业利用政府补贴进行资源获取提升创新绩效这一机制。一方面，要素市场扭曲程度高的地方，要素市场的改革和产品市场的改革面临的“不对称”现象严重，政府对要素的定价权和分配权的控制权大，这就使得企业从政府补贴中获取创新资源的交易成本远高于从产品市场中获取创新资源的交易成本，进而削弱企业利用政府补贴进行资源获取提升创新绩效这一机制。另一方面，要素市场与产品市场之间的差异越大，寻租活动产生的超额收益对企业的吸引力越大，那么企业获得的政府补贴中就会有很多转移到寻租活动中，进而挤出本来应该进行的流程创新和产品创新。其次，要素市场扭曲程度高带来寻租空间的存在也会导致政府补贴的信号传递作用被削弱。这是因为在要素市场扭曲的情境下，企业所受到的政府主导逻辑和市场主导逻辑之间冲突的影响更加强烈，政府补贴所释放出的对特定企业和特定行业支持的信号比起在要素市场扭曲程度低的情境下更弱，甚至可能是虚假的信号。综合以上两点，本文提出以下假设：

H2：随着要素市场扭曲程度的提高，政府补贴对企业创新绩效的促进作用会被削弱。

（三）要素市场扭曲和所有制的联合作用

为了更好地考察国有企业和民营企业从政府补贴中获取创新收益的差异，本文进一步考察了在要素市场扭曲程度不同的情况下，国有企业和民营企业对政府补贴的不同反应。

首先，要素市场扭曲会减弱民营企业利用政府补贴进行资源获取进而提升创新绩效方面的优势。在要素市场扭曲程度高的时候，存在着大量的“寻租”空间。一方面，尽管地方政府还是会有“父爱主义”来保护和偏向国有企业，但是寻租活动的存在，使得民营企业也有可能通过“公关”行为来获取优惠的资源和保护，这就导致国有企业在资源禀赋上的相对优势有所减少；另一方面，寻租活动的存在，占用了企业的人力、物力，使得民营企业原有的管理能力优势也被削弱，大量的精力被投入寻租活动，企业拿到补贴之后也无法将其充分地投入本该投入的创新活动中，因此民营企业原有的组织和管理能力的优势也不复存在。

其次，要素市场扭曲所带来的信号扭曲也导致补贴所具有的信号传递作用在民营企业濒临“失灵”。民营企业在寻租活动带来的高回报率的诱惑下，为了抓住机会获取资源、缩小与国有企业在资源获取上的差距，会转变策略，致力于政府官员的公关活动，从而获取政府补贴，在这样的情境下获取的补贴就不再具有其原有的促进企业积极投入创新的信号激励作用。

综上所述，我们可以发现，在要素市场扭曲程度高的时候，民营企业相对于国有企业而言，对政府补贴的正向反馈也大大减少。要素市场扭曲程度低的时候，政府补贴对民营企业创新的促进作用更大；要素市场扭曲程度高的时候，国有企业和民营企业对政府补贴激励的反应差异缩小。因此本文提出以下假设。

H3：所有制对政府补贴和企业创新绩效的调节作用还依赖于要素市场扭曲程度。

二、模型设计

为了检验政府补贴对国有企业和民营企业创新活动激励作用的差异，以及企业所处的要素市场扭曲程度对这种促进作用产生的影响，本文用以下简要模型来进行数据回归。

$$
\begin{aligned}
\text{InnoPerf}_{ijt} = {} & \beta_0 + \beta_1 \text{Con trols}_{ijt} + \beta_2 \text{Subsidy}_{ijt} + \beta_3 \text{SOE}_{ijt} + \beta_4 \text{Distortion}_{ijk} \\
& + \beta_5 \text{SOE}_{ijt} \times \text{Subsidy}_{ijt} + \beta_6 \text{Distortion}_{ijk} \times \text{Subsidy}_{ijt} \\
& + \beta_7 \text{SOE}_{ijt} \times \text{Distortion}_{ijk} + \beta_8 \text{SOE}_{ijt} \times \text{Subsidy}_{ijt} \\
& \times \text{Distortion}_{ijk} + \gamma_{ijk} + \varepsilon_{ijkt}
\end{aligned}
$$

其中，因变量企业创新绩效（InnoPerf_{ijt}）：本文选取了新产品产值占总产值的比例来代理测量企业创新绩效，这一指标反映创新成果产业化之后的绩效，是应用化的绩效（陈劲、陈钰芬，2006），因此相对全面地同时反映过程创新和产品创新，更加适合本文研究的问题。

政府补贴（Subsidy_{ijt}）：本文采用政府的直接补贴作为政府补贴的测量，并进行了对数化的处理。

要素市场扭曲程度（$Distortion_{ijk}$）：本文用 Distortion =（各地区产品市场市场化进程程度指数-要素市场市场化进程程度指数）/产品市场市场化进程程度指数来作为测度地区要素市场扭曲程度的指标（张杰等，2011）。

另外，为了剔除其他因素对本文的回归模型和数据分析的影响，本文还控制了以下变量。：企业规模（$Size_{ijk}$）、企业年龄（Age_{ijk}）、研发强度（RI_{ijk}）、资本密集度（CI_{ijk}）、冗余资源（SR_{ijk}）、人力资本（RC_{ijk}）、出口（EX_{ijk}）。此外，为了控制时间效应和不同行业创新能力存在差异这两种影响，模型采取了对年份和行业的固定效应。

三、数据来源

本文的数据主要来自中国工业企业数据库和樊纲等（2011）的《中国市场化进程指数报告》。首先，关于企业层面的数据来自中国工业企业数据库，由于2002年中国颁布了新的《国民经济行业分类》，并于2003年正式实施，为了使行业口径前后一致，本文只选取了该数据库中自2003年开始的数据；同时，2008年和2009年的数据库中有部分变量未进行统计，因此本文选取了该数据库中2003—2007年的数据作为样本。其次，本文模型中关于要素市场扭曲的数据来自樊纲等（2011）的《中国市场化进程指数报告》中最新的、重新经过同基调整的各项指数。最后本文遵循以下逻辑对数据进行了检查和删误处理：出现下面逻辑关系作为错误记录并删除：（1）企业总产值为负；（2）企业的各项投入为负；（3）企业固定资产原值小于固定资产净值；（4）工业增加值或中间投入大于总产出；（5）新产品产值为负。通过删除错误值，本文的样本最终包含207944个观测值，共50137个企业（非平衡面板），样本企业共涵盖了38个制造业行业。

四、实证回归结果

回归结果显示：政府补贴对企业创新绩效存在显著的正向激励；所有制和政府补贴以及要素市场扭曲程度和政府补贴的交互项是显著为负的，这就意味着所有制和要素市场扭曲程度对政府补贴和企业创新绩效关系都存在着显著的负向调节。因此H1和H2得到支持。

政府补贴、所有制形式以及要素市场扭曲这3个变量之间的交互项是显著为正的。为了更加直观地展示这种联合调节效应，本文将结果绘制成交互效应示意图（见图1），从图中我们可以发现，要素市场扭曲程度低的时候的民营企业，政府补贴和创新绩效之间的正向关系较为明显。而相比之下，在其他情况下，政府补贴对企业创新绩效的激励作用几乎没有，甚至为负。具体来说，要素市场扭曲程度低的时候，政府补贴对国有企业和民营企业创新绩效的影响差异很大，对民营企业而言，正向的激励作用很明显，对国有企业而言则呈现出一种负向的影响；而在要素市场扭曲程度高的时候，政府补贴对国有企业和民营企业创新绩效影响的差异就缩小了，无论对国有企业还是民营企业，这种激励作用都消失了。因此，H3也得到了支持。

五、内生性

为了避免潜在的内生性问题，本文做了以下处理。

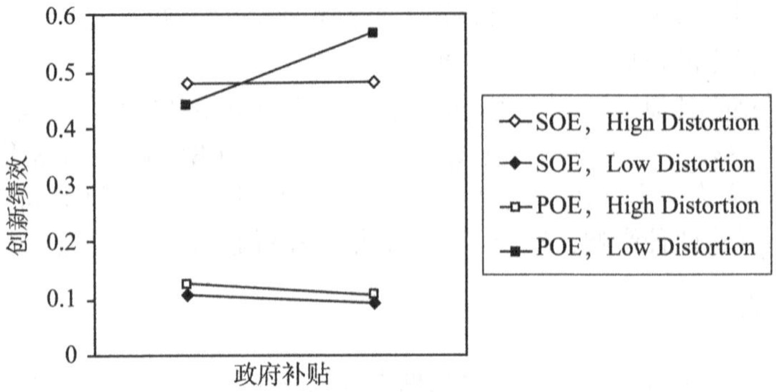

图 1　交互效应示意图

首先，为了剔除可能存在的反向因果，本文参照 Belderbos 等（2014）以及 Zhang 等（2011）的做法，用 T 期的按行业计算的政府补贴数对 $T-1$ 期的企业创新绩效的行业均值做回归；同时还对按行业计算的政府补贴数的变化（T 期按行业计算的政府补贴数减去 $T-1$ 期按行业计算的政府补贴数）对 $T-1$ 期的企业创新绩效的行业均值做回归。结果显示这两个回归的系数都是不显著的。因而，可以认为在本文的数据中，这种潜在的反向因果关系带来的内生性担忧并不存在。

其次，为了获取更加稳健的估计量，本文又进一步引入工具变量（IV）。第一个选取的 IV 是按行业统计的政府补贴均值，这在政府补贴相关研究中较为通用；第二个 IV 则是参考 Lewbel（1997）的思想和方法，构建（企业创新绩效-企业创新绩效均值）×（政府补贴-政府补贴均值）作为政府补贴的工具变量，该方法的特点就在于不需要借助外部变量就可以构建一个有效的工具变量。采用多重工具变量两阶段最小二乘法（2SLS）进行估计，对比之前的估计结果，所关注的关键变量的系数和显著性水平都保持一致，这也进一步验证了之前结果的稳健性。

主要结论

本文将资源观整合到经济学的研究框架中，结合信号理论，从资源获取和信号传递两个角度来剖析由于资源禀赋和制度逻辑的差异，不同所有制企业如何利用政府补贴进行创新，并进一步分析要素市场扭曲对政府补贴有效性的调节效应以及它们的联合调节效应，得出：第一，相比国有企业，政府补贴对民营企业创新绩效的促进作用更大；第二，要素市场扭曲程度低的地区，补贴对企业创新绩效的促进作用更大；第三，所有制对政府补贴和企业创新绩效的调节作用还依赖于要素市场扭曲程度，要素市场扭曲程度低的时候，政府补贴对民营企业创新的促进作用更大，而相反要素市场扭曲程度高的时候，国有企业和民营企业对政府补贴激励的反应差异缩小。

主要贡献

第一，本文的研究在已有的关于政府补贴对企业创新活动的正效应的基础上，将研究情境设在经济转型过程中，不仅考虑了政府补贴对国有企业和民营企业创新活动的影响差异，还将中国经济转型过程中呈现出来的要素市场改革进程与产品市场改革进程严重“不对称”的现象考虑进来，考察了要素市场扭曲程度对政府补贴和企业创新关系的调节作用。第二，尽管已有少量的国内研究考察了所有制的调节作用（刘虹等，2012），但是他们在考察所有制调节的时候都仅仅考察了单独所有制因素对政府补贴效应的调节，而本文除了考察了所有制形式和要素市场扭曲程度这两个因素的单独调节作用，还考察了区域层面的制度因素（要素市场扭曲）和组织层面的制度因素（所有制）如何共同作用于政府补贴和企业创新绩效的关系，进一步揭示了所有制调节效应的复杂性，这也大大丰富了现有的关于政府补贴效应的研究。第三，已有的关于政府补贴对企业创新活动的影响研究很多使用地区层面或是行业层面数据（如 Hu，2001；李永等，2014），这就导致研究的主体可能除了个体企业外还包括其他组织机构。而本文选择从企业层面来考察，剔除了上述潜在的干扰效应，更有力、更真实地反映了政府补贴对企业创新的影响。

前沿跟踪

长期以来，由于知识溢出等市场失灵现象的存在，企业在创新活动中的支出通常是低于社会最优水平的。为了解决这一问题，各国政府往往通过运用诸如 R&D 资助、财政补贴和税收优惠等政策工具来予以干预。这些政策干预的主要目的在于：一是降低有效的研发成本；二是促使企业增加研发投入；三是提升创新活动的效率。现在的许多文献，从分规模、分行业等视角来探讨和验证转型背景下中国的政府 R&D 资助、企业 R&D 投入和创新效率之间的关系。

单就企业规模而言，郭迎锋等（2016）利用我国大中型工业企业省际面板数据进行的研究发现，政府对企业的 R&D 资助会对企业自身 R&D 投入形成杠杆效应，且该效应随着工业化进程而不断增强。胡军燕和袁川泰（2016）运用 1995—2014 年大型工业企业与政府投入相关数据，分析政府 R&D 投入对企业基础研究的影响，结果显示：企业自身基础研究投入少且占比呈现下降趋势；政府 R&D 投入短期对基础研究投入有替代作用，但长期有显著促进作用。丁凯（2016）采用 2000—2008 年我国 17 个三位码高技术产业的分行业数据对国有产权比重和企业平均规模大小两个因素在这个影响过程中所起的作用进行了实证分析，结果显示企业平均规模与政府 R&D 补贴的影响效果呈正向关系。

就分行业而言，晏发发等（2016）以 2011—2015 年我国深交所和上交所农业上市公司为研究对象，利用多元回归对我国农业上市公司的技术创新进行实证研究，研究结果表明：政府 R&D 资助与企业自主创新呈正相关关系；企业 R&D 人员比例与企业技术创新呈正相关关系。张鸿武和钟春平（2016）选取工业行业层面的数据，对知识产权保护、R&D 补贴在推动中国工业行业技术创新中的作用进行了面板分析，结果表明：立法的铺垫和执法的缓慢提升，使得知识产权保护强度得到提高，这种制度安排对技术创新产生了显著的正向促进作用；相反，R&D 补贴对技术创新的效应并不明显，这意味着政府的短期资金投入和激励并没有达到预期目标。方文雷和何赛（2016）以上市高新技术企业为研究样本，通过构建门槛面板模型，实证检验了政府财政补贴水平下企业自主 R&D 投入对 R&D 产出的影响。实证分析的结果表明：不同政府补贴水平下，企业 R&D 投入与 R&D 产出呈现出非线性关系，即企业自主研发投入对其研发产出的影响存在政府补贴水平的门槛效应。

参考文献

[1] 郭迎锋，顾炜宇，乌天玥，王立勇．政府资助对企业 R&D 投入的影响——来自我国大中型工业企业的证据［J］. 中国软科学，2016（3）：162-174.

[2] 胡军燕，袁川泰．政府 R&D 投入对企业基础研究的影响——基于大型工业企业数据的实证研究［J］. 科技管理研究，2016（20）：27-31.

[3] 丁凯．所有权与企业规模差异下政府 R&D 补贴效应研究［J］. 特区经济，2016（1）：45-46.

[4] 晏发发，陈驹嵘，张浩军，武赛，肖杰强．政府 R&D 资助、R&D 人员比例、R&D 投入与自主创新——基于农业上市公司 2011—2015 年数据的实证研究［J］. 现代经济信息，2016（14）：24-25，164.

[5] 张鸿武，钟春平．知识产权保护还是 R&D 补贴？——提升中国工业技术创新能力的公共政策选择［J］. 东南学术，2016（2）：55-67，248.

[6] 方文雷，何赛．政府补贴与企业 R&D 投入、产出的门槛效应——基于上市高新技术企业的实证分析［J］. 金融纵横，2016（1）：65-72.

（作者：王栋坤）

述评：《创新补助究竟有没有激励企业创新自主投资——来自中国上市公司的新证据》

论文原作者：李万福　杜　静　张　怀

期刊：《金融研究》2017 年第 10 期

原文摘要

政府“扶持之手”在 R&D“市场失灵”中发挥着重要作用，然而，政府创新补助在激励企业创新自主投资方面究竟“如其所愿”还是“事与愿违”，尚缺乏一致和有说服力的经验证据。本文通过剔除非 R&D 补助噪音，并对企业创新自主投资与政府创新补助加以区分，为该问题提供了来自中国上市公司研发投资的新证据。研究发现，尽管政府创新补助与企业总体 R&D 投资正相关，但政府直接给予企业的创新补助每增加 1 单位，带来的 R&D 投资增量显著小于 1；随着政府创新补助的增加，企业创新自主投资在减少。这表明，创新补助总体而言并未有效激励企业创新自主投资。进一步研究发现，企业行业属性、内部控制水平及外部环境会显著影响创新补助的激励效应，对于高科技、内部控制水平较高或所处经营法制环境较好的企业而言，创新补助确实“如其所愿”地发挥了激励效应。

问题导入

近些年来，我国对企业创新愈加重视。“十三五”规划明确提出，要强化企业创新主体地位和主导作用，提高企业自主研发水平。但相比于其他企业，从事研发活动的企业因面临更高的风险，更难获得外源融资。研发补助作为政府“干预”企业创新的一种方式，在许多国家成为政府公共预算的一个重要组成部分。政府创新补助的效果究竟是“如其所愿”还是“事与愿违”？已有文献通常关注政府补助与企业总体 R&D 投资是否正相关，但忽视了政府补助大都包含非 R&D 补助这一噪音干扰。本文在剔除非 R&D 补助噪音并对企业创新自主投资与政府创新补助加以区分后，对政府创新补助的效果做了进一步探讨。

研究设计

一、理论分析

政府补助对企业创新自主投资的影响效应大致可通过图 1 体现。其中，Y 代表企业接受政府资助后的整体 *R&D* 投资，*X* 代表政府 R&D 补助，FRD_0 代表企业享受政府资助前计划投入的 R&D 部分。ΔFRD 代表企业享受政府资助后的自身 R&D 投资改变量。通过构建简单分析模型，本文认为，只有当 ΔFRD>0 时，才表明政府创新补助激励了企业创新自主投资。

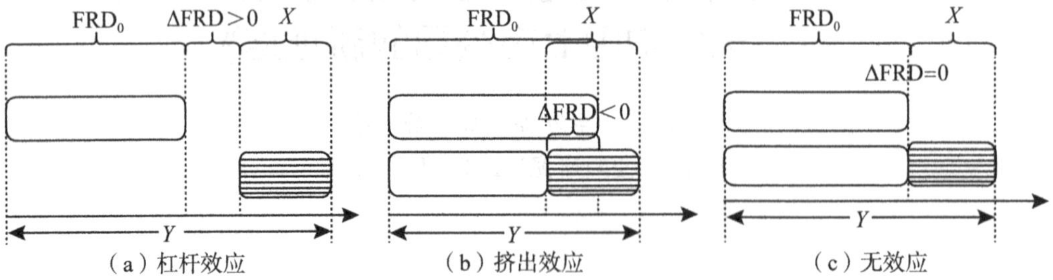

图 1　政府补助对企业创新自主投资的影响效应

二、样本选取与数据来源

由于 2007 年新会计准则要求上市公司在财务报表中新增研发支出科目，并要求在报表附注中对政府补助信息进行详细披露，本文选取 2007—2014 年非金融类 A 股上市公司为研究样本，因对测试变量采取滞后一期处理，故实际回归样本的年度区间为 2008—2014 年。本文数据主要来自 CSMAR 和 iFinD 数据库，其中，研发费用和政府补助数据均来自 iFinD 数据库，并对主要连续变量进行了上下 1%的 Winsorize 处理。

三、模型设计与变量定义

本文建立了以下四个模型：

$$RD_{i,t} = \alpha_0 + \alpha_1 Gov_{i,t-1} + \sum \alpha_k Controls_{k,i,t} + Industry\ FE + Year\ FE + \varepsilon_{i,t}$$

$$RD_{i,t} = \beta_0 + \beta_1 Govrd_{i,t-1} + \sum \beta_k Controls_{k,i,t} + Industry\ FE + Year\ FE + \mu_{i,t}$$

$$FRD_{i,t} = \delta_0 + \delta_1 Gov_{i,t-1} + \sum \delta_k Controls_{k,i,t} + Industry\ FE + Year\ FE + \xi_{i,t}$$

$$FRD_{i,t} = \gamma_0 + \gamma_1 Govrd_{i,t-1} + \sum \gamma_k Controls_{k,i,t} + Industry\ FE + Year\ FE + \nu_{i,t}$$

其中，Gov、Govrd 为测试变量，前者等于政府补助总额除以总资产，后者等于与 R&D 相关的政府补助除以总资产；RD、FRD 为被解释变量，前者等于 R&D 投资总额与总资产之比，后者等于企业自身 R&D 投资额与总资产之比。为减轻内生性，对测试变量均采取滞后一期处理。值得说明的是，本文在此对“政府补助总额”和“与 R&D 相关的政府补助”进行了严格区分。

四、进一步分析与稳健性检验

本文关注企业行业属性、内部控制水平、外部环境以及融资约束程度，进一步考察创新补助的激励效应；考虑因果关系、非时变因素以及自选择问题，使用倍差法、倾向得分匹配法解决内生性问题，结果稳健。

主要结论

第一，政府创新补助与企业总体 R&D 投资正相关，但随着政府创新补助的增加，企业创新自主投资在减少，创新补助总体而言并未有效激励企业创新自主投资。第二，企业行业属性、内部控制水平及外部环境会显著影响创新补助的激励效应，对于高科技、内部控制水平较高或所处经营法制环境较好的企业而言，创新补助确实“如其所愿”地发挥了激励效应。

主要贡献

第一，剔除了非 R&D 补助带来的噪音干扰，并分别探讨了企业总体创新投资及剔除创新补助后的创新自主投资变化情况，有助于为现有关于政府创新补助激励效果的争论提供更为可靠的经验证据，从而进一步厘清政府创新补助的经济后果。第二，研究发现，政府创新补助的“挤出”或“激励”效应与企业行业属性、内部控制水平及外部法制环境密切相关，这对如何更好地发挥政府“扶持之手”在微观企业创新活动中的作用具有一定参考价值。第三，进一步拓展和丰富了黎文靖和郑曼妮（2016）关于政府政策扶持与企业创新关系的文献，进一步揭示了政府扶持难以激励企业“实质性创新”的原因。

前沿跟踪

关于政府补助与企业研发投入的关系，喻青松和舒建玲（2016）通过研究发现当企业有融资需求且创新潜力较大时，政府补助对公司研发投入的正向影响相对显著，即存在门槛效应。张辉等（2016）同样通过门槛回归的方法，利用中国工业企业数据库 2005—2007 年的微观面板数据，验证了政府补贴对企业研发投入的影响存在显著的双重门槛效应，当政府补贴强度介于 0 到 0.0214 之间时，补贴效率最高。

从企业特征角度来看，王楠等（2017）认为外部政府资助对企业研发投入的作用受企业 CEO 权力水平和企业自身资源禀赋的影响，对于拥有高权力 CEO 和较高资源禀赋的企业，政府资助对企业研发投入有更强的促进作用。梁彤缨等（2017）运用倾向得分匹配法检验了不同融资约束背景下政府研发补贴对企业自身研发投入诱导效应的差异，发现在强融资约束背景下诱导效应更强。熊和平等（2016）从企业生命周期角度出发，通过实证研究刻画我国政府补助与处于生命周期不同阶段企业研发投入的关系，认为我国对初创期企业的政府补助力度不足，对成熟期和衰退期企业补助过多，并提出应根据处于不同生命周期企业的不同经营特点，有针对性和导向性地对企业进行补助。

通过对政府补助方式进行划分，马文聪等（2017）探讨直接补贴资助、直接税收优惠和间接税收优惠三种科技资助方式对企业研发投入的影响，发现直接税收优惠的激励效应最强。李艳艳和王坤（2016）则重点关注税收优惠政策，发现税收优惠政策形成的税收补贴通过转化为企业内部资源、降低研发投资风险，使得企业内部驱动机制对研发支出的积极作用增强，而所得税激励政策本身并未对企业技术创新活动产生显著的激励作用。

参考文献

[1] 喻青松，舒建玲．融资结构、政府补助与公司研发投入——基于门槛回归模型的研究［J］．南方金融，2016（1）：89-96.

[2] 张辉，刘佳颖，何宗辉．政府补贴对企业研发投入的影响——基于中国工业企业数据库的门槛分析［J］．经济学动态，2016（12）：28-38.

[3] 王楠，苏杰，黄静．CEO 权力异质性视角下政府资助对创业板企业研发投入的影响研究［J］．管理学报，2017，14（8）：1199-1207.

[4] 梁彤缨，桂林玲，刘璇冰．不同融资约束背景下政府研发补助效应研究［J］．科技进步与对策，2017，34（7）：26-33.

[5] 熊和平，杨伊君，周靓．政府补助对不同生命周期企业 R&D 的影响［J］．科学学与科学技术管理，2016，37（9）：3-15.

[6] 马文聪，李小转，廖建聪，张光宇．不同政府科技资助方式对企业研发投入的影响［J］．科学学研究，2017，35（5）：689-699.

[7] 李艳艳，王坤．企业行为约束下技术创新所得税激励政策效应研究［J］．科技进步与对策，2016，33（4）：102-105.

（作者：王雨薇）

述评：《实质性创新还是策略性创新？——宏观产业政策对微观企业创新的影响》

论文原作者：黎文靖 郑曼妮

期刊：《经济研究》2016 年第 4 期

原文摘要

本文采用 2001—2010 年沪深 A 股上市公司的专利数据，分析中国产业政策对企业创新行为的影响及其内部机理。研究发现，受产业政策激励的公司，专利申请显著增加，但只是非发明专利显著增加，追求“数量”而忽略“质量”；当公司预期将获得更多的政府补贴和税收优惠时，其专利申请、特别是非发明专利申请显著增加，选择性产业政策的财税手段使企业为“寻扶持”而创新。进一步通过企业分组分析发现，上述现象只在国企组、非高新技术行业组中显著。这说明选择性产业政策只激励企业策略性创新，企业为“寻扶持”而增加创新“数量”，创新“质量”并没有显著提高。发明专利申请的增加才能提高企业的市场价值，推动技术进步和获取竞争优势的实质性创新才能促进企业发展。

问题导入

之前的文献大多数从创新内容和创新强度对企业创新行为进行分类。而除了以推动技术进步和保持竞争优势为目的的创新行为外，是否还存在着其他目的的创新活动呢？具体对我国而言，产业政策对微观经济活动的干预不容忽视。那么，企业是否会为了政策支持而策略性创新呢？为此，本文基于不同创新活动的动机，分析考察了中国宏观产业政策对微观企业创新的影响及其内部机理。这对理解中国宏观产业政策实施过程中政府与企业的互动，评价政策实施效果，梳理作用机制有着重要学术价值和政策意义。

研究设计

一、产业政策对企业创新行为的影响

从企业创新的动机角度来说，可分成两类：一是实质性创新（以推动企业技术进步和获取竞争优势为目的的“高质量”的创新行为）；二是策略性创新（以谋求其他利益为目的，通过追求创新“数量”和“速度”来迎合监管与政府的创新策略）。

技术创新存在外部性，各国因科研活动的外部性对其实施各项支持政策，而产业政策

是非常重要的支持政策之一。本文使用模型（1）来检验产业政策对企业创新行为的影响：

$$\begin{aligned}LnPatent_{i,t}(LnPatenti_{i,t},\ LnPatentud_{i,t}) &= a_0 + a_1 IP_{i,t} + a_2 Size_{i,t-1} + a_3 Age_{i,t-1} \\ &+ a_4 CF_{i,t-1} + a_5 Lev_{i,t-1} + a_6 Liquidity_{i,t-1} + a_7 RE_{i,t-1} + a_8 Tangibility_{i,t-1} \\ &+ a_9 Roa_{i,t-1} + \sum Year + \sum Industry + \varepsilon \quad (1(1a,\ 1b))\end{aligned}$$

其中，IP 为产业政策激励的虚拟变量；LnPatent（LnPatenti，LnPatentud）为公司的专利（发明专利、非发明专利）申请数加 1 取自然对数。本文把企业申请“高质量”发明专利的行为认定为实质性创新，把企业申请实用新型专利和外观设计专利的行为认定为策略性创新。变量定义参见表 1。

表 1 **变量定义**

变量	定义
IP	产业政策虚拟变量：当公司所处的行业年度在产业政策激励范围，则 IP 赋值为 1，否则为 0
Patent	年度公司专利（发明、实用新型和外观设计）申请的总数
Patenti	年度公司发明专利申请的总数
Patentud	年度公司非发明专利（实用新型和外观设计）申请的总数
Subsidies	公司所获得补贴收入/总资产
Etr	（所得税费用—递延所得税费用）/息税前利润
IPS	产业政策激励的虚拟变量与政府补贴的交乘项：IPS=IP×Subsidies
IPE	产业政策激励的虚拟变量与税收优惠的交乘项：IPS=IP×Etr
Size	总资产的自然对数
Age	公司自成立年份起的年数，取自然对数
CF	经营活动产生的现金流量净额的自然对数
Lev	资产负债率=总负债/总资产
Liquidity	流动比率=流动资产/流动负债
RE	留存收益的自然对数
Tangibility	固定资产比例=固定资产净额/总资产
Roa	资产收益率=净利润/总资产余额

回归显示产业政策激励的结果是企业的非发明专利申请显著增加，企业发明专利的申请并没有受到显著影响，其创新产出增加只是一种策略性行为。

二、机制分析

为进一步探讨产业政策影响企业策略性创新的作用机制，本文在模型（1）的基础上加入政府补贴（Subsidies）、税收优惠（Etr）变量（各滞后一期）及其分别与产业政策激励（IP）的交乘项 IPS，IPE 作为考察产业政策激励手段的指标。

$$LnPatent_{i,t}(LnPatenti_{i,t},\ LnPatentud_{i,t}) = a_0 + a_1 IP_{i,t} + a_2 IPS + a_3 Subsidies_{i,t+1} + a_4 IPE + a_5 Etr_{i,t+1} + a_6 Size_{i,t-1} + a_7 Age_{i,t-1} + a_8 CF_{i,t-1} + a_9 Lev_{i,t-1} + a_{10} Liquidity_{i,t-1} + a_{11} RE_{i,t-1} + a_{12} Tangibility_{i,t-1} + a_{13} Roa_{i,t-1} + \sum Year + \sum Industry + \varepsilon \quad (2(2a,\ 2b))$$

本文将样本按照企业产权性质和是否处于高科技行业分组，重复模型（1）模型（2）的分析；此外，参考 Tong 等（2014）的分类，将电力、邮电通信、铁路运输、航空运输、石油、天然气等对外企和民企设置进入壁垒的行业划分为垄断行业，其余归为竞争行业，重复模型（1）、（2）的回归。

三、进一步分析

为了衡量指标的可靠性，本文分析不同类型的创新与企业价值之间的关系，从创新效果角度提供经验证据。根据之前学者的研究，本文假设发明专利作为“高质量”的创新成果应当给企业带来长期利益，而非发明专利原本是为了获得其他利益，创新本身并不增加企业价值。为此，本文构建如下模型（3a）、（3b）进行考察：

$$LnPatent_{i,t}(LnPatenti_{i,t},\ LnPatentud_{i,t}) = a_0 + a_1 IP_{i,t} + a_2 IPS + a_3 Subsidies_{i,t+1} + a_4 IPE + a_5 Etr_{i,t+1} + a_6 Size_{i,t-1} + a_7 Age_{i,t-1} + a_8 CF_{i,t-1} + a_9 Lev_{i,t-1} + a_{10} Liquidity_{i,t-1} + a_{11} RE_{i,t-1} + a_{12} Tangibility_{i,t-1} + a_{13} Roa_{i,t-1} + \sum Year + \sum Industry + \varepsilon \quad (3a/3b)$$

模型中的因变量企业价值选取托宾 Q 值；SLnPatent（SLnPatenti，SLnPatentud）为公司当年与前四年的专利（发明专利、非发明专利）申请数汇总再加 1 取自然对数。其他变量定义如上。

四、数据来源

产业政策数据源于中国发展和改革委员会公开的政策法规；专利数据来自 Tong 等（2014）所建立的中国 A 股上市公司专利数据库；企业财务数据和政府补贴数据来源于国泰安数据库；企业产权性质数据来自色诺芬数据库。为消除极端值的影响，对连续变量的 1% 和 99% 分位进行 Winsorize 处理。

本文选择 2001—2010 年深沪 A 股上市公司作为研究样本，删除金融类、ST 类企业、删除专利申请总数小于 1 的公司、删除股东权益小于零的公司。最终得到 4936 个观测值。

主要结论

第一，中国产业政策激发企业创新更多的是一种创新策略而非实质性创新：受产业政策激励的企业，当年的专利申请显著增加，但只是非发明专利显著增加，追求创新“数量”而忽略创新“质量”。第二，从选择性产业政策的引导手段——财税扶持的角度分析其后期补助效果，发现受产业政策激励的公司，预期将获得更多的政府补贴和税收优惠时，其专利申请、特别是非发明专利申请显著增加，说明一些企业因此利用创新策略

“寻扶持”而非进行真正的实质性创新。第三，进一步通过企业分组分析发现，国企、非高新技术和垄断行业这三类企业受产业政策激励时，专利申请均显著增加，尤其表现在非发明专利中。然后，发明专利申请的增加才能提高企业的市场价值，“高质量”的实质性创新才是企业价值的源泉。

主要贡献

第一，企业创新的动机可划分为实质性创新与策略性创新。之前的研究都默认是第一种，而忽略政府对企业创新的需求，本文创新性将这两种行为同时加入模型中；第二，研究产业政策引导企业创新的效果，不仅丰富了有关产业政策实施效果的文献，而且基于企业创新的角度，可以考察产业政策的长期影响力，加深我们对产业政策引领企业转型升级的理解；第三，从微观企业创新的角度考察宏观产业政策的实施效果，拓展了宏观经济政策与微观企业行为的研究，不仅提供了新的经验证据，而且进一步考察其影响机理，有助于我们理解宏观经济政策到微观企业行为之间的传导机制；第四，从宏观经济政策的视角分析公司专利申请的创新行为，丰富了有关公司专利申请的文献，基于中国经济的基本特征事实——政府管制和强干预存在的分析，可以加深我们对企业创新行为的理解。

前沿跟踪

目前，我国在国际贸易和全球产业分工体系中的不利地位，与缺乏拥有核心竞争力的创新型企业直接相关。从系统分析的角度看，影响企业自主创新的因素来自两个方面：一个是企业内部因素；另一个是企业的外部因素。现梳理下外部因素方面的近期研究：

要素市场方面，戴魁早和刘友金（2016）利用要素市场扭曲指数及中国高技术产业1997—2009年的省际面板数据，采用多种面板计量方法，考察了要素市场扭曲对高技术产业创新绩效的影响，结果表明：要素市场扭曲显著地抑制了高技术产业创新绩效的提升，而且对创新绩效较低地区的负面影响尤为突出。杨洋等（2015）采用中国工业企业数据库2003—2007年的面板数据研究要素市场扭曲对政府补贴有效性的调节效应，结果发现：要素市场扭曲程度低的地区，政府补贴对企业创新绩效的促进作用更大；所有制对政府补贴和企业创新绩效的调节作用还依赖于要素市场的扭曲程度。

合作关系方面，周立群等（2016）利用世界银行2012年对中国企业所做的抽样调查，就研发合作对中国制造业企业创新的影响进行实证研究，研究表明：首先，研发合作对企业研发投资的扩展边际、集约边际均具有显著的正向影响；其次，研发合作能促使企业产品创新投入，增加产品创新产出；再次，企业与供应商合作有利于产品创新投入与产出的增加，同时对企业流程创新也具有一定正向作用；最后，企业与客户的研发合作显著促进了企业产品创新的投入，在一定程度上有助于产品创新产出的提升。马蓝和安立仁（2016）基于组织学习理论，构建了创新网络环境下合作经验、吸收能力、网络权力对创新绩效影响的结构方程模型，并结合西安市高新技术企业样本数据进行实证分析，结果表明：合作经验和网络权力对创新绩效具有显著正向影响，而吸收能力对创新绩效的影响不显著；合作经验对网络权力和吸收能力具有显著正向影响。

市场机制方面，王建业和贾西猛（2017）认为产品市场是创新的动机和激励来源，资本市场和人才市场是创新的要素支撑，技术市场是创新的保障。四种市场机制共同作用，推动着高科技企业创新的实施。

参考文献

[1] 戴魁早，刘友金．要素市场扭曲如何影响创新绩效［J］．世界经济，2016（11）：54-79.

[2] 杨洋，魏江，罗来军．谁在利用政府补贴进行创新？——所有制和要素市场扭曲的联合调节效应［J］．管理世界，2015（1）：75-86，98，188.

[3] 周立群，张龙鹏，张双志．研发合作与企业创新——基于中国制造业的实证研究［J］．江苏社会科学，2016（2）：47-55.

[4] 马蓝，安立仁．合作经验、吸收能力、网络权力对企业创新绩效的影响机制——基于组织学习视角［J］．科技进步与对策，2016（1）：81-87.

[5] 王建业，贾西猛．高科技企业创新的市场机制研究［J］．现代管理科学，2017（5）：61-63.

（作者：王栋坤）

述评：
《业绩考核制度可以促进央企创新吗》

论文原作者：余明桂　钟慧洁　范　蕊
期刊：《经济研究》2016 年第 12 期

原文摘要

关于国有企业是否需要进行民营化改革的问题存在两种对立的观点。一种观点认为只有民营化才能彻底解决国企效率问题，另一种观点则认为民营化不仅不能解决国企现存问题，还可能导致严重的国有资产流失。本文以 2009 年国资委修订的《中央企业负责人经营业绩考核暂行办法》为切入点，研究这项不涉及民营化的央企高管业绩考核制度对企业创新的作用及经济后果。本文以此次修订为自然实验，采用双重差分法进行检验，发现相对于不受该项制度影响的民营企业来说，央企的创新水平在新政策实施后显著提高。而且，此次修订的考核办法可以显著提高创新对企业价值的边际贡献。上述检验结果意味着，国有企业即使不进行民营化的产权改革，仅仅通过改变高管的激励机制，也可以提高企业效率。因此，民营化很可能并不是解决国有企业效率问题的唯一途径。本文不仅有助于在理论上澄清关于国企民营化改革的争议，而且有助于拓展和深化企业激励机制和企业创新的相关研究。

问题导入

十八届三中全会通过的《中共中央关于全面深化改革若干重大问题的决定》，明确提出“积极发展混合所有制经济，鼓励非公有制企业参与国有企业改革，鼓励发展非公有资本控股的混合所有制企业”。这一文件肯定了混合所有制对于促进经济发展、完善国企改革的重要性。因此，探究混合所有制改革对于推进国企改革、实现国有资本保值增值具有重要的现实指导意义。

作为混合所有制改革形式之一的国企民营化，经历了长期的发展，也越来越受学术界的广泛关注。但对于国有企业是否需要民营化，存在两种对立观点，孰是孰非尚未达成一致，那么，民营化是否为提高国有企业效率的唯一途径呢？本文将以央企高管业绩考核制度作为切入点，分析其对国有企业当中的央企创新的影响，为澄清民营化改革的争议提供一种可能的视角。

研究设计

国资委于 2004 年推行的原考核办法，以利润总额和净资产收益率作为年度指标，以国有资产保值增值和主营业务收入增长率作为任期指标，对央企负责人实施奖惩。而2009年颁布的新考核方法，用经济增加值（EVA）取代了净资产收益率，新的EVA指标计算，不仅加回当期确认费用的研发与开发费，还加回当期确认为无形资产的研发支出。因此大大降低了高管对于研发投入导致净利润下滑而产生的顾虑，进而提高了其进行创新活动的积极性。因此，本文提出假设：新的考核办法能够提高央企创新水平。

一、实证设计

基于上述分析，实证部分本文拟回答两个问题。第一，新的考核办法是否能促进企业创新？第二，如果能够促进创新，那么这种创新水平的提高能否增加企业价值？

（1）新的考核办法是否能促进企业创新

本文以央企样本作为实验组、以民营企业样本作为对照组，采用双重差分法DID检验新的考核方法对央企创新水平的影响（本义将最终控制人为国有资产管理委员会的企业界定为央企，将最终控制人为个人或者民营主体的企业界定为民企）。模型设定如下：

$$\text{LnPatent} = \alpha + \beta_1 \text{Central}_{it} + \beta_2 \text{After}_{it} + \beta_3 \text{Central}_{it} \times \text{After}_{it} + \beta_4' X_{it} + \varepsilon_{it}$$

其中LnPatent表示企业创新水平，本文分别采用当期、未来一期和未来两期上市公司及其子公司的发明专利申请数作为企业创新的代理变量。虚拟变量Central为1时代表央企，为0代表民营企业。After是代表新政策实施前后时间段的虚拟变量，2010年及以后为1，以前为0。交互项系数反映新政策实施前后央企与民营企业创新水平的变化差异，根据假设，预测显著为正。X为控制变量。变量名及计算方法见表1。

表1 变量名及计算方法

变量名	变量符号	计算方法
企业规模	Size	公司期末总资产的自然对数
董事会规模	Boardsize	董事会人数额自然对数
杠杆率	Lev	期末债务率账面价值与资产账面价值之比
机构投资者持股比率	Institution	机构投资者持有公司股票与公司股票总数之比
成长机会	Q	（每股价格 x 流通股份数+每股净资产 x 非流通股份数+负债账面价值）/总资产
企业现金持有水平	Cash	企业期末货币资金与总资产之比
研发支出	RD	企业当年资本化研发费用和费用化研发费用之和与总资产之比
利润总额	Tprofit	企业期末利润总额/期初总资产
经济增加值	Eva	企业期末经济增加值/期初总资产
国有资产保值增值率	Soavir	任期内各年度年末国有资本及权益同年初国有资本及权益的比率的乘积

续表

变量名	变量符号	计算方法
主营业务收入平均增长率	Gincome	任期内三年主营业务的平均增长率
员工平均工资	Staffwage	支付给职工以及为职工支付的现金/企业员工总数
综合资本成本	Wacc	以剩余收益法计算股权资本成本，以（短期借款+长期借款）/总资产作为债券资本成本
营运成本	Wcr	（流动资产—流动负债）/总资产
融资可得性	Banklonm	（短期借款+长期借款）/总资产
年度虚拟变量	YearD	控制年度
行业虚拟变量	IndustryD	控制行业，根据中国证监会2012年颁布的《上市公司行业分类指引》划分的上市公司所属行业，本文样本去掉了金融业后，分属于18个行业

（2）稳健性检验

1. 以地方国有企业为对照组进行DID检验

DID检验方法要求对照组完全没有受到事件的影响，虽然不能完全“干净”地剔除所有实施EVA考核的地方国有企业，但依然可以用地方国有企业为对照组进行稳健性分析，且不实行EVA的地方国企仅仅包含时间趋势，使用其作为对照组可以很好地消除央企实验组中的时间趋势。结果显示交互项系数显著为正，符合本文假设。

2. 以研发投入作为创新的代理变量进行DID检验

EVA考核直接影响企业的研发投入，因此本文用研发支出与总资产的比值和研发支出与营业收入的比值来作为创新的代理变量进行稳健性检验，结果显示交互项依然显著，表明新的考核办法实施后，央企的研发投入显著增加，该结果与理论分析一致。

3. 匹配检验

考虑到使用DID的前提之一是需要实验组与对照组的选择是随机的，而央企是国民经济支柱，往往涉及领域特殊，央企和民企的分组存在一定的自选择问题，需进一步进行稳健性检验。本文采用PSM对实验组和对照组进行匹配。首先以上述模型所采用的所有控制变量对央企与民企分组变量进行Probit估计，以预测值作为得分，根据得分以最近邻匹配的方法进行实验组与对照组的匹配，最后按照原模型进行双重差分检验。检验结果基本一致，说明在控制了自选择问题后，本文的结论保持不变。

4. 其他检验

一是采用具有政治关联的民企作为对照组，以减弱国企与民企特征的差异；二是为消除CEO变更对结果的影响，删除在新的考核办法实施当年CEO变更的201家公司样本，然后重新进行DID检验；三是采用上市公司及其子公司的三项专利之和、上市公司及其关联公司的发明专利申请数、上市公司及其关联公司的三项专利数之和分别作为企业创新的代理变量进行稳健性检验，以上检验结果均保持稳健。

(3) 央企创新水平的提高能否增加企业价值

现有文献指出，创新可以提高企业对人力资本和有形资产的利用效率，还提高了企业的市场价值；技术创新也为企业带来有价值的垄断力量；同时创新对于企业生产力和收益的贡献随着创新成果的增加而增加。为了研究央企创新能力的提高是否带来企业价值的边际贡献，本文设计了如下模型：

$$Q = \alpha + \beta_1 After_{it} + \beta_2 Lnpatent + \beta_3 After_{it} \times Lnpatent + \beta'_4 X_{it} + \varepsilon_{it}$$

$$\begin{aligned} Q = \alpha &+ \beta_1 Central_{it} + \beta_2 After_{it} + \beta_3 Lnpatent + \beta_4 Central_{it} \times After_{it} \\ &+ \beta_5 Central_{it} \times Lnpatent + \beta_6 Central_{it} \times After_{it} \times Lnpatent \\ &+ \beta'_9 X_{it} + \varepsilon_{it} \end{aligned}$$

第一个模型检验在央企样本中，企业创新水平对企业价值的影响在2010年前后是否存在差异。第二个模型以央企为实验组，民企为对照组，检验央企创新水平对企业价值的影响在2010年前后是否存在差异。这里使用托宾Q值作为企业价值的代理变量，控制变量除前文模型中的控制变量外加入滞后一期的托宾Q值，LnPatent为当期和滞后一期的专利数对数。通过观察发现After x LnPatent的系数显著为正，说明仅对央企样本进行检验，专利对企业价值的边际贡献在2010年后增加；通过观察发现After x LnPatent x Central的系数显著为正，说明以民营企业为对照组进行检验，央企的专利对企业价值的边际贡献在2010年后显著增加。两种检验结果都表明，新的考核办法提高了创新对企业价值的边际贡献。

二、数据来源

本文以2007—2012年，即新的考核办法实施的前后3年为样本区间，选取深沪两市A股中央企业和民营企业上市公司作为初始样本，剔除金融类公司、ST、*ST公司后，最终得到6年6158条观测值，其中中央企业1798条，民营企业4360条。

本文通过手工整理并建立上市公司的公司树，从而确定该上市公司及其关联公司的详细情况（上市公司及其子公司、孙公司、联营企业、合营企业的名称目录以及每个公司与上市公司的关系），然后以网络数据采集技术（爬虫）在佰腾科技网收集了公司树中所有企业的专利数据，获得所有上市公司及其子公司和关联公司2007—2014年的专利申请数据。企业财务数据及企业特征数据来源于国泰安数据库、同花顺数据库、Wind数据库以及上市公司年报。

主要结论

第一，相对于不受该项制度影响的民营企业来说，央企的创新水平在新政策实施后显著提高。第二，此次修订的考核办法可以显著提高创新对企业价值的边际贡献。第三，研究结果表明，国有企业即使不进行民营化的产权改革，仅仅通过改变高管的激励机制，就可以显著提高企业的创新水平和企业价值，即产权民营化很可能并不是提高国有企业效率问题的唯一途径。

主要贡献

本文的贡献可能有以下三点：第一，有助于从激励机制视角丰富和拓展企业创新影响因素的相关研究；第二，有助于从企业创新视角丰富和拓展高管激励经济后果的相关研究；第三，有助于从理论上澄清有关民营化产权改革的争议。

前沿跟踪

2017年的政府工作报告指出，混改是2017年国企改革的主攻方向。按照控股主体的不同，混改模式可以分为国有资本控股型混改模式和国有资本参股型混改模式，而后者即本文所称的国企民营化。学者们对我国国企民营化改革进行了大量的研究，集中关注民营化是否有效地提高了企业绩效以及民营化是否增强了企业创新能力。这里笔者将围绕其对最近文献进行梳理。

一部分学者认为，民营化有力地促进了国企发展。何杰锋、张林（2016）运用因子分析法和Wilcoxon符号秩检验发现，民营化对经营绩效的提升作用是持续而显著的。孔高文等（2013）考察了不同类型控制权转移对企业绩效的影响，总体上，在盈利能力、经营绩效以及成长性方面，民营化企业在转移之后表现得要比国有化企业好。

另一部分学者实证发现，民营化未能促进国企发展。钟昀珈、张晨宇、陈德球（2016）研究发现，民营化抑制了企业的创新效率，企业的专利数量显著减少，且民营化抑制企业创新效率的一个重要途径是关联交易显著增加，投资显著减少，民营化后非国有大股东更多地表现出掏空动机，减少了创新活动，降低了创新效率。张春虎（2014）以广东省自来水产业为例，研究发现广东省自来水产业近30年的民营化改革对整个产业经济效率的改善效果并不明显。叶会、季凤梁、程晓（2016）利用盈利质量因子作为绩效替代变量进行分析时发现：民营化后公司的盈利质量并没有提高，反而显著下降，尤其是地方政府控制或者位于竞争性行业的国有上市公司，民营化后盈利质量下降更明显。张淼等（2015）研究发现，国企控制权转移到民企并未比其他控制权转移的公司给目标公司带来更好的长期财务业绩。霍春辉、王书林（2013）发现国有控股上市公司通过控制权转移而实现的民营化只在短期内改善了企业绩效，并没有真正提升企业的长期绩效，国有控股上市公司的控制权转移是无效率的。

国企民营化对企业绩效与创新的影响存在截然不同的两种观点，那么分歧的主要原因是什么，是进一步研究的可行方向。

参考文献

[1] 何杰锋，张林．国有企业民营化效果的实证研究［J］．调研世界，2016（10）：43-46．

[2] 孔高文，杨洋，孔东民．产权变更与企业绩效：基于中国工业企业数据的大样本研究［J］．兰州商学院学报，2013（3）：36-44．

[3] 钟昀珈，张晨宇，陈德球．国企民营化与企业创新效率：促进还是抑制？［J］．财经

研究，2016（7）：4-15.
[4] 张春虎．民营化、竞争与自然垄断产业的效率——以广东省自来水产业为例［J］. 经济体制改革，2014（4）：115-119.
[5] 叶会，季凤梁，程晓．民营化改善公司绩效了吗？——基于盈利质量视角的分析［J］. 会计与经济研究，2016（6）：30-45.
[6] 张淼．基于DEA的经济绩效视角分析新疆工业企业民营化改革［J］. 四川理工学院学报（自然科学版），2015（4）：95-100.
[7] 霍春辉，王书林．国有企业的控制权转移效率问题研究——以国有控股上市公司为例［J］. 经济管理，2013（3）：107-118.

（作者：张　璐）

述评：《企业内部薪酬差距与创新》

论文原作者：孔东民　徐茗丽　孔高文

期刊：《经济研究》2017 年第 10 期

原文摘要

虽然企业高管与普通员工的收入差距已经受到广泛关注，但企业内部的收入差距如何影响企业创新，仍未见到相关探讨。正是在这一背景下，本文利用中国上市公司数据，考察企业管理层与员工之间的薪酬差距对企业创新的影响。我们发现：第一，整体而言，研究结果支持锦标赛理论，即薪酬差距对创新产出存在正向影响。为了控制内生性，我们基于个人所得税率与最低工资标准调整构造工具变量，结论一致。第二，在薪酬差距水平较低的情况下，扩大薪酬差距显著提升了企业创新，表明锦标赛理论在创新活动中占主导；但在薪酬差距水平较高的情况下，扩大薪酬差距对企业创新有负向作用，表明比较理论开始发挥作用。第三，薪酬差距对创新的正向激励作用主要由管理层薪酬溢价驱动，员工薪酬溢价反而在一定程度上降低了创新产出。本文为监管和企业部门提供了重要的视角，本文的结论对政府出台激励企业创新的政策有重要参考意义。

问题导入

已有研究发现，管理层激励能够促使管理者更多地参与到创新活动中，而对员工进行激励也会影响企业的创新效率。本期推送带您深入探究管理层和普通员工的激励机制（薪酬差距）对企业创新的效应及其作用机制，并从正负两个方面来评估锦标赛理论和比较理论对薪酬差距激励效果的竞争性解释。

研究设计

一、研究假设

锦标赛理论和比较理论认为薪酬差距有不同的激励效果。锦标赛理论是指企业通过设立薪酬等级制度从而激励员工。管理层将被其自身的薪酬所激励，员工不仅会被本阶层的工资还会被管理层的薪酬（竞赛奖励）所激励，从而对企业创新起到积极作用。而比较理论包括公平理论和相对剥削理论。这两个理论认为，个体期望回报与其贡献对等，并通过与其他参照组比较来评价他们与企业交换关系的公平性。若其投入-产出比低于参照组，将会引起不公平或者被剥削的感觉。这种不公平感可能会阻碍企业创新。综合以上分析，本文提出如下假设：

Ha：企业薪酬差距能够激发企业创新。

Hb：企业薪酬差距可能阻碍企业创新。

二、数据来源

本文样本为中国 A 股所有上市公司。期间为 2000—2012 年。企业专利信息主要来自 He 等（2013）和 Tong 等（2014）手工整理的专利数据库。该数据库将国家知识产权局公布的原始专利数据与上市公司相关信息进行匹配，在匹配过程中还考虑了企业更名历史。其他数据来源于 CSMAR 和 WIND 数据库。因为会计报表的特殊性，我们剔除金融业。所有连续变量均在 1%和 99%分位进行了 Winsorize 处理。最终观测值为 13410 个。

三、实证模型

本文用不同维度的创新产出对薪酬差距进行回归，模型如下：

$$Innovation_{i,\ t+1} = \alpha + \beta FPG_{i,\ t} + \gamma Controls_{i,\ t} + \sum Year + \sum Industry + \varepsilon_{i,\ t+1}$$

其中，因变量 Innovation 表示创新产出，即 LnPatent，LnPatent1 和 LnPatent23，分别是专利申请总量、发明专利申请量和非发明专利申请量。由于创新产出需要耗费一定的时间，本文在回归中将所有自变量做滞后一期处理。解释变量 FPG 表示企业薪酬差距，是管理层平均薪酬（AMP）与员工平均薪酬（AEP）的比值。控制变量 Controls 包括企业规模、固定资产份额、企业年龄、国有产权属性等。

实证分析

一、实证结果

回归结果表明，扩大薪酬差距整体上能提高专利产出，并且主要体现在非发明专利的产出上，说明企业薪酬差距对创新的影响更多地停留在创新数量层面，而对创新质量的影响并不显著。

首先，由于薪酬差距能够给管理层和员工带来激励从而促进企业创新，创新产出的预期变动也可能会扩大企业薪酬差距，导致反向因果。其次，某些同时影响薪酬差距和创新产出的遗漏变量，可能导致薪酬差距与创新之间的虚假因果关系。考虑到这些内生性问题，本文基于我国个人所得税税率调整构造工具变量，并引入省级最低工资作为工具变量对基准回归结果进行检验，结论均一致。

二、稳健性检验

（1）非线性效应：为了考察不同水平的薪酬差距对企业创新的影响是否存在差异，我们按照行业-年度企业薪酬差距的排序将全样本平均分成三组，然后分别对薪酬差距较小和较大的子样本进行模型的回归。

（2）用研发支出作为创新的替代变量，检验薪酬差距对创新影响的稳健性。回归结果显示，结论依旧稳健。

三、影响机制探讨

为识别薪酬差距引发的创新激励来源，本文将企业薪酬差距分为管理层薪酬溢价、员工薪酬溢价和行业薪酬差距。研究发现，管理层激励对创新有正面影响，表明管理层激励能有效地缓解代理冲突，促使管理者更多地着眼于企业长期利益。员工薪酬溢价降低创新数量，但对创新质量的影响不明显。两者对比表明，管理层薪酬溢价是薪酬差距促进企业创新的主要驱动因素，并且在高质量的创新活动中，管理层的主导作用更加显著。

主要结论

本文的研究结论表明，薪酬差距能提高创新数量，说明锦标赛理论在创新活动中，尤其是在低质量创新活动中占主导地位。此外，管理层和员工企业薪酬差距的分解研究表明，管理层薪酬溢价是企业薪酬差距推动企业创新的主导因素，能缓解代理冲突、提高创新质量和创新数量，而由于为低技能的员工提供过高的薪酬是一种资源浪费，会挤占创新投入，因此员工薪酬溢价会导致创新数量降低。

主要贡献

第一，从企业层面考察薪酬差距在转型大国经济中的实际效应，并补充了关于创新决定因素的相关文献；第二，探索了薪酬差距影响企业创新的潜在机制。本文对企业薪酬差距的分解有助于深入理解管理层和普通员工在创新活动中发挥的作用；第三，本文的发现具有明晰的政策含义，为“限薪令”等关注收入公平的政策和举措提供了来自企业创新这一视角的经验证据，这对政府和企业部门关于公平与效率的权衡和取舍具有重要的参考价值。

前沿追踪

近年来，高管与普通员工的薪酬差距对企业产生的影响成为公众关注的焦点，也引发了学者们持续深入的研究。

薪酬差距和企业绩效方面，最优契约理论认为在所有权和控制权分离的现代企业中，高管业绩薪酬可以将管理层利益与股东利益很好地协同起来，从而激励管理层做出更有效率的投资决策来创造企业价值。但张宽等（2017）却发现，货币报酬总体上对企业绩效有负激励作用，但对民营企业有显著正向影响。曹霜（2017）发现，高管薪酬与普通员工薪酬差距对企业绩效具有正向影响。仲任（2017）的研究结果表明，薪酬差距与企业绩效是倒U形曲线的关系，在最佳薪酬差距比例之前，薪酬差距的扩大对企业绩效具有正向作用，当超过这个比例时，企业绩效会随着薪酬差距的扩大而下降。李璐（2018）研究发现，在产权异质的情况下，国有企业的薪酬差距通过领导权力机制对企业绩效产生积极影响，而通过晋升激励机制和团队合作机制对企业绩效产生消极影响；而民营企业则相反。

高管薪酬和企业创新方面，张越艳等（2017）通过对上市汽车企业的实证研究表明，高管薪酬对企业的创新能力具有正向促进作用，且这种促进作用具有持续性。解维敏（2018）的实证研究发现，业绩薪酬激发管理层的短期视野，抑制了企业创新，且对非国有企业创新的抑制作用更为明显。

参考文献

[1] 张宽，许新．高管薪酬与企业绩效关系研究——以沪深两市为例［J］．金融经济，2017（20）：106-107.

[2] 曹霜．员工薪酬及薪酬差距对企业绩效影响的实证研究［J］．当代经济，2017（33）：108-109.

[3] 仲任．企业绩效中的高管-员工薪酬激励与公平研究——基于 A 股制造业上市公司经验数据［J］．当代经济，2017（25）：102-105.

[4] 李璐．产权异质视角下薪酬差距影响企业绩效的机制与路径分析［J］．商业经济研究，2018（7）：94-96.

[5] 解维敏．业绩薪酬对企业创新影响的实证研究［J］．财贸经济，2018，39（9）：141-156.

[6] 张越艳，李显君，孟祥莺，魏先华．汽车行业高管薪酬对企业创新能力的影响研究［J］．管理评论，2017，29（6）：106-117.

（作者：贺静如）

述评：《劳动力工资扭曲如何影响企业创新》

论文原作者：蒲艳萍　顾　冉

期刊：《中国工业经济》2019 年第 7 期

原文摘要

在人口转型带来的劳动力短缺凸显、经济发展方式转变以及世界经济形势发生深刻变化的现实背景下，激发企业创新活力成为实现经济高质量发展的微观基础。本文基于中国企业层面劳动力工资向下扭曲的特征事实，系统考察劳动力工资扭曲如何影响企业创新的问题，深入揭示劳动力工资扭曲影响企业创新背后的微观作用机制与深层原因。利用中国工业企业数据实证评估企业层面工资扭曲对企业创新的影响，经验识别了劳动力工资扭曲影响企业创新的传导机制。研究发现：劳动力工资扭曲显著抑制企业创新，工资扭曲程度越高，企业创新产值越低。就传导机制而言，扭曲收益效应、人力资本效应和消费需求效应是工资扭曲抑制企业创新的重要渠道，其中，扭曲收益效应在劳动力工资扭曲抑制企业创新中起主导作用，表明工资扭曲减弱了企业基于要素禀赋结构变化和工资成本变化内在选择技术和自主创新的激励。矫正工资扭曲，疏通要素禀赋结构、价格机制与企业创新的内在联系以形成促进企业创新的活力，积累高素质人力资本以增强企业内在的创新能力，劳动报酬与劳动生产率同步增长以形成推动企业创新的需求拉力，是激发企业创新活力、实施创新驱动发展战略的重要保障。

问题导入

在中国劳动力供给格局变化，劳动力成本的比较优势逐渐消失，以及世界经济形势发生复杂深刻变化的背景下，系统考察劳动力工资扭曲对企业创新的影响，有助于揭示有效转换经济动能背后企业创新的形成条件及其微观作用机制，明确劳动力工资扭曲影响企业创新背后的深层原因。

研究设计

一、研究假设

长期以来，中国劳动力市场扭曲主要表现出劳动力工资水平低于边际产出的向下偏离特征。中华人民共和国成立初期，特定历史条件催生了重工业优先发展的战略，地方政府借助劳动力工资和边际产出的“剪刀差”获取资本积累；之后长期实行的高投资、高增长模式，以及户籍制度造成的劳动力市场多重分割现象，加剧了劳动报酬对边际产出的趋势性偏离。本文采用1999—2007年中国工业企业劳动报酬数据的测算结果，发现工资向下扭曲的企业比重近80%。为初步判断劳动力工资扭曲与企业创新的关系，本文绘制了工资扭曲与创新产值的散点图和拟合线（见图1），采用更有效率的箱体散点图以规避企业样本过多造成的散点稠密问题。图中表明企业劳动力工资扭曲程度与新产品产值呈现负相关关系，初步说明了工资扭曲对企业创新的抑制效应。由此，本文提出以下假设：

H1：中国劳动力市场上普遍存在的工资向下扭曲，对企业创新具有抑制效应。

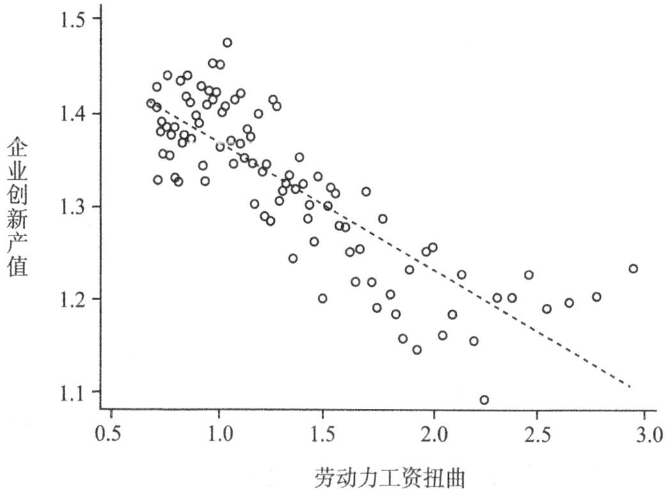

图1　劳动力工资扭曲与企业创新的关系

资料来源：中国工业企业数据库。

熊彼特技术推力理论指出，创新是建立一种新的生产函数，将生产要素和生产条件的新组合引入经济体系，因此，创新源于生产者行为的变化。在劳动力工资向下扭曲的现实环境中，人为压低劳动力价格造成的工资扭曲给企业提供了依靠成本优势生存和获利的机会，使得企业不倾向于通过高投入、高风险的研发创新活动以追求利润空间。此外，劳动力工资扭曲会造成劳动要素配置效率损失，导致企业R&D投入产出低效，无法获得市场均衡状态下的创新收益，进而抑制企业创新动力，挤出创新投资。由此，本文提出以下假设：

H2：劳动力工资扭曲产生的扭曲收益阻碍要素禀赋结构、价格机制与企业创新的内在联系，同时削弱企业家的技术推力作用，进而对创新产生抑制效应。

工资扭曲为企业提供了通过劳动力成本优势获得利润空间的途径，企业倾向于密集使用劳动力资源，而不是关注人力资本的投资、培训和积累。工资高扭曲的企业对员工吸引力不足、雇佣关系不稳定，员工离职会侵占企业培训投资的部分预期收益，进而会加剧工资高扭曲企业投资培训在职员工的激励严重缺失，不利于形成推动企业创新的高人力资本水平。此外，工资扭曲相对而言也会挤压劳动者对自身和子代的教育投资，长期来看阻碍人力资本的形成和积累。由此，本文提出以下假设：

H3：劳动力工资扭曲可能造成高人力资本流失，降低企业人力资本投资激励，阻碍企业创新产值的提升。

需求规模和市场范围的扩大是影响创新成功与否的重要因素。高失败率和高固定成本决定了创新活动本质上是一种高风险投资，只有当市场有效需求规模足够大时，创新投资才能通过市场最终转化为创新收益，分摊新产品的研发成本，补偿企业前期承担的巨大创新失败风险。新产品最终要面对消费者，有效需求规模意味着潜在利润的大小，从根本上决定创新成功概率。由此，本文提出以下假设：

H4：劳动力工资扭曲存在对消费需求的挤压作用，缩小新产品的市场需求，导致创新投入转化为创新收益的风险增大，对企业创新活动产生负向影响。

二、样本与数据来源

本文主要从微观企业层面研究劳动力工资扭曲对企业创新的影响，采用1998—2007年制造业企业样本进行考察。借鉴聂辉华等（2012）的做法，对数据进行如下基本处理：将实收资本、销售额、总资产、总负债、工业总产值以及本年应付工资总额等关键指标缺失或小于0的观测值剔除；将职工人数小于8人的规模较小的企业数据剔除；将与基本会计原则相悖的样本剔除，如总资产小于固定资产，累计折旧小于当期折旧等。此外，本文根据变量性质采用不同的价格指数进行平减，对于工业总产值、工业增加值、新产品产值等产值类变量使用工业生产者出厂价格指数平减，固定资产原值、固定资产净值、研究开发费等资产投资类变量使用固定资产投资价格指数平减，工资和福利收入等劳动报酬变量使用居民消费价格指数平减，平减指数均以1998年为基期。

三、实证模型构建

$$\mathrm{INNOV}_{it} = \alpha_0 + \alpha_1 \mathrm{Gap}_{it} + \alpha_2 X_{it} + \alpha_3 Z_{it} + \lambda_i + \delta_t + \varepsilon_{it}$$

其中，下标 i 和 t 分别对应企业和年份，INNOV_{it}为企业 i 在第 t 期的创新活动，用新产品产值对数衡量；Gap_{it}表示企业 i 在第 t 期的劳动力工资扭曲程度，采用劳动力边际产出与实际工资水平的比值衡量；X_{it}是企业 i 在第 t 期的特征变量集，Z_{it}是企业 i 所在区域和行业在第 t 期的控制变量集；本文重点关注工资扭曲的系数，它衡量工资扭曲对企业创新的效应，H1 预期 $\alpha_1<0$，即劳动力工资扭曲抑制企业创新活动。企业特征包括企业规模、企业年龄、出口交货值占比、利润率、资产负债率、流动比率、政府补贴、劳动生产率等变量。行业层面控制了行业新产品比重，以减少行业性质导致的新产品差异对回归结果的干扰。为控制经济发展状况对企业创新和工资、生产率的同时性影响，增加地区人均GDP和平均工资水平变量。

主要结论

第一，考察期内，工资向下扭曲是劳动力市场的重要事实，并呈现企业内工资扭曲程度加剧、企业间扭曲差异扩大的趋势性特征。这说明尽管劳动力成本持续增长，但工资增速一直低于劳动边际产出的增速，劳动者并没有得到与边际贡献相应的合理报酬。第二，劳动力工资扭曲显著抑制企业创新产值的提升，工资扭曲程度越高的企业，其创新产值越低，在考虑遗漏变量、反向因果等内生性问题后，这一结论依然稳健。

主要贡献

第一，尽管基于微观企业数据测算劳动力工资扭曲的方法已相对成熟，但研究要素市场扭曲与创新关系的文献更多采用樊纲指数构造地区层面要素市场扭曲程度，鲜有文献关注微观企业层面劳动力工资扭曲对企业创新的影响。本文从劳动力市场扭曲的视角解读中国制造业企业创新能力不足的成因，补充和拓展了对企业创新影响因素的研究成果。第二，将工资扭曲作用于企业创新的内在传导机制识别为扭曲收益效应、人力资本效应和消费需求效应，并为传导机制的有效性提供了直接的经验证据；揭示了劳动力工资扭曲抑制企业创新背后的深层原因，明确了微观作用机制，为有效激发企业创新活动进行相关政策的制定与制度创新提供了经验证据。第三，基于要素市场扭曲影响企业创新的既有文献本文将研究视角细化到普遍存在的企业工资扭曲，为当前深化劳动力市场改革路径的选择提供了微观证据，也加深了对转型经济体更为一般性的要素市场价格扭曲与创新关系的认识和理解。

前沿追踪

近年来，学者们对企业创新的影响因素进行了持续深入的研究。关于劳动保护与企业创新的研究，何强等（2019）的研究表明，《劳动合同法》实施后，劳动保护的增强使得低劳动生产率的企业创新显著下降，这种“去芜存菁”的抑制效应在国有企业与民营企业中均存在，但动态趋势变化存在长期和短期的差异；进一步研究发现，劳动保护政策随着市场竞争的减弱、法治治理的改善和薪酬负担的加重，抑制了国有企业的创新，而民营企业受到的抑制效果较弱；王珏等（2018）的研究发现劳动保护弱化了高学历员工对企业创新产出的促进作用，这种弱化作用主要集中体现在非发明专利的申请数和有效专利数。通过分组分析发现，劳动保护对高学历员工创新产出的弱化效果在民营企业和最低工资标准高的地区更为显著。进一步研究发现，最低工资标准的强制提高显著地降低了高学历员工对企业创新产出的促进作用；于传荣等（2017）的研究发现新《劳动合同法》实施以后，国有企业、劳动密集型企业的创新产出显著增加，在排除了企业上市、股权分置改革等可能原因之后，上述结果依然存在。关于文化与企业创新的研究，赵子乐（2019）的研究发现客家、广府、福佬企业的创新投入依次递增，表明海洋文化有利于企业创新；进一步将样本扩展至全广东的多族群区域，控制地理、经济、人口学特征等因素，只保留沿海县区、考察多族群乡镇内部差异等处理仍然支持结果的稳健性。除了直接影响，族群文化还对政府政策产生调节效应，政府补贴在海洋文化浓厚的族群区具有更显著的创新激励效果；赵奇峰等（2018）的研究发现，博彩文化对当地企业创新产出具有显著的不利影响，人均彩票销售额占人均地区生产总值的比重每升高 1 个千分点会导致当地企业下一年专利申请量平均下降约 21.6 个百分点，影响较为显著。本地博彩文化对企业创新的不利影响在国有企业、非高技术企业、东部企业以及规模较大企业中表现得更为明显。博彩文化主要通过发明家创新意愿、企业研发投入与效率、人力资本积累等途径阻碍企业创新。

参考文献

[1] 何强，袁鸣，仲伟冰．去芜存菁：劳动保护与企业创新——基于边际劳动生产率视角的实证研究［J］．产业经济研究，2019（3）：1-13.

[2] 赵子乐，林建浩．海洋文化与企业创新——基于东南沿海三大商帮的实证研究［J］．经济研究，2019，54（2）：68-83.

[3] 赵奇锋，赵文哲，卢荻，赵琼薇．博彩与企业创新：基于文化视角的研究［J］．财贸经济，2018，39（9）：122-140.

[4] 王珏，祝继高．劳动保护能促进企业高学历员工的创新吗？——基于 A 股上市公司的实证研究［J］．管理世界，2018，34（3）：139-152+166，184.

[5] 于传荣，王若琪，方军雄．新《劳动合同法》改善了上市公司的创新活动吗［J］．经济理论与经济管理，2017（9）：87-100.

（作者：张　榕）

述评：
Are employee-friendly workplaces conducive to innovation

论文原作者：Jie Chen，Woon Sau Leung，Kevin P. Evans
期刊：Journal of Corporate Finance，2016，40

原文摘要

We find strong evidence that firms with employee-friendly workplaces achieve greater innovative success, particularly in industries where innovation is more difficult to achieve. Furthermore, employee-friendly firms were also more inclined to sustain R&D investment during the recent crisis. These findings are consistent with the view that an employee-friendly workplace helps to develop tolerance for failure, which encourages engagement in innovation. We find no support for alternative explanations, such as employee-friendly workplaces helping to attract and retain talented employees and reducing career concerns of executives, which could nurture innovation.

问题导入

什么样的企业治理才能带给企业更好的创新表现呢？这无疑是摆在全球所有企业面前的一个难题。在美国，抽样调查公司盖洛普在2014年的调查显示，40%的美国人每周工作不超过40小时，完全不加班，而在一些典型的创业和科技企业中，加班已是行业生态。但加班、透支员工，能给公司带来持久的竞争力吗？在这个员工的创造力就是公司竞争力，强调人力资本的时代，公司应制定怎样管理员工的政策、提供怎样的工作环境呢？本文的研究将告诉我们答案。

研究设计

一、实证设计

本文的研究分为两个层次，首先验证良好的员工工作环境是否能促进公司创新，其次检验良好的员工工作环境作用于公司创新的四种渠道。

1. 良好的员工环境是否有利于公司创新

本文使用以下模型对该问题进行检验（下文所指主模型均为此）：

$$\ln(\text{Innovation}_{i,\ t+1}) = \alpha + \beta \times \text{Workplace quality}_{i,\ t} + \gamma Z_{i,\ t} + \text{Industry}_i + \text{Year}_t + \varepsilon_{i,\ t}$$

本文对专利申请数和引用数进行如下调整，即将某公司某年的专利申请数除以同级别专利技术中所有公司当年的平均申请数，对引用数也进行同样处理。ER 采用员工关系评分值；BC 为哑变量，若该公司入选“最好的 100 家工作公司”则为 1。其余变量为控制变量。

（1）稳健性检验六步骤

一是换用 Tobit 模型和 Poisson 回归结果仍然一致；二是考虑后两年的专利数据可能统计不完全，去掉后两年数据进行回归结果仍一致；三是更换员工关系分值的计算方法，把 KLD 数据库所关注的指标合并加总后减去本文模型使用的五个指标值作为新的工作环境质量指标，结果仍一致；四是根据 Malmendier 与 Tate（2008）的理论（他们使用“持有人 67”指标表示 CEO 过度自信，即公司股票期权超值 67%以上 CEO 却没有行权）和 Campbell（2011）的数据，对 CEO 过度自信进行控制，同时用女性董事比例来控制董事会的性别分散化，以及控制董事年龄、任期、任期的分散化、年龄分散化，结果仍然稳健；五是将公司层面的控制变量用行业的平均值替代，以减少内生性问题对结果的干扰，结果仍一致；六是更换行业的分类，模型中控制的行业是使用 SIC 的二位行业代码设置的哑变量，本文更换成 NAICS 的三位代码分类以及 Fama-French 的 49 个行业分类哑变量，结果仍然一致。

（2）样本选择偏差问题

除了上述六步稳健性检验外，还必须考虑样本选择偏差的问题，本文分三步进行说明。首先，比较缺失值的行业分布，发现并无某一或多个行业拥有显著更多的缺失值；其次，仿照 Yuan（2011）的数据多重填补方法对缺失的数据进行替代，重新回归后的结果仍一致；最后使用 Heckman（1979）的两阶段模型控制模型中的潜在样本选择偏差，一是使用 Probit 模型，被解释变量为员工关系评分值的哑变量，数据可得为 1，缺失为 0，除上述模型中的解释变量外，还加入了哑变量即是否该公司评分值包括 2003 年以前的数据，若是则为 1，进行回归；第二阶段在第一步的基础上，重新进行工作环境质量对创新影响的回归，结果仍然显著。

（3）内生性问题

在思考工作环境质量对创新影响时，我们自然想到，也许正是创新性的企业才更倾向于给员工提供更好的工作环境，这样的内生性问题理应考虑进来，本文采用两种方法处理内生性问题。一是采用 PSM（倾向得分匹配方法），选择工作环境质量好的企业即得分在中位数以上或入选《财富》100 名单的企业作为处理组，工作环境质量差的企业为对照组，两组除工作环境质量不同以外，其他差异均控制在 0.001 的绝对量之内，采用邻近匹配模型，由此继续上述模型进行回归得到的结果依然显著。二是采用工具变量法，本文找到两个与工作环境质量有关而与公司创新无关的变量，第一个是哑变量公司总部是否设立在具有隐含合同除外规定的州，若是则为 1；第二个是公司所在州的失业保险额的自然对数。第一步将员工环境质量作为因变量，工具变量和模型控制变量作为解释变量进行回归，工具变量系数显著；第二步将第一步结果中的工作环境变量作为解释变量，对创新变量进行回归，结果依然显著，解决了内生性问题。

2. 良好的员工环境通过何种渠道作用于公司创新

本文认为可能的渠道有四种：良好的工作环境氛围较易容忍创新中的失败、能留住或招募到有天赋的员工、降低高管被辞退风险与 CEO 的薪酬激励。

（1）工作环境质量与对失败的包容

本文从两个层面来检验这一渠道，一是认为如果和谐的工作环境可以影响员工对失败的态度从而促进创新，那么则认为在创新风险较高的行业即更需要对创新失败给予包容的行业，其工作环境质量对创新的边际效应应更强。根据 Tian，Wang（2014）按创新难度划分的方法，本文把样本按公司所在行业，划分为创新较难（制药、医疗仪器、医疗保健和化学品）、中等（计算机、通信、电气和商业设备、软件编程和互联网应用）和容易（其他）三组，按上述模型分别进行回归，通过比较工作环境质量指标的系数值在三组中数值的大小和其显著性得出结论。

二是考虑工作环境质量好的公司更能获得员工的信任，从而提高公司克服不确定性和失败风险的能力，因此认为这样的公司在经济危机期间更可能保持对投资研发项目的投入。本文用美国各州房价的下跌幅度来表示各州受危机的影响程度，使用下述模型进行检验：

$$\Delta \mathrm{Ln}(1+\mathrm{R\&D})_{is}=\alpha+\beta \mathrm{ER}_{is}+\delta \mathrm{Housepriceshock}_{s}+\eta \mathrm{Housepriceshock}_{s}\times \mathrm{ER}_{is}+\gamma Z_{i,s}+\mathrm{Industry}_{i,s}+\varepsilon_{is}$$

时间选取为 2007—2009，Z 即控制变量，与主模型描述的一致并以 2007 年的值进行计算，而员工工作环境质量指标为员工关系评分值，Housepriceshock 为各州 2006 年 12 月到 2009 年 12 月房价下降的百分比，因变量为三年的 R&D 费用的变化量。通过观察房价下跌与工作环境质量的交叉项系数的正负和显著性得出结论。

（2）工作环境质量与雇用有天赋的员工

本文认为工作环境质量好的企业对创新的边际效应，对于被绑定于核心员工的无形资产占比即组织资本较高或有较高劳动力流动的行业应更强。于是本文一方面从组织资本出发，用管理费用与财务费用之和占总资产比值代表公司的组织资本，以组织资本的中位数为界，把样本分为高低两组，分别进行主模型回归，观察两样本的工作环境系数有无显著差异，并在原样本主模型回归中加入组织资本与工作环境质量的交叉项进行回归，交叉项系数不显著则表示该渠道不成立。另一方面本文从劳动力流动性出发，使用 Donangelo（2014）计算劳动力流动性的方法，同样按该指标的中位数把样本分为高低两组进行主模型回归，观察两样本的工作环境系数有无显著差异，并在原样本加入劳动力流动性与工作环境质量的交叉项进行回归，交叉项系数不显著则表示该渠道不成立。

（3）工作环境质量与高管被辞退风险

被任命的高管可以通过给员工提供更好的福利而获得下属的拥护，从而在业绩较差时降低被辞退的风险，因此工作环境质量好的公司可以减轻不利于创新投入的职位担忧，鼓励其投资于有风险的长期创新活动。本文通过 Probit 回归检验该渠道，因变量为给定年份公司高管是否离职的哑变量，离职为 1，除主模型的控制变量外，分别加入 4 个公司业绩变量即 ROA、行业调整 ROA、股票收益、股票异常收益和对应的与工作环境质量的交叉项进行回归，观察交叉项系数，若不显著则表明该渠道不成立。

(4) 工作环境质量与 CEO 薪酬激励

公司进行创新活动的决定以及实施对员工友好的政策，似乎都与 CEO 激励有关如薪酬激励，本文利用 Hirshleifer（2012）对 CEO 薪酬的计算方法，加入与股票价格和公司盈利两者相挂钩的 CEO 薪酬作为控制变量依照主模型进行回归，工作环境质量系数仍显著为正即说明该渠道不成立。

二、数据来源

本文的专利数据有三个来源，分别是来自 NBER 专利引用数据库中 1976—2006 年所有由美国专利商标局授权的专利数据、Kogan 等（2012）整理的 2007—2010 年的美国专利数据（https：//iu. box. com/patents）、哈佛商学院的专利数据库中关于专利的技术分类（http：//dvn. iq. harvard. edu/dvn/dv/patent）。而工作环境质量的数据一是来自《财富》每年统计的美国上市公司中最好的 100 家工作去处，二是来自 KLD 数据库的员工关系评分。公司董事数据来自 RMG，财务数据来自 Compustat 数据库，房价下跌百分比数据来自 ZHVI，劳动力数据来自美国劳动统计局。最终选取 1998—2010 年美国 1500 家上市公司，共 8911 个观测值。

主要结论

我们通过对公司研发支出及其专利申请数和专利被引数的研究发现，实行受雇员欢迎的政策和打造舒适工作环境的公司，拥有更多的创新投入和更好的创新成果。研究结果对于数种计量方法、不同模型设定和各类分组样本的检验均稳健，同时也对工作环境质量的不同定义进行了稳健性检验，并排除了内生性问题。结论与友好的工作环境较易容忍失败从而鼓励员工投入试验和创新的观点相一致，同时本文发现良好的工作环境对创新的促进作用在高创新风险的行业更加显著；并证实了，拥有良好工作环境的公司对外部冲击的适应力更强，以此对研发失败给予更多的包容；此外实证说明了良好的工作环境对创新的促进作用不是通过留住或招募到有天赋的研究人员、减轻高管的被辞退风险或 CEO 薪酬激励这三种渠道获得的。

主要贡献

本文有两点主要贡献，一是对现有的文献针对良好的雇员环境等是否有利于企业发展的讨论拓展了新的内容；二是本文为近年来不断增多的，对公司的不同内部特征与其创新之间关系的理论研究做出了贡献。

前沿跟踪

现有对公司创新影响因素的研究文献众多，既包括从企业内部层面，对企业所有权结构、股权集中度与股权制衡、高管特征、企业学习吸收能力与知识存量、R&D 投入等对企业创新的影响研究；也包括外部制度环境、资本市场、市场化程度等对企业创新的影响研究。随着全球范围现代企业制度的不断完善和发展，在此基础上，学者越来越考虑从更微观的企业内部治理层面研究其对创新表现的影响。下面对国内外对员工与公司创新关系的研究进行简要总结。

国外，Adhikari H. P. 等（2016）发现现金利润共享与员工参与对创新有积极促进作用，但工会干涉对公司创新产出有负面影响。Chen C. 等（2016）研究发现，制定有利于员工的政策的公司通过增加员工满意度和增强团队协调，提高了公司创新产出，并且产出可带来更大的市场价值提升与未来长期经营的改善。

国内，白贵玉等（2016）研究发现知识型员工福利激励对创新绩效有显著正向影响；知识型员工非物质激励中情感激励、环境激励对组织创新绩效和创新合法性均存在显著正向影响；晋升激励与创新绩效、创新合法性不存在显著相关关系。郑海燕（2015）以日本电子行业上市公司为研究对象，研究发现相对于高管薪酬激励，提升普通员工福利状况更有利于促进企业创新。常鑫（2015）研究发现，给普通员工发放的股票期权对公司创新具有非常积极的激励效果，这种影响主要来自期权 vega 的风险承担激励，而不是期权 delta 的基于业绩的激励。

参考文献

[1] 白贵玉，徐向艺，徐鹏. 知识型员工非物质激励与创新绩效的关系［J］. 经济与管理研究，2016（5）：121-128.

[2] 郑海燕. 控股股权、员工福利、高管激励对企业创新影响机制研究——2001—2011年日本电子业的实证检验［J］. 河北经贸大学学报，2015（4）：227-232.

[3] 常鑫. 非高管员工股票期权与公司创新［J］. 清华金融评论，2015（8）：106-108.

[4] Adhikari H. P. , Choi W. , Sah N. B. That is what friends do：employee friendliness and innovation［J］. Journal of Economics and Business，2017（90）：65-76.

[5] Chen C. , Chen Y. , Hsu P. H. , et al. Be nice to your innovators：employee treatment and corporate innovation performance［J］. Journal of Corporate Finance，2016（39）：78-98.

（作者：张 璐）

述评：《民营化企业的股权结构与企业创新》

论文原作者：李文贵　余明桂

期刊：《管理世界》2015 年第 4 期

原文摘要

在广泛探讨混合所有制的背景下，本文分析民营化企业的股权结构对企业创新的影响。利用中国工业企业数据库的数据，分别以创新投入和创新产出衡量企业创新，我们得到如下检验结论：第一，非国有股权比例与民营化企业的创新活动显著正相关。第二，在不同的非国有股权中，个人持股比例和法人持股比例更高的民营化企业更具创新性，但外资持股比例和集体持股比例对民营化企业的创新不具有显著影响。第三，非国有股权对民营化企业创新的促进效应主要源自经理人观，而不是政治观。用工具变量控制内生性后，上述结论依然成立。本文的研究结果有助于澄清有关混合所有制的争议，对进一步深化中国国有企业产权改革具有重要的政策含义。

问题导入

混合所有制是当前广泛探讨的热点话题。在国有企业改革层面，混合所有制鼓励国有资本、集体资本以及其他非公有资本等交叉持股和相互融合，以此优化企业股权结构。自 20 世纪 90 年代开始，中国允许民间资本和外国资本参与国企改革，但遗憾的是，鲜有研究从创新活动的角度关注改制企业股权结构的经济后果。那么，非国有股权比例更高的民营化企业是否开展了更多的创新活动呢？若有，不同类型的非国有股对创新的影响是否存在显著差异呢？进一步，这种影响的途径机制又是什么呢？回答这些问题，能帮助我们更全面地认识所有权安排对于改制企业发展乃至整个经济增长的重要性。本文以民营化企业为研究对象，深入分析非国有股权比例对企业创新的影响及其作用途径。

研究设计

一、实证假设

（一）非国有股权比例对民营化企业创新的影响

创新活动不同于一般的生产性活动，它往往具有长周期、高风险、高投入及异质性等特点。非国有股权对企业创新的影响存在以下可能：第一，更高的非国有股权比例有助于降低政府对民营化企业投资决策的干预；第二，更高的非国有股权比例有助于民营化企业完善公司治理以缓解代理问题。

因此，本文提出假设，非国有股权比例更高的民营化企业会开展更多的创新活动。

（二）不同类型的非国有股权比例与民营化企业创新

中国工业企业数据库将非国有资本区分为个人资本、集体资本、法人资本以及外国资本等几种类型，不同民营主体对企业创新的影响可能存在重要的差异。

外资股权：外资持股至少能为企业开展创新活动带来改善公司治理和技术外溢两个好处。因此，本文提出假设，外资股权有助于促使民营化企业开展更多的创新活动。

法人股权：对民营化企业来说，更高的法人持股比例有助于减少政府对企业的干预，提升持股主体改善企业治理机制的意愿。因此，本文提出假设，法人股权能显著促进民营化企业的创新活动。

个人股权：民营化企业的个人股权多以管理者持股的形式存在，它通过促使管理者利益和股东利益趋于一致而约束管理者的败德行为，进而使得企业在投资决策过程中承担更多有利于价值增值的创新项目。因此，本文提出假设，个人股权比例更高的民营化企业有更多的创新活动。

集体股权：民营化企业的集体股权很多是以职工集体持股的形式存在，这使得职工在企业中具有双重身份，因而可能无法促使企业完善公司治理。因此，本文提出假设，集体持股最终对企业创新活动的影响有限。

（三）区分政治观和经理人观的作用

无论是政治观还是经理人观，都能解释非国有股权对民营化企业创新活动的促进效应，本文从以下3个方面对这两种理论的作用进行区分。

第一，政治观认为，政府干预是国有企业绩效低于民营企业的重要原因。如果非国有股权对企业创新活动的促进效应主要源自政治观，那么，非国有股权比例更高的民营化企业所遭遇的政府干预应该显著更少。

第二，经理人观认为，国有企业由于缺乏具有较强动机监督和激励管理者的投资者，管理者在经营决策中存在严重的代理问题。如果非国有股权比例对企业创新的促进效应主要源自经理人观，那么，非国有股权比例更高的民营化企业，经营活动中产生的代理成本应更少。

第三，为了提供更稳健的证据，文章参考根据Gupta（2005）、李广子和刘力（2010）的做法，进一步将样本企业区分为部分民营化和完全民营化进行检验。

二、模型

（1）为了检验民营化企业的非国有股权比例对创新的影响，待检验模型设定为：

$$\text{Innovation}_{it} = \alpha + \beta_1 \text{Nonstate}_{it} + \beta_2 X_{it} + \varepsilon_{it} \ (1)$$

在模型（1）中，Innovation是民营化企业的创新活动变量，文章选用三个指标进行衡量：第一，虚拟变量Inno1指如果企业在当年度的研发支出大于0，对其赋值为1，否则为0；第二，Inno2定义为企业年度研发支出占总资产的比例；第三，Inno3指企业年度新产品产值占主营业务收入的比例。

Nonstate被定义为除了国有资本以外的其他所有资本占实收资本比例之和。

X 指控制变量，包括：企业规模（Size）、资产负债率（Leverage）、企业绩效（Roa）、成长性（Gsales）、企业设立年限（Fage）、政府补贴（Subsidy）。

（2）为了检验不同类型股权比例对民营化企业创新活动的影响，待检验的模型设定为：

$$\text{Innovation}_{it} = \alpha + \beta_1 \text{Foreign}_{it} + \beta_2 \text{Personal}_{it} + \beta_3 \text{Legalp}_{it} + \beta_4 \text{Community}_{it} + \beta'_5 X_i + \varepsilon_{it} \tag{2}$$

模型（2）是将模型（1）中的变量Nonstate分解为4个变量。其中，Foreign被定义为外国资本和中国港澳台资本占企业实收资本的比例；Personal代表个人所有权比例；Legalp代表法人所有权比例；Community则代表集体所有权比例。

（3）为了区分政治观和经理人观在非国有股权影响企业创新中的作用，从以下3个方面展开检验：

首先，将全样本以中值为界分为非国有股权比例高组和非国有股权比例低组，对比分析在民营化前后两组受政府干预的情况和代理成本是否存在显著差异。

其次，以员工雇用情况以及工资支付情况衡量政府干预，检验民营化企业的非国有股权比例与政府干预之间的关系；根据Ang等（2000）和罗进辉（2012）的做法，以经营费用率和资产周转率衡量代理成本，检验非国有股权比例对民营化企业代理问题的影响。

模型分别设定为：

$$\text{regulation}_{it} = \alpha + \beta_1 \text{Nonstate}_{it} + \beta'_2 X_{it} + \varepsilon_{it} \tag{3}$$

$$\text{agency}_{it} = \alpha + \beta_1 \text{Nonstate}_{it} + \beta'_2 X_{it} + \varepsilon_{it} \tag{4}$$

模型（3）中，变量regulation代表政府干预，分别用员工比率（企业雇用的员工人数/总资产）和工资比率（企业的应付工资/主营业务收入）衡量；模型（4）中，变量agency代表代理成本，分别用经营费用率（企业管理费用和销售费用之和/主营业务收入）和资产周转率（主营业务收入/资产总额）衡量。

最后，将样本企业区分为部分民营化和完全民营化（控制权转移）采用模型（1）进行检验。按照Gupta（2005）的分析逻辑，如果非国有股权比例对创新活动的促进效应在部分民营化的企业存在，那么也就表明经理人观成立。

三、稳健性检验

（1）内生性问题：①对企业民营化前财务特征进行分析，考量政府是否保留了更多大规模企业的控制权；②将自变量滞后一期；③将样本企业所在城市的年平均气温作为变量Nonstateit的工具变量。

（2）政府干预的地域差异。本文分析的一个隐含假设是政府或官员对国有企业的干预动机或干预程度是同质的。事实上，可能并非如此。因此，本文按照企业所在地区的制度环境，将样本区分为政府干预强和政府干预弱等两个子样本组进行检验。

（3）其他稳健性检验：①将研发强度定义为年度研发支出除以销售收入；②根据企业控制权在民营化过程中是否转移，将自变量Nonstate定义为一个虚拟变量（如果民营化后企业由非国有主体控股，变量Nonstate取 1；否则取 0)；③使用样本企业 2005—2007 年的平均值进行检验；④增加中国市场化指数这一控制变量；⑤排除 100%转让股份的企业样本后进行检验；⑥拓展样本，文章将 2002—2004 年实施民营化的企业作为检验对象，分析它们在民营化后 3 年内的创新活动是否受到股权结构的影响。

这些检验结果均不存在实质性改变。

四、数据来源

本文将“民营化企业”定义为实收资本中国有资本所占比例由 100%变为小于 100%的企业，数据来源于国家统计局中国工业企业数据库。

受数据库限制，本文以 2004 年实施民营化的企业为样本，并将这些企业与 2005—2007 年的数据进行匹配后，共得到 3369 个初始观测值；然后，删除资产负债率大于 1、职工人数小于 8 以及销售收入等于 0 的样本观测值。最后，在剔除主要变量存在缺失的样本后，本文共得到 3054 个年度观测值。

主要结论

基于中国工业企业数据库 2002—2007 年的数据，本文分析非国有股权比例对民营化企业创新活动的影响。

第一，分别采用研发投资和新产品产值衡量企业创新，检验发现，非国有股权对民营化企业的创新活动具有显著的促进效应。第二，将非国有股权分为外资持股、法人持股、个人持股以及集体持股等 4 种类型，检验发现，外资持股比例与民营化企业创新之间的相关性不显著。第三，法人持股和个人持股比例较高的民营化企业具有显著更强的创新活动。第四，进一步区分了政治观和经理人观在非国有股权影响民营化企业创新中的作用，检验结果支持经理人观，而不支持政治观。

主要贡献

理论贡献方面：第一，有助于从民营化企业股权结构的视角丰富和拓展企业创新的相关研究；第二，有助于从企业创新的视角拓展和深化关于民营化的理论研究。

现实贡献方面：第一，有助于更全面地认识外国资本、个人资本、法人资本以及集体资本等不同类型的股权在促进中国企业转型升级中的不同作用；第二，有助于澄清有关混合所有制企业股权结构安排的争议，对进一步深化中国国有企业的产权改革，以及通过完善公司治理促进创新具有重要的政策含义。

前沿跟踪

关于股权结构和企业创新之间关系的研究，现阶段学者把重点集中在股权集中度和股权制衡这两方面，以研究其对于企业创新的影响，具体而言：

股权集中度与创新方面，许玲玲（2015）基于我国地区制度环境存在较大差异的背景进行的检验发现，位于市场化进程较高地区的企业，股权多元化越高越有利于促进企业技术创新，而位于市场化进程较低地区的企业，股权越集中越有利于促进企业技术创新。丁亚峰和杨陈（2015）以2009—2011年沪深两市上市公司的数据为样本进行的研究表明，垄断市场结构下，股权集中度、研发人员投入和资金投入与创新绩效具有显著的正相关关系；在竞争市场结构下，股权集中度与研发人员投入对企业创新绩效的影响并不显著相关。李健等（2016）基于托宾 Q 投资模型，以2007—2014年A股制造业企业为研究对象进行的研究发现，企业创新持续投资活动存在外部融资约束，政府补助有助于缓解这种外部融资约束；而企业股权集中度会弱化政府补助对创新可持续性的正向影响；并且在非民营企业中和货币政策紧缩时期，股权集中度减弱政府补助平滑创新投资波动的作用更显著。

股权制衡和创新方面，尹开国和施婷婷（2016）以我国2008—2013年披露研发投入的医药行业上市公司为研究对象进行的研究表明，总体而言，股权制衡、管理层持股与企业的技术创新投入显著正相关；进一步，不同产权性质的企业内股权制衡、管理层持股对技术创新投入的影响存在差异，股权制衡对民营控股上市公司技术创新投入的影响更为显著。周娜和鲍晓娟（2016）选取2014年中国A股200家信息技术上市公司作为样本，通过均值比较和多元回归分析发现，股权类型中国有股和高管持股比例与公司绩效关系不显著、法人股与公司绩效显著正相关；股权集中度单独对公司创新绩效不起显著作用，加上股权制衡因素后，与公司创新绩效显著正相关。

参考文献

[1] 许玲玲．制度环境、股权结构与企业技术创新［J］．软科学，2015（12）：22-26.

[2] 丁亚峰，杨陈．股权集中度、研发投入对创新绩效的影响——基于不同市场结构的比较研究［J］．财会通讯，2015（21）：46-49.

[3] 李健，杨蓓蓓，潘镇．政府补助、股权集中度与企业创新可持续性［J］．中国软科学，2016（6）：180-192.

[4] 尹开国，施婷婷．股权制衡、管理层持股与技术创新投入——基于医药行业上市公司面板数据的分析［J］．财会月刊，2016（2）：125-128.

[5] 周娜，鲍晓娟．集中与制衡：信息技术行业股权多元化对国企改革的启示［J］．重庆邮电大学学报（社会科学版），2016（4）：105-112.

（作者：王栋坤）

述评：《多个大股东与企业创新》

论文原作者：朱 冰 张晓亮 郑晓佳

期刊：《管理世界》2018年第7期

原文摘要

多个大股东的股权结构安排可以降低经理人的代理问题，同时，也可以降低控股股东的私利行为。然而，多个大股东的存在可能导致监督过度，从而减少了那些从长远来说可以为公司创造价值的行为。基于此，本文以2000—2014年中国A股上市公司为研究样本，实证检验了多个大股东对企业创新的影响及其作用机理。本文研究发现，多个大股东的存在会抑制企业创新。进一步地，当其他大股东的数量越多、相对于控股股东的持股比例越高时，对创新的负向作用越大；同时，我们还发现多个大股东会导致公司风险承担能力下降，对创新失败的容忍度降低，从而为多个大股东股权结构安排所导致的"过度监督"提供了较为充分的证据支持。此外，我们还排除了大股东的合谋假说，并发现独立董事这一机制安排可以在一定程度上缓解其他大股东的"过度监督"行为。本文的研究丰富了企业创新影响因素及多个大股东经济后果领域的研究文献，对现实中如何改善公司治理、提高企业创新能力以及国家创新驱动发展战略的实施均具有较强的启示意义。

问题导入

创新是国家经济增长的驱动力和长期竞争优势的决定性因素。研究企业创新受到哪些因素影响或制约，对于提升企业创新能力，进而提高社会生产力和综合国力也具有很强的现实意义。同时，已有文献虽然表明多个大股东这一股权结构安排在世界范围内普遍存在，但是并没有给予相应的关注。基于此，本文主要对以下问题进行了深入研究：（1）多个大股东的存在对企业创新究竟产生了什么影响？（2）其相应的作用机理是什么？

研究设计

一、研究假设

从理论上讲，当公司内存在多个大股东时，其他大股东既可以监督经理人，又可以监督控股股东，降低其侵占其他股东利益的行为。相关实证研究表明，其他大股东可以有效缓解控股股东通过关联交易、资金占用、超额股利等方式攫取控制权私有收益的行为，提高公司绩效，还能够降低公司的融资成本，从而改善企业资源配置效率，增加创新资源投入。基于此，本文提出如下假设：

H1：多个大股东的股权结构有利于促进企业的创新。

在多个大股东的股权结构下，由于其他大股东持股比例比较高，因此，它们更愿意花大量的时间和精力对控股股东的行为进行严格审核和密切监督，从而在一定程度上减少控股股东攫取控制权私有收益的行为，但是，在严格的审核和监督“压力”之下，控股股东的行为可能会趋于“僵化”，其行为更加趋于保守，从而形成“过度监督”效应。基于此，本文提出如下假设：

H2：多个大股东的股权结构抑制企业的创新。

二、数据来源

本文的研究样本为沪深两市2000—2014年全部A股上市公司，数据来源于CSMAR、Wind等数据库。同时，借鉴已有研究的做法，本文采用以下标准进行样本筛选：（1）剔除金融行业样本；（2）剔除资不抵债或负债率小于0的样本；（3）剔除ST、PT样本；（4）剔除主要变量缺失的样本，共计得到14865个公司-年度观测值。此外，为消除极端值对研究结论的影响，本文对所有连续性变量在1%和99%分位进行了Winsorize处理。

实证分析

一、实证模型

本文旨在考察多个大股东的股权结构对企业创新水平的影响。参照已有文献，构建如下Tobit回归模型：

$$\text{Patent}_{t+1}=\beta_0+\beta_1\times\text{Mult}_t+\gamma\times\text{Controls}_t+\varepsilon_t$$

其中，Patent为第t+1年专利申请总数加1的自然对数，衡量企业的创新产出水平；Mult为多个大股东哑变量，若公司第t年存在两个或两个以上持股比例超过10%的大股东，赋值为1，否则为0。Controls为相关控制变量。

二、进一步检验

前文实证结果表明，多个大股东对企业创新具有抑制作用。在本部分将进一步检验这一现象背后的作用机理。

（一）“过度监督”效应：其他大股东的监督力量

如果“过度监督”的逻辑成立，那么，当其他大股东的监督力量更强时，“过度监督”的可能性更高，对企业创新的抑制效应也更强。因此，本文以其他大股东的个数、其他大股东持股比例之和与控股股东持股比例的比值作为其他大股东监督力量的度量指标，检验了其他大股东的监督力量对企业创新的影响。

（二）“过度监督”效应：公司风险承担

如果“过度监督”的逻辑成立，那么在其他大股东的“压力”之下，控股股东的行为将变得保守，从而导致公司的总体风险承担水平下降。因此，本文以经行业调整后的资产报酬率的标准差和年度个股回报率的标准差作为公司风险承担水平的度量指标，检验了多个大股东对公司风险承担水平的影响。

（三）“过度监督”效应：创新失败容忍度

如果“过度监督”的逻辑成立，那么在其他大股东的“压力”之下，控股股东对创新失败容忍度将显著降低。因此，本文以经理人发生强制变更作为控股股东对创新失败容忍度的衡量指标，检验了多个大股东对创新失败容忍度的影响。

三、大股东“合谋假说”的排除

理论上，“合谋假说”认为，当多个大股东之间相互合谋掏空上市公司时，也会降低企业的创新产出。为了排除这一假说对研究结论的影响，本文以大股东类型作为合谋动机的衡量指标，对该假说进行了检验。

主要结论

首先，本文的实证结果表明，与单一大股东企业相比，当公司存在多个大股东时，企业创新水平更低，即多个大股东的股权结构抑制了企业创新。进一步地，本文发现多个大股东会导致公司风险承担能力下降，对创新失败的容忍度降低，从而证实了多个大股东股权结构对企业创新抑制作用的主要机制是由于“过度监督”。此外，本文还发现，当大股东都为家族企业时，它们对企业创新并没有显著的影响，排除了合谋假设对企业创新的影响。

主要贡献

首先，本文为股权结构和企业创新行为之间的关系提供了更新、也更为稳健的证据，同时，也丰富了企业创新影响因素的相关文献。其次，本文从企业创新这一新的视角为多个大股东的经济后果提供了新的证据。本文发现了多个大股东对公司决策的“过度监督”效应，为多个大股东会给公司带来负面影响提供了证据支持，从而进一步深化了多个大股东股权结构的研究框架。最后，本文的研究结论具有较强的政策含义。在充分肯定多个大股东的监督作用给公司决策带来正面效应的同时，还应看到多个大股东的“过度监督”给公司带来的负面影响。

前沿追踪

科技创新是提高社会生产力和综合国力的战略支撑，越来越多的学者不断地深入探讨影响企业创新的因素，以期提升企业创新能力、加快企业创新步伐。从薪酬角度与企业创新的关系来看，赵奇峰等（2019）发现薪酬差距扩大对企业技术创新具有正向促进效应，而发明家所获专利增加能够提高其晋升管理层的概率，晋升管理层的发明家通过提高研发投入强度、改善研发创新效率、吸引高水平发明家等途径促进技术创新。王秀芬等（2019）研究认为高管薪酬差距对企业创新活动具有正向激励作用，证明了锦标赛理论的适用性；高管薪酬差距通过影响管理者的行为决策提高企业风险承担水平；风险承担在高管薪酬差距激励管理层提高创新水平的过程中发挥中介作用，而且中介效应只存在于非国有企业和高新行业。学者们还从其他方面对企业创新进行了分析，赵子乐等（2019）基于客家、广府以及福佬三个商帮的企业数据，探究海洋文化对于企业创新投入的影响，实证结果显示，客家、广府、福佬企业的创新投入依次递增，表明海洋文化有利于企业创新。王永钦等（2018）从僵尸企业的角度探讨中国企业创新的结构性问题。结果发现，僵尸企业对企业创新的挤出效应在资源约束紧的非国有企业、高度依赖外部融资的行业以及高行业集中度的行业中更为显著，说明僵尸企业通过加剧资源约束、扭曲信贷配置和损害行业公平竞争等渠道影响正常企业的创新能力。胡国柳等（2019）考察了董事高管责任保险对企业自主创新的影响。研究发现，管理者认购董事高管责任保险显著推动了企业的自主创新行为，在投资者保护程度较高、诉讼风险较大以及非国有企业中，该保险对企业自主创新的积极影响更为明显。

参考文献

[1] 赵奇锋，王永中．薪酬差距、发明家晋升与企业技术创新［J］．世界经济，2019，42（7）：94-119.

[2] 王秀芬，杨小幸．高管薪酬差距、风险承担与企业创新［J］．会计之友，2019（12）：59-65.

[3] 赵子乐，林建浩．海洋文化与企业创新——基于东南沿海三大商帮的实证研究［J］．经济研究，2019，54（2）：68-83.

[4] 王永钦，李蔚，戴芸．僵尸企业如何影响了企业创新？——来自中国工业企业的证据［J］．经济研究，2018，53（11）：99-114.

[5] 胡国柳，赵阳，胡珺．D&O 保险、风险容忍与企业自主创新［J］．管理世界，2019，35（8）：121-135.

（作者：董贵萍）

述评：
《非控股股东参与决策的积极性与企业技术创新》

论文原作者：李 姝 翟士运 古 朴

期刊：《中国工业经济》2018年第7期

原文摘要

中国上市公司存在严重的第二类代理问题，控股股东侵犯其他股东权益的案例层出不穷，独立董事等常规治理手段相继失效，鼓励非控股股东积极参与企业决策的声音却与日俱增。然而，对非控股股东参与决策的积极性能否对企业生产正面影响的研究并未达成一致的结论。本文以2007—2016年的A股制造业上市公司为研究样本，基于股东大会投票的数据，从技术创新的视角，实证检验了非控股股东参与决策的积极性对企业的影响及其作用机制。研究发现，非控股股东投票率与企业研发投入和专利申请数量均呈显著的正相关关系。而且，相对于其他企业，在非国有企业、经理人纵向兼任、非"八大"会计师事务所审计和非交叉上市的企业中，非控股股东参与决策的积极性对技术创新的促进作用更为显著。排除各种可能存在的内生性问题后，本文结论依然成立。

问题导入

近年来，主张非控股股东积极参与企业决策、鼓励非控股股东由"用脚投票"向"用手投票"转变的声音越来越强。那么非控股股东参与决策的积极性会影响企业技术创新吗？本文对此予以解答。

研究设计

一、研究假设

非控股股东群体较大，掌握多种渠道的信息，可以为企业带来全新的视角、有效弥补控股股东单方面视野狭隘的不足，帮助企业发现更有价值的技术创新机会。而且，非控股股东群体具有丰富的社会资本，有助于企业获得更充足的资金、人力等创新资源。基于上述讨论，本文提出以下假设：

H1：非控股股东参与决策的积极性促进企业技术创新。

国有与非国有企业在治理机制等诸多方面存在重大差异，要探讨非控股股东参与决策的积极性的治理作用，自然绕不开产权性质所造成的差异。非国有企业第二类代理问题严重，而且面临较严重的融资约束，非控股股东积极参与决策可减少企业的掏空行为，使得用于技术创新的资源更为充裕。综上所述，本文提出以下假设：

H2：相比于国有企业，非国有企业中，非控股股东参与决策的积极性对技术创新的促进作用更强。

经理人纵向兼任是经理人为控股股东本人或在控股股东单位任职，这大大改变了公司的治理机制。纵向兼任型经理人助涨了控股股东的机会主义行为。综上所述，本文提出以下假设：

H3：相对于经理人非纵向兼任的企业，经理人纵向兼任的企业中，非控股股东参与决策的积极性对技术创新的促进作用更强。

内部治理机制与外部治理存在替代作用。当内部治理效率较低时，有效的外部治理成为保护非控股投资者权益的必然选择。当审计师声誉较高的大型会计师事务所对企业进行审计时，控股股东的机会主义行为得到很好的抑制，此时，非控股股东参与决策的积极性所产生的治理效果将比较有限。综上所述，本文提出以下假设：

H4：相对于大型会计师事务所审计的企业，小型会计师事务所审计的企业中，非控股股东参与决策的积极性对技术创新的促进作用更强。

不同治理环境下，非控股股东权益的保护存在重大差异。"沪港通""深港通"制度的实施大大增加了学界和实务界深入认识中国香港资本市场的重要性。相对于A股市场，香港股票市场发展历程更长，有着更规范的市场监管制度，更有利于保护非控股股东的利益。综上所述，本文提出以下假设：

H5：相对于"A+H"股交叉上市的企业，仅在A股上市的企业中，非控股股东参与决策的积极性对技术创新的促进作用更强。

二、样本与数据来源

本文选择中国沪深两市A股制造业上市公司为研究样本。选取2007—2016年为研究期间。进一步剔除了模型中涉及的变量数据缺少和无效的样本，最终得到11949个观测值。研发投入的数据来自wind数据库，非控股股东投票率在CSMAR数据库的基础上经过手工整理并与上市公司发布的股东大会决议公告校对后得到。关于经理人类型根据CSMAR数据库的高管任职信息整理得到董事长或总经理在控股股东单位的任职情况，将董事长或总经理与控股股东对比得到经理人是否为控股股东本人，综合两者最终确定经理人是否存在纵向兼任。"八大"会计师事务所的数据根据中国注册会计师协会历年公布的《会计师事务所综合评价前百家信息》取前八名得到，该排名通过手工查询其官方网站获得。其他数据均来自CSMAR数据库。此外，本文对所有连续变量的双侧极端值分别按照1%和99%分位进行了缩尾处理。

三、实证模型构建

本文构建以下模型来检验非控股股东参与决策的积极性是否会影响企业技术创新。

$$\begin{aligned}\text{Innovation}_{i,t} = {} & \alpha_0 + \alpha_1\text{MSP}_{i,t} + \alpha_2\text{Size}_{i,t} + \alpha_3\text{Lever}_{i,t} + \alpha_4\text{CFO}_{i,t} + \alpha_5\text{ROA}_{i,t} \\ & + \alpha_6\text{Growth}_{i,t} + \alpha_7\text{Expend}_{i,t} + \alpha_8\text{SOE}_{i,t} + \text{Year}_i + \varepsilon_{i,t}\end{aligned}$$

其中，i 表示上市公司，t 表示年度。因变量为企业技术创新（Innovation），采用 RD_Asset 和 Patent 两个指标进行衡量。自变量为非控股股东参与决策的积极性（MSP）。同时本文根据企业的产权性质（SOE）、经理人类型（AM）、负债审计的会计师事务所类型（Big8）以及是否交叉上市（AH）将样本分组，利用该模型分别检验非控股股东参与决策的积极性（MSP）对企业技术创新的影响。

主要结论

本文以 2007—2016 年中国制造业上市公司为研究样本，基于股东大会的投票数据，探讨了非控股股东参与决策的积极性对企业技术创新的影响，并对影响机制进行了检验。研究结果表明，非控股股东参与企业决策显著促进企业技术创新；而且，相对于其他企业，非国有、经理人纵向兼任、非“八大”会计师事务所审计以及非“交叉上市”的企业中，非控股股东参与决策对技术创新的影响更为显著。

主要贡献

首先，采用股东大会投票的数据，更直接、准确地测度了非控股股东参与决策的积极性产生的影响。其次，丰富了第二类代理问题与企业技术创新关系的相关文献。本文通过探讨非控股股东参与决策的积极性对企业创新的影响，深化了对非控股股东通过“用手投票”发挥治理作用的认识，拓展了治理机制影响企业技术创新的相关研究。最后，本文为监管部门制定企业投票规则，鼓励非控股股东积极参与决策提供了一定的证据支持，并为未来是否引进新的治理体制提供了部分参考依据。

前沿追踪

近年来，学者们对股东参与决策对企业治理的影响进行了持续深入的研究，以期探寻股东参与公司治理对上市公司的影响。

窦欢等（2017）研究发现，大股东代理问题越严重，上市公司的盈余持续性越差，上述关系在国有上市公司、成长性好的上市公司中更加明显。王运通等（2017）以 2003—2014 年的中国上市公司为样本，检验了多个大股东对公司债务融资成本的影响。结果表明，具有多个大股东的公司债务融资成本更低。姜村秀等（2017）实证检验了多个大股东对企业融资约束的影响以及相应作用机理。结果表明多个大股东的公司有着较低的融资约束水平。孔东民等（2017）考察了中小股东参与公司治理程度的提升是否影响公司盈余行为，研究发现中小股东参与度高的公司更倾向操纵盈余。徐婷等（2017）基于现有研究考察大股东参与度对企业自主创新的影响，研究发现大股东参与度负向影响自主创新。

参考文献

[1] 窦欢，陆正飞．大股东代理问题与上市公司的盈余持续性［J］．会计研究，2017（5）：34-41，98.

[2] 王运通，姜付秀．多个大股东能否降低公司债务融资成本［J］．世界经济，2017，40（10）：119-143.
[3] 姜付秀，王运通，田园，吴恺．多个大股东与企业融资约束——基于文本分析的经验证据［J］．管理世界，2017（12）：61-74.
[4] 孔东民，刘莎莎．中小股东投票权、公司决策与公司治理——来自一项自然试验的证据［J］．管理世界，2017（9）：101-115，188.
[5] 许婷，杨建君，孙庆刚，张峰．信任程度、大股东参与度与自主创新关系研究［J］．科研管理，2017，38（9）：77-85.

（作者：胡剑涛）

述评：《国有股权参股对家族企业创新投入的影响》

论文原作者：罗 宏 秦际栋

期刊：《中国工业经济》2019年第7期

原文摘要

创新是企业发展的动力，但家族企业面临着严重的创新投入不足问题。国有股权参股非国有企业的混合所有制改革，能否助力包括家族企业在内的非国有企业健康持续发展，是近年来被广为关注和讨论的问题。本文以2009—2016年家族企业上市公司为研究样本，实证检验了国有股权参股对家族企业创新投入的影响及其作用机制。研究发现，国有股权参股能够显著地促进家族企业的创新投入，这一作用在家族企业属于高新技术企业、所处环境的政策不确定性更高时更为显著。同时也发现，当参股国有股权在家族企业中参与程度更高、参股国有股权来源于本地时，促进作用更为显著。在排除各种可能存在的内生性问题后，本文的结论依然成立。进一步分析其作用机制发现，国有股权参股提高了家族企业投入创新活动的意愿，增加了家族企业可投入创新活动的资源，最终促进了家族企业的创新投入。本文的结论不仅验证了国有股权参股对家族企业创新投入的促进作用，还发现了国有股权参股促进家族企业创新投入的不同情形及其作用机理，为进一步推进混合所有制改革、提升包括家族企业在内的非国有企业的持续发展能力提供了新的理论支持和经验证据。

问题导入

国有资本参股进入非国有企业的混合所有制改革，是否能够引导与支持非国有经济健康发展、激活非国有企业活力，是中国经济转型升级的重要话题，近年来被广泛关注。家族企业作为非国有企业一种重要形式，面临严重的创新投入不足，创新活力缺乏的问题。基于此，本文从创新投入视角出发，研究国有股权参股对家族企业创新投入的影响，并试图厘清国有股权参股对家族企业产生影响的作用机制。

研究设计

一、研究假设

国有企业参股，能够为家族企业带来信用背书及更多的外界关注，有利于提升家族企业的风险承担能力与投入创新活动的意愿。同时，国有股权参股对家族企业所增加的延伸型社会情感财富，将会超过控制权稀释带来的约束型社会情感财富损失，最终会提高家族企业投入创新活动的意愿，促进创新投入。此外，各级政府作为最主要的经济资源分配者，也是国有股权的实际控制人，国有股权参股家族企业，会增加家族企业可投入创新活动的经济资源，并最终促进家族企业的创新投入。基于此，本文提出以下假设：

H1：其他条件不变的情况下，国有股权参股将促进家族企业的创新投入。

与其他家族企业相比，高新技术家族企业更需要创新投入来支持企业的运转与发展，且能从创新投入中获得更高的回报。因此，国有股权参股更能提升高新技术类家族企业的创新投入意愿。另外，中国经济转型过程中，政府经济政策更多地向高新技术企业倾斜，国有股权参股更能为这类家族企业提供更多的资源支持。基于此，本文提出以下假设：

H2：相比于其他家族企业，当家族企业属于高新技术企业时，国有股权参股对其创新投入的促进作用更为显著。

当家族企业所处环境政策不确定性高时，国有股权参股，一方面，可以帮助家族企业获取更为详细的政策变动信息，提高家族企业对未来风险判断的准确性，降低环境政策不确定性对企业投资支出的负面影响；另一方面，可以为家族企业提供用于创新活动的经济资源支持，防止家族企业削减创新投入。基于此，本文提出以下假设：

H3：相比于低政策不确定性环境，当家族企业所处环境政策不确定性高时，国有股权参股对其创新投入的促进作用更为显著。

家族企业内部强有力的国有股权代表，更有利于缓解控股家族内部代理冲突，提升家族企业的风险承担能力，同时，更能加强企业与政府部门的联系，提高控股家族获得的社会情感财富。另外，还能为家族企业带来更多的经济资源支持，促使家族企业对创新活动的投入更多。基于此，本文提出以下假设：

H4：相比于在家族企业中的低参与度，参股国有股权在家族企业中参与度更高时对家族企业创新投入的促进作用更为显著。

相比于异地国有股权，本地国有股权参股，一方面，会对家族企业施加更大的影响力，同时，能为家族企业带来更好的产权保护，有利于控股家族更好地实现家族传承，获得更多的延伸型社会情感财富；另一方面，还能为家族企业带来更多的源自地方政府政策倾斜的资源支持。基于此，本文提出以下假设：

H5：相比于异地国有股权，本地国有股权参股对家族企业创新投入的促进作用更为显著。

二、数据来源

本文选取2009—2016年沪深A股家族企业上市公司为研究样本，剔除了样本期间最终控制人发生变化的、缺乏控制权计算条件的、金融保险类、处于非正常交易状态的和其他数据缺失的公司样本，最终得到了4365个有效样本。其中，创新投入数据来自Wind数据库；国有股权参股数据，通过CSMAR数据库和百度搜索、天眼查等网站手工收集；其他上市公司财务数据、公司治理数据以及注册地等信息，主要来自CSMAR数据库。

三、实证模型

首先，为检验国有股权参股与家族企业创新投入之间的关系，本文构建了模型（1）。

$$RD_{i,t}=\alpha_0+\alpha_1 State_{i,t}+\alpha_2 Contorl_{i,t}+\varepsilon_{i,t} \tag{1}$$

其中，RD 表示企业的创新投入，用研发支出占营业收入的百分比来衡量。State 表示国有股权参股，分别用家族企业是否存在国有股权参股（$State_1$）、参股国有股权持股比例（$State_2$）、参股国有股权制衡度（$State_3$）来衡量。Contorl 表示控制变量，主要包括公司特征变量，如资产规模（Size）、资产负债率（Lev）、盈利能力（Roa）、总资产周转率（Oper）、企业年龄（Age）等；公司治理变量，如董事会规模（BoardSize）、独立董事占比（Inde）等；控股家族特征变量，如控股家族持股比例（FamHold）、控股家族董事占比（Famdir）等；环境特征变量，如行业竞争度（HHI）、地区经济发展水平（GDP）。

其次，为检验 H2 和 H3，本文将全部样本分别按家族企业是否属于高新技术企业（HighTec）、所处环境政策不确定性高低（PU）进行了分组检验；为检验 H4 和 H5，本文将存在国有股权参股的企业样本分别按国有股权在家族企业中的参与程度高低（Part）、是否来源于本地（Local）进行了分组检验。

最后，在进一步分析中，为了检验国有股权参股促进家族企业创新投入的影响机制，本文对国有股权参股是否能为家族企业带来创新投入意愿的提高和资源的增加进行了验证。此外，本文还考察了国有股权参股对家族企业创新绩效的影响。

主要结论

首先，国有股权参股能显著提高家族企业的创新投入。其次，当家族企业属于高新技术企业、当家族企业所处环境政策不确定性高时，国有股权参股对家族企业创新投入的促进作用更显著；当国有股权在家族企业中参与程度更高、参股国有股权来源于本地时，其对家族企业创新投入的促进作用更显著。最后，进一步分析国有股权参股促进家族企业创新投入的机制发现，国有股权参股提高了家族企业投入创新活动的意愿、增加了家族企业可投入创新活动的资源，最终促进了家族企业的创新投入。此外，本文还发现国有股权参股也能提升家族企业的创新绩效。

主要贡献

第一，基于国有股权参股家族企业的视角，验证了混合所有制改革影响非国有企业业绩的具体路径，为更好地理解企业混合所有制改革提供了新视角。第二，从创新投入视角检验了企业混合所有制改革的效果，为政策制定提供了经验参考。第三，基于社会情感财富视角，验证了国有股权参股能增加家族企业“传承意愿”，并最终促进了创新投入，丰富了社会情感财富理论的相关文献。

前沿追踪

党的十九大报告提出，要“发展混合所有制经济，培育具有全球竞争力的世界一流企业”。基于此，国内学者们对混合所有制改革的动因和经济效果进行了广泛的研究，以期更好地促进企业的长期健康发展。

从国有企业引入非国有资本的混合所有制改革的动因和经济效果看，綦好东等（2017）指出，国有企业混合所有制改革的动力主要在于提升经济绩效、改善企业治理、促进社会稳定与发展。同时，蔡贵龙等（2018）的研究发现，国有企业混合所有制改革内生于政府放权意愿，政府放权意愿对国企混改进程具有显著的促进作用。此外，蔡贵龙等（2018）对非国有股东治理与国企高管薪酬激励的研究发现，混合所有制改革不能仅停留在资本层面的混合，还需确保非国有股东在国企经营管理中具有一定的影响力，才能更好地发挥民营资本的监督和治理作用。

从国有企业参股进入非国有企业的混合所有制改革的动因和经济效果看，余静文（2018）研究发现，外部竞争环境加剧、企业陷入经营困境会促进企业国有化进程，国有化企业能从中获取更多政府资源的支持。此外，郝阳等（2017）指出，民营企业保持国资参股是为了克服非市场化待遇，虽然国有参股能够减轻民企的税负和融资约束，但国资参股所导致的税收不平等问题可能降低经济的整体效率。

参考文献

[1] 綦好东，郭骏超，朱炜．国有企业混合所有制改革：动力、阻力与实现路径［J］．管理世界，2017（10）：8-19.

[2] 蔡贵龙，郑国坚，马新啸，卢锐．国有企业的政府放权意愿与混合所有制改革［J］．经济研究，2018，53（9）：99-115.

[3] 蔡贵龙，柳建华，马新啸．非国有股东治理与国企高管薪酬激励［J］．管理世界，2018，34（5）：137-149.

[4] 余静文．企业国有化中的政府角色［J］．中国工业经济，2018（3）：155-173.

[5] 郝阳，龚六堂．国有、民营混合参股与公司绩效改进［J］．经济研究，2017，52（3）：122-135.

（作者：张凯歌）

述评：《融资约束、创新能力与企业协同创新》

论文原作者：周开国　卢允之　杨海生
期刊：《经济研究》2017 年第 7 期

原文摘要

随着技术结构日益复杂，协同研发逐渐成为企业实现创新的重要方式。本文通过构建一个简单的理论模型，提出融资约束和创新能力会抑制企业协同研发的研究假说。据此，本文利用 2012 年世界银行调查问卷数据中关于中国企业的样本对以上模型进行检验。实证结果表明：在相同条件下，企业融资约束越宽松、创新能力越弱时，其协同研发的意愿及支出均相对越高，其中创新能力的负面作用来自企业专有能力的不足。此外本文还发现，企业在面临激烈的产品市场竞争时，融资约束对自身研发、协同研发的抑制效应会更明显。据此结论本文提出，政府可以通过完善金融服务体系、加强知识产权保护、鼓励企业纵向合作来促进企业参与协同创新，从而加快企业转型升级。

问题导入

经济“新常态”背景下，随着国家系列政策的连续出台，高新企业技术创新和传统制造业转型在全国范围内掀起热潮。技术创新需要稳定的资金支持与知识的整合开发，同时面临着较高的风险。20 世纪 80 年代，欧美国家对研发联盟的“松绑”，让越来越多的企业意识到协同研发在利用知识、降低成本、分散风险、缓解融资约束等方面的潜在优势。那么，究竟是什么因素影响企业选择“单打独斗”还是“齐心协力”？融资约束与创新能力这两个影响企业研发的决定性因素对协同研发是否也存在显著影响？如果是抑制作用，通过什么途径可以缓解这种负面影响？本文对此予以解答。

研究设计

一、理论模型与研究假设

本文构建了一个基于企业利润最大化的简单模型，从理论上解释融资约束、创新能力对企业自身研发与协同研发的影响。首先本文基于单企业利润最大化模型的一阶条件提出以下假设：

H1：其他条件相同时，企业融资约束越宽松，则企业越倾向于参与自身研发；企业创新能力越强，则企业越倾向于参与自身研发。

然后本文基于两企业利润最大化模型的一阶条件提出考虑企业协同研发的假设：

H2：其他条件相同时，企业融资约束越宽松，则企业越倾向于参与协同研发；企业创新能力越弱，则企业越倾向于参与协同研发。

二、实证模型

本文首先建立 Probit 模型，研究创新能力与融资约束对企业自身研发和协同研发决策的影响：

$$\Pr\{y_{ija}=1 \mid X_{ija}\}=\beta_0+\beta_1\text{InnovCap}_{ija}+\beta_2\text{FinCons}_{ija}+\gamma\text{Ctrl}_{ija}+\delta_j+\eta_a+\varepsilon_{ija}$$

其中，y_{ija}为企业 i 是否进行研发或协同研发，下标 i，j 和 a 分别代表企业、行业和省份；InnovCap 代表企业创新能力指标；FinCons 代表融资约束指标。

然后本文进一步建立 Tobit 模型，研究创新能力与融资约束对企业自身研发和协同研发密度的影响；最后，本文进一步考虑融资约束与产品市场的交互效应，在模型中引入融资约束虚拟变量和产品市场竞争虚拟变量的交互项进行更深入的研究。

三、样本选取与数据来源

本文数据来自世界银行于 2012 年在我国范围内进行的调查问卷，调查涉及我国的经营环境、企业业绩等因素，包括融资、创新、基础设施、劳动、竞争以及业绩等测度。剔除参与回归变量中回答“不知道”以及缺失值的样本，剩余样本为 2212 份，其中 1342 份属于制造业，样本中绝大多数为中小型私营企业。

四、回归结果

结果显示，一方面，受融资约束的企业无论是其自身研发的概率还是协同研发的概率都显著减小，自身研发和协同研发的支出也相应地更低；另一方面，企业如果具有更强的创新能力，那么该企业则会更倾向于自身研发，从而更少参与协同研发。通过计算 Probit 模型的边际效应，核心变量的显著性和符号都没有发生显著性变化。

引入行业竞争因素后发现，行业竞争会进一步放大融资约束给自身研发带来的负面影响；而对于协同研发，只有在激烈竞争与融资约束的双重限制下，企业才会明显减少协同研发概率与支出。本文通过重新设定模型、更换代理变量、扩大样本等方法重新进行回归，证明实证分析结果稳健。

五、内生性问题

无论是企业创新能力还是融资约束，都在一定程度上存在内生性问题。具有研发倾向的企业往往更能吸引高端人才，研发投入越高的企业融资约束也会相应增加。本文选择企业拥有土地中自由土地比例、法庭公正与否分别作为工具变量，解决融资性约束可能存在的内生性问题。

同时，本文参考 Cassiman 和 Veugeler（2002）的做法，将企业创新能力细分为吸收能力（内化知识的能力）和专有能力（保护知识的能力），以缓解内生性带来的伪回归问题。用“企业使用信息和通信技术支持相关创新活动的程度”和“各省专利代理人数量”分别对两个细分变量进行衡量，发现创新能力对于自身研发的正向作用大部分来自更强的吸收能力，对于协同研发的负向作用主要来自有限的专有能力。

主要结论

本文基于理论模型和实证模型，证明了融资约束对于企业自身研发、协同研发活动起到了抑制作用，但是创新能力促进了自身研发，抑制了协同研发。进一步研究发现，协同研发还受制于企业在产品市场上的竞争程度大小，受到融资约束的企业面临较激烈的产品市场竞争时，两因素叠加所带来的负效应会显著减少企业参与协同研发的概率与投入。

主要贡献

本文所使用的调查数据中包含我国企业融资以及研发活动的相关信息，因此能够直接考察两者之间的关系，弥补了国内对于协同创新领域实证研究的不足。此外，本文进一步考察了产品市场竞争对于企业协同创新的影响，并对现有竞争结论进行了补充。

前沿跟踪

融资约束与企业创新方面，已有研究普遍认为，融资约束是影响企业创新投入和产出的重要因素。刘胜强等（2015）从最优 R&D 投资水平角度出发，研究融资约束与代理成本对 R&D 投资的影响。结果表明，融资约束导致 R&D 投资不足，代理成本造成 R&D 投资过度。由于融资约束是企业普遍面临的问题，而代理成本导致过度投资只是个别现象，因此，融资约束问题亟待解决。张劲帆等（2017）研究发现 IPO 对融资约束的缓解是实现创新产出增加的重要机制之一。张璇等（2017）在融资约束对企业创新的影响机制中引入信贷寻租因素，发现信贷寻租的存在导致企业创新成本增加、创新利润减少，挤占了企业的创新投入。毕晓方等（2017）探究政府补贴、财务冗余两种不同来源的资金对不同创新形式的影响。研究发现，不同创新方式面临不同的融资约束差异，政府补贴和财务冗余对探索式创新的促进作用更显著，且两者发挥互补性作用。

协同创新与创新绩效方面，解学梅和左蕾蕾（2013）研究发现，知识吸收能力、协同创新网络特征（网络规模、网络同质性以及网络强度）与企业创新绩效之间均呈现显著的正相关关系；且吸收能力在三个维度的协同创新网络特征与创新绩效之间存在部分中介效应。而后，解学梅和刘丝雨（2015）按目的不同将协同创新划分为四种模式进行的研究发现，协同创新模式促进企业创新绩效是通过提升协同效应这一中介实现的。

参考文献

[1] 刘胜强，林志军，孙芳城，陈汉文．融资约束、代理成本对企业 R&D 投资的影响——基于我国上市公司的经验证据［J］. 会计研究，2015（11）：62-68，97.

[2] 张劲帆，李汉涯，何晖．企业上市与企业创新——基于中国企业专利申请的研究［J］. 金融研究，2017（5）：160-175.

[3] 张璇，刘贝贝，汪婷，李春涛．信贷寻租、融资约束与企业创新［J］. 经济研究，2017（5）：161-174.
[4] 毕晓方，翟淑萍，姜宝强．政府补贴、财务冗余对高新技术企业双元创新的影响［J］. 会计研究，2017（1）：46-52，95.
[5] 解学梅，左蕾蕾．企业协同创新网络特征与创新绩效：基于知识吸收能力的中介效应研究［J］. 南开管理评论，2013（3）：47-56.
[6] 解学梅，刘丝雨．协同创新模式对协同效应与创新绩效的影响机理［J］. 管理科学，2015（2）：27-39.

（作者：王雨薇）

述评：《信贷寻租、融资约束与企业创新》

论文原作者：张 璇 刘贝贝 汪 婷 李春涛

期刊：《经济研究》2017 年第 5 期

原文摘要

本文利用 2005 年世界银行关于中国企业的调查数据，考察了信贷寻租和融资约束对企业创新的影响，结果发现，信贷寻租和融资约束都能显著抑制企业创新，当企业遭遇信贷寻租时，融资约束对企业创新的制约作用更强。可能的原因是，信贷寻租减少了企业的创新利润，挤出和替代了企业的创新资金。在更替融资约束的测度指标进行稳健性检验，以及运用工具变量和 PSM 方法弱化信贷寻租和融资约束的内生性问题后，以上结论仍然成立。本文进一步按照企业规模、所有制类型和资本要素密集度划分样本进行分析，发现信贷寻租加剧融资约束对企业创新的抑制作用在中小企业、民营企业和资本密集型企业中表现得尤为突出。因此，严厉打击寻租腐败，深化金融体制改革，让市场在资本配置中起决定性作用，有利于企业创新和经济的可持续发展。

问题导入

技术进步和创新是经济增长最持久的源泉，也是提升经济实力和培育新竞争优势的重要引擎。然而，创新项目的高风险、信息不对称和投资周期长等特点，导致企业在创新活动上容易遭受外源融资短缺的难题。银行授信是企业获取稳定、持续的外部资金的重要来源，稳定的资金来源对企业创新尤为重要。资金的相对稀缺性导致银行拥有较大的权力，信贷垄断成为滋生寻租的温床。融资中的寻租主要包括两类：其一，主管信贷审批人员的审批腐败；其二，信贷发放人员的支付腐败。在法治水平较低和产权保护不力的条件下，信贷寻租既有可能加快信贷审批的程序，也可能让本来难以获得贷款的企业得到资金，从而缓解企业的融资约束，成为企业经营的“润滑剂”。然而，就企业创新行为而言，寻租也有可能成为其“绊脚石”。

那么，对于企业的创新活动，信贷寻租到底是“润滑剂”还是“绊脚石”？本文利用 2005 年世界银行关于中国企业的调查数据，考察信贷寻租和融资约束对企业创新的影响。

研究设计

一、研究假设

（一）融资约束与企业创新

外部融资是企业 R&D 投入的重要来源。然而，由于信息不对称和抵押品缺乏，企业往往难以得到创新所需的必要资金支持。首先，创新伴随着风险；其次，通常一半以上的研发支出都是支付研发人员的工资，难以用作银行贷款的抵押品，所以研发企业往往难以得到银行贷款；最后，虽然信息披露是降低信息不对称的途径，但创新者为了避免竞争对手窥探到自己的商业机密而不愿意披露有关研发创新的信息。在诸多途径的外源融资中，银行信贷的持续供给对企业创新有着重要的影响。在内部要素投入量给定的情况下，银行信贷的持续供给是企业创新产出至关重要的外部投入要素。基于以上分析，本文提出以下假设：

H1：融资约束会抑制企业的研发投入，银行信贷的存在能促进企业创新。

（二）信贷寻租、腐败与企业创新

较多的文献支持腐败对企业创新的抑制作用。首先，寻租活动会导致企业运营和交易成本上升，使企业研发面临更高的风险，挤兑企业研发投入资金；其次，寻租对企业创新的影响与企业家精神有关，企业家进行创新等生产性活动的同时，可以选择寻租等非生产性活动；最后，控制寻租有助于提升对政府和市场部门公正执法的信任水平，也对企业家的创新活动有激励作用。基于以上分析，本文提出以下假设：

H2：信贷寻租会抑制企业的研发投入。

信贷寻租行为也可能加剧融资约束对研发投入的抑制作用。一方面，亲密的银企关系的好处会被银行迫使企业承担风险较小的项目或企业负担更高的利息支出所抵消；另一方面，企业的信贷寻租并没有增加研发需要的长期资金，由于企业研发一般需要持续的资金投入，尤其是需要长期贷款而非短期贷款，因此信贷寻租会抑制企业研发投入，从而加剧融资约束对企业创新的制约作用。基于以上分析，本文提出以下假设：

H3：信贷寻租会加剧融资约束对企业研发投入的抑制作用。

二、实证模型

为了考察信贷寻租与融资约束对企业创新的影响，本文采用研发参与和研发投资密度两个指标分别衡量企业创新行为，本文采用 Probit 模型和 Tobit 模型进行估计。回归模型如下：

$$\text{R\&D}_i = \beta_0 + \beta_1 \text{Rent} + \beta_2 \text{Line} + \beta_3 \text{Rent} \times \text{NoLine} + \beta_4 X_i + \mu_i$$

其中，被解释变量分别为是否从事研发活动（R&D）和研发投资密度（R&D/Sales），Rent 代表企业是否遭遇了信贷寻租行为；NoLine 表示企业的融资约束；Rent×NoLine 是信贷寻租与融资约束的交互项，以考察存在信贷寻租的情况下，融资约束对企业创新的额外制约作用；X_i 为控制变量，包括企业规模、年龄、人力资本等影响企业研发投入的变量。

此外，在模型估计中，本文还考虑了企业的所有制类型、所属行业和地区对企业创新投入的影响。

三、数据来源

本文的数据来自 2005 年世界银行对中国 120 个城市的企业投资与经营环境调查，涵盖了 12400 家企业。

实证分析

一、实证结果

首先，融资约束（NoLine）的系数在所有回归中均显著为负，这说明融资约束显著地制约了企业的研发参与和研发投资密度，验证了 H1；其次，信贷寻租（Rent）的系数显著为负，表明信贷寻租制约着企业的研发创新活动，验证了 H2；最后，信贷寻租和融资约束交互项（Rent×Line）系数的估计结果均显著为负。这意味着，对得不到银行授信的企业而言，如果遭遇信贷寻租，则信贷寻租会让企业的研发创新资金雪上加霜，从而进一步加剧融资约束对企业创新的抑制作用，验证了 H3。

二、内生性检验

考虑到信贷寻租、融资约束与企业研发之间存在内生性问题。本文使用工具变量法和倾向得分匹配法进行进一步的分析，结果发现考虑了内生性问题之后，信贷寻租、融资约束及其交互项的系数估计结果与前文的分析结论一致。

主要结论

第一，信贷寻租行为并未缓解企业创新的融资约束，反而通过增加融资成本，降低创新利润，挤出和替代了企业的创新投入。第二，信贷寻租的这种“攫取之手”效应，在中小企业、民营企业和资本密集型企业中表现得更为突出。

主要贡献

第一，本文在分析融资约束对企业创新的影响机制中加入了信贷寻租的因素，丰富了研究企业创新的文献。第二，本文利用企业是否需要向银行职员支付非正常费用的问题，较客观地测度了微观企业的信贷寻租行为。第三，本文进行分样本回归，给出了信贷寻租通过融资约束抑制企业创新的直接证据，为中国目前的金融反腐和促进企业创新提供了新思路。

前沿跟踪

融资约束问题是近年来学者们研究的热门话题。周凤秀和张建华（2017）以异质性企业理论为基础进行的研究发现融资约束会减弱贸易自由化对技术升级的促进效应，不完全的资本市场会制约贸易自由化带来的贸易所得。杨畅和庞瑞芝（2017）以不完全契约理论为基础，从微观层面深入剖析契约环境对企业债务融资影响的多重机制，发现契约环境的改善可以有效缓解企业债务融资约束，并且这种作用随着企业所处行业契约密集度的提高变得更加明显。吴红军等（2017）研究发现，公司提高环保信息披露水平可以显著降低公司面临的融资约束，并且这种作用在公司财务透明度低的情况下更显著，表明环保信息披露对财务信息披露具有补充作用。周开国等（2017）研究发现，企业融资约束越宽松、创新能力越弱时，其协同研发的意愿及支出均相对越高，其中创新能力的负面作用来自企业专有能力的不足。

进一步，学者们越来越关注政府因素在融资约束问题中的影响。卢盛峰和陈思霞（2017）基于准自然实验，发现政策偏袒减弱之后，辖区内企业的融资约束状况相对于其他县市企业显著变得更严重。熊家财和桂荷发（2017）基于动态面板 GMM 模型进行的研究发现政治关联通过降低信贷市场信息不对称以及获取政府补贴、银行贷款、权益融资等稀缺资源两种机制来缓解高新技术企业面临的融资约束。任曙明和吕镯（2017）研究认为政府补贴完全抵消了融资约束对生产率的负面效应，政府补贴的平滑机制促进了装备制造企业生产率平稳持续增长。

参考文献

[1] 周凤秀，张建华．贸易自由化、融资约束与企业创新——来自中国制造业企业的经验研究［J］．当代财经，2017（6）：100-108.

[2] 周开国，卢允之，杨海生．融资约束、创新能力与企业协同创新［J］．经济研究，2017，52（7）：94-108.

[3] 吴红军，刘啟仁，吴世农．公司环保信息披露与融资约束［J］．世界经济，2017，40（5）：124-147.

[4] 杨畅，庞瑞芝．契约环境、融资约束与“信号弱化”效应——基于中国制造业企业的实证研究［J］．管理世界，2017（4）：60-69.

[5] 卢盛峰，陈思霞．政府偏袒缓解了企业融资约束吗？——来自中国的准自然实验［J］．管理世界，2017（5）：51-65，187-188.

[6] 熊家财，桂荷发．政治关联与高新技术企业融资约束——基于动态面板 GMM 模型的实证检验［J］．当代财经，2017（6）：48-60.

[7] 任曙明，吕镯．融资约束、政府补贴与全要素生产率——来自中国装备制造企业的实证研究［J］．管理世界，2014（11）：10-23，187.

（作者：张明梅）

述评：《企业集团对创新产出的影响：来自制造业上市公司的经验证据》

论文原作者：蔡卫星　倪骁然　赵　盼　杨亭亭

期刊：《中国工业经济》2019 年第 1 期

原文摘要

基于 2003—2015 年中国制造业上市公司的研究样本和手工收集的企业集团信息，本文系统检验了企业集团如何影响创新产出及其影响机制。研究表明，企业集团与专利产出之间存在着显著的正向关系，并且这一关系对发明专利更为显著。基于 2003 年国务院国有资产监督管理委员会成立后各地区推出的"企业集团促进政策"构建工具变量进行检验，结果表明上述发现仍然显著成立。进一步研究发现，从供给侧看，企业集团通过内部资本市场缓解了创新的"融资约束"难题，通过内部知识市场缓解了创新的"信息匮乏"难题；从需求侧看，由于专利产出可以在各成员间被灵活地配置和使用，因此，企业集团创新产出的市场回报率更高。本文的研究不仅丰富了企业组织形式与创新产出的相关文献，而且对推进国有经济战略布局调整、支撑创新驱动发展提供了有益启示。

问题导入

战略管理理论认为，企业战略决策受制于企业组织形式，然而遗憾的是，目前鲜有研究考察企业组织形式如何影响企业创新战略。在中国，"系族"企业集团是民营上市企业的主力，而伴随着国有企业改革的深入推进，国有企业集团也不断发展壮大。为更好地深化对新兴市场中企业集团职能的理解和认识，本文提出以下问题：和独立企业相比，集团型企业组织对创新会产生怎样的影响？企业集团又是通过哪些机制对企业创新产生影响的？

研究设计

一、理论分析与研究假设

一般来讲，企业创新面临三个难题，一是融资约束：创新的高风险性、长周期性、结果的不确定性等特征导致很多创新项目容易面临融资困难以及后续资金缺乏的问题；二是信息匮乏：创新作为一种前沿性、探索性的研究项目，往往处在"无人区"，难以从外部知识市场获得知识溢出；三是激励不足：创新活动的外部性，以及"创新投入—创新产出—创新回报”之间的漫长周期，使得企业缺乏足够的激励去进行创新。

而企业集团，由于其是由许多独立法人资格的企业联结而成的组织结构，相对于独立企业，具有一些独特的职能，可以直接应对创新面临的三大难题，继而对企业创新产生影响。针对融资约束难题，企业集团可以充分发挥内部资本市场功能，在集团成员之间进行资金调配，为创新活动提供更多、更持久的资金支持，包括向那些存在紧急资金需求的集团成员提供短期借款和长期贷款；同时，企业集团成员之间也存在着大量的相互担保行为。针对信息匮乏难题，企业集团可以充分发挥内部知识市场功能来为创新活动提供更有力的知识共享机制。这种共享机制不仅在于企业集团技术知识的共享，而且在于技术人才在集团内部的调配。这一方面提高了创新效率，使同样的研发经费投入具有更高的产出；另一方面存在“知识溢出”功能，会使成员公司从集团其他成员企业的知识当中获益。针对激励不足难题，企业集团可以充分发挥内部产品市场功能。通过在子公司层面专业化经营，更为有效地在集团内部实现范围经济和规模经济。同时，企业集团可以将创新成果在内部实现更为广泛的配置和使用，为创新成果提供了更为丰富的产品应用市场，进而提高了创新的经济回报。

最后，企业集团往往具有更强的资源整合能力，可以凭借对专业知识、行业和前沿技术的理解，在集团内部实现研发资源的优化配置，从而避免无效和低效率创新带来的研发经费浪费，最终提高企业创新成功率和研发效率。

综合上述讨论，本文提出假设：相对于独立的上市公司，从属于企业集团的上市公司具有更多的专利，即企业集团存在着显著的专利产出效应。

二、样本选择与数据来源

考虑到专利主要来自制造业，并且最终控制人信息的披露始于 2003 年，本文样本选择为沪深两市 A 股 2003—2015 年的全部制造业上市公司。同时根据以下原则剔除了一些样本：①删除了专利数据缺失的公司；②删除了其他关键变量缺失的公司。最终得到了 9721 个公司-年度观测样本。本文采用年度抽样核对的形式，对从国泰安数据库获取的最终控制人数据、财务数据进行了细致核查。所使用的专利授权数据来自国家专利局。所有的连续变量均进行了上下 1%分位的缩尾处理。

三、模型设计

$$\text{lnpatent}_{i,t} = \alpha_0 + \alpha_1 \text{Group}_{i,t-1} + \alpha_c \text{Controls}_{i,t-1} + \sum \text{year} + \sum \text{industry} + \varepsilon \quad (1)$$

因变量 lnpatent 和 lnpatent_I 分别表示上市公司年度全部专利和发明专利的授权数量；自变量 Group 代表企业集团：当两家或以上的上市公司在同一年度具有相同的最终控制人时，这些上市公司就被认为是从属于企业集团，Group = 1。控制变量包括公司规模（Size）、总资产收益率（ROA）、资本密集度（Tang）、经营活动现金流比率（OCF）、资产负债率（Lev）等。为了减弱内生性问题的影响，主要控制变量均做滞后一期处理。

四、影响机制分析

（1）内部资本市场机制应对融资约束。本文利用企业集团样本，考察专利产出与集团其他成员现金流之间的敏感性并设定如下计量模型：

$$\text{lnpatent}_{i,t} = \alpha_0 + \alpha_1 \text{OCF}_{i,t-1} + \alpha_2 \text{OtherOCF}_{i,t-1} + \alpha_c \text{Controls}_{i,t-1} + \sum \text{year} + \sum \text{industry} + \varepsilon \quad (2)$$

其中，OtherOCF 表示企业集团其他公司的平均经营现金流。

（2）内部知识市场机制应对信息匮乏。为了检验这一机制，本文主要从专利外溢效应的视角进行分析。专利外溢效应意味着集团层面的专利数量对专利产出具有正向影响。模型设定如下，其中 otherpatent 是企业集团除了本公司以外其他成员专利数量之和。

$$\text{lnpatent}_{i,t} = \alpha_0 + \alpha_1 \text{lnotherpatent}_{i,t-1} + \alpha_c \text{Controls}_{i,t-1} + \sum \text{year} + \sum \text{industry} + \varepsilon \quad (3)$$

（3）提高创新产出回报应对激励不足。本文进一步从专利产出的市场收益视角考察企业集团是否提高了专利回报率。下一年的年度回报率（Return）=（收盘价-开盘价）/开盘价，然后考察专利产出对年度回报率的影响。

（4）提升创新效率。定义创新效率（lnRDE）= ln（专利数量/研发投入），其中 lnRDE 和 lnRDE_I 分别代表全部专利和发明专利，并设定如下模型：

$$\text{lnRDE}_{i,t} = \alpha_0 + \alpha_1 \text{Group}_{i,t-1} + \alpha_c \text{Controls}_{i,t-1} + \sum \text{year} + \sum \text{industry} + \varepsilon \quad (4)$$

主要结论

首先，企业集团具有显著的专利产出效应，且企业集团对高质量的发明专利产出的影响更大。在影响机制上，企业集团主要是通过内部资本市场来缓解创新的“融资约束”难题，通过内部知识市场缓解创新的“信息匮乏”难题。同时，由于专利产出可以在各成员间被灵活地配置和使用，企业集团创新产出的市场回报率更高。最后，企业集团在专利产出效率方面也具有显著的优势。

主要贡献

第一，本文主要考察了企业集团的专利产出效应，从企业组织形式视角出发进行专利产出影响因素的实证研究，进一步补充了有关专利产出影响因素的研究。第二，本文采用手工收集和机器识别相结合的方式整理了企业集团和专利产出数据，在数据方面有一定的创新。第三，本文依托于 2003 年国资委成立后各地区推进国有资本调整和国有企业重组的“企业集团促进政策”构建了工具变量，有效缓解了潜在的内生性问题，丰富了国有企业改革经济影响的研究。对有效评估国有企业改革对创新产出乃至经济社会发展的影响具有一定的借鉴意义，为如何做大做强国有资本提供了有益的启示。第四，本文丰富了企业集团经济后果的研究，从专利产出视角提供了更多的经验证据。此外，本文研究发现了内部资本市场和内部知识市场两个不同的机制，有助于更好地深化对新兴市场中企业集团职能的理解和认识。

前沿追踪

近年来，学者们对企业集团进行了持续深入的研究。

本文的研究结论表明，企业集团能够显著促进创新产出，但任海云等（2018）同样利用制造业上市公司的数据进行实证分析，却得到了相反的结论。他们发现，中国企业集团在技术创新中并没有发挥很好的正面效应，附属企业集团尤其是附属民营企业集团，不利于上市公司技术创新。而且，外部金融和法律环境越差，企业集团对附属上市公司技术创新的负面作用越强。娄祝坤等（2018）将我国集团控制上市公司划分为系族企业和“独生子”企业两种类型，研究发现，当集团控股股东掏空程度较低时，集团系族化经营能提高成员企业的研发投资强度。区分产权性质后发现，国有集团系族化经营提高了企业研发投资强度，民营集团系族化经营却降低了研发投资强度。

在缓解企业的融资约束方面，企业集团也发挥了很大的作用。徐虹等（2018）研究发现，企业会因并购战略持有更多现金，相对于独立企业，集团控制负向调节企业并购战略与现金持有水平之间的关系，且这种负向调节效应在非国有企业中更加突出，表明集团经营有助于缓解成员企业的融资约束；但是，集团代理冲突问题会影响集团控制缓解成员企业融资约束功能的发挥。孙吉乐等（2018）使用我国上市公司数据进行的实证研究发现，当企业面临较严重的融资约束时，需要持有更多的现金来满足未来投资等支出的需要，而母公司对子公司的资金支持可以缓解集团整体的融资约束，进而显著减少集团整体的现金持有水平。但是，在实行紧缩的货币政策时期，集团内部资本配置对缓解集团融资约束，进而减少其现金持有的作用大幅减弱。同样，吴秋生等（2017）的研究表明，财务公司的资金结算职能、贷款业务职能以及担保业务职能能够显著缓解上市公司面临的融资约束，财务公司作为集团内部非银行金融机构对外部金融机构具有替代作用，在外部金融环境越不景气时，其职能对融资约束的缓解作用越显著。

参考文献

[1] 任海云，冯根福．附属企业集团的上市公司技术创新能力更强吗？——来自中国制造业上市公司的经验证据［J］．中国软科学，2018（9）：130-137.

[2] 娄祝坤，王锦，张川．集团系族化经营、成员企业研发投资及其市场价值［J］．中国会计评论，2018，16（4）：607-630.

[3] 徐虹，李敏，芮晨．集团控制、并购与上市公司现金持有［J］．会计与经济研究，2018，32（2）：58-74.

[4] 孙吉乐，王雷．内部资本配置与集团现金持有——基于集团整体视角的研究［J］．经济经纬，2018，35（3）：117-122.

[5] 吴秋生，黄贤环．财务公司的职能配置与集团成员上市公司融资约束缓解［J］．中国工业经济，2017（9）：156-173.

（作者：贺静如）

述评：《集团内部权力配置与企业创新——基于权力细分的对比研究》

原作者：谭洪涛 陈 瑶

期刊：《中国工业经济》2019 年第 12 期

原文摘要

集团创新能力的提升依赖内部资源的有效整合，而资源配置的关键在于权力的分配。在讨论集团权力配置时，现有文献倾向于将权力概念抽象化，未能论及细分权力对创新的作用机制。本文以财权、事权、人事权三项细分权力为视角，引入资源、治理、效率与激励四种作用因素，探讨了权力配置对创新的作用机制，并以 2007—2017 年 A 股上市公司为样本，检验了细分权力与企业创新的关系。研究发现：财权集中的资源效应与治理效应大于效率与激励的损失，对创新具有正向影响；事权集中的效率与激励损失大于资源效应与治理效应，对创新具有负向影响，但在重视基础研究的行业中，资源集中的正效应更加凸显，事权集中有利于创新；人事权集中的效率与激励损失大于治理效应，对创新具有负面影响。进一步研究发现，财权的资源效应体现在创新减少了对外部资金的依赖；细分权力对一般管理活动的作用机制不同于对创新活动的作用机制；各细分权力之间存在交叉影响；独立研发机构能够优化权力配置的作用机制；多元化经营对财权集中具有正向调节作用。本文的研究不仅丰富了集团创新与企业权力配置的相关文献，并且为集团改善创新治理、提升创新能力提供了有力的理论与经验证据。

问题导入

不同于单体公司，企业集团具有母子公司并存和管理环节较多的特质，这使得其创新能力的提高依赖资源的整合能力，而对创新资源的配置实际上是创新权力在母子公司之间的分配。已有文献在探讨权力配置对集团创新的影响时使用抽象的权力概念而忽略了权力的不同细分。基于此，本文从权力细分视角，研究了以下两个问题：1. 企业集团如何在母子公司之间分配财权、事权与人事权来提高集团的创新水平？2. 如何用资源、治理、激励与效率来解释细分权力对集团创新的影响？

研究设计

一、研究假设

一方面，财权集中对创新的积极影响主要体现在“资源集中”效应上。财权集中于母公司时，集团不仅可以集中成员企业资金形成规模效应，还可以利用规模优势和信息优势降低子公司融资成本，从而有效满足创新的资金需求。另一方面，财权集中还可以通过减少子公司资金自由裁量权、监督子公司经营活动和促进内部资金竞争使用，发挥“治理效应”，激励子公司的创新。此外，虽然财权集中也会带来子公司效率与积极性的损失，但相较于它所带来的“资源集中”以及“治理效应”，这些负面影响并不突出。综上，本文认为财权集中对创新的影响是利大于弊。因此，本文提出以下假设：

H1：在其他条件相同的情况下，财权集中有利于企业创新。

研发事权配置是指研发活动以及研发管理权限是集中在母公司还是下放给子公司。企业研发活动主要包括基础研究与应市开发。一方面，整体来看，一般企业更注重满足市场需求的应市开发，而应市开发作为效率与激励依赖型的创新活动，其创新主体是子公司。此时，研发事权集中不利于子公司自主性和积极性的发挥，同时会加重“套牢问题”，从而抑制子公司的创新。另一方面，对于注重基础研究的行业来说，研发事权集中能够获取“资源集中”效应，更有利于基础研究这一资源依赖型的创新活动。因此，本文提出以下假设：

H2a：整体上，研发事权集中不利于企业创新；

H2b：对于注重基础研究的行业，研发事权集中有利于创新。

母公司人事权的集中会从激励与效率两方面对创新产生负面影响。一方面，人事权集中会抑制子公司管理层的创新努力，还会带来母公司重要人员的短期行为。另一方面，由于母子公司在创新人才决策上的信息不对称，人事权集中将会带来决策效率的下降。此外，从治理效应上看，人事权集中能够减轻子公司的代理问题，抑制子公司管理层的机会主义行为。但是对创新而言，这种治理效应不及集权激励与效率下降带来的负面影响。基于此，本文提出以下假设：

H3：在其他条件相同的情况下，人事权集中不利于企业创新。

二、数据来源与样本选择

本文以2007—2017年A股上市的企业集团为研究对象，并依次剔除了样本期内的ST/PT样本、金融行业样本、主要变量缺失的样本和子公司个数等于0的样本，最终得到18350个样本。财务公司数据来自Wind数据库；业务多元化数据根据Wind数据库所提供的主营业务收入行业构成数据进行分析整理所得；除此之外，其余数据均来自CSMAR数据库。为了消除极端值的影响，本文对连续变量进行了1%的Winsorize处理。

实证分析

一、模型设定

为检验上述假设，本文构建了如下实证模型：

$$Innovation_{i,t} = \alpha_0 + \beta_1 Cen_{i,t} + \beta_2 Control_{i,t} + \sum Year_t + \sum Ind_j + \varepsilon_{i,t}$$

其中，i、t 和 j 分别表示企业、年份和行业。被解释变量为企业创新（Innovation），包括研发效率（CapRD=资本化研发支出/研发支出总额）、上市公司专利申请数（Apply）与专利授予数（Grant）。解释变量为权力细分（Cen），包括财权集中哑变量（CenF），用企业集团是否有财务公司来衡量；事权集中程度（CenR），通过构建模型，用母公司“总资产”与合并报表“总资产”的比值对母公司“无形资产”与合并报表“无形资产”的比值进行回归，以模型中的残差值来衡量；人事权集中程度（CenP），通过构建模型，用母公司资产占比对母公司支付的职工薪酬比例进行回归，以模型中的残差值来衡量。控制变量（Control）包括研发支出（RD）、企业规模对数（lnsize）、企业盈利性（ROA）、资产负债率（Lev）、企业成长性（MB）、业务多元化程度（Divsf）等。Ind 代表行业固定效应，Year 代表年份固定效应。由于专利为计数变量，本文使用负二项回归进行处理；另外，由于资本化支出存在较多零值，本文使用 Tobit 回归进行处理。

二、进一步分析

在进一步分析中，本文还进行了如下研究：(1) 用研发投资-筹资现金净流量敏感性指标衡量企业研发投资对外部资金的依赖度，检验了财权“资源集中”效应的作用机制；(2) 用全要素生产率（TFP）来度量企业一般管理活动的管理效率，检验了细分权力对企业一般管理活动的影响；(3) 根据有无财务公司进行分样本回归，检验了财权集中对事权集中与人事权集中的影响；(4) 检验了独立研发机构的影响；(5) 检验了业务多元化对财权集中的调节作用。

三、稳健性检验

为了保证结论的稳健性，本文进行了如下检验：(1) 从人事权集中变量中剔除高管薪酬的影响；(2) 使用子公司专利数据替代前文的总专利数据进行回归；(3) 使用发明专利替代之前的专利数据进行回归；(4) 剔除专利与研发数据中的缺失值重新回归；(5) 直接将三种细分权力一起加入模型；(6) 将专利数据除以总资产的对数后重新回归。结果显示，本文的研究结论仍然成立。

主要结论

第一，财权集中有利于企业创新；整体而言，研发事权集中不利于企业创新，但在重视基础研究的行业中，研发事权集中能够促进企业创新；人事权集中不利于企业创新。第二，进一步分析发现，财权的“资源集中”效应主要通过减少企业创新对外部资金的依赖来体现。财权集中对管理效率没有影响，但事权集中与人事权集中对管理效率具有正面影响。财权集中能够消除人事权集中对研发效率的负面影响，但不能消除人事权集中对专利申请与授予的负面影响；当财权与事权同时集中于母公司时，“资源集中”正效应抵消了“激励效应”与“决策效率”负效应。独立的研发机构可以兼顾“决策效率”“激励效应”与“资源集中”效应，从而能够明显提高集团的创新水平。不仅如此，独立出的研发机构不再受其他权力配置的消极影响。业务多元化对财权集中具有正向调节作用。

主要贡献

第一，具体化了抽象的权力概念，对企业权力进行细分，并且对不同权力的作用机制进行分类讨论。第二，引入“资源集中”效应，补充了权力配置对创新的作用机制。第三，发现了权力配置影响创新活动与一般管理活动的不同逻辑。

前沿追踪

近年来，关于集团创新的现有文献主要聚焦于以下三个方面。

一是集团的内部资本市场对创新的影响。王超恩等（2016）研究了集团财务公司与企业创新的关系，发现集团财务公司作为集团内部资本市场的中枢和运作平台，能够通过缓解融资约束促进企业创新产出。刘胜强和常武斌（2016）则发现民营企业集团能更好地利用内部资本市场降低创新投入的投资-现金流敏感性，从而缓解创新的融资约束。

二是集团的知识溢出效应对创新的影响。蔡卫星等（2019）系统检验了企业集团如何影响企业的创新产出及其机制。发现企业集团通过内部知识市场缓解了创新的“信息匮乏”难题，同时创新成果在各成员间的灵活应用，提升了企业集团创新产出的市场回报率。

三是集团组织形式及其对创新的影响。娄祝坤等（2019）将中国集团附属上市公司划分为系族企业和“独生子”集团企业两类，检验了两类组织形式创新绩效的差异。研究发现，系族企业创新绩效显著高于“独生子”集团企业，系族化经营促进了企业创新。

参考文献

[1] 王超恩，张瑞君，徐鑫．集团财务公司效率与企业创新［J］．管理科学，2016，29（1）：95-107.

[2] 刘胜强，常武斌．货币政策、内部资本市场与R&D投资—现金流敏感性［J］．软科学，2016，30（12）：6-10.

[3] 蔡卫星，倪骁然，赵盼，杨亭亭．企业集团对创新产出的影响：来自制造业上市公司的经验证据［J］．中国工业经济，2019（1）：137-155.

[4] 娄祝坤，张露萍，陈颖颖，于晓宇．系族化经营与企业创新——来自集团附属上市公司的经验证据［J］．系统管理学报，2019，28（6）：1133.

（作者：廖小宝）

述评：
《孵化器何以促进企业创新？——来自中关村海淀科技园的微观证据》

原作者：王 康 李逸飞 李 静 赵彦云

期刊：《管理世界》2019 年第 11 期

原文摘要

科技企业孵化器是推动创新驱动发展战略的重要载体，其根本内涵在于激发微观企业的创新活力。本文基于 2007—2015 年中关村海淀科技园的企业数据，运用倾向得分匹配—双重差分模型，实证研究孵化器对企业创新的影响及其内在机制。研究发现，孵化器具有促进企业创新的长效机制，但孵化期限并非越长越好；随着创新过程的推进，孵化器的作用效果逐渐减弱；孵化器通过改善企业的人力资本、融资约束以及科技成果转化进而促进企业创新。进一步的异质性效应分析发现：国有企业的孵化效果明显优于民营企业和外资企业；服务业的孵化效果稍弱于工业，但生产性服务业和科技服务业的孵化效果尤其显著；创新能力高分位点和低分位点的孵化效果相对较弱。本文为国家完善孵化器服务体系、充分发挥其对创新创业的促进作用提供了经验证据。

问题导入

党的十八大以后，党中央和国务院将创新驱动发展战略和“大众创业，万众创新”提升到国家战略高度，促使孵化器的战略地位日益重要。30 年来，我国孵化器产业蓬勃发展，成为科技创新的重要推动力量。然而，近年来孵化器行业出现了较为严重的过度投资和同质化竞争现象。面对孵化器战略地位日益重要与孵化器发展逐渐受阻这一矛盾，本文主要研究孵化器促进企业创新的效应与机制，并进一步分析孵化器对企业创新的异质性效应。

理论综述

科技企业孵化器是促进创新生态系统良性发展、推动企业创新能力提升的重要载体，可以通过有效改善企业的人力资本、融资约束以及科技成果转化，进而促进企业创新。首先，孵化网络通过利用自身的资源、品牌拓宽人才招聘渠道，与高校和科研机构建立紧密联系以实现在孵企业与高技术人才的对接（李永周等，2016）；国际孵化器的广泛建立加强了全球创新资源的交流，为在孵企业的海外人才招聘提供了良好的机遇。孵化器重视企业文化培育，加强人才队伍建设，从而优化人力资本结构，为创新活动的顺利开展提供人才支持。其次，孵化器可以通过多种方式帮助在孵企业解决“融资约束”难题：孵化器通过股权投资、创新创业基金等方式直接为企业创新活动提供资金支持（李涛，2015）；孵化器作为连接在孵企业与金融机构的媒介可以有效促进各类主体之间建立资金往来联系；通过联合授信、内部担保等方式协助金融机构为在孵企业提供融资服务；孵化器还可以为在孵企业提供融资策略指导和咨询服务，提高融资成功率，支持创新活动的开展。最后，诸多孵化器依托大学科技园，积极探索与高校和科研院所的合作模式，搭建了产学研合作的良好平台，从而为产学研的深度融合提供了便利条件，有利于科技成果转化；借助孵化网络的媒介作用，企业可以快速准确地获取市场需求信息和管理营销知识，实现企业的有效运作和技术创新的高效开展；孵化网络的品牌资源和声誉优势可以有效提升企业的信誉形象，其提供的资源获取平台为企业提供了更多的产品创新机会，进而提高新产品开发项目成功率和科技成果转化率。

数据来源

本文的基础数据来源于2007—2015年中关村海淀科技园的企业数据集，根据研究需要并借鉴聂辉华等（2012）的做法，剔除处于非营业状态、关键指标缺失的企业，对直接选取的指标进行双边剔除1%的缩尾处理。同时，考虑到DID方法的应用条件，仅选取2008—2015年注册成立时间与进入孵化器时间相同、生存3年以上的企业。最后共得到2007—2015年的83718个样本观测（企业-年份观测），包括2288个孵化企业样本观测和81430个非孵化企业样本观测。

实证检验

1. 模型设计

为检验孵化器对企业创新的影响效应，本文借鉴Bertrand和Mullainathan（2003）、Chen等（2012）的做法，首先采用双重差分模型分析孵化器对企业创新的促进效应：

$$\text{innovate}_{it} = \beta_0 + \beta_1 \text{hat\_after}_{it} + \gamma X_{it} + \lambda_i + \theta_i + \varepsilon_{it} \tag{1}$$

其中，innovate表示企业创新，采用企业专利申请量衡量，hat_after为企业是否进入孵化器的哑变量；$\beta_1 > 0$表示孵化器促进了企业创新，X代表企业规模、研发投入、资本劳动比、是否国有、是否为服务业等一系列控制变量，λ代表个体固定效应；θ代表时间固定效应。

2. 稳健性检验

本文变换模型形式（DID/PSM-DID）、变换估计方法（最小二乘估计/负二项回归估计）、变换被解释变量（研发投入/专利申请量/创新收入）等做法均不影响孵化变量及控制变量的估计结果，这充分说明孵化器能够有效促进企业创新，研究结论是稳健的。

3. 动态效应检验

为检验孵化时间特征对企业创新的影响，本部分采用动态扩展的PSM-DID模型实证检验孵化器对企业创新的动态影响，即检验企业入孵后各年的创新绩效；通过在（1）式中加入孵化期限与孵化变量的交互项以及孵化期限的平方与孵化变量的交互项，估计两个交互项变量的系数来考察孵化期限在孵化器对企业创新的影响中所起到的作用。

4. 机制检验

为检验孵化器效应发挥的关键动力机制：人力资本、融资约束、科技成果转化，本文参照 Baron 和 Kenny（1986）、余泳泽等（2017）的方法建立如下中介效应模型：

$$\ln patent_{it} = \beta_0 + \beta_1 hat\_after_{it} + \beta_2 X_{it} + \lambda_{0i} + \theta_{0t} + \varepsilon_{0it} \quad (2)$$

$$M_{it} = a_0 + a_1 hat\_after_{it} + a_2 X_{it} + \lambda_{1i} + \theta_{1t} + \varepsilon_{1it} \quad (3)$$

$$\ln patent_{it} = c_0 + c_1 hat\_after_{it} + c_2 M_{it} + c_3 X_{it} + \lambda_{2i} + \theta_{2t} + \varepsilon_{2it} \quad (4)$$

上述方程组中，（2）式表示孵化器对企业创新的总效应，（3）式反映孵化器对机制变量的影响效应，其中，a_1 为影响系数，M 为机制变量，分别表示 3 个主要机制：人力资本、融资约束、科技成果转化。关于机制变量 M 的设置，人力资本方面分别检验研发团队规模、海归数量以及学历结构三者的中介效应；融资约束方面分别检验融资规模、融资结构、风险投资以及孵化基金的中介效应；科技成果转化方面，考虑到科技成果转化主要有对接市场和产学研合作两个主要实现途径，分别检验销售成本率和产学研合作的中介效应，此外，还分别检验了与高校合作、与研究机构合作的中介效应。（4）式中的系数 c_2 表示机制变量对企业创新的直接效应，$a_1 c_2$ 表示孵化器通过机制变量的中间传导对企业创新的影响程度。

5. 进一步分析

通过区分所有制性质、行业特征、创新能力特征进一步说明上述因素所引致的孵化器异质性效应。

主要结论

第一，孵化器具有促进企业创新的长效机制，但孵化期限并非越长越好，随着创新过程的推进，孵化器的促进作用逐渐减弱。第二，人力资本、融资约束以及科技成果转化是孵化器促进企业创新的三大核心机制。但各机制的作用效果存在明显差异，人力资本和融资约束的中介效应较大，而科技成果转化的中介效应相对较小。第三，企业异质性特征使得孵化器对企业创新的促进效应具有多重异质性。国有企业的孵化效果明显优于民营企业和外商企业；服务业的孵化效果稍弱于工业，但生产性服务业和科技服务业的孵化效果尤其显著；创新能力高分位点和低分位点的孵化效果相对较弱。

主要贡献

第一，研究视角方面，本文系统性地实证研究了孵化器对企业创新的影响机制，结合我国市场环境深入研究企业特征差异所引致的孵化器异质性效应，发掘当前孵化器发展的优势与不足，为充分发挥孵化器促进作用的后续规划和相关政策制定提供了相关证据。第二，研究数据方面，本文使用中关村海淀科技园企业数据集开展研究，其具有诸多优势和较高的科学性。第三，研究方法方面，使用 PSM-DID 模型可以有效规避因遗漏变量所带来的内生性问题、消除企业异质性带来的样本选择偏差，并且以海淀科技园这一特定区域的企业为研究样本可以有效避免地理环境因素引起的内生性问题。

前沿追踪

自孵化器理论提出以来，国内外诸多学者围绕孵化器展开了一系列探索。

首先，关于孵化器在人才引进、人才培育所起的作用上，段志勇等（2019）认为知识网结服务和知识运作服务对在孵企业的创新绩效影响较为显著，孵化器知识服务也可通过影响专用性人力资本和市场导向来影响在孵企业创新绩效；李永周等（2016）认为孵化网络提供了获取外部资源的集成平台，可以有效拓宽人才招聘渠道，广泛建立人脉关系，实现在孵企业与高技术人才的对接。其次，李涛等（2015）认为孵化器可通过多种方式帮助在孵企业解决“融资约束”难题：通过股权投资、创新创业基金等方式，孵化器可以直接为企业创新活动提供资金支持；王威等（2018）认为股权结构的集中、风控能力的提升、经营规模的扩大对于科技企业孵化器融资绩效的增长具有正向关系。最后，倪明辉等（2019）认为在创新驱动背景下，产学研用与企业孵化器结合是高等院校创新发展的战略选择，可以为社会输出具有实践能力的创新人才，实现校企双赢。刘冬梅（2016）认为地方科技部门要促进高校与企业间的深度合作，加强对协同创新工作完成较好的企业、高校的推广和宣传。

参考文献

[1] 李永周，阳静宁，田雪枫．科技创业人才的孵化网络嵌入、创业效能感与创业绩效关系研究［J］. 科学学与科学技术管理，2016，37（9）：169-180.

[2] 李涛．孵化器与天使投资融合发展中的政府对策研究［D］. 北京：北京理工大学，2015.

[3] 聂辉华，江艇，杨汝岱．中国工业企业数据库的使用现状和潜在问题［J］. 世界经济，2012，35（5）：142-158.

[4] 余泳泽，张少辉，杨晓章．税收负担与“大众创业，万众创新”——来自跨国的经验证据［J］. 经济管理，2017，39（6）：162-177.

[5] 段志勇，黎尔平．企业孵化器知识服务对在孵企业创新绩效的影响［J］. 中国商论，2019（6）：249-251.

[6] 倪明辉，付丹，郑爱丽，袁永久．企业孵化器与高等院校“产学研用”协同培养模式探究［J］. 黑龙江工程学院学报，2019，33（1）：72-75.

[7] 王威，刘庆．股权结构、风控能力、经营规模与科技企业孵化器融资绩效——基于结构方程模型的实证研究［J］. 财会通讯，2018（33）：45-48.

[8] 刘冬梅．高校服务社会的有效机制及模式构建［J］. 教育与职业，2016（17）：33-35.

[9] Bertrand, M. and Mullainathan, S. Enjoying the quiet life? Corporate governance and managerial preferences [J]. Journal of Political Economy, 2003, 111 (5): 1043-1075.

[10] Chen, Q., Chen, X., Schipper, K., Xu, Y. X. and Xue, J. The sensitivity of corporate cash holdings to corporate governance [J]. Review of Financial Studies, 2012, 25 (12): 3610-3644.

（作者：马一涵）

述评：《创业板上市公司创新投入与市场表现：基于公司内外部的视角》

论文原作者：周铭山　张倩倩　杨　丹

期刊：《经济研究》2017 年第 11 期

原文摘要

本文运用 2009—2014 年创业板上市公司面板数据，研究了企业创新投入与股票市场表现之间的关系，并考察了这一关系下管理层的行为决策。研究发现：(1) 创业板公司创新投入越多，股价崩盘风险越低，投资者获得的超额收益越高；(2) 在可能存在的企业内部“绩效提升”机制与外部“投资者关注”机制中，后者发挥重要作用；(3) 企业创新投入越多，管理层减持可能性越高，投资者关注成为管理层主动调整 R&D 投入并借机减持的工具；(4) 当股市是“牛市”或者企业资本化研发投入占比较高时，创新投入降低股价崩盘风险、提高超额收益的作用更为显著。本文的研究结论表明，在我国创业板市场上，投资者对创新的关注使得高创新投入伴随着低股价崩盘风险和高投资收益，理论上讲这有利于鼓励企业创新，然而管理层机会主义行为导致创新投入成为创业板上市公司管理层吸引投资者关注并借机减持的手段

问题导入

按照创业板监管规定，上市公司需披露研发信息，以降低外部投资者的信息不对称。因此，创新投入高的公司相比创新投入低的公司，将披露更多的企业信息，从而降低由信息不对称带来的股价崩盘风险。内生增长理论认为，创新对企业价值的边际贡献更高，在股票市场上表现为更高的投资收益。若高创新投入能够降低股价崩盘风险，同时提高超额收益，则管理层有动力不断提高创新投入，这被称为“绩效提升”机制。

此外，国家为创新提供的一系列优惠政策，推助创新型公司在创业板上更容易被投资人注意，投资者对“创新”的青睐有助于推升股价，使股票具有更好的市场表现。若创新投入仅通过吸引投资者关注取得较好市场表现，在没有业绩支撑时，企业管理层往往无法通过持续的研发投入吸引投资者，这被称为“投资人关注”机制。

本文将通过实证分析验证上述两种机制，试图探讨如下三个问题：（1）创新投入是否导致更高的崩盘风险？对应的收益如何？（2）创新投入对股价崩盘风险和超额收益的影响是如何产生的？（3）面对这样的股票市场表现，管理层会做出怎样的行为决策？

研究设计

一、研究假设

1. 创新投入的资本市场表现

企业创新投入越高，向投资者披露的企业信息可能相对更多，从而降低信息不对称以及可能发生的股价暴跌。但企业研发投入也可能通过提高企业盈余管理水平降低企业信息质量，从而难以实质上缓解信息不对称。据此本文提出以下假设：

H1：创新投入越高，企业的股价崩盘风险越低。

高创新投入企业能够为投资者带来长期正超额收益率。因为投资者对企业创新反应不足，对企业创新价值的认识存在滞后，故而存在长期的价格漂移现象。据此本文提出以下假设：

H2：创新投入越高，企业所获得的超额回报收益越高。

2. 投资者关注与资本市场表现

高关注度往往伴随着高股票流动性，关注度提高时，信息解读效率随之提高，有助于信息在短期内被迅速传播。投资者关注产生的信息解读效应有助于缓解投资者与企业之间的信息不对称，降低股价崩盘风险。据此本文提出以下假设：

H3：投资者关注度越高，股价崩盘风险越低。

投资者关注会对股票价格形成一定的正向压力，投资者更倾向于买入从而对股票价格形成正向推动。当投资者关注是在突发事件发生后临时形成时，短期内可能会形成过度关注，导致股价在短期大幅波动，但缺乏实际的需求支撑，股价会迅速反转。然而类似于广告、创新等事件，投资者关注并非短暂而是持续形成的，信息解读效应明显，股价很难发生突然的暴涨或暴跌。据此本文提出以下假设：

H4：投资者关注度越高，超额回报收益越高。

二、实证模型

自变量为创新投入密度 RD，采用研发投入占期末总资产的比值表示。

因变量中，股票崩盘风险由特定收益的负偏度 NCSKEW 以及股价波动差异 DUVOL 表示，计算方法见周铭山等（2017）的文章。

因变量中，投资者关注 LNAT 采用百度指数衡量，将企业年度百度指数取对数值表示。因变量中，管理层减持比例采用 Saleall 和 Salem 表示管理层减持和高管减持，计算出每一年度企业管理层（包括董事会持股、监事会持股以及高管持股）和高管持股相对前一年的变动百分比。选取前 25%分位点数据赋值为 1，将其余数据赋值为 0，采用 Logit 回归。控制变量有 NCSKEW 以及 DUVOL 的滞后一阶、月平均换手率之差、企业价值 Tobin Q，高管持股比例等。

三、数据来源

本文以2009—2014年1415家创业板上市公司为样本，研发数据通过查阅巨潮资讯披露的上市公司财务报告手工收集得到，机构投资者持股数据和换手率数据来源于Wind数据库，其余数据均来源于CSMAR数据库。

四、稳健性检验

（1）“绩效提升”机制检验。使用净利润、经营业绩以及经营活动现金流作为企业业绩衡量指标，用滞后一期的研发投入对其回归。

（2）盈余管理机制检验。使用修正的琼斯模型。

（3）工具变量回归。采用同一行业、同一年度研发投入占总资产比的均值作为企业R&D投入的工具变量，结果稳健。

（4）倾向得分匹配法（PSM）。

（5）代理变量。使用研发投入占营业收入的比重作为企业创新投入的代理变量，将分析师追踪人数和机构、基金持股比例作为投资者关注的代理变量，结果依然稳健。

主要结论

第一，企业创新投入有助于降低股价崩盘风险提高投资者超额收益。第二，创业板市场上投资者对“创新”的关注对企业创新投入的资本市场表现具有重要影响。第三，面对创新投入产生的良好市场表现，管理层倾向于策略性地调增R&D投入以吸引投资者关注并借机减持套现。第四，当股市是“牛市”或者企业资本化研发投入占比较高时，研发投入降低股价崩盘风险、提高超额收益的作用更为显著。

主要贡献

第一，从我国独特的制度背景出发，首次从“投资者关注”这一新的视角，探讨了创新投入通过投资者关注影响市场表现的这一机制及其结果。第二，以企业创新投入的资本市场表现为切入点，通过“企业创新投入—内部机制 VS 外部机制—资本市场表现—管理层减持”的逻辑，揭示了外部“投资者关注”在影响企业创新投入市场表现中的重要作用，表明创新投入产生的良好市场表现缺乏激励企业持续创新的内在动力。第三，研究发现与国外有关创新投入市场表现的研究结论迥异，这主要源于我国创业板市场对创新信息披露的严格监管以及在国家大力推动企业创新背景下，高科技、创新型企业受到投资者青睐。本文的结论为创新的资本市场表现研究提供了来自转型经济国家的经验证据。

前沿跟踪

学者们主要从内部的创新投入以及外部的投资者关注着手研究企业市场表现。

对于创新投入而言，有文献从刺激企业创新投入的内部因素着手，如胡华夏等（2017）以我国2010—2015年A股制造业上市公司为样本，发现了成本黏性与研发创新投入之间的正相关关系；也有文献从外部诱因着手，如王德祥和李昕（2017）利用2011—2015年我国制造业与服务业上市公司的数据进行的研究，发现政府补贴和政治关联对企业创新投入具有显著的正影响，但两者并存时对创新投入有显著负影响。更多的文献着手于研究创新投入与企业绩效之间的关系，如韩先锋和董明放（2017）基于新兴产业上市公司面板数据，采用门槛回归技术进行的研究，发现技术创新资本投入、人力投入对企业价值的影响分别呈显著“N”形和倒“N”形非线性规律。

对于投资者关注而言，越来越多的文献集中在投资者关注与股价的关系上，如刘海飞等（2017）用微博信息质量作为投资者关注的工具变量，发现其与股价同步性有着显著的高度负向线性关联性，并且呈现出非线性U形关系；罗琦和伍敬侗（2017）发现二级市场投资者关注对IPO首日超额收益也具有显著的正向影响。也有部分研究发现了投资者关注的中介效应，如苏婧等（2017）以2014—2015年A股上市交易的软件行业企业作为样本，研究发现股票投资者关注在政府采购与高技术企业创新之间存在部分中介作用。

参考文献

[1] 胡华夏，洪荭，李真真，等．成本黏性刺激了公司研发创新投入吗？[J]. 科学学研究，2017，35（4）：633-640.

[2] 王德祥，李昕．政府补贴、政治关联与企业创新投入[J]. 财政研究，2017（8）：79-89.

[3] 韩先锋，董明放．技术创新投入对企业价值影响的异质门槛效应[J]. 科技进步与对策，2017，34（22）：93-99.

[4] 刘海飞，许金涛，柏巍，等．社交网络、投资者关注与股价同步性[J]. 管理科学学报，2017，20（2）：53-62.

[5] 罗琦，伍敬侗．投资者关注与IPO首日超额收益——基于双边随机前沿分析的新视角[J]. 管理科学学报，2017，20（9）：46-60.

[6] 苏婧，李思瑞，杨震宁．“歧路亡羊”：政府采购、股票投资者关注与高技术企业创新——基于A股软件企业的实证研究[J]. 科学学与科学技术管理，2017，38（5）：37-48.

（作者：陈旖晴）

述评：
《社会情感财富抑制了中国家族企业的创新收入吗》

论文原作者：朱　沆　Eric Kushins　周影辉

期刊：《管理世界》2016 年第 3 期

原文摘要

流行的观点认为保存社会情感财富抑制了家族企业的创新投入。本文将短视损失厌恶的行为逻辑与社会情感财富分类结合起来，提出仅约束型社会情感财富会抑制家族企业的创新投入，延伸型社会情感财富则会促进家族企业的创新投入，在中国两类社会情感财富的作用还受到转型期制度情境的影响。基于第九次私营企业抽样调查中 480 家制造企业数据进行的实证研究结果显示：家族控制愿望对企业研发强度存在显著负效应，而家族传承意愿则会提升企业的研发强度；市场化程度会弱化家族控制愿望的负效应，而企业家的政治联系则会弱化家族传承意愿的正效应。上述结果提示不同社会情感财富存在不同影响，同时表明正式制度可以弱化约束型社会情感财富的短期导向，而政治联系则会弱化延伸型社会情感财富的长期导向。这意味着引导家族企业加大创新投入一方面要引导家族加强长期承诺，另一方面要依靠正式制度的完善，不能过多依赖非正式制度的私人化扶助。

问题导入

创新投入是企业对未来成长的投资，意义重大。但 2014 年 11 月发布的《中国家族企业健康指数报告》显示，与全国民营企业平均水平相比，家族企业的研发强度普遍不足。目前学术界普遍运用社会情感财富（Socioemotional wealth，以下简称 SEW，即家族从企业取得的满足自身情感需要的非财务收益）观点来解释这种现象，将其归因于控制家族规避 SEW 损失的影响。但是否不同 SEW 对研发投入有不同影响？中国特殊的制度特征是否会影响不同 SEW 对研发支出的不同投入？这些问题是目前文献的局限，也是本文研究的重点。

研究设计

一、理论分析与研究假设

本文研究的因变量使用了研发投入与销售收入之比来测量，用所有权控制、战略控制、管理控制指标的均值反映家族控制意愿，企业家家族传承意愿用哑变量表示，用 2009 年各省份市场化程度指标来度量正式制度的发育情况，政治联系用企业家是否具有人大代表或政协委员资格来衡量，并加入企业家个人特征变量和企业层面变量两层次的控制变量。采用 Tobit 模型进行回归检验。

1. 两种 SEW 类别与企业创新投入的 Tobit 回归

本文采用家族控制愿望来反映家族保存约束型 SEW 的意愿，采用家族传承意愿来反映家族保存延伸型 SEW 的意愿。假设家族控制愿望与传承意愿对家族企业的研发投入存在不同影响。前者负向影响，后者正向影响。

2. 制度是否影响两种 SEW 对企业研发投入的 Tobit 回归

从正式制度和政治联系两个角度考量制度对两种 SEW 的研发投入的影响。

正式制度通过提供必要的产权保护，保障长期投资收益，推进市场竞争，形成激励长期投资的外部压力，拓宽长期资金的融资渠道，由此文章假设市场化程度削弱家族控制愿望与研发投入之间的负相关，增强家族传承意愿与研发投入之间的正相关，通过在模型的回归中加入市场化程度与控制、传承的乘积项进行检验。文章还分别检验了市场化程度的 4 个分项指标对控制愿望与传承意愿对研发投入的调节作用。

政治联系会影响企业战略的短期导向，文章假设政治联系会增强家族控制愿望与研发投入之间的负相关，削弱家族传承意愿与研发投入之间的负相关。作者通过在回归模型中加入政治联系与家族控制愿望和传承意愿的乘积项进行 Tobit 回归检验。

二、数据来源

本次研究的家族企业样本的截面数据取自 2010 年全国私营企业抽样调查数据库。样本中反映正式制度发展状况的数据则来自国民经济研究所发布的“中国市场化程度指数”。为了尽可能削弱行业间差异的影响，文章最后筛选出 480 家制造业企业展开研究。

主要结论

第 ，本次研究发现，私营企业家的家族传承意愿和家族控制愿望对企业的研发强度存在不同的作用，前者的影响是积极的，后者的影响是消极的，表明延伸型 SEW 和约束 SEW 的区分是有意义的，而且这种区分有利于揭示不同 SEW 对企业战略的不同影响。第二，两类 SEW 的作用受到中国转型制度情境下不同制度因素的影响。市场化程度会弱化企业家的家族控制愿望与企业研发强度之间的负相关，其中政府干预减少、知识产权保护加强、地方保护减弱以及金融市场发展均能增强企业家的长期导向，削弱约束型 SEW 的负向作用。本文的研究也补充呈现了政治联系的复杂作用：政治联系虽可能有助于家族企业获得研发活动所需的资源，但是它所诱导的短期寻租导向又会弱化企业家原有的长期投资意愿。

主要贡献

第一，通过实证研究发现了不同类别 SEW 的作用差异，采用家族控制愿望和家族传承意愿来直接反映两类 SEW，并且把分类与短视损失厌恶的行为逻辑结合起来，提出前者会引导家族决策者采用短投资评估期，而后者则可引导长投资评估期，进而导致决策者将决策问题界定为不同的框架，做出不同的研发投入选择。第二，揭示出 SEW 与企业创新投入之间的关系受转型经济制度情境的深刻影响，将基于内生动力的观点与强调外部力量的理论结合起来。第三，指出转型经济中政治联系与正式制度存在本质差异，并非正式制度的理想替代。

前沿跟踪

国内不少学者对家族企业创新的影响因素进行了多角度的研究。

从家族治理角度，李婧和贺小刚（2012）发现家族权威与家族企业的创新能力之间存在显著且稳健的倒 U 形关系，过于强化或弱化家族成员在高层管理团队中的权威都不利于家族企业的创新。吴炳德和陈凌（2014）研究发现家族企业过程研发投资占投资组合的比重高于产品研发，规模越大的低开工率家族企业越会提高产品研发投资的强度。周立新（2014）的研究表明，家族专家权力（指家族企业主及家族在创业或企业发展过程中显示出的特异性知识、专门技能和信息等先验知识）、家族文化、管理企业的家族代数（指具体是第几代接班人）对家族企业创新能力有显著的正向影响，家族管理权对家族企业创新能力有显著的负向影响；环境动态性负向调节家族专家权力、管理企业的家族代数与家族企业创新能力之间的关系。严若森和叶云龙（2016）的研究结果表明，两权分离度（控制权与现金流权）对家族企业创新表现为抑制效应，董事会及经理层家族超额控制对家族企业创新均表现为激励效应。陈士慧等（2016）的研究表明，家族凝聚力与家族企业创新具有倒 U 形关系，家族适应力与家族企业创新具有显著的正向关系。

从外部环境角度，李婧等（2016）进一步分析了制度环境和行业竞争环境对经营业绩与家族企业创新精神关系的调节作用，他们认为，经营业绩与家族企业创新精神之间存在显著的倒 U 形关系；完善的区域制度环境对企业经营业绩与创新精神之间的关系起显著的正向调节作用；行业竞争环境显著地调节经营业绩与家族企业的创新精神。陈凌和吴炳德（2014）以社会情感财富理论为基础，假设家族企业研发投入的力度低于非家族企业，当市场化水平较高或负责人受教育程度较高时，家族企业研发投入的增幅低于非家族企业；但当两者同时较高时，家族企业研发投资的增幅大于非家族企业。基于全国工商联数据的实证分析支持了这些假设。

从代际传承角度，赵晶和孟维烜（2016）的研究认为代际传承显著降低家族企业创新水平；继承人社会资本越丰富，代际传承中企业创新水平就越高；社会资本代际差异显著降低代际传承中企业的创新水平，即相比“父弱子强”，“父强子弱”显著降低代际传承中企业的创新水平。余恕莲和王藤燕（2016）探讨了家族企业去家族化对企业研发投入的影响以及地区市场化进程的调节作用。研究结果表明，家族企业引入外部经理人和变更实际控制人可以显著促进其研发投入的增加；在市场化进程较慢的地区，变更实际控制人对家族企业研发投入的正向影响更大；引入外部经理人对家族企业研发投入增加的促进作用在不同地区没有显著差异。

参考文献

[1] 李婧，贺小刚．高层管理团队中家族权威与创新能力研究：以家族上市公司为视角[J]．管理学报，2012（9）：1314-1322.

[2] 吴炳德，陈凌．社会情感财富与研发投资组合：家族治理的影响［J］．科学学研究，2014（8）：1233-1241.

[3] 周立新．家族涉入与家族企业创新能力：中国制造业家族企业的实证研究［J］．研究与发展管理，2014（1）：136-144.

[4] 严若森，叶云龙．家族超额控制与家族企业创新：激励效应？抑制效应？——基于中国的经验证据［J］．人文杂志，2016（7）：25-34.

[5] 陈士慧，吴炳德，窦军生，陈凌．家族关系如何影响企业创新？——对创新中不可忽视的"家族力量"的检验［J］．科学学研究，2016（5）：793-800.

[6] 李婧，贺小刚，连燕玲，吕斐斐．业绩驱动、市场化进程与家族企业创新精神［J］．管理评论，2016（1）：96-108.

[7] 陈凌，吴炳德．市场化水平、教育程度和家族企业研发投资［J］．科研管理，2014（7）：44-50.

[8] 赵晶，孟维烜．继承人社会资本对代际传承中企业创新的影响［J］．中国人民大学学报，2016（3）：91-105.

[9] 余恕莲，王藤燕．市场化进程、去家族化与研发投入——基于中国高新行业上市家族企业的实证研究［J］．技术经济，2016（9）：27-34.

（作者：张　璐）

述评：
《创业企业知识异质性与公司投资者知识创造》

论文原作者：万坤扬　陆文聪

期刊：《科研管理》2016 年第 37 卷第 2 期

原文摘要

本文基于创业企业知识异质性视角，运用沪深主板 62 家上市企业 2000—2011 年 471 家公司创业投资（CVC）观测样本所构成的非平衡面板数据，采用负二项回归模型实证检验创业企业知识异质性与公司投资者知识创造之间的关系以及吸收能力、卷入强度对两者关系的调节作用，并进一步研究不同 CVC 项目治理结构下两者关系的差异。研究发现：创业企业知识异质性与公司投资者知识创造之间存在“U 形”关系，吸收能力、卷入强度对此“U 形”关系有积极的调节作用。进一步研究发现，创业企业知识异质性与公司投资者知识创造之间在控股型 CVC 项目治理结构下呈“倒 U 形”关系，而在非控股型 CVC 项目治理结构下呈“U 形”关系。因此，公司投资者应合理选择被投创业企业组合，不断提高自身的吸收能力，建立投资后互动参与式管理机制，精心设计 CVC 项目并采取相应的管理策略和投资策略。

问题导入

作为 CVC 投资后起之秀的中国，2004—2012 年中国上市企业通过参股、控股或设立 CVC 项目等方式提供的资本仅占到中国风投资本的 4.01% 和 CVC 资本总额的 11.32 %，上市公司参与 CVC 投资动力不足，参与率偏低。造成上述问题的主要原因在于，CVC 投资对企业知识创造的整体贡献并不显著从而使企业缺乏参与 CVC 投资的动力。上市企业迫切需要解答以下问题：第一，CVC 投资对企业知识创造的影响机制是什么？第二，企业究竟该如何进行 CVC 投资？例如，选择什么样的创业企业？参股还是绝对控股 CVC 项目？在参股或绝对控股情境下，选择创业企业投资组合有何不同？这些问题的答案将显著影响企业 CVC 投资的实践和知识创造绩效。

研究设计

本研究基于现场研究（二手资料），采用沪深主板上市老牌企业 2000—2011 年投资的创业企业的纵向数据对研究假设进行验证。

一、研究假设

H1a：创业企业知识异质性与公司投资者知识创造之间存在消极的相关关系。

H1b：创业企业知识异质性与公司投资者知识创造之间存在“U 形”曲线关系。

H2：公司投资者吸收能力对创业企业知识异质性与其知识创造之间的关系有积极的调节作用。

H3：公司投资者卷入创业企业的强度对创业企业知识异质性与其知识创造之间的关系有积极的调节作用。

H4a：控股型 CVC 项目治理结构下创业企业知识异质性与公司投资者知识创造之间存在“倒 U 形”曲线关系。

H4b：非控股型 CVC 项目治理结构下创业企业知识异质性与公司投资者知识创造之间存在“U 形”曲线关系。

本文研究理论模型见图 1。

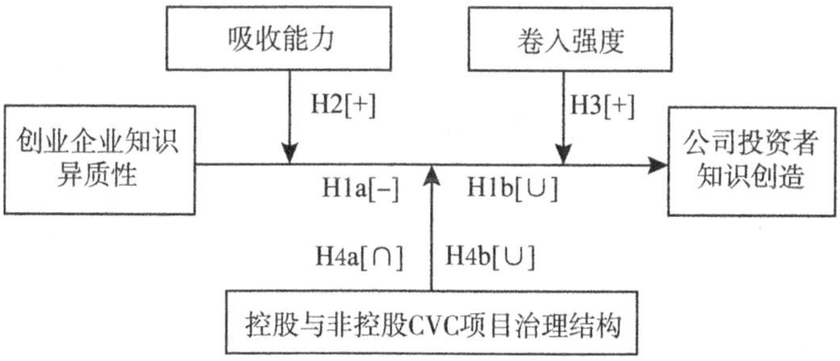

图 1　研究理论模型

二、关键变量设置与测量

1. 因变量

知识创造（KC）：t 年公司投资者发明+实用新型专利授权量，不仅包含以上市公司名义中请的专利，还包括上市公司那些连续 4 年被纳入合并财务报表的子公司申请的专利，用企业年度成功申请的发明和实用新型专利来测量。

2. 自变量

创业企业知识异质性(EEKH)：$EEKH_{i(t-1至t-4)} = \sum P_j \times \ln(1/P_j)$。$P_j$ 表示 $t-1$ 至 $t-4$ 期间创业企业的专利在专利技术类型 j 中的比例；$\ln(1/P_j)$ 表示技术类型 j 的权重。专利技术类型区分的标准是 GBT4754—2011 规定的 4 位数编码，前 3 位区分不同的知识基础。

3. 调节变量

吸收能力(CIAC)：使用老牌企业技术知识多元化程度来测量。$CIAC_{i(t-1至t-4)} = \sum P_j$

$\times \ln(1/P_j)$。P_j 表示 $t-1$ 至 $t-4$ 期间公司投资者的专利在专利技术类型 j 中的比例；$\ln(1/P_j)$ 表示技术类型 j 的权重。根据国际专利分类（IPC）的 8 个部对专利进行技术分类。

卷入强度（DIPF）：CVC 项目投资创业企业的股权比例与公司投资者持有 CVC 项目的股权比例的乘积。$t-1$ 至 $t-4$ 期间加总算术平均值。

三、回归结果

由于本文的因变量非负且过度离散，因此本文采用负二项模型进行回归。另外，Hausman 检验结果不确定，为此本文同时用固定效应和随机效应进行相应的估计。

回归结果如下：

两种效应模型回归结果均显示 EEKH 的回归系数显著负相关，因此，H1a 成立。

两种效应模型回归结果均显示 EEKH2 的回归系数显著为正，说明 EEKH 与 KC 之间存在“U 形”关系。因此，H1b 成立。

两种效应模型回归结果均显示 CIAC×EEKH 的回归系数是积极和显著的，说明 CIAC 对 EEKH 与 KC 的关系具有积极的调节作用。因此，H2 成立。

两种效应模型回归结果均显示，DIPF×EEKH 回归系数都是积极和显著的，说明卷入强度对 EEKH 与企业知识创造的关系有积极的调节作用。因此，H3 成立。通过绘图，可以看出，在低卷入强度下，EEKH 与企业知识创造的关系被反转为完全负相关；在高卷入强度下，两者完全正相关。因此，公司投资者与创业企业维持一定的卷入强度对其通过 CVC 投资实现知识创造非常关键。

为检验 H4a 和 H4b，本文把样本组中是否有单个公司投资者持有 CVC 项目权益比例超过 50%划分为绝对控股型 CVC 项目治理结构样本组和非控股型 CVC 项目治理结构样本组。两种效应模型实证结果均显示 EEKH 与公司投资者知识创造之间的关系，在控股型 CVC 项目治理结构下存在“倒 U 形”（EEKH2 系数为负）关系，在非控股型 CVC 项目治理结构下呈现“U 形”（EEKH2 系数为正）关系，因此，H4a 和 H4b 均得到支持。

四、数据来源

通过对沪深主板上市的 1200 余家企业 2001—2011 年 15000 余份年报中参与 CVC 投资的梳理，利用 CVSources 数据库对 CVC 项目投资记录进行查询，剔除房地产经营与开发企业（例如中关村 000931、北京城建 600266 等）、交通运输服务企业（例如中海海盛 600896、亚通股份 600692 等）、商业经济与代理业（例如浙江东方 600120）、供水等公共服务企业（例如钱江水利 600283）参与的 CVC 投资（这些企业反映其知识创造的指标例如发明与实用新型专利数据在 2001—2012 年均为 0）、只有一次投资记录的观察样本以及连续 4 年没有投资记录的 CVC 项目观测样本。遵循类似研究至少考虑一年滞后期的做法，CVC 投资的创业企业记录时间范围为 2000—2011 共 12 年。通过以上处理，本研究的最终样本包含 62 家上市公司，471 个企业-年观测样本。

主要结论

和现有文献相比，本文的研究得出了一些创新性结论：第一，创业企业知识异质性与企业知识创造之间存在复杂的“U 形”关系。这种“U 形”关系意味着，CVC 投资不能仅强调投资的创业企业的“量”，还应考虑创业企业的“质”，要重视创业企业之间的知识异质性。第二，吸收能力、卷入强度对此“U 形”关系有积极的调节作用。吸收能力越大，企业知识创造效率越高，特别是在创业企业知识异质性与企业知识创造的负相关阶段，吸收能力有效地减轻了这种不利影响；在低卷入强度下“U 形”关系被反转为完全负相关，而在高卷入强度下被反转为完全正相关，因此 CVC 投资需要超越简单的权益投资关系，形成投资后的互动参与和管理才能实现知识创造绩效。第三，不同 CVC 项目治理结构下，CVC 投资对企业知识创造的影响机制不同。创业企业知识异质性与企业知识创造之间的“U 形”关系仅在非控股型 CVC 项目治理结构下成立，而控股型 CVC 项目治理结构下两者存在“倒 U 形”关系。

主要贡献

与现有研究相比，本文可能的创新在于：第一，本研究把国内“公司投资者一 CVC 项目”二元分析框架拓展到“公司投资者一 CVC 项目一创业企业”三元分析框架，有助于揭示 CVC 投资关系中，公司投资者、CVC 项目和创业企业之间关系的动态交互影响，突破了国内二元分析框架的局限性，也为后续研究提供了一个更加完整的理论分析框架；第二，本文以创业企业“异质性”为视角，将研究 CVC 投资的创业企业的“量”拓展到研究创业企业的“质”对知识创造的影响机制，突破了以往研究中对创业企业“同质性”假设的局限，也为一些争议性观点提供了新的解释；第三，本文识别了 CVC 投资与企业知识创造的权变因素，即公司投资者的知识属性（吸收能力）和整合行动（卷入关系），揭开了 CVC 投资对企业知识创造的“黑箱”；第四，本文揭示了 CVC 项目异质性在 CVC 投资与企业知识创造中的作用机制，突破了以往研究中对 CVC 项目“黑箱”假设的局限，也为一些争议性观点，例如，知识创造与创业企业知识异质性的“U 形”“倒 U 形”关系争论提供了新的解释。

前沿跟踪

CVC 是国际学术界近年来关注的热点问题，但有关中国 CVC 投资问题的研究尚处于初步探索阶段，关于中国 CVC 与技术创新的研究则更少。近期研究可分为两类：（1）CVC 投资模式本身如何促进技术进步。（2）影响 CVC 技术进步效应的因素。

一、CVC 投资模式促进技术进步的机制

Chemmanur T. J. 等（2014）分析了 CVC 与 IVC（独立风险投资）在培育创业企业创新能力方面的区别。研究发现：CVC 投资的企业比 IVC 投资的企业更具有创新力。进一步地，基于倾向得分匹配法和双重差分法研究了导致前述结果可能的机制：（1）由于投

资公司和创业公司之间的技术相关，CVC 投资拥有更多的行业知识。（2）CVC 投资能够容忍更大的失败。

Kang H. D.，Nanda V. K.（2014）研究了 CVC 为投资公司提供的技术溢出和资本收益。研究发现技术进步归因于 CVC 投资提高了投资公司的价值；CVC 项目的资本收益对投资公司价值的影响微乎其微。当企业投资者对没有共同投资者的上市前且技术相关的初创企业进行投资时，这些技术溢出效应将会被加强。

Rice M. P.，O'Connor G. C.，Leifer R. 等（2000）通过对四家代表性的公司进行深入的、半结构式的访谈，获得了关于在促进根本性创新领域中兴起的风险投资模式丰富的描述。

二、影响 CVC 技术进步效应的因素

万坤扬和陆文聪（2014）研究发现：CVC 投资组合公司数量与企业技术创新之间存在线性关系而不是倒 U 形关系，老牌企业的吸收能力、卷入强度对两者的关系具有积极的调节作用。对于同样的 CVC 投资组合公司数量，吸收能力越高的企业技术创新效率越高；在低卷入强度下，CVC 投资组合公司数量与企业技术创新之间的关系甚至被反转为负相关。

Wadhwa A.，Phelps C.，Kotha S.（2016）检验了在何种条件下 CVC 投资组合会影响投资公司创新绩效。研究发现在投资组合多元化与投资企业创新绩效之间存在倒 U 形关系；多元化的影响取决于投资组合中可用知识资源的深度。

参考文献

[1] 万坤扬，陆文聪．公司创业投资与企业技术创新——吸收能力、卷入强度和治理结构的调节作用［J］．科学学与科学技术管理，2014（11）：117-128.

[2] Dushnitsky G.，Lenox M. J. When does corporate venture capital investment create firm value?［J］. Journal of Business Venturing，2006，21（6）：753-772.

[3] Chemmanur T. J. Corporate venture capital，value creation，and innovation［J］. Social Science Electronic Publishing，2014，27（8）：2434-2473.

[4] Kang H. D.，Nanda V. K. Corporate venture capital，technology spillovers，and capital gains：Evidence from the biopharmaceutical industry［J］. Social Science Electronic Publishing，2014.

[5] Rice M. P.，O'connor G. C.，Leifer R.，et al. Corporate venture capital models for promoting radical innovation［J］. Journal of Marketing Theory & Practice，2000，8（3）：1-10.

[6] Wadhwa A.，Phelps C.，Kotha S. Corporate venture capital portfolios and firm innovation［J］. Journal of Business Venturing，2016（1）：95-112.

（作者：吴泳涛）

述评：《并购模式与企业创新》

论文原作者：陈爱贞 张鹏飞

期刊：《中国工业经济》2019年第12期

原文摘要

并购与创新是发达国家企业发展的重要驱动力。中国企业并购交易已居全球第二但创新能力仍旧不足，并购能否促进创新依然是有待解答的重大命题。近年来，境内并购稳步增长但跨境并购趋于下降引发了诸多质疑，两种模式的并购对创新的影响是否不同？本文构建数理模型，对比分析了跨境并购与境内并购对企业创新的影响机制，利用2007—2017年中国A股制造业上市公司数据所做的实证检验表明，两种模式的并购都能够促进创新，且跨境并购的创新效应更强。进一步的研究发现，两种模式的并购都提升了企业生产率和无形资产存量，该“效率提升”效应促进了企业创新；两种模式的并购也都加重了并购方的资产负债率，对创新产生负效应。不同的是，跨境并购没有带来垄断效应，而境内并购所提升的市场势力对创新造成负效应，使得其“资源替代”效应对创新产出的负面影响更大。可见，当前跨境并购仍是中国企业创新的重要战略，而境内并购的垄断效应急需规制。本文深化了并购模式对企业创新影响机制的研究，并能为国家和企业创新战略和并购模式选择提供理论与实践支撑。

问题导入

当前科技发展的速度加快，发展中国家涌现出一大批通过并购方式来实现快速转型升级和抓住新的创新机会的企业。然而现有文献表明，受到并购条件异质性的影响，并购对于创新影响的结果也不尽相同，尤其是这些因素在跨境并购和境内并购间的差异更大。基于此，本文考察了不同并购模式对企业创新的影响，具体探究了不同并购模式对企业创新的影响机制。

研究设计

一、理论分析与研究假设

快速发展的并购是否促进了中国企业的创新？一些研究表明，并购促进了中国企业的资源集聚与规模扩张，甚至促进了生产率进步和研发投入，但一些调查和研究显示，中国企业并购的资源整合及其绩效并不理想，其中包括跨境并购。长期以来关于并购的创新抑制论与创新激励论一直有极大的争议，在跨境并购与境内并购之间的差异性更大，为此不少学者强调研究并购效应需要区分跨境并购与境内并购。目前，对比分析跨境并购与境内并购的文献，基本没有对比分析两种并购模式对企业创新的影响机制，研究此问题不但能为国家层面的创新战略和并购政策提供理论与实践支撑，而且能为企业的创新和并购决策提供有益的借鉴。本文基于此提出以下两点假设：

H1：基于中国企业创新能力不高的现实，境内并购与跨境并购都有利于提升并购企业的创新。

H2：对于中国这样的发展中国家而言，相较于境内并购，跨境并购可能带来更强的“效率提升”效应和更弱的“资源替代”效应，使其对并购企业创新的促进作用更大。

二、模型设定

由于并购和创新都是企业的内部决策，寻找合适的工具变量对解决可能存在的内生性问题至关重要，但是与本研究相关的工具变量的选取及效果具有很大的不确定性，本文采用双重差分倾向得分匹配法（PSM-DID）以缓解因选择性偏差和不随时间变化的遗漏变量而产生的内生性问题，并进一步使用格兰杰因果分析和 GMM 法等做内生性检验。

本文将专利申请数和发明专利申请数（衡量企业创新绩效）作为被解释变量，以企业是否发生并购和跨境并购为解释变量（本文以虚拟变量的形式赋值：1 为是；0 为否，用 D 表示），假设并购前的时期为基期 t'，并购后的时期为实验期 t。在 t'期，并购还未发生，所有个体可能的结果都记作 $y_{0t'}$。而在 t 期，并购已经发生，可能的结果有 y_{1t} 和 y_{0t}，分别表示发生并购和未发生并购的个体在 t 期的被解释变量。双重差分倾向得分匹配法成立的前提条件，可忽略性假设为：

$$\mathrm{E}(y_{0t} - y_{0t'} \mid x,\ D = 1) = \mathrm{E}(y_{0t} - y_{0t'} \mid x,\ D = 0)$$

在假设下可得参与者效应（ATT）的一致估计：

$$\hat{\mathrm{ATT}} = \frac{1}{N_1}\sum_{i \in \mathrm{I}_1 \cap \mathrm{s}_p}\left[(y_{1ti} - y_{0t'i}) - \sum_{j \in \mathrm{I}_0 \cap \mathrm{s}_p} w(i,\ j)(y_{0tj} - y_{0t'j})\right]$$

其中，S_p 表示共同取值范围的集合，$\mathrm{I}_1\ \{i:\ D_t = 1\}$ 和 $\mathrm{I}_0\ \{i:\ D_i = 0\}$ 对应处理组和控制组的集合，N_1 表示处理组个数，$w\ (i,\ j)$ 是核匹配的权重函数。（$y_{1ti} - y_{0t'i}$）和（$y_{0tj} - y_{0t'j}$）分别表示处理组个体 i 和控制组个体 j 在并购前后的绩效变化。

同时本文使用双重差分法，建立截尾回归模型：

$$y_{it} = \alpha_0 + \beta D_i \times T_{it} + \gamma Z_{it} + \delta_t + f_i + \varepsilon_{it}$$

其中，y_{it}代表企业创新绩效，D_i是处理变量，其为 1 时代表 i 是并购企业，为 0 时是非并购企业。T_{it}是实验期虚拟变量，t 年为并购发生之前设为 0，其余为 1。Z_{it}为控制变量，δ_t为年份固定效应，f_i为行业固定效应，β 为交互项的系数，反映企业并购的创新效应。

三、数据来源与样本选择

本文以 2008—2017 年中国沪深 A 股制造业上市公司为样本，并购数据来自万德和 BVD 的并购数据库。剔除了数据缺失严重的上市公司和在实验期（3 年）内重复发生并购的样本，以聚焦并购事件本身对并购企业的影响。最终获得并购事件 931 起，其中境内并购 842 起，跨境并购 89 起。考虑到数据主体的一致性，各变量的主体为上市公司及其子公司（上市公司年度合并报表），其中财务数据主要来源于万德数据库，专利数据主要来源于国泰安、中国上市公司专利与研发创新数据库。

四、稳健性检验

本文分别通过（1）细分行业控制检验、（2）安慰剂检验、（3）并购对创新的时间效应检验、（4）替代变量检验、（5）内生性检验五种检验方法进行稳健性检验，总体结果基本一致，验证了并购有助于促进企业创新，并且跨境并购的创新效应更大这一结论。

五、进一步研究

本文通过验证不同模式并购是否会通过生产率和知识基础增加所产生的“效率提升”效应而提高企业的创新水平（“效率提升”效应的影响）和验证不同模式并购是否会通过市场势力增强和财务杠杆加重所产生的“资源替代”效应抑制企业创新（“资源替代”效应的影响）得出并购对并购方的全要素生产率、知识基础、市场势力和财务压力的影响及其创新效应。

主要结论

第一，基于中国企业创新能力不高的现实，境内并购与跨境并购都有利于提升并购企业的创新，但是存在时间滞后性。第二，对中国这样的发展中国家而言，相较于境内并购，跨境并购可能带来更强的“效率提升”效应和更弱的“资源替代”效应，使其对并购企业创新的促进作用更大。第三，境内并购和跨境并购都通过提升企业生产率和无形资产存量而促进企业创新；境内并购和跨境并购都加重了并购方的资产负债率，进而对企业创新产生负的传导效应；境内并购提升了并购方的垄断势力，从而降低了企业的创新投入及产出，跨境并购企业的市场势力没有受到显著影响，市场势力对其创新没有传导效应。

主要贡献

第一，目前鲜有文献在一个框架内对比分析跨境并购与境内并购对企业创新的影响机制，本文构建数理模型展开了深入研究，拓展了企业并购与企业创新领域的交叉研究；第二，中国企业并购交易已经居全球第二，但对于不同模式并购的创新效应及其影响机制还没有展开充分研究，本文利用中国上市公司数据进行了验证，为该领域提供来自发展中国家的经验证据；第三，不同于多数文献集中于并购的绩效研究，本文强调企业并购的创新导向，在中国企业并购发展迅速但也遭到诸多质疑的当下，从创新视角看待并购，不但能为国家层面的创新战略和并购政策提供理论与实践支撑，而且能为企业的创新和并购决策提供有益的借鉴。

前沿追踪

目前大多数研究基本证实并购对企业创新存在正向影响，并购促进了中国企业的资源集聚与规模扩张，甚至促进了生产率进步和研发投入（任曙明等，2017；蒋殿春和谢红军，2018）。张春（2018）认为民营企业并购基金融资是一种有益的尝试，提高了资金的盈利能力，此外并购基金可以借助私募股权机构在融资的资源、渠道和人员等方面的优势来提升民营企业的再融资能力。高厚宾（2019）认为跨国并购对企业技术创新绩效具有显著促进作用。非国有企业跨国并购创新效应强于国有企业；企业吸收能力越强，从跨国并购中获取的创新收益越大。且东道国制度质量对跨国并购与创新绩效的关系具有正向调节作用。张能鲲等（2019）认为公司的并购行为对发明专利申请量有显著正向影响，并购技术绩效在国有企业和民营企业中表现出异质性，民营企业的并购行为对技术创新能力的边际效应更高。但同时也有一些调查和研究显示，中国企业并购的资源整合及其绩效并不理想（刘莉亚等，2018；蔡庆丰等，2017；钟宁桦等，2019）。Federico 等（2018）发现虽然并购后并购双方因价格协调而有动力增加创新，但创新外部性在并购双方间的内部化会抑制创新，使得并购的创新效应为负；Haucap 等（2019）对欧洲制药业的研究也显示，如果并购前市场竞争激烈，则并购会抑制企业研发投入。

参考文献

[1] 任曙明，许梦洁，王倩，董维刚．并购与企业研发：对中国制造业上市公司的研究［J］. 中国工业经济，2017（7）：139-157.
[2] 蒋殿春，谢红军．外资并购与目标企业生产率：对中国制造业数据的因果评估［J］. 世界经济，2018（5）：99-124.
[3] 张春．民营企业海外并购融资创新——以天保重装收购圣骑士为例［J］. 财会通讯，2018（35）：16-20.
[4] 高厚宾．新兴市场企业跨国并购促进技术创新了吗——基于 PSM-DID 的实证研究［J］. 科技进步与对策，2019，36（3）：19-25.
[5] 张能鲲，何宇，张永冀．中国医药上市公司并购与技术创新研究［J］. 科研管理，2019，40（2）：12-21.
[6] 刘莉亚，金正轩，何彦林，朱小能，李明辉．生产效率驱动的并购：基于中国上市公司微观层面数据的实证研究［J］. 经济学（季刊），2018（4）：1329-1360.
[7] 蔡庆丰，田霖，郭俊峰．民营企业家的影响力与企业的异地并购——基于中小板企业实际控制人政治关联层级的实证发现［J］. 中国工业经济，2017（3）：156-173.
[8] 钟宁桦，温日光，刘学悦．“五年规划”与中国企业跨境并购［J］. 经济研究，2019

(4): 149-164.
[9] Haucap, J., A. Rasch, and J. Stiebale. How merger affect innovation: theory and evidence [J]. International Journal of Industrial Organization, 2019 (63): 283-325.
[10] Federico, G., G. Langus, and T. Valletti. Horizontal mergers and product innovation [J]. International Journal of Industrial Organization, 2018 (59): 1-23.

（作者：杜诗琰）

第三编

股权投资及其对创新的作用

引　言

创新是企业的核心竞争力，是企业实现高质量发展和向价值链高端攀升，获取高附加值和回报的有效路径。资本是企业创新发展必需的“血液”。在资本市场上融资再投资是实体经济运转和发展的基本模式。传统公司金融主要研究上市公司的融资，即以银行信贷等债务融资和通过发行股票的权益融资为主。而私募股权投资，特别是风险投资资本主要面向未上市科技企业。科技型创业企业吸引风投的主要原因在于它们所拥有的原创技术或创新模式产业化后形成的异常高额的价值增值空间（非科技型创业企业的融资主要以自有资金和普惠金融为主）；而创业企业需要风投资本介入的主要原因则在于它们面临的融资约束问题。由于估值不确定和技术信息不对称的特点，创业企业难以从传统银行信贷获得足额资金支持，而且技术出身的创业企业家常常缺乏技术产业化的管理经验和平台资源。

不少学者认为风投资本能促进创业企业的创新水平。因为风投通过缓解创业企业的融资约束而提高创新投入水平；通过提供平台资源和管理指导（孵化器）促进创业企业的成长，通过认证效应提升创业企业社会影响力，吸引高端创新、管理人才入伙，从而提高企业的创新产出和创新效率；也有不少学者认为风险投资不利于创业企业的创新。因为以逐利为目的的风投资本擅长“锦上添花”，但不愿意“雪中送炭”，多数风投资本更愿意在投资风险低，盈利模式可预期的后期阶段进入，如PE轮，因而对企业的原创和研发没有显著的帮助；或者早期进入的风投资本出于让企业尽早上市，实现退出变现的目的而给创业企业施压，通过降低创业企业的创新投入来提高企业账面利润；或者以实现风投资本的利益最大化为目的左右创业企业的创新战略，从而损害企业创新效率等。类似的投机行为会抑制创业企业的创新。

一、文献描述性统计

本部分股权投资与创新的主题文献检索共计 1008 篇，涵盖 2015—2020 年 World of Science（WOS）中 SSCI 和 SCI 期刊数据库和南大 CSSCI 引文数据库中的所有相关主题学术论文。其中 WOS 数据库得到 364 篇论文类（article）文献。搜索“institutional investment”&“innovation”获得 3 篇；搜索“venture capital”&“innovation”获得 315 篇；搜索“corporate venture capital”&“innovation”获得 46 篇。在 CSSCI 数据库中获得 644 篇论文类（article）文献。其中搜索关键词“机构投资者”获得 299 篇；搜索关键词“风险投资”获得 345 篇；当检索“机构投资者与创新”或者“风险投资与创新”时得到的相应文献都为 0。

自 2015 年以来，WOS 数据库中关于股权投资和创新的文献集中领域从高到低分别是商业和经济、科学技术、公共管理、工程学和信息科学方向。文献作者所属国家共现检索结果显示文献作者主要来自美国、英国、加拿大、中国、法国和德国等全球较大的经济体。期刊共被引检索结果显示对股权投资和创新相关问题研究的前 8 大高被引期刊是 *Journal of Business Venturing*，*Research Policy*，*Journal of Finance*（JF），*Journal of Financial Economics*（JFE），*Strategic Management Journal*（SMJ），*Academic Management Journal*（AMJ），*Management Science*（MS）和 *Review of Financial Studies*（RFS）（见图 1）。研究机构共现检索结果显示，意大利米兰理工大学、加拿大约克大学，多伦多大学、美国哈佛大学、波士顿大学、澳大利亚莫纳什大学和荷兰伊拉斯姆斯大学等是发表股权投资与创新相关文献比较集中的西方科研机构。中国在股权投资与创新问题发文最多的高校是清华大学、四川大学和中央财经大学等（见图 2）。

图 3 的关键词共现聚类显示 2015—2020 年 WOS 数据库中股权投资与创新领域的研究者们持续关注“天使投资人”（angel investors）、“众筹”（crowdfunding）、“公司创业投资”（CVC）和“独立风险投资”（IVC）等融资方式对“创业企业”（start-up）的“研发投入”（research and development）和“创新”（innovation）的作用。“创业”（entrepreneurship）、“企业绩效”（performance）、“经济增长”（economic growth）和“市场”（market）等因素都是本领域内学者们讨论的焦点。我们也发现 2019 年以来“信息”（information）、“知识溢出”（knowledge spillover）和“创业融资”（enterpreneurial finance）等已成为学术界讨论的最新爆点问题。

图 4 呈现了股权投资与创新文献。总体上看，学者们普遍认为风投能提高企业效率，维持甚至有效降低企业生产成本。风投强大的筛选功能（screening）和后台指导

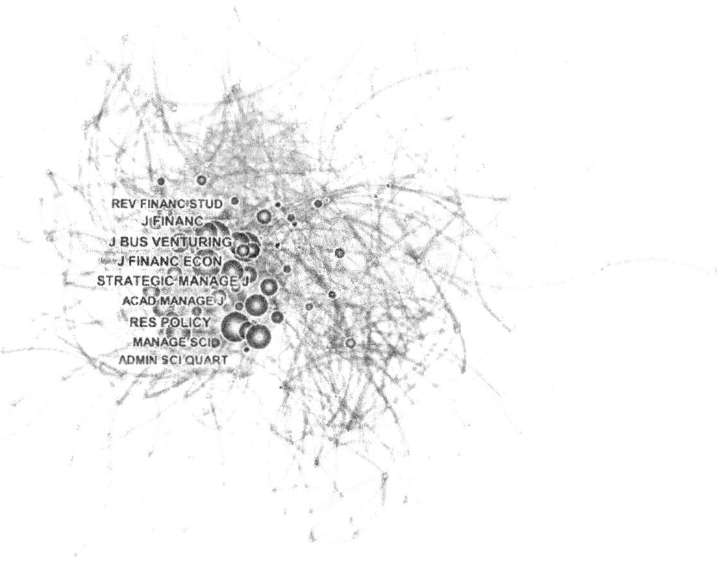

图 1　股权投资与创新期刊共被引（CiteSpace 软件）
数据来源：WOS 中 SSCI 和 SCI 文献数据库。

（monitoring）对企业创新有利。Puri 和 Zarutskie（2012）的文章是 WOS 中被引最多的论文。该论文发现有风投支持的公司比没有风投支持的公司通常规模更大，累计失败率更低。Chemmanur 和 Nandy（2011）和 Bernstein 等（2016）的研究成果也得到了学界广泛引汴。他们都运用美国的风投数据验证了风投的后台指导功能提高了非上市公司的效率，从而有利于企业的创新。Alvarez-Garrido 和 Dushnitsky（2016）也是本领域被引频率极高的文献。作者们比较了公司创投（CVC）和独立风投（IVC）对创新的作用，发现公司创投比独立风投对创业企业的创新正面影响更大。Chemmanur 和 Fulghieri（2014）的文章是一篇被广为引用的综述文章。该论文从多维度探讨了金融中介，如风险投资家和天使投资人在孵化创业企业、促进产品市场创新中起到的巨大作用，包括金融中介在孵化创业企业过程中提升效率；优化创业企业的资本结构；该文还分析了风投融资、公司所有权结构、立法环境和产品市场创新的关系等。

图 5 呈现了南大 CSSCI 数据库中期刊共被引的检索结果。从图上来看，国内学者不仅非常重视学习和引用中国顶级期刊，如《经济研究》《管理世界》《金融研究》《会计研究》和《南开管理评论》等在股权投资和创新领域的相关文献，也十分重视国外顶级期刊，如 *Journal of Finance*，*Journal of Financial Economics* ，*Journal of Business Venturing*，*Review of Financial Studies*，*Journal of Corporate Finance* 和 *Accounting Review* 等的相关最新成果的学习和引用。

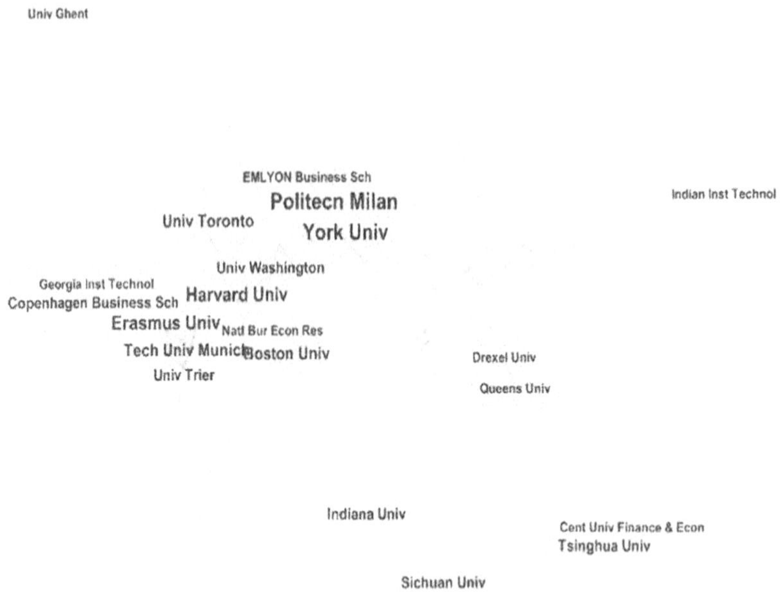

图2　股权投资与创新研究机构共现（CiteSpace 软件）
数据来源：WOS 中 SSCI 和 SCI 文献数据库。

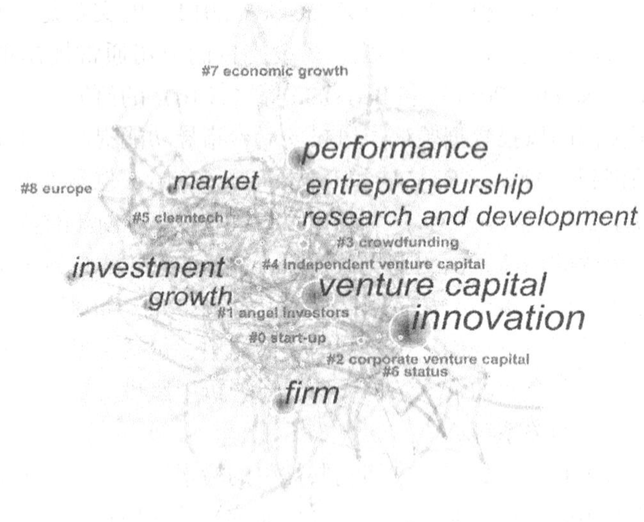

图3　股权投资与创新文献关键词共现聚类（CiteSpace 软件）
数据来源：WOS 中 SSCI 和 SCI 文献数据库。

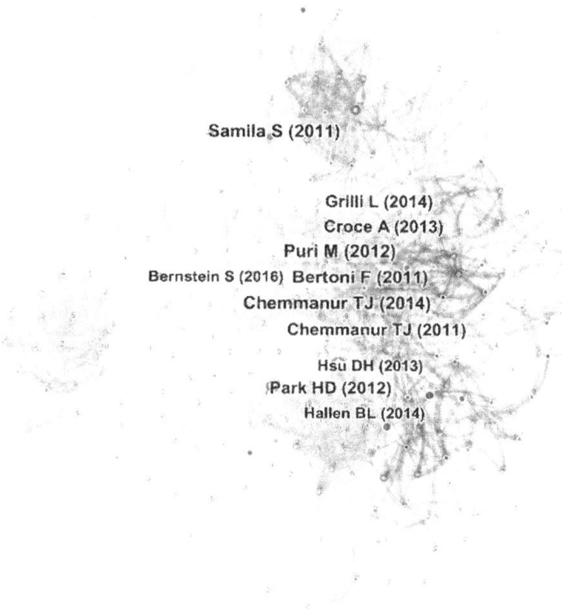

图 4 股权投资与创新文献共被引共现图（CiteSpace 软件）

数据来源：WOS 中 SSCI 和 SCI 文献数据库。

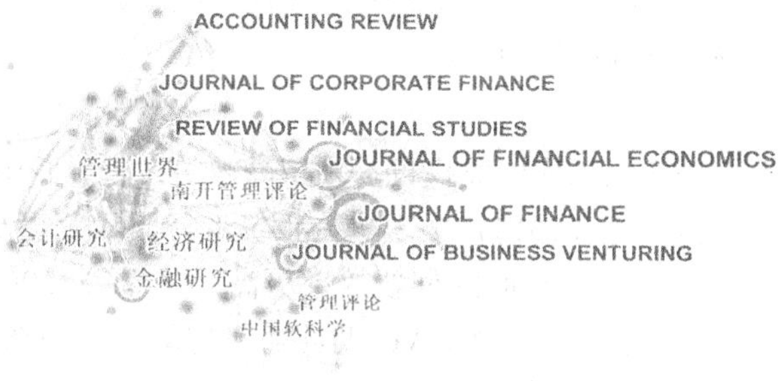

图 5 期刊共被引共现图（CiteSpace 软件）

数据来源：南大 CSSCI 数据库。

图 6 是股权投资文献的关键词共现图。本部分的股权投资包括机构投资和风险投资。从检索结果来看，南大 CSSCI 引文数据库中以股权投资对创新的影响命名的文献不多，但是文献中关键词为“创新”的却是极为常见，如“研发投入”“企业创新”和“技术创新”等都是股权投资研究领域的高频关键词。从引文关键词突现前 25 名的排名情况来

看，2015年以来，学者们关注股权投资领域的退出（创业板、“IPO抑价”）、企业的内部控制和盈余管理问题等。但是2018年至今，创新开始频繁被学者们引注，可见股权投资对企业创新的影响是学者们关注的重点问题；除此之外，“机构投资者”和“公司治理”也是本领域出现频率高和引注的爆点关键词。机构投资者对公司治理的正面影响也得到许多学者相关成果的验证；风投领域的高度“信息不对称”“股价崩盘风险”和“异质性”问题也是学者们关注的焦点，因而三个关键词也频频出现在本领域文献中。企业创新活动不确定性高，越是涉及高端的技术研发，企业的投资者、研发人员以及管理团队之间的信息不对称性就越高。一方面，信息不对称程度越高，股价崩盘风险越大；另一方面，企业的资金实力和治理水平决定了从创新投入到创新产出全过程的效率。

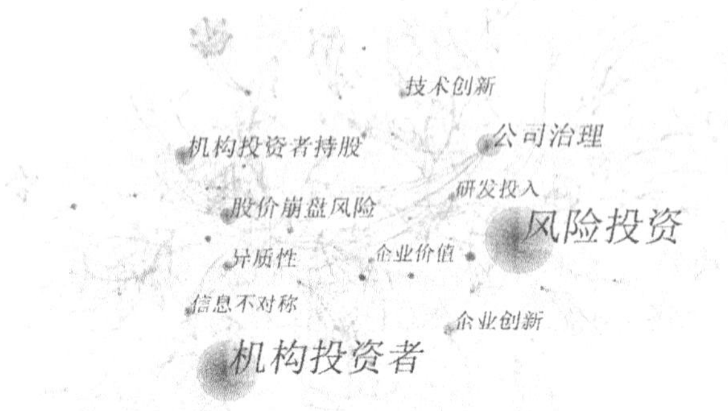

图6　股权投资关键词共现图（CiteSpace软件）
数据来源：南大CSSCI数据库。

图7呈现了南大CSSCI数据库中股权投资领域高被引文献。其中研究股权投资与技术创新选题的文献中，付雷鸣等（2012）发现机构投资者持股显著提高企业创新投入水平，与非VC比，VC类的机构投资者持股的创新效率更高。陈思等（2017）发现外资背景和多家VC联合投资对创新促进作用更强。VC投资期限越长，对创新促进作用越大。这点同苟燕楠和董静（2013），张学勇和张叶青（2016）的研究发现一致。同时，陈思等（2017）认为VC促进创新的机理在于VC有利于被投企业引入研发人员，扩大研发团队；而且VC为被投企业提供了行业经验和行业资源。发挥资本市场对技术创新的支持作用是国家实施创新驱动发展战略的要求。但余琰等（2014）发现国有风投资本没有实现其政策初衷，在扶持创新上没有显示出显著的价值增加作用，反映国际风投机构行为符合私人利益假说而非社会价值假说。而张学勇和张叶青（2016）则认为创新能力对VC支持的IPO公司的市场表现具有显著的正向驱动作用，创新能力的建立是VC支持IPO公司获得更好市场表现的关键。

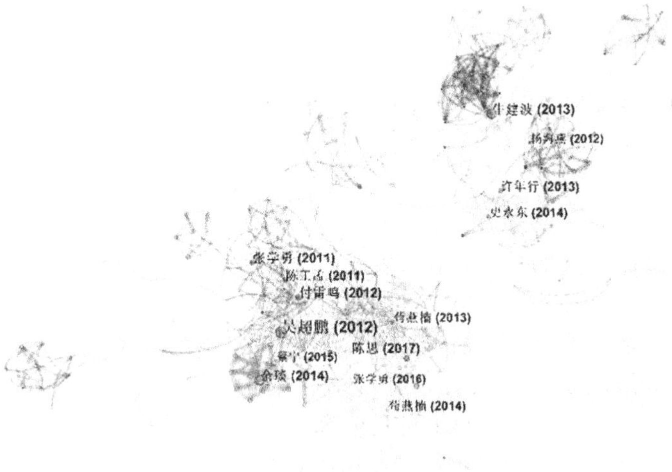

图 7　股权投资文献共被引共现图（CiteSpace 软件）

数据来源：南大 CSSCI 数据库。

二、股权投资及其对创新作用最新文献评述

学界研究风险投资对企业创新作用的文献不少，但是目前并没有得出一致性的结论。王兰芳和胡悦（2017）和陈思等（2017）的研究都给出了正面的答案，认为风险投资促进了企业的创新；但是温军和冯根福（2018）从“增值”和“攫取”权衡视角进行的分析认为风投对创新的影响是先递减后递增的关系，即U形关系；而Wadhwa等（2016）通过研究公司风险投资（CVC）多元化对企业创新的影响，得出两者是先递增后递减的倒U形关系的结论。在风险投资对企业创新影响机制的研究中，陈思等（2017）认为风险投资进入有利于公司引进研发人才，壮大研发团队力量，提供行业经验与行业资源，从而有利于创新。唐清泉等（2015）发现虽然家族控制的风险规避行为抑制了企业的R&D投资，但是有风险投资背景的家族企业能显著地增加R&D投资，并对家族控制权与R&D投资关系产生调节作用。风险投资虽然是权益投资形式，但是更注重的是盈利退出，而不是控制经营。因此研究风险投资与被投企业IPO关系的较多。张学勇和张叶青（2016）认为具有较强创新能力的风险投资支持企业在IPO时的表现更佳。

在风险投资与企业绩效的研究中，学者们从不同的角度讨论了风险投资对企业IPO绩效、并购绩效、经营绩效及企业价值的影响。他们普遍认为风险投资能有效促进企业的绩效，特别是民营、外资和高声誉的风险投资机构的促进作用更大。在风险投资对企业绩效影响的机制研究中，学者们认为风险投资能够缓解信息不对称，增强公司内部控制有效性，优化资源整合（许昊等，2016；李曜和宋贺，2017）。但是这种促进作用仅在短期效果明显，对企业的长期绩效影响不明显，甚至存在明显负面影响，表明风险投资有明显的“逐名动机”（贾宁和李丹，2011）。而Lee和Kang（2015）则认为公司创投的多元化对企业价值存在U形影响。还有学者从研究创业企业效率出发，发现整体来看风险投资并没有改善创业企业效率，特别是低声誉的风险投资介入的企业效率，从而建议创业企业“饥也择食”，慎重选择风投机构介入（赵静梅等，2015）。

风险投资对于企业的甄选和治理作用也是本领域讨论的热点。杨其静等（2015）利用深圳创业板的数据得到的实证研究结果否认了我国风险投资能起到事前甄选和事后监管的作用。学者们从高管薪酬契约设计、企业控制权配置等角度研究风险投资介入的作用。研究显示创业投资能提高民营企业高管薪酬对企业业绩敏感性，但是对不同类型企业控制权配置的影响作用不一（陈孝勇和惠晓峰，2015；王雷，2016）。Yang等（2015）发现公司创业投资对创业企业技术多元化存在倒U形影响。还有部分学者对风投和一般机构投资的行为特征进行了研究述评，如风投机构处置效应等（孔东民和王江元，2016；罗炜等，2017；梁上坤，2018）。

三、述评系列：股权投资对创新的作用

述评：《创业投资促进了创新绩效吗？——基于中国企业面板数据的实证检验》

论文原作者：王兰芳　胡　悦

期刊：《金融研究》2017 年第 1 期

原文摘要

本文利用中国企业面板数据分析了创业投资对创新绩效的影响。本文以专利申请数量和专利质量（发明专利申请、有效专利数、国际专利分类号 IPC 数和专利权利要求数）衡量企业创新绩效，回归结果表明创业投资显著促进了创新绩效；对于外部融资依赖度更高、高新技术密集度更高的行业以及产权保护更好的地区，创业投资对企业创新绩效的促进作用更显著。本文进一步区分创业投资机构的特征，发现非国有创业投资对创新绩效的促进作用显著大于国有创业投资；高声誉、高网络资本的创业投资机构对创新绩效的促进作用更显著。

问题导入

创新是经济持续增长最重要的驱动力之一。我国正处于产业结构转变的关键时刻，党的十八大明确提出创新驱动发展战略“必须摆在国家发展全局的核心位置”。国际经验也表明，建立一个能有效动员创业资本、促进科技成果产业化的创业投资机制是落实创新战略的重要环节。近年来，创业板和中小板上市的企业中，具有创业投资背景的大约占40%。创业投资支持的企业多属于国家鼓励发展的战略性产业，是转变经济结构的重要力量。

但是之前却没有关于我国创业投资和创新绩效的作用机制的相关研究。本文弥补了这一不足，并且从行业的外部融资依赖度、高新技术密集度和地区的产权保护程度视角，提供了创业投资促进企业创新绩效的证据。

研究设计

一、研究假设

1. 创业投资与创新绩效

相比于其他传统的投融资方式，创业投资更能激励和促进创新。首先，创业投资专注于早期中小微企业的长远投资，能有效降低这些融资约束很强的企业的研发投资不足，降低外部融资成本，促进创新绩效；其次，创业投资能为企业提供专业增值服务。基于此，本文提出以下假设：

H1：创业投资会促进企业的创新绩效。

更进一步，本文分析了以下四个方面的特征差异对 H1 的影响。

2. 行业特征：外部融资依赖度、高新技术密集度

已有研究表明，对于外部融资依赖度较高的行业，股权市场规模更能促进创新绩效，同时增加股权融资不会增加企业的财务风险；当资本市场能有效分散风险时，股权投资者也更乐于投资高风险的创新型企业，从而有助于降低这类企业的融资约束，提高创新绩效。据此本文提出以下假设：

H2：对于外部融资依赖度更高的行业和高新技术密集度更高的行业，创业投资对创新绩效的促进作用更显著。

3. 地区特征：产权保护程度

由于市场失灵和创新的溢出效应，在缺乏良好的法律保护的情况下，高科技行业面临尤为严重的被侵占风险。大量研究表明，产权保护和法律执行能有效提高企业投融资意愿和研发效率。据此，本文提出以下假设：

H3：在产权保护程度更好的地区，创业投资对创新绩效的促进作用更显著。

4. 创业投资机构的所有权性质

创业投资机构的国有和非国有属性很大程度上影响了其主动性和专业性，进而影响创新绩效。国有所有权所固有的代理问题可能削弱其对创新的促进作用。据此，本文提出以下假设：

H4a：与国有创业投资机构相比，非国有创业投资机构对创新绩效的促进作用更显著。

然而，国有资本也可能比非国有资本更能促进创新。首先，政府作为投资者介入新兴产业，可以显著减轻中小企业的融资约束和研发投资不足，提升其创新绩效；其次，国有创业投资机构拥有天然的政治关系，更有机会与资源推动企业提高创新绩效。据此，本文提出以下假设：

H4b：与国有创业投资机构相比，非国有创业投资机构对创新绩效的促进作用更不显著

5. 创业投资机构的声誉和网络资本

高声誉的创业投资能提供更专业的增值服务，通过认证效应为企业吸引高声誉承销商和后续融资，并且声誉受损对创业投资机构不利，比如未来更难筹资、更难获得高退出收

益；高网络资本的创业投资机构则具有信息和社会网络优势，能更好地协调创业投资机构、更容易与其他机构形成联合投资。据此，本文提出以下假设：

H5：高声誉和高网络资本创业投资机构对创新绩效的促进作用更显著。

二、模型

文章通过企业层面面板数据检验以上五个假说。检验 H1 的模型如下：

$$Innovation_{j,t} = \gamma_0 + \gamma_1 VC_j + \gamma_2 Post_1 + \gamma_3 VC_j \times Post_t + Controls_{j,t} + \mu_{j,t} \quad (1)$$

其中，Innovation 分别以专利数量和专利质量共五个维度衡量，专利质量指发明专利申请、有效专利数、国际专利分类号 IPC 数和专利权利要求；VC 表示是否为创业投资支持的企业；Post 表示年份是否处于原匹配企业创业投资进入和退出之间；交叉项 VC×Post 体现了创业投资支持的企业在获得创业投资支持之后创新绩效的变化与非创业投资支持的企业在相同期间创新绩效的变化之间的二次差分；控制变量包括企业年龄、总资产、杠杆率、营业收入和企业所属省份市场化指数。H1 检验交叉项 VC×Post 系数的显著性。

借鉴 Hsu 等（2014）对外部融资依赖度和高新技术密集度的计算方法，本文将样本按所处行业外部融资依赖度或行业高新技术密集度的中位数划分为高、低两个子样本，对子样本分别进行模型（1）回归，以检验 H2。

以被投资企业所在省份市场化指数衡量地区产权保护程度，按照中位数分为好和差两个子样本，并分别进行模型（1）回归，来检验 H3。

通过建立以下模型检验 H4：

$$Innovation_{j,t} = \varphi_0 + \varphi_1 GVC_j + \varphi_2 Non-GVC_j + \varphi_3 Post_j + \varphi_4 GVC_j^* Post_t + \varphi_5 Non-GVC_j^* Post_t + Controls_{j,t} + v_{j,t} \quad (2)$$

GVC、Non-GVC 分别表示企业是否由国有创业投资机构支持和是否由非国有创业投资机构支持；Post 和 Controls 同模型（1）。H4 分别检验两个交乘项系数的显著性。

通过建立以下模型检验 H5：

$$Innovation_{j,t} = \varphi_0 + \varphi_1 HRankVC_j + \varphi_2 LRankVC_j + \varphi_3 Post_t + \varphi_4 HRankVC_j \times Post_t + \varphi_5 LRankVC_j \times Post_t + Controls_{j,t} + v_{j,t} \quad (3)$$

$$Innovation_{j,t} = \varphi_0 + \varphi_1 HNetVC_j + \varphi_2 LNetVC_j + \varphi_3 Post_t + \varphi_4 HNetVC_j \times Post_t + \varphi_5 LNetVC_j \times Post_t + Controls_{j,t} + v_{j.t} \quad (4)$$

本文以创业投资机构以往投资企业成功上市的数量来衡量其声誉，模型（3）中 HRankVC 和 LRankVC 分别表示企业是否由高和低声誉创业投资机构支持；以创业投资机构在前 5 年期间内合作过的创业投资机构数量来衡量其网络资本，模型（4）中 HNetVC 和 LNetVC 分别表示企业是否由高和低网络资本创业投资机构支持。H5 分别检验交叉项系数的显著性。

三、稳健性检验

1. 内生性问题

因为创业投资机构倾向就近投资，被投资企业与创业投资机构存在地理聚集性，因此本文选用被投资企业获得首次创业投资当年企业所在省份创业投资机构的数量作为工具变量。采取 Heckman 两阶段回归后，结论一致。

2. 其他稳健性检验

包括①删除 leverage 缺失非常严重的这一控制变量；②增加可能影响企业创新绩效的地区变量，如企业所在省份的高新企业数量、R&D 支出、GDP、高端创新人才数（长江学者和两院院士)；③调整样本区间为创业投资支持的企业及其匹配企业从创业投资首次进入前 3 年至退出年份；④剔除在样本区间内没有任何专利申请的企业。分别使用原回归后，主要结果没有太大变化。

四、数据来源

所涉及的创业投资数据以及非创业投资支持企业数据均来自 CVSource 数据库；专利申请数据来自国家知识产权局；专利被引用数据和法律状态数据来自 Google Patent。

文章对 2004-2011 年首次获得创业投资支持的 519 家企业，按年度、省份、行业和获得创业投资前一年的专利申请量进行 PSM 匹配，得到最多 10 家非创业投资支持的企业作为对照样本。观测区间为每一家创业投资支持的企业及其匹配企业自创业投资进入前 2 年至创业投资退出年份，如果创业投资在 2013 年年底依然没有退出记录，观测区间截至 2013 年。

由于 CVSource 非上市企业库起始于 2002 年，专利数据收集截至 2013 年底，因此最终样本区间选择为 2002—2013 年。剔除控制变量缺失的观测值后，共得到 2002—2013 年 6849 个企业-年度观测值。

主要结论

本文以制造业工业企业 2002—2013 年的面板数据为样本，检验了创业投资对创新绩效的影响。结果表明：第一，创业投资支持的企业在创业投资进入之后创新绩效的变化显著高于同期间非创业投资支持的企业的变化。第二，对于外部融资依赖度更高、高新技术密集度更高的行业以及产权保护更好的地区，创业投资对企业创新绩效的促进作用更显著。第三，进一步区分创业投资机构的特征进行研究后，发现非国有创业投资机构对创新绩效的促进作用显著大于国有创业投资机构；高声誉、高网络资本的创业投资机构对创新绩效的促进作用更显著。

主要贡献

第一，创业投资对创新和经济发展至关重要。各国资本市场成熟程度不同，至今没有实证研究检验在我国转型经济背景下，创业投资对创新绩效的影响。仅有的个别研究只考察创新投入，并没有关注更具经济意义的创新绩效，本文弥补了以上不足。第二，国有创业投资是近年的热点问题。在创业投资行业发展的不同阶段，政府作用不尽相同，现有文献对其投资机制的认识十分有限，本文加深了对其投资机制的认识。第三，经济体系由微观主体构成。创业投资机构通过合作投资形成网络，创业投资的声誉和网络资本成为影响其行为的重要因素，并且新兴经济体市场化程度较差，声誉和网络资本有更大的作用空间。第四，本文收集和整理的高质量创新绩效数据是一大突破。

前沿跟踪

在创新管理研究领域中，企业创新绩效议题长期以来受到经济学和管理学领域学者们的热切关注，目前围绕企业创新绩效议题已经产生了一大批丰富的理论和研究成果。国内研究的热点主要是围绕企业吸收能力、创新网络结构、组织学习等视角展开。

企业吸收能力方面，郭尉（2016）发现吸收能力在创新开放度与开放式创新绩效中有部分中介作用；创新独占性对吸收能力与开放式创新绩效的影响有正向调节作用。艾志红（2017）基于吸收能力的研究视角，实证研究显示：网络规模、网络密度均显著促进潜在吸收能力的提升，潜在吸收能力的提升有利于实际吸收能力的提升，实际吸收能力的提升最终有利于创新绩效的提高；吸收能力在网络结构与创新绩效的关系中起完全中介作用。

创新网络结构方面，刘学元等（2016）以中国278家制造业企业为样本进行的实证研究得出：创新网络关系强度和企业吸收能力均对企业创新绩效存在显著的正向影响，且企业吸收能力在网络关系强度和企业创新绩效之间起不完全中介作用。施放和朱吉铭（2015）则基于228家浙江省高新技术企业，考察创新网络、组织学习对于创新绩效的影响机制，并建立了“创新网络-组织学习-创新绩效”框架模型。

组织学习方面，马蓝和安立仁（2016）基于组织学习理论，构建了创新网络环境下合作经验、吸收能力、网络权力对创新绩效影响的结构方程模型，并结合西安市高新技术企业样本数据进行研究后认为，合作经验和网络权力对创新绩效具有显著正向影响，而吸收能力对创新绩效的影响不显著；合作经验对网络权力和吸收能力具有显著正向影响。刘建湘和单汨源（2016）基于湖南、广东和浙江等地312家企业数据的实证研究表明，企业提升研发活动开放程度和增强组织学习对创新绩效都起到了显著的积极作用，并且组织的探索式学习在研发开放度与企业创新绩效之间起中介作用。

参考文献

[1] 郭尉．创新开放度对企业创新绩效影响的实证研究［J］．科研管理，2016（10）：43-50.

[2] 艾志红．创新网络中网络结构、吸收能力与创新绩效的关系研究［J］．科技管理研究，2017（2）：26-32.

[3] 刘学元，丁雯婧，赵先德．企业创新网络中关系强度、吸收能力与创新绩效的关系研究［J］．南开管理评论，2016（1）：30-42.

[4] 施放，朱吉铭．创新网络、组织学习对创新绩效的影响研究——基于浙江省高新技术企业［J］．华东经济管理，2015（10）：21-26.

[5] 马蓝，安立仁．合作经验、吸收能力、网络权力对企业创新绩效的影响机制——基于组织学习视角［J］. 科技进步与对策，2016（1）：81-87.
[6] 刘建湘，单汨源．研发开放度与企业创新绩效的关系研究：组织学习的中介作用［J］. 财经理论与实践，2016（2）：99-105.

（作者：王栋坤）

述评：
《风险投资与企业创新："增值"与"攫取"的权衡视角》

论文原作者：温　军　冯根福

期刊：《经济研究》2018 年第 2 期

原文摘要

本文在纳入增值服务机制以及对攫取行为的创新失败概率进行内生化的基础上，对经典风险投资行为模型进行了拓展，借此从"增值服务"和"攫取行为"交互作用的视角分析了风险投资对企业创新的作用机理，并基于 2004—2013 年深圳中小板和创业板公司 IPO 前数据，运用"匹配法和倍差估计量"技术对本文提出的假说进行了实证检验。结果表明：（1）样本期间风险投资整体上降低了中小企业的创新水平，参与约束放松导致的企业家创新收益增加小于成功概率下降导致的创新收益减少，且增值服务对创新的增量作用不足以抵消攫取效应的消极影响；（2）风险投资对创新的影响呈现先递减而后递增的"U 形"关系，曲线的低点出现在持股企业 IPO 当年或前一年，其原因是临近 IPO 时风险投资的攫取效应更为显著而增值服务却无明显的变化；（3）高声誉风投较低声誉风投对企业专利申请的不利影响更小，对创新效率的提升作用更大；是否联合投资与声誉资本异质性有相同的调节作用；高声誉资本牵头组建的联合风投对企业创新不存在消极影响，它的参与还显著提升了企业创新水平。

问题导入

为激发大众创业和万众创新，我国政府近年来出台了一系列政策鼓励和发展风险投资。现有文献关于风险投资对创新作用机理的分析大都基于"增值服务"角度，而忽视了风险投资攫取行为所产生的消极作用。基于此，本文主要对以下三个问题进行探讨：（1）风险投资的"攫取行为"与"增值服务"如何交互作用于中国中小企业创新？（2）这种作用机理如何因风险投资在声誉资本以及联合投资程度方面的不同而不同？（3）风险投资对中国中小企业的创新能力究竟产生了何种程度的影响？

研究设计

一、假设提出

一方面，已有研究表明，与其他投资相比，风险投资在提供监督治理、管理咨询和资源连接等增值服务方面具有明显的比较优势。另一方面，风险投资有动机和能力通过

“所有权替代效应”“金融隧道效应”和“经营隧道效应”等途径对初创企业进行攫取，进而损害创新。因此，风险投资与企业创新的关系要视增值服务和攫取效应的相对大小而定。基于此，本文提出以下假设：

H1：风险投资的参与不会必然提高企业的创新水平，其作用效果取决于攫取效应的内部权衡以及增值服务与攫取效应的外部权衡。

声誉是一种有价值的资产，风险投资一旦对企业家进行攫取，就会产生三种不利后果：一是有关攫取行为的信息会被扩散给其他企业家，从而失去未来与这些企业家进行合作的机会；二是其他风险投资为避免自身声誉受损而不再愿意参与由这些风投发起的联合投资；三是风险投资的有限合伙人预期到未来现金流下降时，会减少对风险投资的融资。基于此，本文提出以下假设：

H2：风险投资的声誉效应越高，其对企业创新的不利影响越小，积极作用越大。

就联合投资来看，一方面，所有风险投资采取集体行动驱逐或替代现有创业者的成本要远远高于单一行动者；另一方面，联合投资参与机构之间存在相互制衡，任何单一投资者对企业创新的攫取都会因损害其他参与者的利益而被抵制；此外，如果所有投资者都对企业创新进行攫取，此时即使风险投资机构能够从攫取中获益，其收益也会大大减少。基于此，本文提出以下假设：

H3：风险投资的联合投资程度越高，其对企业创新的不利影响越小，积极作用越大。

二、数据来源及样本选择

本文以深圳中小板和创业板上市企业 IPO 之前的风险投资创新效应为研究对象。数据来源和样本选择过程如下：首先，基于 2004—2013 年全部 5412 家（不含金融类）上市公司的财务报表和招股说明书，获取企业 R&D 投入和专利申请数据，并确定后续风险投资数据选择的样本框，共获取了涉及 921 个企业的 3967 个企业-年样本点。其次，在前述样本框内，从清科集团的私募通数据库获取有关风险投资的具体数据。其他用于实证分析的数据则来自 Wind 数据库和国泰安数据库。

三、实证模型

首先，为检验 H1，本文在对样本进行匹配处理后，进行了差分估计量回归。当被解释变量为专利申请数时，回归模型采用泊松计数模型；当被解释变量为创新效率变量时，则采用多元线形回归，具体如下。

$$E(\text{Patent} \mid z_{it}) = \exp(\text{aiv}_i + \beta_1 \text{Treatvc}_{+1} + \sum_{i=0}^{5} \beta_i \text{Treatvc}_{-i} + \beta_{11}^* X_{it} + \beta_{22}^* \text{Dum\_}t + \beta_{33}^* \text{In} + \varepsilon_{it})$$

$$P/R_{it} = aiv_i + \beta_1 \text{Treatvc}_{+1} + \sum_{i=0}^{5} \beta_1 \text{Treatvc}_{-i} + \beta_{11}^* X_{it} + \beta_{22}^* \text{Dum\_}t + \beta_{33}^* \text{In} + \varepsilon_{it}$$

其中，Patent 表示企业创新产出，用专利申请数来度量；P/R 表示企业创新效率，用专利申请与研发投入绝对额的自然对数的比来度量。vc 表示上市公司自成立以来有无风险投资机构持股，若有取 1，否则取 0；Treatvc 表示上市公司当年是否有风险投资机构进入，若有取1，否则取0；$Treatvc_{-i}$表示是否为风投进入i（i=1，2，3，4，5）年后，若是取1，否则取0；$Treatvc_{+1}$为风险投资进入前一年虚拟变量。此外，X表示控制变量，Dum_t和In分别为时间及行业虚拟变量。

其次，为检验H2和H3，本文按VC管理的资本量（vcfund）是否大于样本均值、首次进入年份的风险投资数目（vcnumber）是否大于1，将风险投资分为高声誉组和低声誉组、联合投资组和单独投资组，并运用全样本和PSM匹配后样本分别进行回归。

主要结论

第一，中国风险投资整体上显著降低了企业的创新水平，增值服务对创新的增量作用不足以抵消攫取效应的消极影响。第二，风险投资对创新的影响呈现先递减而后递增的“U形”曲线关系，其消极影响的峰值基本出现在持股企业IPO当年或前一年。第三，高声誉风投较低声誉风投对企业专利申请的不利影响更小，对创新效率的提升作用更大；是否联合投资与声誉资本异质性有相同的调节作用；高声誉资本牵头组建的联合风投对企业创新不存在消极影响，它的参与还显著提升了企业创新水平。

主要贡献

第一，本文在对经典风险投资行为模型进行拓展的基础上，从“增值服务”与“攫取行为”交互作用的视角，研究了风险投资与企业创新的关系。第二，分析了风险投资在声誉资本以及是否联合投资方面的异质性对创新的调节机制。第三，发现风险投资对企业创新存在攫取效应，风投持股整体上降低了中小企业的创新水平，其对创新的影响呈现先递减而后递增的“U形”曲线关系。

前沿追踪

风险投资作为多层次资本市场的重要组成部分，在我国转型期的技术创新和经济发展中发挥着至关重要的作用。伴随着风险投资的快速发展，学术界关于风险投资这一新兴领域的研究也在不断深化。

从风险投资对企业创新的影响看，齐绍洲等（2017）研究发现，风险投资能够显著提升新能源企业的创新能力，且这一激励效应主要通过“资金增加效应”“创新倾向提高效应”和“股东积极主义效应”机制实现。进一步地，陆瑶等（2017）对接受了风险投资的上市公司进行的研究发现，被联合投资的公司比被单独投资的公司表现出更强的创新能力；且联合投资机构数目越多，风险投资的持股时间越长，风险投资的联合投资对企业创新的正影响越强。

从风险投资对企业绩效的影响看，沈哲等（2019）通过对风险投资与新股折价的关系进行的研究发现，当采用新股的发行市盈率相对同行业市盈率中位数的差异来定义新股折价程度时，有风险资本支持的新股折价程度比没有风险资本支持的低7%。罗琦和罗洪鑫（2018）从信息成本角度研究发现，风险资本有利于缓解企业融资约束，从而显著提高了新三板企业经营业绩。此外，蔡宁等（2017）则通过研究发现，风险投资网络具有传染效应，即当与超薪酬公司具有共同的风险投资联结时，样本公司更有可能出现超薪酬现象。

参考文献

[1] 齐绍洲，张倩，王班班．新能源企业创新的市场化激励——基于风险投资和企业专利数据的研究［J］．中国工业经济，2017（12）：95-112.

[2] 陆瑶，张叶青，贾睿，李健航．“辛迪加”风险投资与企业创新［J］．金融研究，2017（6）：159-175.

[3] 沈哲，陈泓菲，刘小泉．为什么有风险资本支持的中国新股折价更高［J］．南开管理评论，2019，22（4）：32-43+68.

[4] 罗琦，罗洪鑫．风险资本的“价值增值”功能分析——基于网络信息披露的视角［J］．南开管理评论，2018，21（1）：63-74.

[5] 蔡宁，邓小路，程亦沁．风险投资网络具有“传染”效应吗——基于上市公司超薪酬的研究［J］．南开管理评论，2017，20（2）：17-31.

（作者：张凯歌）

述评：Corporate venture capital portfolios and firm innovation

论文原作者：Anu Wadhwa，Corey Phelpsb，Suresh Kothac

期刊：*Journal of Business Venturing*，2016，31（1）

原文摘要

This study examines the conditions under which portfolios of corporate venture capital (CVC) relationships influence corporate investor innovation performance. We investigate this question using longitudinal data on CVC investment portfolios of 40 telecommunications equipment manufacturers. We find an inverted U-shaped effect of portfolio diversity on corporate investor innovation performance. We also find that the effect of diversity depends on the depth of knowledge resources available in the portfolio. These results contribute to the interorganizational learning，corporate venture capital and open innovation literatures by showing how the breadth and depth of knowledge resources available in a portfolio of external partnerships with young ventures interact to influence firm innovation.

问题导入

企业获得持续经济效益的核心是科技知识的商业探索与创新绩效。对于后者，企业往往形成协作的、组织间的知识共享关系。由于这种共享关系在全球范围内的各个行业都越来越受欢迎，因此研究探索其对组织学习和创新的影响也逐渐受到人们的关注。虽然多数研究侧重于分析个人间的协作关系，但最近研究已经开始聚焦组织间的关系特征及其对学习、创新和组织绩效等方面的影响。企业间关系的组合至关重要，因为投资组合内的各部分可以形成相互补充或者相互替代的关系，从而影响组合的价值创造。最近的研究探讨了投资组合多样性如何影响它们之间的相互依存关系，特别是对企业创新的影响。尽管学者们在这方面的研究兴趣越来越大，但投资组合多样性又是如何影响企业创新的呢？本文从CVC 视角对此予以解答。

研究设计

本研究选取全球电信设备制造商行业，采用 1989—2000 年公司投资者的数据对研究假设进行验证。

一、研究假设

投资组合多样性可从四个方面影响公司投资者的创新产出：获取新颖知识的可能性；创业企业之间的竞争性；公司投资者的相对吸收能力以及投资者在管理其关系中所面临的资源约束。鉴于以上投资组合多样性带来的有利和不利的影响，本文提出以下假设：

H1：公司投资者的投资组合多样性与公司投资者的创新绩效呈倒U形关系。

投资组合的技术知识深度会促进公司投资者对于知识的吸收，因此本文提出以下假设：

H2：公司投资者投资组合的技术知识深度将调节投资组合多样性与创新绩效之间的倒U形关系。增加投资组合技术知识深度将提高多样性的积极影响，增加多样性影响的幅度，减少多样性对企业创新绩效的负面影响。

投资组合的合作伙伴是公司投资者获得知识的间接途径，因此本文提出以下假设：

H3：公司投资者投资组合的合作伙伴总数将调节投资组合多样性与企业创新绩效之间的倒U形关系。增加投资组合的合作伙伴将提高多样性的积极影响，增加多样性影响的幅度，减少多样性对企业创新绩效的负面影响。

二、变量设置

1. 因变量

公司投资者的创新绩效：未来7年内，在第t年申请专利的向前引用总数（向前引用：专利被其他专利引用）

2. 自变量

投资组合多样性的计算公式为：

$$\text{Portfolio Diversity}_{it-1}=\frac{1}{N}\sum_{j=1}^{N}d_{ij}\lambda u_j$$

其中d为公司投资者与创业企业的距离，其计算公式为：

$$d_{ijt}=1-\left[\sum_{k=1}^{K}f_{ik}f_{jk}/\left(\sum_{k=1}^{K}f_{ik}^2\right)^{1/2}\left(\sum_{k=1}^{K}f_{jk}^2\right)^{1/2}\right]$$

f_{ik}表示在行业k中公司投资者i的四位数SIC代码总数的比例，f_{jk}表示在行业k中创业企业j的四位数SIC代码总数的比例，K表示投资企业和创业企业所处的行业类别总数。所有的d组成了一个对称的矩阵D。$\lambda U=DU$，U是D的特征向量，λ是D的特征值。

3. 调节变量

投资组合知识深度：在过去4年内投资组合（包括$t-1$年）所拥有的专利的平均数量。

投资组合的合作伙伴总数：在过去4年投资组合（包括$t-1$年）所拥有的合作伙伴的平均数量（包括与其他CVC投资者所形成的关系）。

三、回归结果

由于因变量非负且过度离散，因此本文采用负二项模型进行回归。另外，根据 Hausman 检验结果，本文用固定效应进行相应的估计。

回归结果显示：投资组合多样性平方的系数显著为负，因此 H1 成立。

投资组合多样性平方与投资组合知识深度的交互项的系数显著为正，结合绘制的图 1 进行分析，在投资组合多样性较低和较高的程度时，较高水平的投资组合深度均会促进投资组合的多样性对于公司投资者创新绩效的影响。因此，H2 成立。

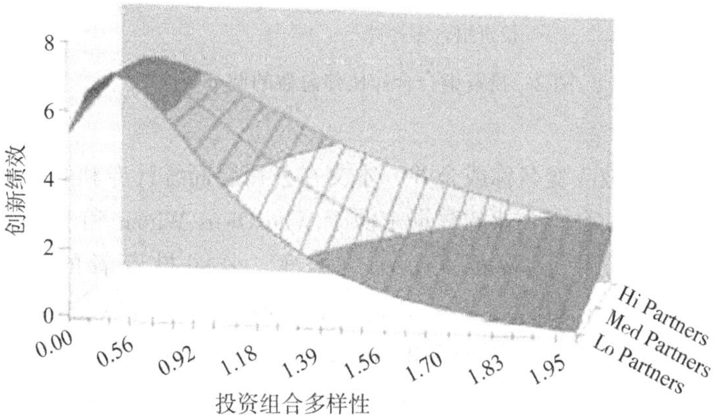

图 1　投资组合深度的调节效应

投资组合多样性的平方与投资组合合作伙伴总数的交互项系数显著为正，结合绘制的图 2 进行分析，仅仅在投资组合多样性较高的程度时，投资组合的合作伙伴总数才会促进投资组合的多样性对于投资企业创新绩效的影响，所以 H3 成立。

四、稳健性检验

（1）剔除在 $t-4$ 至 $t-1$ 的四年内，没有进行过 CVC 投资的投资企业样本（此类样本无法获得投资组合的相关数据），用剩余样本进行回归，得到的结论与前文一致。

（2）采取两种附加的衡量投资组合多样性的指标——投资组合内部多样性（衡量投资组合内部行业的多样性）和平均投资组合多样性（投资组合内部行业的多样性以及投资组合公司与公司投资者行业多样性的平均）分别进行回归分析。前者的回归结果与前文一致，而后者的回归结果显示平均投资组合多样性对投资者创新绩效没有任何影响。

（3）在原样本的基础上，用随机效应重新进行回归，得到的结论与前文一致。

五、数据来源

本文的美国专利数据来源于 Thomson Reuters 的 Delphion 数据库。由于专利经常被分

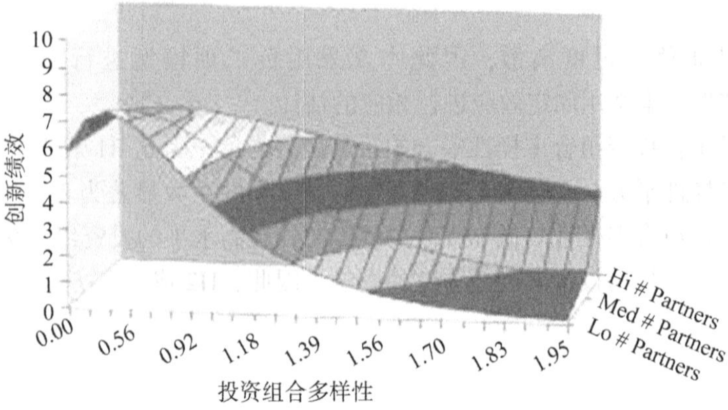

图 2　投资组合合作伙伴总数的调节效应

配给子公司，它可能会被改变名称或合并，本文在公司层面统计专利的数量。每个样本公司的所有部门、子公司和合资企业的数据来源于 Who Owns Whom 和 Directory of Corporate Affiliations。CVC 数据来源于 VentureXpert 数据库。公司投资者的财务数据来源于 Compustat，年度报告，SEC filings，日本公司手册，Worldscope 和 Global Vantage。公司投资者收购数据和目标联盟数据来源于 SDC M&A database，SDC alliance database，Factiva，Lexis-Nexis 和 Dialog 的系统搜索。遵循类似研究至少考虑一年滞后期的做法，CVC 投资的创业企业记录时间范围为 1989—2000 共 12 年。最终，本文的样本包括 417 个企业-年度观测值，来自总部设在 11 个国家的 40 家上市的电信设备制造商的不平衡面板数据。

主要结论

第一，企业投资者在其投资组合中可用的资源多样性与投资者的创新绩效之间存在着倒 U 形的关系。因此，本文结果强调了维持一定投资组合多样性水平的好处，并且表明尽管投资组合的多样性有利于创新，但它也可能具有必须考虑的成本影响。第二，本文发现投资组合拥有比较丰富的知识资源时（也就是说，当它们拥有更深的技术知识，并通过联盟与外部知识资源相连时），投资组合多样性的优势得到加强，投资组合多样性的成本得到缓解。

主要贡献

第一，本文通过检验投资组合的特征，拓展了企业间组合关系的研究。组织间研究一般忽视了投资组合内部可能发生的不同相互依存关系，以及这些差异对企业绩效的影响。第二，通过确定 CVC 投资影响公司投资者创新的条件，拓展了 CVC 和公司创业的研究领域。有关 CVC 和公司投资者创新绩效的先前研究很少检验 CVC 投资组合内部的相互关系是否有助于投资者创新。第三，通过确定 CVC 投资组合影响公司投资者创新的条件，本文对开放式创新研究有积极的影响。

前沿跟踪

目前关于 CVC 的研究重点关注以下几个领域：

一是 CVC 与 IVC 之间的比较。Colombo M. G. 和 Murtinu S.（2017）研究发现，IVC 和 CVC 投资都有助于投资组合的经济表现，这些影响主要表现在实际销售额的增加，此外，创业投资对企业整体经济表现及其组成部分的动态影响（实际销售价值、实际固定资产和实际劳动力成本）根据投资者的类型不同而有所不同；Galloway T. L. 等（2017）等认为虽然公司投资者的影响力影响联盟形成策略，但具有较高影响力（企业知识或所有权）的 CVC 支持企业形成以创新为重点的联盟，相比之下，VC 支持的公司倾向于避免以创新为中心的联盟，更倾向于利用已知状态，即使公司投资者在联盟内部具有很高的影响力。

二是 CVC 与投资组合多样性之间的关系。Lee S. U. 和 Kang J.（2015）发现，CVC 投资的总额和投资组合公司的工业多样性与企业投资者的技术多样性呈现曲线（倒 U 形）关系，此外，实证结果表明，企业投资者的吸收能力积极调节了 CVC 投资对技术多样性的影响；Baldi 等（2015）认为 CVC 投资者从创业企业中学习的可能性程度取决于其风险态度的性质，即投资组合多元化（低风险）或集中（高风险）策略，研究发现，投资组合为公司投资者提供了成长和学习机会，并且学习倾向与投资组合多元化之间存在曲线（U 形）关系。

其他对于 CVC 的研究方面，Ceccagnoli M. 等（2018）发现，公司投资者的科学能力、技术领域、研究方法以及与创业企业技术相关的外部不确定性的解决影响投资者对 CVC 投资和事后技术收购的决策，进一步研究发现，执行 CVC 投资后的实物期权最常见的方法是通过技术许可；Kang H. D. 和 Nanda V. K.（2015）调查了公司创业投资（CVC）为公司投资者创造的技术溢出效应和资本收益，研究发现 CVC 投资的技术进步提高了公司投资者的价值，但是资本收益效果却微乎其微，当公司投资者向没有其他投资者的非上市创业企业和技术上相关的创业企业投资时，这些技术溢出效应得到了加强。

参考文献

[1] Colombo M. G., Murtinu S. Venture capital investments in Europe and Portfolio firms'economic performance: independent versus corporate investors [J]. Journal of Economics & Management Strategy, 2017, 26 (1): 35-66.

[2] Galloway T. L., Miller D. R., Sahaym A., et al. Exploring the innovation strategies of young firms: Corporate venture capital and venture capital impact on alliance innovation strategy [J]. Journal of Business Research, 2017, 71: 55-65.

[3] Lee S. U., Kang J. Technological diversification through corporate venture capital investments: creating various options to strengthen dynamic capabilities [J]. Industry and

Innovation, 2015, 22 (5): 349-374.
[4] Baldi, Baglieri F., Corea D., et al. Balancing risk and learning opportunities in corporate venture capital investments: evidence from the biopharmaceutical industry [J]. Entrepreneurship Research Journal, 2015, 5 (3): 221-250.
[5] Ceccagnoli M., Higgins M. J., Kang H. D. Corporate venture capital as a real option in the markets for technology [J]. Strategic Management Journal, 2018, 39 (13): 3355-3381.
[6] Kang H. D., Nanda V. K. Corporate venture capital, technology spillovers, and capital gains: evidence from the biopharmaceutical industry [J]. SSRN Electronic Journal, 2014 (Jan).

(作者：凌　丽)

述评：《风险投资与企业创新：影响和潜在机制》

论文原作者：陈　思　何文龙　张　然

期刊：《管理世界》2017 年第 1 期

原文摘要

发挥资本市场对技术创新的支持作用，是国家实施创新驱动发展战略的重要要求。本文以 2006—2011 年深沪两市首次公开上市的 A 股公司为样本，运用双重差分模型，研究风险投资（venture capital，VC）对企业创新的影响，并进一步探讨其作用机制。研究发现：VC 的进入促进了被投企业创新，表现为其专利申请数量的显著增长。外资背景的 VC 和多家 VC 联合投资对被投企业创新活动的促进作用更强；且 VC 投资期限越长，对创新的促进作用越强。进一步考察 VC 影响企业创新的潜在机制发现：一方面，VC 的进入有利于被投企业引入研发人才，扩大研发团队；另一方面，VC 的进入为被投企业提供了行业经验与行业资源，从而有利于企业创新能力的提高。本文不仅揭示了风险投资对被投企业创新活动的影响及其具体机制，而且为国家完善金融服务体系、利用资本市场推进创新战略提供了经验证据。

问题导入

创新是一个国家经济发展的原动力，也是推动经济社会不断向前的重要力量。随着我国经济的飞速发展和经济结构的调整，企业的创新能力越来越受到全社会的关注。《中共中央　国务院关于深化体制机制改革　加快实施创新驱动发展战略的若干意见》中提到，应强化资本市场对科技创新的支持，壮大创业投资规模。各地也相继出台了一系列政策，通过税收优惠、一次性奖励或补助、租购房补贴、投资亏损补偿等多种形式对风险投资机构予以扶持，鼓励其积极参与推动企业创新。

那么，这一系列政策引导究竟效果如何？风险投资在企业创新中又扮演者何种角色呢？这些问题在当前的经济环境下显得尤为重要，这也正是本文研究的初衷。

研究设计

一、研究假设

传统的认证假说认为：VC 具有认证、监控的功能。而从 VC 的能力角度来看，VC 作为专业投资者，通常拥有丰富的企业管理经验，并在其投资的领域积累了一定的行业经验和资源，能够通过多种方式帮助被投企业提高其增值能力。据此，本文提出以下假设：

H1：VC的进入有利于促进被投企业的创新。

不同特征的VC对被投企业创新绩效的影响可能存在差异。为此，本文讨论从以下三个方面进行研究：

第一，股权性质。由于国外VC行业起步较早，发展比较成熟，外资VC一般积累了丰富的行业经验，对被投企业的增值能力更强。据此，本文提出以下假设：

H2：相较于内资VC，外资VC参与的企业创新绩效更好。

第二，持股期限。根据认证假说，VC的持股期限越长，越能更多地参与被投资企业的经营和管理活动，为企业提供更多增值服务。同时，VC的持股期限越长，越表明VC看好该项投资，而非通过短期的进入和退出投机获利。因此VC会更关注企业研发等长期投资决策，帮助被投企业提升价值。据此，本文提出以下假设：

H3：VC的持股期限越长，被投企业的创新绩效越好。

第三，联合投资。相比于单独投资的VC，联合投资的VC能够产生协同作用，为企业带来更高的价值增值。当多家VC共同投资企业时，VC间的协同作用使得被投企业能够在研发技术、行业经验、人才引进等方面享有多种异质资源。据此，本文提出以下假设：

H4：相较于VC单独投资，VC联合投资的企业创新绩效更好。

二、模型

本文建立以下模型检验H1：

$$\text{Patent}_{it} = \beta_0 + \beta_1 \text{VC\_After}_{it} + \gamma X_i + F_i + \lambda_t + \varepsilon_{it} \tag{1}$$

其中，Patent表示专利申请量，具体用LnPatent（企业每年申请的专利总数的对数值）和LnInnovation（企业每年申请的发明专利的对数值）两个变量来衡量；VC_After为衡量VC进入影响的哑变量，该变量取值为1表示有VC参与的样本企业在VC进入后的“企业-年”观测，取值为0则表示没有VC参与或VC进入之前的“企业-年”观测；X表示企业规模、ROA、资产负债率、有形资产比率4个控制变量；F和λ和分别表示企业和年份的虚拟变量。

回归结果显示，不论是OLS回归还是负二项回归，VC_After的系数都显著为正，验证了H1。

利用有VC参与的企业样本，构建如下模型检验VC特征对创新的影响：

$$\text{Patent}_{it} = \beta_0 + \beta_1 \text{VCChar}_{iu} + X_{it} + F_i + \lambda_t + \varepsilon_{it} \tag{2}$$

其中，VCChar表示VC的特征，包括是否联合投资、VC背景和投资期限等变量。模型中其他变量定义同模型（1）。

回归结果显示，是否联合投资、VC背景和投资期限分别作为自变量时，都显著为正，验证了H2-H4。

三、机制探讨

上述研究结果表明，VC的参与能够促进被投企业创新，本文进一步探讨VC促进被投企业创新活动的潜在机制。

1. VC的参与对企业研发团队的影响

将模型（1）中的因变量换为企业当年研发团队总人数和企业当年每项专利研发团队的平均人数。结果显示，在VC进入之后，企业的研发团队明显扩大，平均每项专利的研发人员更多，符合我们的预期。

2. VC的行业经验对企业创新的影响

针对有VC参与的样本，将模型（2）中的自变量换为VC投资经验和VC同行业的投资经验。结果显示，VC投资经验的系数不显著，VC同行业的投资经验的系数显著为正，从而说明VC的行业经验是影响被投企业创新活动的另一种有效机制。

稳健性检验

为了排除并非VC的参与提高了被投企业的创新能力和创新绩效，而是VC在事前选择了创新更强的企业这一反向因果关系，对有VC参与的企业在VC进入前和没有VC参与的企业的专利总数和发明专利数进行平行趋势假设检验。结果表明两者的系数均不显著，故排除了反向因果关系。

进行倾向得分匹配分析。采用最邻近匹配法对每个有VC进入的被投企业，在控制组企业中只保留了与之倾向得分最为近似的一个企业，用模型（1）进行回归，回归结果与前文一致。

数据来源

本文选取2006—2011年沪深两市IPO的所有A股公司为样本。VC相关信息通过招股说明书中的“发行人基本情况”手工摘录和整理；公司上市前3年以及上市后的财务数据取自Wind数据库和CSMAR数据库；专利数据来源于国家知识产权局发布的中国专利数据库。

剔除金融企业，本文最后的样本共含有5651个企业-年观测，共有875家首次公开发行股票的上市企业，其中有VC参与的共有437家。

主要结论

第一，VC的进入显著促进了被投企业创新，表现在企业的专利数量显著增加。进一步分析VC的特征发现，外资背景的VC相比于内资背景的VC具有更丰富的经验，因此对创新的促进作用也更强；VC对被投企业的投资时间越长，对被投企业的影响力越大，对创新的促进作用越强；相较于单独投资，多家VC联合投资能够为企业提供更丰富的资源和行业经验，对创新的促进作用更强。第二，为了进一步考察VC促进企业创新的潜在机制，本文从扩大研发团队和提供行业经验两个角度深入剖析。结果发现，一方面，VC

帮助企业引入研发人才，扩大研发团队；另一方面，VC 为企业提供了行业经验和行业资源，从而帮助企业提高创新能力。

主要贡献

第一，本文以创新活动为焦点，考察了 VC 的参与对被投企业提高长期竞争力的影响。第二，本文不仅检验了 VC 对企业创新的影响，更首次从研发人员、行业经验等角度对其影响机制进行了探讨，对以往研究进行了有益的补充。第三，本文采用了双重差分模型，并结合倾向得分匹配方法，有效排除了其他因素（尤其是不可观测因素）干扰，从而验证了 VC 影响被投企业创新绩效这一因果关系。

前沿跟踪

现有文献主要从高管薪酬、企业经营绩效、首次公开发行的市场表现等角度研究了 VC 对企业的影响，具体而言：

从高管薪酬的角度，陈孝勇和惠晓峰（2015）研究发现：（1）创业投资能够显著改变民营企业高管薪酬与业绩的敏感性，但是创业投资并没有显著改变国有企业高管薪酬与业绩的敏感性；（2）对民营企业而言，创业投资参与降低了高管薪酬与会计业绩之间的敏感性，但是提高了高管薪酬与市场业绩之间的敏感性。蔡宁等（2017）研究发现：第一，当与超薪酬公司具有共同的风险投资连接时，样本公司更有可能出现超薪酬现象；第二，风险投资所连接的样本公司与超薪酬公司的相似性越强，包括地域、成长性、风险等方面的相似，样本公司出现超薪酬的可能性也越大；第三，当风投向投资项目派出高管时，样本公司更有可能出现超薪酬现象。

从企业经营绩效的角度，邹小芃等（2016）研究发现，有创业投资支持的被投资企业在上市之前的经营业绩趋于下滑，而这种影响在上市之后并不显著，创投的退出对公司经营绩效的影响不显著。联合投资的创投机构数量在一定阶段对被投资公司的经营绩效产生负向影响，而创投机构的持股比例和创业投资时间的影响不显著。刘冰等（2016）研究发现，创业投资的介入弱化了高流动性冗余资源与绩效间的正相关关系，但加剧了低流动性冗余资源与绩效间的负相关关系；其介入程度对高流动性冗余资源与绩效的关系有显著负向调节作用，而对低流动性冗余资源与绩效的关系无显著影响。

从首次公开发行的市场表现的角度，乔明哲等（2017）研究发现：（1）公司创业投资参与的企业 IPO 抑价水平显著低于其他企业；（2）公司创业投资参与的企业 IPO 抑价水平显著低于仅有一般独立 VC 参与的企业；（3）公司创业投资持股比例与企业 IPO 抑价之间存在类似“∽”形的非线性关系，且该非线性关系受到投资方和受资企业之间业务相关性的影响。韩鹏和沈春亚（2017）研究发现，研发信息披露水平、研发市场错误定价对 IPO 抑价均有较强的解释力，风险资本在新股发行时只发挥了信号作用而没有有效发挥信息作用，从而提高了 IPO 抑价率。

参考文献

[1] 陈孝勇，惠晓峰．创业投资的治理作用——基于高管薪酬契约设计视角的实证研究［J］．南开管理评论，2015（2）：126-135.

[2] 蔡宁，邓小路，程亦沁．风险投资网络具有“传染”效应吗——基于上市公司超薪酬的研究［J］．南开管理评论，2017（2）：17-31.

[3] 邹小芃，杨芊芊，戴杭骁．创业投资对企业经营绩效的影响研究——基于中小板和创业板上市公司的实证分析［J］．浙江金融，2016（8）：55-63.

[4] 刘冰，罗超亮，符正平．风险投资和创业企业总是完美一对吗［J］．南开管理评论，2016（1）：179-192.

[5] 乔明哲，张玉利，凌玉，李金良．公司创业投资究竟怎样影响创业企业的 IPO 抑价——来自深圳创业板市场的证据［J］．南开管理评论，2017（1）：167-180.

[6] 韩鹏，沈春亚．研发投入、风险资本与 IPO 抑价——基于创业板 IPO 公司的实证研究［J］．管理评论，2017（4）：12-24.

（作者：凌　丽）

述评：
《风险投资、创新能力与公司 IPO 的市场表现》

论文原作者：张学勇　张叶青

期刊：《经济研究》2016 年第 10 期

原文摘要

本文以公司创新能力为研究视角，基于 2003—2012 年的中国 A 股市场数据，实证分析了风险投资支持的公司在 IPO 时点的创新能力对公司上市之后市场表现的影响，进而印证了风险投资支持的公司较好的 IPO 市场表现是受内在创新能力所驱动。研究发现：(1) 首先，在 IPO 之前风险投资会帮助公司提高创新能力；(2) 同样接受了风险投资，在 IPO 之前拥有专利的公司相对于那些缺乏创新能力的公司，IPO 的抑价率更低，长期回报率更高；(3) 缺乏创新能力的公司与没有风险投资支持的公司相比，在市场表现方面并没有显著差异。总体而言，创新能力对风险投资支持的 IPO 公司的市场表现具有显著的驱动作用，创新能力的建立才是风险投资支持的公司获得更好的 IPO 市场表现的关键。

问题导入

作为新兴企业的一种重要融资形式，风险投资一直以来受到学术界的广泛关注。一方面，风险资本家们通过投资于有巨大创新潜力的初创企业并参与企业管理来影响企业成长的速度和质量；另一方面，他们通过风险资本的退出取得收益并启动下一轮投资，而首次公开发行（IPO）是风险投资退出渠道中常见的也是最为成功的途径。风险投资真的有助于公司建立创新能力吗？如果答案是肯定的，那么风险投资支持的公司上市之前的创新水平对其上市之后的表现会有怎样的影响？本文将为这些问题的解答提供基于中国 A 股市场的实证证据。

研究设计

本文首先印证 VC 对被投公司创新能力的促进作用，且进一步证明 VC 支持的这些 IPO 公司的短期和长期市场表现会受到企业创新水平的影响，研究设计主要分为以下三部分：

1. 风险投资与创新能力

通过对 2003—2012 年有、无 VC 的两组 IPO 公司在 IPO 时点拥有授权专利数目的描述性统计，我们发现 VC 支持的 IPO 公司拥有更多专利。但这些较多的专利数目是由于 VC 在投资之前对创新型公司的筛选作用还是 VC 在投资之后对公司创新能力的促进作用呢？这就需要进一步明确风险投资与公司创新能力之间的关系，即考察风险投资这一虚拟变量的内生性问题。具体而言，本文首先使用PSM法来控制VC投资时点潜在的选择偏差，匹配的要素包括公司规模、盈利能力、负债和公司年龄。将每个VC支持的公司与三个没有VC支持的公司进行匹配后，最后得到1128个回归样本。其次，选取“在VC投资年份公司所在省份的风险投资机构数目”（对数化处理）作为工具变量。

第一阶段中，本文采用Probit模型估计出样本公司被VC选择的可能性。第二阶段中，在解释变量中加入第一阶段的残差，然后以专利数目为因变量进行普通Poisson回归和工具变量Poisson回归。两次回归结果均显示VC哑变量系数显著为正，表明VC确实会选择创新能力强的企业进行投资，且在投资之后对于企业创新能力的进一步建立也具有显著的促进作用。

2. VC支持下公司创新能力与IPO抑价

上一部分已经肯定了VC对公司创新能力的促进作用，那么VC支持的IPO公司的创新能力会给公司带来更好的市场表现吗？这一部分中，样本被划分为没有VC支持的IPO公司、VC支持但不拥有专利的公司、VC支持且拥有专利的公司三组。通过对这三组公司的IPO首日抑价率、IPO发行成本和开盘价低于发行价的公司所占比重进行描述性统计，发现无论用哪一种指标来衡量比较这三组公司的抑价情况，都是VC支持且拥有专利的公司抑价程度最低，而另外两组公司的抑价程度没有明显差异。由此说明，如果VC能够提高公司创新能力，则会促进IPO公司的短期市场表现；如果VC没有发挥其推动创新的作用，则其IPO的短期市场表现与没有VC支持的公司之间的差异并不显著。

3. 风险投资支持下公司创新能力与长期市场表现

已有研究表明VC参与的公司在上市之后的长期收益率高于没有VC参与的公司，那么创新能力会是这一现象背后的深层次原因吗？有专利和没有专利的VC支持的IPO的长期市场表现会存在差异吗？文章通过衡量不同的IPO公司的长期市场表现来对上述问题进行研究，衡量指标包括：IPO发生之后公司股票24、36、48、60个月的买入并持有异常回报（BHAR）、月度算术平均异常回报（AR）、CAPM模型和Fama & French三因素模型的异常回报（alpha）。

计算结果显示：VC支持且拥有专利的IPO公司的长期市场表现最为出色，另外两组之间则没有显著差异，没有VC支持的IPO公司甚至会在某些指标上超越VC支持但没有专利的IPO公司。VC支持的有、无专利的两类公司回报率差距在上市36个月之后尤其巨大，有专利的公司长期市场表现明显好于没有专利的公司。

为了结果的稳健性，本文又①构造分IPO年度的Wealth Relative指标，②计算并比较三类IPO公司分别构造的日历时间组合的长期市场表现，③进行创新能力对公司长期异常回报影响的回归分析，结果均支持结论。

4. 数据来源与样本选取

本文所使用的数据来源于CSMAR、中国工业企业数据库和CV-Source投资数据库，另外，公司被授予专利数来自样本IPO公司的招股说明书。总样本包含2003—2012年在A股上市的共1302家公司。

主要结论

第一，创新能力对风险投资支持的 IPO 公司的市场表现具有显著的驱动作用，创新能力的建立才是风险投资支持的公司获得更好的 IPO 市场表现的关键。第二，如果风险投资支持的 IPO 公司不具有创新能力，那么它与没有风险投资支持的 IPO 公司在市场表现方面并没有显著差异。

主要贡献

第一，本文研究了中国的风险投资对被投资公司的创新能力的影响，并验证了该影响是正向且显著的，从而印证了中国风险投资对创新发展的意义。第二，通过公司上市后的业绩证实了风险投资是公司创新能力的驱动力。

前沿跟踪

发挥资本市场对技术创新的支持作用，是国家实施创新驱动发展战略的重要要求，因此，近年来许多学者对风险投资与企业创新两者之间的关系做了深入而细致的探讨。陈思等（2017）通过研究 VC 对企业创新的影响和潜在机制，发现 VC 的进入促进了被投企业创新，表现为专利申请数量显著增长，潜在影响机制为研发团队扩大和行业经验与行业资源增加。实际上，VC 的数量也会不同程度上影响企业的创新能力，如陆瑶等（2017）发现在接受了 VC 的上市公司中，被联合投资的公司比被单独投资的公司表现出更强的创新能力。

此外，由于风险投资偏好高科技创业企业，因此研究者们把研究目光缩小至 VC 对高科技企业技术创新的影响。宁宇新和景琳（2017）通过构造技术创新产出和效益两个指标进行的研究，发现有 VC 投资背景的科技型企业虽然在技术创新方面的表现要优于无 VC 背景的科技型企业，但在技术创新效益的表现上两者无显著差异。齐绍洲等（2017）发现 VC 主要通过资金增加效应、创新倾向提高效应和股东积极主义效应三个机制显著提升了新能源行业的创新能力。

那么，风险投资对公司 IPO 后的市场表现存在影响吗？现有研究给出了不一致的结论。许昊等（2016）以创业板上市企业为研究对象，发现 VC 的进入和参与程度能够显著改善企业 IPO 绩效；而李永平和苟成娟（2017）研究发现 VC 的介入对公司筹资、投资、运营活动以及费用支出转化为企业业绩的过程起到调节作用，结果导致受资企业 IPO 后业绩下降。

参考文献

[1] 陈思，何文龙，张然．风险投资与企业创新：影响和潜在机制［J］．管理世界，2017（1）：158-169.

[2] 陆瑶，张叶青，贾睿，李健航．“辛迪加”风险投资与企业创新［J］．金融研究，2017（6）：159-175.

[3] 宁宇新，景琳．风险投资对科技型上市公司技术创新能力影响研究［J］．财会月刊，2017（3）：37-41．
[4] 齐绍洲，张倩，王班班．新能源企业创新的市场化激励——基于风险投资和企业专利数据的研究［J］．中国工业经济，2017（12）：95-112．
[5] 许昊，万迪昉，徐晋．风险投资改善了新创企业 IPO 绩效吗？［J］．科研管理，2016，37（1）：101-109．
[6] 李永平，苟成娟．风险投资对上市企业 IPO 后绩效的影响——基于创业板的经验证据［J］．会计之友，2017（5）：73-77．

（作者：殷雨晗）

述评：《家族控制、风险投资和企业 R&D 投资》

论文原作者：唐清泉　黎文飞　蔡贵龙

期刊：《证券市场导报》2015 年第 1 期

原文摘要

本文以 2007—2012 年 A 股上市家族企业为样本，研究风险投资对家族控制企业 R&D 投资机制的影响。研究发现，家族控制的风险规避行为抑制了企业的 R&D 投资；有风投背景的家族企业能显著地增加 R&D 投资，并对家族控制权与 R&D 投资关系产生调节作用，但这种调节的有效性只在家族控制权较低的企业中成立。进一步研究发现，不同特征的风投对家族控制企业的 R&D 投资产生的影响不同。风投声誉越高和持股比例越多，对家族控制权与 R&D 的调节作用越强；国有风投和本地风投对家族控制权与 R&D 的调节作用更强，而联合风投与独立风投没有显著差别。

问题导入

在我国民营上市公司中，家族企业占据了半壁江山。然而，根据 2011 年首份《中国家族企业发展报告》，我国多数家族企业创新能力不足，研发活动尚不活跃，制约了家族企业的持续发展。R&D 投资是企业创新的源泉和基础，如果家族企业不进行 R&D 投资，可持续发展就会成为无源之水。因此，摆在面前的一个问题就是，如何才能增加家族企业 R&D 投资，促进家族企业的创新？实践上，我国对风投是否能够以及如何促进企业创新的研究也远远滞后于国家政策需求和现实实践。因此，我们急需研究家族企业的 R&D 投资机制，以揭示家族控制企业对 R&D 投资的风险偏好；如果 R&D 投资不足，是否有其他力量，比如风险投资来驱动或改变这种状态。

具体说来，理论研究需要回答以下几个问题：（1）是什么抑制了家族企业的 R&D 投资？（2）家族企业 IPO 后尚未退出的风投是否能促进 R&D 投资？（3）风投影响 R&D 投资的机制是什么？（4）不同特征风投的作用有何差异？

研究设计

一、理论分析与研究假设

1. 家族控制与企业 R&D 投资偏好

理论上，家族控制与 R&D 投资偏好的关系存在两面性。

一方面，家族控制有利于增加 R&D 投资。由于家族企业的所有者通常又是管理者，所有者和管理者利益的一致性可以缓解长期投资（比如 R&D）过程中的代理问题。管家理论的利他主义认为，家族企业管理者对自己的家族企业有更强的心理归属感和成就感，家族企业家具有长远的投资视野，而不局限于短期收益。

另一方面，家族控制也可能抑制 R&D 投资。首先，家族管理者可能不具有管理企业上市后进一步发展的知识技能，这不利于企业的长远发展战略决策；其次，晋升锦标赛机制的缺失抑制了非家族员工努力工作的积极性；再次，家族企业继任的排他性，职位上升的限制等原因，导致招聘和留住高技能人才存在一定的困难。最后，家族内部冲突会影响企业经营的稳定性；家族成员可能为了自己的私利掏空上市公司，从而导致进行创新投资的活动减少。

虽然理论上存在家族控制与 R&D 投资偏好的对立假说，但已有实证研究表明，家族企业更多的是风险规避者。因此本文提出以下假设：

H1：在其他条件一定的情况下，家族控制权与 R&D 投资负相关。

2. 风险投资对家族控制企业 R&D 投资的影响

风投和被投资家族企业的合作，可以为家族企业提供金融资源、智力资本和社会关系等方面的帮助，对企业的研发创新行为起到重要的推动作用。因此本文提出以下假设：

H2：在其他条件一定的情况下，有风投背景的家族企业加大了 R&D 投资。

本文认为，当家族控制权大于一定比例的时候，家族势力控制和主导着企业的投资决策，而家族决策的治理机制和家族成员的知识局限性，使得家族企业 R&D 投入的动力不足。此时，风投委派到家族企业的董事很难在董事会上有所作为，主要起到的是价值保护作用。

但当家族控制权低于某一临界值时，风投在董事会任职和拥有的投票权可能对企业的决策起到重要的作用，在必要的时候甚至可以解雇或更换家族高管成员。在这种情况下，风投有动力和能力为家族企业提供更多的增值服务，完善公司的治理结构，促进家族企业增加 R&D 投资。此时，风投起到价值创造的作用。因此本文提出以下假设：

H3：在其他条件一定的情况下，风投只对低家族控制权与 R&D 投资的关系产生调节作用。

二、模型设定

为验证各假设，本文采用多元线性回归模型。其中模型（1）用于检验假设 H1，模型（2）用于检验假设 H2，模型（3）用于检验假设 H3，变量的定义见表 1。

$$\text{R\&D} = \alpha_0 + \alpha_1\text{family} + \alpha_2\text{roa} + \alpha_3\text{size} + \alpha_4\text{cashflow} + \alpha_5\text{debt} + \alpha_6\text{age} + \alpha_7\text{Tobin's}q + \alpha_8\text{hihgtech} + \alpha_9\text{year} + \zeta \quad (1)$$

$$\text{R\&D} = \alpha_0 + \alpha_1\text{family} + \alpha_2\text{VC} + \alpha_3\text{roa} + \alpha_4\text{size} + \alpha_5\text{cashflow} + \alpha_6\text{debt} + \alpha_7\text{age} + \alpha_8\text{Tobin's}q + \alpha_9\text{hihgtech} + \alpha_{10}\text{year} + \zeta \quad (2)$$

$$\text{R\&D} = \alpha_0 + \alpha_1\text{family} + \alpha_2\text{VC} + \alpha_3\text{family} \times \text{VC} + \alpha_4\text{roat} + \alpha_5\text{size} + a_6\text{cashflow} +$$

$$\alpha_7\text{debt} + \alpha_8\text{age} + \alpha_9\text{Tobin's } q + \alpha_{10}\text{hihgtech} + \alpha_{11}\text{year} + \zeta \tag{3}$$

表 1　**变量相关说明**

变量类型	变量名称	变量符号	变量定义说明
因变量	研发投资	R&D	研发支出/营业收入
解释变量	风险投资（VC）	vcdum	十大股东有风投为 1，无为 0
		vchold	风投持股比例
	风投类型（tyoe）	reputation	2007 年度被清科评为前 50 最佳风投为 1，否为 0
		soe	国有风投为 1，非国有风投为 0
		sybdicate	联合风投为 1，独立风投为 0
		location	本地风投为 1，异地风投为 0
	家族控制权	family	家族对上市公司的控制权比例
		famdum	家族控制权高于中位数为 1，小于为 0
控制变量	盈利能力	roa	资产收益率
	企业规模	size	总资产的自然对数
	现金流	cashflow	（企业当前未分配利润+当前固定资产折旧+当期无形资产摊销+当期长期待摊费用的摊销—当期所分配股利、利润和偿付利息所支出的现金）/年初总资产
	资产负债率	debt	负债总额/资产总额
	成长性	tobin's q	市场价值/期末总资产
	企业年龄	age	1+企业成立时间的自然对数
	高科技行业	hightech	高科技企业为 1，非高科技企业为 0
	年度变量	year	处于当年为 1，其他为 0

三、回归结果

模型（1）的回归结果显示，家族控制权（family）与 R&D 投资显著负相关，且在 1%水平上显著。这说明，家族控制企业对 R&D 投资产生抑制作用，H1 得到验证。

模型（2）的回归结果显示，无论是用风投的虚拟变量还是风投持股进行回归，风投与家族企业的 R&D 投资都显著正相关，且在 1% 水平上显著，这说明风险投资提供增值服务对家族企业的 R&D 投资产生了显著的促进作用，而且风投持股越多，作用越显著，H2 得到了验证。

模型（3）的回归结果显示，在家族控制企业的全样本中，家族控制权与风投的交叉乘积项（family×vcdum）不显著，说明风投对家族控制企业 R&D 投资的影响力是非常有限的。本文进一步以中位数为界，将样本分为家族控制强组和家族控制弱组两个组分别进行回归。回归结果显示，在高家族控制组中交叉项（family×vcdum）不显著，说明在家族控制权很强时，风投不能调节家族控制权与 R&D 投资的关系。在家族控制低组中，交叉项在 10% 的水平上显著为正。说明在家族控制权相对较低时，风投调节了家族控制权与 R&D 投资的关系，缓解了家族控制对 R&D 的负向关系，H3 得到验证。综上，在家族控制权相对较低时，风投不仅能抑制家族控制权对 R&D 投资产生的不利影响，而且总体上促进了家族企业的 R&D 投资。本文还在全样本的回归中加入交叉项（family×vcdum×famdum），结果显示系数为负，这同样证明了 H3。

稳健性检验

1. 风投特征的影响

不同特征的风投，可能对家族控制企业的影响和发挥作用的程度不同。前文已指出，只有低家族控制组才对 R&D 投资有调节作用，因此本文仅对低家族控制组根据不同特征分别进行回归。回归结果显示，声誉越高、风投持股比例越多，对家族控制权与 R&D 投资的调节作用越强；国有风投和本地风投对家族控制权与 R&D 投资的调节作用更强，而是否联合风投则没有显著差异。

2. 稳健性分析

为了控制一般机构投资者可能对 R&D 投资产生的影响，本文加入机构投资者变量进行控制，主要结果不变。用滞后一期的盈利能力重复上述过程，主要变量结果仍然一致。此外，本文剔除主板上市的样本，重新对样本进行回归，结果仍然不变。为检验样本是否存在自选择偏差问题，本文进行了 Heckman 二阶段回归。结果显示，逆米尔斯比率系数显著，且模型的主要解释变量结果保持不变。

数据来源与样本选取

本文以 2007—2012 年在沪深交易所上市的制造业和信息技术业家族企业为样本，判断标准为：（1）最终控制人可追溯到个人或家族；（2）最终控制人必须是其直接或间接持股上市公司的第一大股东的 A 股上市公司。本文对样本进一步进行了筛选：（1）剔除个人或家族对上市公司的控制权小于 10%的样本，剔除实际控制人为两个或两个以上非家族成员平均持股的样本；（2）剔除 R&D 数据缺失和财务数据缺失的样本。最后本文筛选出 1648 个年度观测值。家族控制权、风投、R&D 数据为手工收集。家族控制权的计算方法参照 La Porta，R. 等（1999）的做法。由于 R&D 非正态，参照 Chen 和 Hsu（2009）的方法，对 R&D 进行 Box-Cox 变换。风投样本的收集遵循以下标准：（1）在年报的十大股东中，名称为“风险投资”“创业投资”“创业资本投资”的默认为风投；（2）十大股东公司名称中含有如“高科技投资”“产业投资”“创新投资”“科技投资”“投资管理”和“高新投资”等字样的则通过百度进一步确定，如果其主营业务为创业投资、风险投资则认为是风投。同时本文通过《中国风险投资年鉴》《中国创业投资及私募股权投资机构名录》等多方面进行确认，尽量确保数据的准确性。其他财务指标源于 CSMAR。

主要结论

本文利用2007—2012年沪深交易所IPO及上市后的家族企业数据，考察了风投对我国家族企业R&D投资机制的影响，得到如下结论：

第一，家族控制权对R&D投资有抑制作用。这表明，中国的家族控制人凭借控制权做出保守的投资决策，是风险规避的保守者。

第二，有风投背景的家族企业能显著地提升R&D投资。原因是风投提供的金融资源、专业知识和监督管理等对家族企业的R&D投资产生了显著的促进作用，从而有利于增强家族企业的创新能力。

第三，风投只对低家族控制权与R&D投资产生调节作用。这表明，在家族控制势力很强时，风投没有足够的能力去影响家族企业的强势控制和对R&D投资的风险偏好。

主要贡献

本文的主要贡献在于以下启示意义：

第一，由于家族企业的风险规避性，在独立董事还不能发挥较好的治理功能，也不能促进企业R&D投资的情况下，风投作为外部投资者对家族企业的研发创新具有重要的促进作用。第二，风投调节家族控制权与R&D投资的关系不是无条件的，如果家族控制权比例过高，风投即使参股家族企业，也不能影响董事会的决策，增强企业研发创新的动力。因此，家族企业要保持一个适度的控制权比例，才能有利于风投发挥治理作用。第三，不同类型的风投在IPO之后继续留在企业和IPO之前有不同的动机和作用。这提醒我们注意，风投的动机和治理行为在不同的情境下会发生变化。

前沿跟踪

风险投资与技术创新之间的关系受到了越来越多的关注，学者们就“风险投资是否能促进技术创新”这一命题进行了多方面的研究。

一、风投对创新的影响

金永红等（2016）运用中国创业板上市公司数据，研究发现有VC持股的公司，其创新投入水平要显著地高于没有VC持股的公司，且VC持股比例与公司的创新投入水平呈正相关关系。陈思等（2017）研究发现：VC的进入促进了被投企业创新，表现为专利申请数量的显著增长，外资背景的VC和多家VC联合投资对被投企业创新活动的促进作用更强；且VC投资期限越长，对创新的促进作用越强。

杨胜刚和张一帆（2017）研究发现：（1）风险投资的持股背景并不能影响企业的创新投入与产出；（2）风险投资持续的持股会使企业的研发投入增加，研发效率提升；（3）风险投资持股时间越长，企业的创新产出越高；（4）与普通风险投资相比，有声誉的风险投资对企业创新的促进效果更明显。

吴涛和赵增耀（2016）研究发现，风险投资参与能够显著提升创业板上市公司创新绩效，其作用主要是通过促进风险企业提高研发强度和提高商业运营能力实现的。实证分析结果还显示，风险投资对创业板上市公司非发明专利数量的提升作用显著，而对发明专利数量的增加无显著影响，这表明风险投资对风险企业技术创新的影响具有一定的局限性。

邓超和刘亦涵（2016）以 2009—2014 年中国创业板上市企业为样本进行的研究发现，无论从研发创新资源（研发投入强度、研发人员占比）还是研发创新成果（授权专利数）角度，风投机构行业专业化投资强度对目标企业研发创新能力都具有显著正向影响。进一步研究发现，风投机构行业专业化投资强度与目标企业研发创新成果呈倒“U”形关系。

邹双和成力为（2017）以 2009—2012 年创业板制造业企业为例，采用倾向得分匹配法进行的研究发现：上市前第 1 年进入企业的风险投资对企业创新绩效的促进作用不显著，上市前第 2 年进入企业的风险投资能够显著持续地促进企业创新绩效；上市前第 2 年进入企业的风险投资对渐进式创新绩效的促进作用大于对突破式创新绩效的促进作用。

赵先进和李雪（2016）基于 1997—2010 年我国七大战略性新兴产业中的 240 家上市公司数据进行的研究发现，风险投资数量、风险投资的早期进入都能显著提高企业的技术创新绩效。

二、风投与其他因素对于创新的共同作用

赵毅等（2016）研究发现：外部风险投资持股在企业上市后仍是影响企业创新投入的重要因素；外部风险投资持股比例的不断提高将会显著改善 CEO 由于弱权而造成的企业创新投入水平较低的问题，但对强权型 CEO 与企业创新投入活动之间的关系不具有显著的调节作用。

综上，可以看出目前研究总体肯定了风险投资对技术创新的促进作用，但这个正向效应受到持股时间、持股比例、风险机构声誉等多种因素的影响，其中最关键的是风投是否能够通过发挥其增值服务的作用来促进创新。

参考文献

[1] 谢雅萍，宋超俐．风险投资与技术创新关系研究现状探析与未来展望［J］．外国经济与管理，2017，39（2）：47-59.

[2] 金永红，蒋宇思，奚玉芹．风险投资参与、创新投入与企业价值增值［J］．科研管理，2016，37（9）：59-67.

[3] 陈思，何文龙，张然．风险投资与企业创新：影响和潜在机制［J］．管理世界，2017（1）：158-69.

[4] 杨胜刚，张一帆．风险投资对企业创新的影响——基于中小板和创业板的研究［J］．经济经纬，2017（2）：147-52.

[5] 吴涛，赵增耀．风险投资对创业板上市公司技术创新影响的实证研究［J］．科技管理研究，2016，30（14）：27-33.

[6] 邓超，刘亦涵．风投机构行业专业化投资强度对企业创新能力的影响［J］．科技进步与对策，2017，34（5）．
[7] 邹双，成力为．风险投资进入对企业创新绩效的影响——基于创业板制造业企业的PSM检验［J］．科学学与科学技术管理，2017（2）：68-76.
[8] 赵先进，李雪．风险投资、研发资本与战略性新兴产业的技术创新［J］．科技管理研究，2016，36（13）：90-5.
[9] 赵毅，戚安邦，乔朋华．强权CEO能更好地利用风险投资进行创新吗？［J］．科学学与科学技术管理，2016，37（9）：155-68.
[10] La Porta R，Lopez-De-Silanes F.，Shleifer A. Corporate ownership around the world［J］. Journal of Finance，1999，54（2）：471-517.
[11] Chen H. L.，Hsu W. T. Family ownership，board independence，and R&D investment［J］. Family Business Review，2009，22（4）：347-362.

（作者：吴泳涛）

述评：
《风险投资改善了新创企业 IPO 绩效吗》

论文原作者：许 昊 万迪昉 徐 晋

期刊：《科研管理》2016 年第 1 期

原文摘要

通过手工判别风险投资及其背景，以创业板上市企业为研究对象，分析了风险投资机构的进入、参与程度和资金背景对新创企业 IPO 绩效的影响。研究发现：（1）风险投资的进入和参与程度能显著改善企业 IPO 绩效；（2）相比于政府背景的风险投资，民营和外资背景的风险投资的进入和参与程度对 IPO 绩效的影响更大；（3）政府背景的风险投资虽向投资者发出新创企业质量较高的“信号”，但未能真正缓解投资者对企业真实价值认识的信息不对称和不确定性。此外，联合风险投资可以有效提升 IPO 绩效。

问题导入

成熟市场中风险投资的来源主要是私人风险投资机构与具有资金实力和投资经验的个人投资者。与此不同，我国的风险投资事业主要由政府主导，有风险投资参与的上市企业除了民营背景、外资背景的风险投资机构之外，也常包含政府背景的风险投资机构。不同背景的风险投资主体对风险企业的筛选评估、管理监督效果存在差异，但国内外鲜有学者对于风险投资的资金背景、参与程度进行过细致的研究。

本文希望补充这一研究空隙。具体说来，本文主要研究关于风险投资角色与新创企业 IPO 绩效方面的两个关键问题：（1）风险投资的进入、参与程度及其背景对新创企业的 IPO 绩效有何影响？（2）风险投资对企业投资时经常会采用联合风险投资模式，那么该模式对新创企业 IPO 绩效的影响又如何？

研究设计

一、理论分析

1. 风险投资与 IPO 绩效

一般认为，新股 IPO 抑价的原因在于外部投资者对企业真实价值的认识存在着信息不对称和不确定性，而这种不对称或不确定性程度越高，新股 IPO 的抑价程度就越大。风险投资在企业 IPO 过程中持股起到了认证作用，从而显著地减少了低价发行和承销费用。因此企业在进行 IPO 时，风险资本家持有一定比例的股权就向投资者发出了该企业质量水平较高的“信号”，从而提高了IPO绩效。

2. 风险投资背景

风险投资机构从其背景上可分为：政府背景、民营背景以及外资背景。政府背景风险投资机构的资金多来自国有企业或各级政府，其根本目的在于促进国家整体的科技进步。相反，民营背景的风险投资与外资背景的风险投资的根本目的是获取巨额回报，因此它们要积累行业声誉以进行下一轮投资。所以，不同背景的风险投资对新创企业的孵化过程中投入的项目筛选和监管力度不同，对企业的认证作用也存在差异。

3. 联合风险投资

联合风险投资指由两个或多个风险投资者同时或先后对同一具有成长性的新创企业提供股权资本，并为其提供管理咨询等增值服务。联合风险投资对于新创企业发展的重要意义体现在其可以实现不同类型和背景的风险投资在资金、人力资本、管理经验等方面的资源互补，解决单一投资者资源不足的问题并为其分散潜在风险，因此联合投资可以提高IPO绩效。

二、变量与模型构建

因变量：选取IPO首日抑价率（Under pricing）与IPO首日换手率（Turnover）衡量IPO绩效，其中IPO首日抑价率为股票发行首日的收益率，IPO首日换手率为股票发行首日转手买卖频率，转手率越高绩效越差。

风投背景：哑变量衡量，VC进入（VCDum），政府背景VC（GVCDum），民营背景VC（PVCDum），外资背景VC（FVCDum），联合VC（SynDum）。

风投参与：风险投资持股比例衡量，VC参与程度（VCShare），政府背景VC参与程度（GVCShare），民营背景VC参与程度（PVCShare），外资背景VC参与程度（FVCShare），联合VC参与程度（SynShare）。

控制变量：高新技术企业虚拟变量（Hightech）、股票发行规模（Issue Scale）、企业IPO年限（Time To IPO）、中签率（Lot Winning）。

综上，基本回归模型为：

$$\{\text{Under pricing},\ \text{Turnover}\} = \alpha_0+\alpha_1\{\text{Dum},\ \text{Share}\}+\alpha_2\text{Hightech}+\alpha_3\text{Issue Scale}+\alpha_4\text{Time To IPO}+\alpha_5\text{Lot Winning}+\varepsilon$$

三、实证结果

1. 风险投资进入与企业IPO绩效

风投与否。首先检验风险投资的进入对企业IPO绩效的影响。结果显示VCDum在10%显著性水平下为负值，这说明有风险投资背景的企业在IPO抑价方面明显低于无风险投资背景的企业，风险投资的进入降低了企业的不确定性和信息不对称性。

背景差异。然后检验不同背景的风险投资机构对IPO抑价率的影响。结果显示政府背景风险投资机构的进入对IPO抑价率影响不显著，而民营背景和外资背景降低了抑价率，其中外资背景风险投资的进入对IPO抑价率影响程度更大。

替换因变量。用换手率（Turnover）进行回归，得到的结果与上述结论相同。

2. 风险投资参与程度与企业 IPO 绩效

风投与否。首先检验风险投资的参与程度、背景对 IPO 抑价率的影响，结果显示风险投资的整体参与程度（VCShare）为 1%显著性水平下的负值。

背景差异。分析不同背景风险投资的参与程度对 IPO 抑价率的影响，结果显示政府背景风险投资的参与程度（GVCShare）对 IPO 抑价率无显著影响，而民营背景（PVCShare）和外资背景（FVCShare）风险投资的参与程度分别为 1%和 5%显著性水平下的负值。

替换因变量。用换手率（Turnover）进行回归，结果显示政府背景风险投资的参与程度（GVCShare）显著为负，其余结果与上述结论相同。

结合上述结果，本文认为政府背景风险投资的参与程度虽然发挥出了“信号”机制，却没有真正降低企业的不确定性和信息不对称性。

3. 联合风险投资与企业 IPO 绩效

本文分别使用联合 VC（SynDum）和联合 VC 参与程度（SynShare）作为解释变量进行回归，结果显示无论是对换手率还是抑价率，解释变量均显著为负。这说明联合风险投资使投资主体间资源互补，降低了企业的不确定性和信息不对称性，同时向投资者发出了企业质量良好的“信号”，降低了抑价程度也提升了投资者对于企业股票的期望。

四、数据来源

本文选取 2013 年 12 月前在中国深圳交易所创业板上市的 355 家企业为研究对象。对参与企业投资的风险投资机构的界定，参考吴超鹏等（2012）和付雷鸣等（2012）的研究，通过手工辨别上市企业十大股东的名称和其主营业务来确定该股东是否属于风险投资机构，并结合股东的“股本性质”将其背景划分为“政府背景”“民营背景”和“外资背景”。在 355 家创业板企业中，270 家具有风险投资背景。在有风险投资背景的企业中，184 家企业由联合风险投资对其进行投资。本文使用的数据来自国泰安公司的 CSMAR 数据库和巨灵金融数据库。

主要结论

本文通过手工判别我国创业板上市企业中的风险投资、区分其背景并确定其持股比例，研究了风险投资的参与程度、资金背景对新创企业 IPO 绩效的影响。研究主要发现：第一，有风险投资进入的企业在 IPO 绩效上显著优于无风险投资进入的企业，相比于政府背景的风险投资，外资背景和民营背景风险投资的进入对 IPO 绩效的影响更加显著；第二，风险投资的参与程度显著影响企业 IPO 绩效，相比于政府背景和民营背景的风险投资，外资背景风险投资的参与程度对企业 IPO 绩效的影响较大；第三，虽然政府背景风险投资的参与程度向投资者发出了企业质量良好的“信号”，但没有降低企业不确定性；第四，联合风险投资能显著改善企业的 IPO 绩效。

主要贡献

在理论角度，本文在研究风险投资的参与对企业 IPO 绩效影响的基础上，利用各背景风险投资的持股比例来研究风险投资的参与程度对企业 IPO 绩效的影响。

在现实角度，我国近十几年来着力发展风险投资并大力扶持中小企业，本文的研究证实了风险投资对新创企业 IPO 业绩提升的重要作用，相比于政府背景的风险投资，非政府背景风险投资机构的有效性更强。

前沿跟踪

关于风险投资对新创企业 IPO 绩效的影响已有较为全面的研究，目前的最新研究重点关注以下方面：

一、联合投资的影响

冯照桢等（2016）研究发现：（1）长期风险投资能够发挥认证监督作用，其持股能降低 IPO 抑价；（2）短期风险投资随着持股比例的增加更多表现为逐名动机，其持股与 IPO 抑价呈现“U”形关系；（3）异质性风险投资的联合持股均会显著降低 IPO 抑价，且机构数量越多，IPO 抑价程度越低。许昊等（2015）研究发现，辛迪加、主导机构和主导背景的规模均能有效提升公司质量，政府作为主导机构或主导背景均不能改善公司绩效，而外资在这两方面都是有效的投资者，此外，混合背景结构辛迪加比单一背景结构辛迪加对公司的贡献更大。

二、公司创业投资与独立创投的不同影响

乔明哲等（2017）研究发现：（1）公司创业投资参与的企业 IPO 抑价水平显著低于其他企业；（2）公司创业投资参与的企业 IPO 抑价水平显著低于仅有一般独立 VC 参与的企业；（3）公司创业投资持股比例与企业 IPO 抑价之间存在类似“∽”形的非线性关系，且该非线性关系受到投资方和受资企业之间业务相关性的影响。

三、风险投资机构声誉的影响

田利辉等（2015）发现声誉能够抑制企业 IPO 抑价，有助于风投机构再融资。这种声誉效应对年轻的风投机构尤为重要。为了提高声誉和顺利再融资，年轻的风投机构更倾向于投资成熟企业、缩短投资期限和减少投资轮次，以期所投资的企业早日上市。

四、创新能力的影响

张学勇和张叶青（2016）研究发现，创新能力对风险投资支持的 IPO 公司的市场表现具有显著的驱动作用，创新能力的建立才是风险投资支持的公司获得更好的 IPO 市场表现的关键。胡志颖等（2015）发现，风险投资的投机性参与并没有起到对 IPO 公司进行认证监督从而减少信息不对称的作用，相反却增加了 IPO 公司研发投入的信息不对称，

最终加剧了研发投入对IPO抑价产生的正向调节作用，且风险投资对研发投入和IPO抑价之间的正向调节作用依存于风险投资的声誉、产权背景和IPO前持股比例。更进一步，风险投资参与对研发投入和IPO抑价关系的正向调节作用及调节作用对声誉、产权背景的依存性在创业板市场上更为显著。

参考文献

[1] 吴超鹏，吴世农，程静雅．风险投资对上市公司投融资行为影响的实证研究［J］．经济研究，2012（1）：105-19.

[2] 付雷鸣，万迪昉，张雅慧．VC是更积极的投资者吗？——来自创业板上市公司创新投入的证据［J］．金融研究，2012（10）：125-38.

[3] 张学勇，廖理．风险投资背景与公司IPO：市场表现与内在机理［J］．经济研究，2011（6）：118-32.

[4] 冯照桢，曹婷，温军．异质性风险投资、联合持股与IPO抑价［J］．中南财经政法大学学报，2016（2）：57-67.

[5] 许昊，万迪昉，徐晋．风险投资辛迪加成员背景、组织结构与IPO抑价——基于中国创业板上市公司的经验研究［J］．系统工程理论与实践，2015，35（9）：2177-85.

[6] 乔明哲，张玉利，凌玉，等．公司创业投资究竟怎样影响创业企业的IPO抑价——来自深圳创业板市场的证据［J］．南开管理评论，2017，20（1）：167-80.

[7] 张学勇，张叶青．风险投资、创新能力与公司IPO的市场表现［J］．经济研究，2016（10）：112-25.

[8] 田利辉，叶瑶，黄福广．发行上市、声誉效应和风险投资机构再融资研究［J］．证券市场导报，2015（10）：19-26.

[9] 胡志颖，李瑾，果建竹．研发投入与IPO抑价：风险投资的调节效应［J］．南开管理评论，2015，18（6）：113-24.

（作者：吴泳涛）

述评：
《风险投资支持的上市公司并购绩效及其影响机制研究》

论文原作者：李　曜　宋　贺
期刊：《会计研究》2017 年第 6 期

原文摘要

基于 2010—2013 年我国创业板上市企业的并购事件，本文探讨了风险投资（VC）对企业并购绩效的影响。研究表明，相比于无 VC 支持企业，VC 支持企业在并购宣告后的短期绩效和长期绩效均显著更好。伴随着 VC 参与度（持股机构家数和持股比例）的提高，企业的并购绩效显著上升。高声誉 VC 支持的企业并购绩效显著优于低声誉 VC 支持的企业。本文进一步给出 VC 提高企业并购绩效的作用机制的解释：（1）VC 可以缓解并购中的信息不对称，降低并购溢价；（2）VC 可以增强并购后企业的内部控制有效性，优化并购后的资源整合，提高了并购绩效。结论是 VC 机构的监督功能在被投企业上市后的并购活动中发挥了正面作用。相应的政策建议是大力推动 VC 行业发展并引导 VC 参与企业的并购重组。

问题导入

目前，我国创业板企业在上市后实施了频繁的并购行为。一般认为，上市融资（IPO）的成功必然会加剧管理者的投资冲动，甚至会出现投资亢奋现象。作为企业最重大、最容易为外部投资者所察觉、风险极高的投资活动，并购是否增加了创业板企业的价值？与此同时，较多的创业板企业均有 VC 背景。受到解禁期的限制，在被投资企业 IPO 之后，VC 只是实现了账面上的收益，并不能立即退出；即使在解禁期之后，VC 也呈现出逐步退出的特征。这意味着在被投企业上市之后，VC 仍将作为重要股东参与被投企业的管理。

那么，VC 作为专业化的金融机构。在创业板企业上市后的并购行为中，究竟发挥了什么样的作用呢？本文对此进行了研究并进一步分析了 VC 支持与否的企业并购后的短期市场绩效和长期财务绩效差异。

研究设计

一、研究假设

在企业并购中，VC 的监督功能可能产生如下影响：（1）降低并购中的信息成本；

(2) 降低并购中的代理成本；(3) 降低并购中的谈判成本；(4) 降低并购支付成本；(5) 有利于并购后的资源整合；(6) 降低整合失败的风险。据此，本文提出以下假设：

H1：VC 持股企业的并购绩效显著高于无 VC 背景企业的并购绩效。

在主并方企业中，VC 机构数目和持股比例的增加具有优化选择和价值增值的作用，使得 VC 在并购中的监督功能进一步得到提高。据此，本文提出以下假设：

H2：对于有 VC 背景的企业来说，随着 VC 参与度的提高，企业的并购绩效也随之提高。

高声誉 VC 往往具备丰富的投资经验和深刻的行业洞察力，能够对并购标的甄别和估值提供更为专业化的服务，高声誉 VC 也会花费更多的时间去监督和治理其被投公司。因此高声誉 VC 能为创业企业提供更好的增值服务。据此，本文提出以下假设：

H3：高声誉 VC 支持企业的并购绩效显著高于低声誉 VC 支持企业的并购绩效。

二、模型

建立以下模型检验 H1：

$$CAR/\Delta ROA = \alpha + \beta_1 VC + \beta_2 X + \varepsilon$$

其中，CAR（-1，1）为并购宣告日前后 1 天主并方股票的累计超额回报率，是短期并购绩效的度量指标；$\Delta ROA_{t-1,t+1}$ 为并购首次宣告日前后 1 年总资产收益率的变化，是并购长期绩效的度量指标；VC 为企业是否有风险投资背景的哑变量；X 为控制变量，包括并购相对规模、并购双方是否属于同一行业、并购是否为现金并购、是否聘请财务顾问、主并方的规模、成长性、盈利能力、负债结构、自由现金流比率、主并方的所有权性质、主并方的公司治理情况、目标方的盈利能力和负债结构。另外，本文控制了行业效应和年度效应。

回归结果显示，无论是短期并购绩效还是长期并购绩效作为被解释变量，都显著为正，验证了 H1。

利用有 VC 参与的企业样本，构建如下模型检验 VC 特征对并购绩效的影响：

$$CAR/\Delta ROA = \alpha + \beta_1 VC\_number / VC\_shares + \beta_2 X + \varepsilon$$

$$CAR/\Delta ROA = \alpha + \beta_1 VC\_rep + \beta_2 X + \varepsilon$$

其中，VC_number 为 VC 机构家数；VC_shares 为 VC 总持股比例；VC_rep 为机构声誉，若并购前一年，某 VC 进入了清科 VC 年度榜单的前十名，则认为该并购为高声誉 VC 支持的并购事件；控制变量同上。

回归结果显示，VC 机构家数、VC 总持股比例和机构声誉分别作为自变量时，都显著为正，验证了 H2 和 H3。

1. 机制探讨

上述研究结果表明，有 VC 支持的企业并购绩效显著优于无 VC 支持的企业，本文进一步探讨 VC 支持对企业并购绩效产生影响的机理。

(1) VC 支持企业的并购溢价较低

以并购溢价为被解释变量，是否有 VC 投资背景为解释变量，加入一些影响并购溢价的控制变量进行回归。结果显示，VC 支持企业的并购溢价显著低于无 VC 支持企业（其中：并购溢价=（交易总价值-目标方的净资产×转让比例）/（目标方的净资产×转让比例））。

（2）VC 支持企业的并购后整合能力较强

以内部控制得分值为被解释变量，是否有 VC 投资背景为解释变量，加入一些影响主并方内部控制有效性的控制变量进行回归，结果显示，VC 支持企业内部控制的有效性程度显著高于无 VC 支持企业（其中：内部控制得分值=企业在并购一年之后发生的内部控制缺陷，按一般缺陷、重要缺陷和重大缺陷，分别赋值为 1、2 和 3，将不同种类的内部控制缺陷数目与缺陷的计分值相乘并求和）。

2. 稳健性检验

（1）VC 和被投资企业之间可能存在内生关系，VC 会根据自己的标准来选择企业进行投资。为了消除这种自选择因素所带来的影响。本文采用 Heckman 两阶段回归模型来控制样本的自选择偏误，检验结果与前文保持一致。

（2）本文使用 CAR（-3，3）、CAR（-10，10）和 $\Delta ROA_{t-2,t+2}$ 来分别度量短期并购绩效和长期并购绩效，检验结果与前文保持一致。

3. 数据来源

本文将并购宣告日界定在 2010—2013 年，由创业板上市企业作为主并方完成的 333 起并购事件作为初始样本，并按照以下原则对初始样本进行筛选：第一，对于同一家公司在同一年份完成的多起并购，仅保留公司在当年所完成的第一起并购，以降低不同并购事件间的相互影响；第二，若同一家公司在不同年份发生多次并购，则视为多次样本事件；第三，删除信息不全的并购事件。本文最终得到了 174 个样本观测值。

其中，并购事件的相关信息来自 Wind 数据库；并购方的财务信息、首日公开发行信息来自国泰安 CSMAR 数据库；目标方的财务信息、VC 的参与度信息等来自并购方在深圳证券交易所公布的并购可行性研究报告，通过手工收集整理获得。

主要结论

第一，VC 支持企业并购宣告后的短期和长期绩效均显著优于无 VC 支持企业。第二，以 VC 机构家数和持股比例作为参与度的度量指标，随着 VC 参与度的提高，并购的短期和长期绩效均得到显著提升。第三，VC 声誉对企业的并购绩效有显著影响，高声誉 VC 能够显著提高并购绩效。

主要贡献

第一，本文立足于创业板企业发起的并购事件，将 VC 的监督功能运用到对企业并购绩效影响的分析中，拓展了有关 VC 如何发挥价值增值作用机制的研究。第二，本文研究了并购中作为主并方股东之一的 VC 对并购绩效的作用，丰富了有关企业并购的文献。第三，本文提出了 VC 对企业并购绩效发挥作用的两种渠道机制：（1）降低并购溢价效应；（2）提高并购后的内部控制有效性。

前沿跟踪

现有文献主要从企业 IPO 定价效率、研发创新、投融资效率等角度研究了 VC 对于被投企业的价值增值机制，具体而言：

从企业 IPO 定价效率的角度，张学勇和张叶青（2016）研究发现：（1）首先，在 IPO 之前风险投资会帮助公司提高创新能力；（2）同样接受了风险投资，在 IPO 之前拥有专利的公司相对于那些缺乏创新能力的公司，IPO 的抑价率更低，长期回报率更高；（3）缺乏创新能力的公司与没有风险投资支持的公司相比，在市场表现方面并没有显著差异。许昊等（2016）研究发现：（1）风险投资的进入和参与程度能显著改善企业 IPO 绩效；（2）相比于政府背景的风险投资，民营和外资背景风险投资的进入和参与程度对 IPO 绩效的影响更大。

从企业研发创新的角度，许昊等（2015）研究发现，风险投资的支持促进了企业研发投入，不同背景的风险投资对企业研发投入的影响不同；风险投资的整体持股比例未能增加企业的研发投入，但外资背景风险投资的持股比例对企业研发投入有着显著的正向影响。苟燕楠和董静（2014）研究发现，无论从研发投入还是从专利数量上来看，有风险投资参与的企业在技术创新上的表现要显著好于无风险投资参与的企业。蔡地等（2015）研究发现，总体而言，风险投资有利于我国创业企业提高研发投入，但并不能提高研发投入对企业未来绩效的贡献。进一步的分析显示，与本土背景的风险投资相比，外资背景的风险投资更能促进创业企业提高研发投入以及研发投入对企业未来绩效的贡献；与民营背景的风险投资相比，政府背景的风险投资对创业企业研发投入的影响并无显著差异，但显著降低了研发投入对企业未来绩效的贡献。

从企业投融资效率的角度，吴超鹏等（2012）研究发现，风险投资的加入不仅可以抑制公司对自由现金流的过度投资，而且可以增加公司的短期有息债务融资和外部权益融资，并在一定程度上缓解因现金流短缺所导致的投资不足问题。蔡宁和何星（2015）研究发现，风险投资的网络位置影响了公司的投资效率。风投的网络中心度越高，越有可能抑制投资不足，但也推动了公司的投资过度；联合投资可能影响风投网络位置的上述作用。

参考文献

[1] 张学勇，张叶青．风险投资、创新能力与公司 IPO 的市场表现 [J]. 经济研究，2016，51（10）：112-125.

[2] 许昊，万迪昉，徐晋．风险投资改善了新创企业 IPO 绩效吗？[J]. 科研管理，2016，37（1）：101-109.

[3] 许昊，万迪昉，徐晋．风险投资背景、持股比例与初创企业研发投入 [J]. 科学学研究，2015，33（10）：1547-1554.

[4] 苟燕楠，董静．风险投资背景对企业技术创新的影响研究 [J]. 科研管理，2014，35（2）：35-42.

[5] 蔡地，陈振龙，刘雪萍．风险投资对创业企业研发活动的影响研究［J］．研究与发展管理，2015，27（5）：1-11.
[6] 吴超鹏，吴世农，程静雅，王璐．风险投资对上市公司投融资行为影响的实证研究［J］．经济研究，2012，47（1）：105-119，160.
[7] 蔡宁，何星．社会网络能够促进风险投资的“增值”作用吗？——基于风险投资网络与上市公司投资效率的研究［J］．金融研究，2015（12）：178-193.

（作者：凌　丽）

述评：《创业投资管理对企业绩效表现的影响》

论文原作者：贾　宁　李　丹

期刊：《南开管理评论》2011 年 14 卷第 1 期

原文摘要

本文以 2004—2008 年深圳中小板的上市公司为样本，围绕企业首次公开发行这一重要的创业投资（以下简称“创投”）退出方式，研究创投机构对其支持企业上市后经营业绩和股市表现的影响。结果表明，创投支持企业上市时的规模和年龄均显著低于非创投支持企业，且前者在上市首日的抑价水平显著高于后者。从长期表现来看，虽然在锁定期内创投支持企业和非创投支持企业的经营业绩和股市表现没有显著差异，但解禁后前者的业绩下滑幅度显著高于后者，且股票投资收益率更低。进一步研究发现，企业抑价水平和长期绩效下滑幅度与其创投机构的从业年限显著负相关；此外，国有创投机构支持企业的抑价水平及绩效下滑幅度显著低于非国有创投机构支持企业。这些结果验证了 Gompers 提出的“逐名动机”假说，表明我国创投行业目前存在急功近利的倾向；创投机构为尽快实现投资收益、证明自己的实力会促使其投资企业过早上市，并且过度追求短期业绩从而对企业的长期发展造成一定负面影响。

问题导入

在过去的十年，经济的快速发展和资本市场的逐步完善极大促进了我国创投行业的成长，投资规模与数量均有大幅度提升。虽然创业投资解决了企业建立初期的资金问题，但是创投机构的介入对企业长期发展具有怎样的影响呢？本文围绕着企业上市这一重要的创投退出方式，试图探讨创业投资对我国企业长期绩效表现和发展的影响。

研究设计

本文首先从理论层面分析创业投资管理对企业绩效表现的影响，然后构造计量经济模型，分别考察创业投资对企业上市首日抑价的影响以及创业投资对企业上市后长期绩效表现的影响。最后，进行了稳健性检验，验证了实证结果的稳健性。

一、判断创业投资对企业上市首日抑价的影响

本文首先以企业上市首日抑价为被解释变量，企业是否为创投支持企业作为哑变量并加入其他控制变量进行多元回归分析。接着选取有创投支持的企业作为子样本做进一步研

究，以企业上市首日抑价为被解释变量，创投机构产权性质作为哑变量并加入其他控制变量进行多元回归分析。

二、判断创业投资对企业上市后长期绩效表现的影响

将上文中的两个计量经济模型的被解释变量分别替换为企业上市后第 j 年和上市前一年的资产收益率之差、企业上市后第一个月到第 k 个月的股票持有期收益率与同期的深圳 A 股综合指数之差，进行多元回归分析。

三、稳健性检验

（1）使用倾向度匹配的方法，为每一家创投支持企业配比一家“倾向指数”最接近的非创投支持企业，对创投企业与其匹配的非创投支持企业两组样本进行检验。

（2）将经营业绩衡量指标中的总资产收益率替换为销售收益率进行检验。

四、数据来源

由于在我国以上市方式退出的创投项目绝大多数选择深圳中小板为上市地，因此本文选用 2004—2008 年在该板块上市的 273 家公司作为研究样本。创投支持企业名单和信息来自清科集团开发的 Zero2IPO 中国创业投资数据库。数据库中记录了投资每家企业的创投机构名称、成立年份、股权性质、投资日期和规模等相关数据。上市公司市场和财务数据均来自 Wind 中国金融数据库。

主要结论

第一，创投支持企业的上市首日抑价程度显著高于非创投支持企业；第二，从长期表现来看，虽然在锁定期内创投支持企业和非创投支持企业的经营业绩和股市表现没有显著差异，但是在解禁后前者的业绩下滑幅度显著高于后者，且股票投资报酬率明显更低；第三，企业抑价水平和绩效下滑幅度与创投机构的从业年限显著负相关；第四，国有创投机构支持企业的抑价水平及绩效下滑幅度显著低于非国有创投机构支持的企业。

主要贡献

第一，仅有少数文献研究创业投资对我国创业企业上市抑价的影响，而且这些研究只限于比较创投支持企业和非创投支持企业的抑价程度，没有进一步研究抑价和创投机构特征的关系，也没有从长期角度去研究创投机构对其支持企业上市后绩效表现的影响。本文填补了这一研究方向的空白。第二，本文的结果为目前在我国创投机构中普遍存在的急功近利倾向及其对投资企业造成的负面影响提供了经验证据，并对如何规范管理创投行业以及如何设定包括锁定期在内的上市监管制度具有实践指导意义。

前沿跟踪

现有文献对于创业投资的研究主要从创业投资与企业绩效之间的关系、创业投资与技

术创新的关系、创业投资退出和创业投资机构声誉这几个方面进行。

关于创业投资与企业绩效之间的关系，孙晶（2016）研究发现，我国的创业投资家既没有在首次公开发行股票的进程中为其投资的公司带来价值，也没有提高其投资公司的运营表现，进一步通过采用匹配样本方法，展开创业投资对其投资对象的投资效果调查，结果表明与那些没有进行创业投资的公司相比，有创业投资的公司会出现更高的 IPO 抑价水平，并且首次公开发行（IPO）前后的运营表现都更差。刘冰等（2016）研究发现，风险投资机构介入弱化了高流动性冗余资源与绩效间的正相关关系，但加剧了低流动性冗余资源与绩效间的负相关关系；其介入程度对高流动性冗余资源与绩效的关系有显著负向调节作用，而对低流动性冗余资源与绩效的关系无显著影响。

关于创业投资与技术创新的关系，冯照桢等（2016）研究发现风险投资与技术创新之间存在着门槛效应，即当风险投资规模低于门槛值时，风险投资的融资支持和增值作用有限，更多表现为盘剥行为，会抑制企业技术创新；但当风险投资规模超越门槛值后，融资支持和增值作用会促进企业进行技术创新；风险投资数量的实证结果也验证了同样的结论。吴涛和赵增耀（2016）对 2012—2014 年创业板上市公司创新活动的实证分析表明，风险投资参与能够显著提升创业板上市公司创新绩效，其作用主要是通过促进风险企业提高研发强度和商业运营能力实现的。实证分析结果还显示，风险投资对创业板上市公司非发明专利数量的提升作用显著，而对发明专利数量的增加无显著影响，这表明风险投资对风险企业技术创新的影响具有一定的局限性。

关于创业投资退出，徐欣和夏芸（2015）研究发现，企业上市后，我国风险投资呈现出一次性完全退出较少，非连续性完全退出较多的特征。风险投资特征对于其退出企业具有重要影响。风险投资所持有公司的股份越少，企业上市后其退出的概率越大；风险投资联合持股会导致企业上市后其更加易于退出。风险投资退出会对企业绩效产生负面影响，企业业绩会在风险投资退出后明显下滑；风险投资退出企业时减持原有股份越多，则企业绩效会变得越差。王立军和陆丹婷（2015）重点从内部因素和外部因素两个角度出发，在分析我国首次公开发行、股权转让、清算三种退出方式现状的基础上，剖析了影响风险投资退出方式选择的各种因素，最终结合我国国情，提出相关政策建议，以促进风险投资业的发展。

关于创业投资机构声誉，蓝发钦和陈小朋（2016）研究发现：（1）对于自由现金流为正且过度投资的上市公司，自由现金流和过度投资存在着显著正相关，而创业投资机构参与能缓解这种过度投资问题，创业投资机构声誉越高，参与的上市公司过度投资现象相对越轻；（2）对于现金短缺且投资不足的上市公司，现金短缺和投资不足存在着显著正相关，类似的，创业投资机构参与能缓解这种投资不足问题，创业投资机构声誉越高，参与的上市公司投资不足现象相对越轻，创业投资机构声誉越高越能改善中小上市公司的投资效率。文守逊和温倩（2015）研究表明，创投机构声誉高低与其减持套现行为负相关，即高声誉创业投资机构不会局限于某一次创业企业 IPO 成功后迅速减持套现、牟取短期利润；其将主动维护自身声誉水平、真正做好价值投资，帮扶创业企业释放成长潜力、提高整体竞争力。

参考文献

[1] 孙晶．创业投资对企业价值和运营的影响研究——基于2004—2015年中小板企业数据［J］. 技术经济与管理研究，2016（8）：31-39.

[2] 刘冰，罗超亮，符正平．风险投资和创业企业总是完美一对吗［J］. 南开管理评论，2016（1）：179-192.

[3] 冯照桢，温军，刘庆岩．风险投资与技术创新的非线性关系研究——基于省级数据的PSTR分析［J］. 产业经济研究，2016（2）：32-42.

[4] 吴涛，赵增耀．风险投资对创业板上市公司技术创新影响的实证研究［J］. 科技管理研究，2016（14）：12-17，23.

[5] 徐欣，夏芸．风险投资特征、风险投资IPO退出与企业绩效——基于中国创业板上市公司的实证研究［J］. 经济管理，2015（5）：97-107.

[6] 王立军，陆丹婷．我国风险投资退出方式及其影响因素分析［J］. 经济师，2015（7）：47-49.

[7] 蓝发钦，陈小朋．创业投资机构声誉如何影响上市公司投资效率［J］. 现代财经（天津财经大学学报），2016（4）：103-113.

[8] 文守逊，温倩，张泰松．创业投资机构声誉与IPO后减持套现行为研究［J］. 财会通讯，2015（24）：41-46.

（作者：凌　丽）

述评：The relationship between portfolio diversification and firm value: the evidence from corporate venture capital activity

论文原作者：Yi Yang, Vadake K. Narayanan, Donna M. De Carolis

期刊：*Strategic Management Journal*, 2014, 35 (13)

原文摘要

Corporate venture capital (CVC) activity exposes firms to new technologies and markets. An important but as yet unexplored question is the relationship of the industry diversification profile of the portfolio of venture companies to corporate value creation. Insights from options and diversification perspectives support our hypothesis that diversification of a corporate investor's portfolio of venture companies is related to corporate wealth creation in a U-shaped relationship. We also propose that a corporate investor's financial constraints moderate the relationship between the diversification profile of its CVC portfolio and value creation. When we tested our hypotheses using a sample of CVC investments across multiple industries, we found support for them, and these findings may inform the CVC activities of corporate investors.

问题导入

美国风险投资协会（NCVA）对公司创业投资的官方定义是，所谓公司创业投资（Corporate Venture Capital，CVC）是主营业务为非金融类的企业从事的创业投资项目，或其下属部门或公司对投资组合企业所进行的直接投资，这种投资意在寻找与母公司战略技术相适应、能够产生协同效应或者有助于节约成本的适合的投资机会。近十年来 CVC 投资金额快速增加，2015 年 CVC 已占到全球风险投资总量的 25%。中国第一笔公司创业投资出现在 1998 年，比国外晚大概 30 年，但近年来中国经济增长迅速，投资机会相应增多，大量的国内外企业在中国进行了公司创业投资活动，公司创业投资已在中国创业投资市场占有“一席之地”。

CVC 不仅追求财务回报还追求战略回报，这使得它的价值创造更为复杂。投资公司可以通过多种机制的组织学习过程实现价值创造（例如，事前的尽职调查、利用在创业公司董事会席位了解前沿技术、失败案例的学习等）。以往研究重点关注单个创业公司或总体投资组合对投资公司绩效的影响，但对投资组合多样性的研究较少。从实践来看，投资组合多样性越低，越有利于 CVC 经理在某一领域的知识积累；投资组合多样性越高，越能增加公司投资者知识的灵活性和适应性，可见投资组合多样性对 CVC 的价值创造具有重要作用。那么，投资组合多样性究竟如何影响 CVC 的价值创造呢？本文将对此予以解答。

研究设计

一、理论分析及研究假设

1. 实物期权框架

CVC 活动是典型的实物期权投资。实物期权理论认为公司投资的价值由一个扩展的净现值模型决定。这个模型包含预期现金流的被动净现值和代表了实物期权的灵活性价值。模型见式（1），其中 V 表示投资的价值，NPV 表示被动的净现值（passive NPV），GV 表示期权的价值：

$$V=\mathrm{NPV}+\mathrm{GV} \tag{1}$$

在一个投资组合中的 a 投资和 b 投资各自的价值分别为：

$$V_a=\mathrm{NPV}_a+\mathrm{GV}_a \tag{2}$$

$$V_b=\mathrm{NPV}_b+\mathrm{GV}_b \tag{3}$$

假设这两个投资相互之间是独立的，那么这个投资组合的总价值为：

$$\mathrm{V}_{a+b}=\mathrm{NPV}_a+\mathrm{GV}_a+\mathrm{NPV}_b+\mathrm{GV}_b \tag{4}$$

但实际上，投资组合中的各个项目会存在相互的影响。这样的影响可以被称为“组合效应”（portfolio effect）。投资组合总价值的计算见式（5），其中 $\mathrm{PE}_{a,b}$ 表示组合效应的价值：

$$\mathrm{V}_{a+b}=\mathrm{NPV}_a+\mathrm{GV}_a+\mathrm{NPV}_b+\mathrm{GV}_b+\mathrm{PE}_{a,b} \tag{5}$$

2. CVC 组合多样性与组合价值

根据上述实物期权理论的逻辑，CVC 的投资价值中，NPV 可以看作投资的财务回报；GV 可以看作投资获得的战略利益。为研究组合多样性与组合价值的关系可对多样性（div）求导得到式（6）。

$$\frac{\partial V(\mathrm{div})}{\partial \mathrm{div}}=\frac{\partial \mathrm{NPV}(\mathrm{div})}{\partial \mathrm{div}}+\frac{\partial G(\mathrm{div})}{\partial \mathrm{div}} \tag{6}$$

其中：

$$\frac{\partial \mathrm{NPV}(\mathrm{div})}{\partial \mathrm{div}}>0$$

原因如下：（1）现代投资组合理论显示通过多样化投资组合可以降低非系统风险，从而提高投资价值。（2）近期的金融研究显示公司商业项目的多样化可以通过避免反周期的无谓损失（countercyclical deadweight costs）来降低系统风险。（3）多样化的 CVC 投资经验，可以使经理有能力通过多样化投资组合来采取适当的措施以减少风险。

$$\frac{\partial G(\mathrm{div})}{\partial \mathrm{div}}<0$$

原因如下：（1）CVC 投资于相似的行业（多样性低）可以使知识的学习过程更加有

效，这可以增加期权价值。(2) 在相似行业中投资的成功或者失败经验可以更好地指导公司未来的投资。(3) 在相似行业中的投资可以使在投资组合中重新配置资源成为可能，这可以增加投资的价值。

然而这样的负面效应会随着多样性的增加而减少。CVC 活动中的不确定性，可以通过 CVC 经理投资后对投资组合公司的指导、管理得到解决。一个多样化的 CVC 项目拥有跨多行业的知识储备，这些知识储备有利于 CVC 经理创造性地解决所遇到的不确定性。但这样的效应需要在多样性达到一个关键的程度后才能发挥。

综上，在多样性水平较低时，由于组织学习和知识转移的低效率，投资组合价值会随着多样性水平的增加而减少。此时，NPV 的增加并不能完全补偿 GV 的减少。随着多样性进一步加深，GV 的减少水平边际递减，当达到一定水平时，投资组合的价值开始增加。基于上述分析本文提出以下假设：

H1：CVC 组合价值与组合多样性之间存在 U 形关系。

3. 金融约束效应

在现实中，金融约束对于公司投资决策具有重要影响，它会迫使公司放弃某些投资机会。充足的金融资源可以使公司有能力从事所有的投资机会并最大化收益。如果公司多元化它的投资组合，这些投资之间的相关性将会下降甚至变为负相关；这样它们的价值变动方向可能相互背离而不是趋同。故在金融约束的情况下，多元化的负面效应会得到缓解。基于上述分析本文提出以下假设：

H2：投资公司价值与投资组合多样性之间的关系受到投资公司金融约束的调节。金融约束越高，CVC 组合多样性对投资公司价值的正面影响越显著。

二、变量选取

投资公司价值：本文采用滞后一期的 Tobin's Q 衡量投资公司价值。

CVC 组合多样性：赫芬达尔赫希曼指数。

$$\text{HHI} = \left(1 - \sum_{i=1}^{n} P_i^2\right)$$

P_i 表示来自 i 行业的组合公司数量中的 CVC 组合公司数量的比例。

金融约束：本文分别采用流动比率和负债股权比率衡量金融约束。

控制变量：本文通过 CVCage 、CVCsize 等变量控制 CVC 的特征，并在回归时控制了行业效应、年度效应。

三、模型分析

本文采用下列公式检验 H1：

$$\text{Firm-VALUE} = \alpha_0 + \alpha_1 \text{PORT-DIV} + \alpha_2\ \text{PORT-DIV}_2 + \text{controls} + \text{errors} \tag{1}$$

本文采用以下公式检验 H2。

$$\text{Firm-VALUE} = \alpha_0 + \alpha_1 \text{PORT-DIV} + \alpha_2 \text{CURRENT} + \alpha_3\ \text{PORT-DIV} \times \text{CURRENT} + \text{controls} + \text{errors} \tag{2}$$

$$\text{Firm-VALUE}=\alpha_0+\alpha_1\text{PORT-DIV}+\alpha_2\text{DT-EQU}+\alpha_3\ \text{PORT-DIV}\times\text{DT-EQU}+\text{controls}+\text{errors} \quad (3)$$

$$\text{Firm-VALUE}=\alpha_0+\alpha_1\text{PORT-DIV}+\alpha_2\text{CURRENT}+\alpha_3\ \text{PORT-DIV}\times\text{CURRENT}+\alpha_4\text{DT-EQU}+\alpha_5\ \text{PORT-DIV}\times\text{DT-EQU}\ \text{controls}+\text{errors} \quad (4)$$

Firm-VALUE 表示公司价值；PORT-DIV 表示组合多样性；CURRENT 表示流动比率；DT-EQU 表示负债股权比率。

回归结果显示：模型（1）中 PORT-DIV 显著为负，PORT-DIV_2 显著为正，说明公司价值与 CVC 组合多样性之间存在 U 形关系，H1 得到证明；模型（2、4）中 PORT-DIV×CURRENT 显著为负，说明金融约束越低，多样性的负面效应越大，H2 得到证明。

此外，为检验 CVC 组合与投资公司相关性对上述结论的影响，本文将样本按照相关性分成了三个部分：高度相关，中等相关，低水平相关，并分别回归。结果发现上述结论在中等相关的样本中成立，在其他样本中不成立。可能的解释是，在高度相关的情况下知识学习的机会较少，在低水平相关的情况下投资公司吸收能力不足，只有在中等相关的情况下知识学习的机会和投资公司吸收能力充足，才有利于知识学习和转移从而提高公司价值。

四、数据来源

本文所使用的 CVC 相关数据来源于 Thomson Venture Xpert；财务数据来源于 Compustat。本文首先在 Thomson Venture Xpert 中检索了 1990—2004 年 9000 多个 CVC 投资，并从中识别出 222 家美国上市公司参与投资的样本。由于本文研究组合多样性，因此剔除了只参与一个 CVC 投资的上市公司。最终本文得到 1990—2004 年 189 家上市公司的 1233 个企业-年度样本。

主要结论

本文研究了 CVC 组合多样性与投资公司价值创造的关系，结果发现：第一，CVC 组合多样性与投资公司价值之间存在 U 形关系。第二，投资公司金融约束对多样性的负面效应具有调节作用。

主要贡献

本文研究了 CVC 组合多样性与投资公司价值创造的关系，这填补了之前研究的空白。具体说来本文对 CVC 项目，多样性，实物期权方面的研究做出了贡献：第一，目前关于 CVC 项目的研究有三个层面：CVC 组合多样性、创业公司层面、投资公司层面；本文深化了 CVC 组合多样性价值创造方面的研究。第二，关于多样性，本文深化了战略管理领域关于公司多元化的研究，进一步考虑了金融约束的影响。第三，关于实物期权研究，本文基于实物期权理论，探索了多个期权之间的相互作用关系，并提供了实证证据。此外，本文的结论对 CVC 投资决策以及投资经理考虑金融约束对投资的影响具有指导作用。

前沿跟踪

目前国外对于 CVC 组合多样性的研究较多。由于国内 CVC 起步较晚且相关数据较难获得，国内的相关研究较少。研究主要集中在以下两个领域：

1. 基于组织学习理论视角的研究

Lee S. U. 和 Kang J.（2015）发现，CVC 投资的总额和投资组合公司的工业多样性与企业投资者的技术多样性呈现曲线（倒 U 形）关系，此外，实证结果表明，企业投资者的吸收能力积极调节了 CVC 投资对技术多样性的影响。

Baldi 等（2015）认为 CVC 投资者从创业企业中学习的可能性大小取决于其风险态度的性质，即投资组合多元化（低风险）或集中（高风险）策略，研究发现，投资组合为公司投资者提供成长和学习机会，并且学习倾向与投资组合多元化之间存在曲线（U 形）关系。

Sang M. L. 等（2015）研究发现 CVC 数量与从创业企业转移知识的水平呈倒 U 形关系；CVC 结构与投资公司知识多样性对这个 U 形关系具有调节作用。

Wadhwa A. 等（2015）分析得出 CVC 组合多样性与投资公司创新绩效之间存在倒 U 形关系；多样性的影响取决于知识资源组合的深度。

2. 基于项目治理结构视角的研究

万坤扬和陆文聪（2014）基于沪深主板 78 家上市企业 2000—2012 年投资的 670 个创业企业样本组成的非平衡面板数据的实证研究发现投资组合多元化与企业价值之间存在“U 形”关系，组织冗余对两者之间的关系具有积极的调节作用。

万坤扬和陆文聪（2016）实证检验了创业企业知识异质性与公司投资者知识创造之间的关系以及吸收能力、卷入强度对两者关系的调节作用。研究发现，创业企业知识异质性与公司投资者知识创造之间存在“U 形”关系，吸收能力、卷入强度对此“U 形”关系有积极的调节作用。进一步研究发现，创业企业知识异质性与公司投资者知识创造之间在控股型 CVC 项目治理结构下呈“倒 U 形”关系，而在非控股形 CVC 项目治理结构下呈“U 形”关系。

总的来看，上述研究均得出了 CVC 组合多样性与公司价值之间存在 U 形关系。这个关系受到金融约束、卷入强度、吸收能力、组织冗余等多种因素的调节。未来的研究可以在以下两个方面进一步深化：（1）结合组织学习理论、实物期权理论、博弈论，进一步考虑其他可能的调节因素。（2）中国 CVC 投资起步较晚但近几年大规模增长，那么在中国当前的制度环境下 CVC 投资是否存在中国特色，这样的特色又如何影响 CVC 投资，是一个富有实践意义的命题。

参考文献

[1] 万坤扬，陆文聪．公司创业投资组合多元化与企业价值——组织冗余的调节作用［J］. 经济管理，2014（9）：156-66.

[2] 万坤扬，陆文聪．创业企业知识异质性与公司投资者知识创造［J］. 科研管理，2016，37（2）：9-19.

[3] Lee S U, Kang J. Technological diversification through corporate venture capital investments：creating various options to strengthen dynamic capabilities［J］. Industry and

Innovation, 2015, 22 (5): 349-374.

[4] Baldi, Baglieri F., Corea D., et al. Balancing risk and learning opportunities in corporate venture capital investments: evidence from the biopharmaceutical industry [J]. Entrepreneurship Research Journal, 2015, 5 (3): 221-50.

[5] Sang M. L., Kim T., Jang S. H. Inter-organizational Knowledge transfer through corporate venture capital investment [J]. Management Decision, 2015, 53 (7).

[6] Wadhwa A., Phelps C., Kotha S. Corporate venture capital portfolios and firm innovation [J]. Journal of Business Venturing, 2015 (1): 95-112.

（作者：吴泳涛）

述评：
《风险投资与企业生产效率：助力还是阻力》

论文原作者：赵静梅　傅立立　申　宇

期刊：《金融研究》2015 年第 11 期

原文摘要

作者选取 2004—2012 年我国上市公司数据，研究风险投资与上市公司全要素生产率的关系，结果发现风险投资总体上并没有改善企业的生产效率。总体无效率主要由低声誉风投机构导致，其与企业生产效率显著负相关，但是高声誉风投机构与企业生产效率却显著正相关。情景转换模型显示，高声誉的风投机构对企业生产效率的影响比低声誉的风投机构高 1.24%~1.65%。本文的研究为企业选择风投机构提供了参考，也为风险投资对企业的增值服务提供了新的视角，对双方而言，饥也需择食，择其善者而从之。另外，本文也提出了关注风投行业系统风险、规范行业行为、做好政府定位和突破风投行业反腐禁区等政策建议。

问题导入

我国已经迈入全民创业的新时代，风投行业出现了井喷式极速发展。不过，我国风投行业也出现了一些乱象，“突击入股”“PE 腐败”“代人持股”“权股交易”“业绩变脸”等现象时有发生。毋庸讳言，在全民创业盛世蓝图下，更应该对风投行业进行全面的、审慎的审视。风险投资研究的学术领域，目前主要集中在风投对财务绩效的影响方面，鲜有文献探讨风投是否改善以及如何改善生产效率这一重要问题。

本文聚焦于此，研究风险投资与企业生产效率之间的关系。具体而言，回答了风投是搭上了优质企业上市的“顺风车”（对企业生产效率无影响）还是以专业化的增值服务获取投资收益（对企业生产效率有正面影响）或者盲目投资反而阻碍了企业发展（对企业生产效率有负面影响）。

研究设计

一、变量设计

1. 企业全要素生产率（TFP）

本文采用 TFP 衡量企业的生产效率的原因有：一是企业在获取风险资金之后，会根据市场行情配置生产要素，因此生产效率会随着行业、时间的变化而改变；二是技术进步是企业生存和发展的基石，但财务指标（例如 ROA）无法充分反映企业技术创新的信息。

本文根据 Olley 和 Pakes（1996）的基本思路，同时借鉴 Loecker（2007）将企业出口行为引入 OP 框架的具体做法，并按照鲁晓东和连玉君（2012）的研究设计估算 TFP。

2. 风险投资声誉

本文分别采用前 3 年风险投资机构投资的额度/市场份额、前 3 年风险投资参股企业上市后的总资产规模/市场份额四个指标衡量。考虑到数据的平滑性，本文采用 3 年期的滚动窗口加总得到；以风投机构声誉的平均值作为联合投资公司的声誉指标。如果声誉指标超过样本中位数，则称为高声誉样本，否则为低声誉样本。

二、模型设定

为了尽可能降低样本选择和内生性问题，本文采用 Heckman 两阶段方法研究。回归模型如下：

$$I(\mathrm{VC}_i = 1) = a + \beta_1 \mathrm{controls}_i + \sum \beta_n \mathrm{Year} + \sum \beta_m \mathrm{Ind} + \varepsilon_i \tag{1}$$

$$\mathrm{TFP}_i = \alpha + \gamma \mathrm{PI}_i + \beta_1 \mathrm{VC} + \beta_2 \mathrm{HR}_i + \sum \beta_n \mathrm{Year} + \sum \beta_m \mathrm{Ind} + \varepsilon_i \tag{2}$$

其中，I（VC =1）表示获得风投资金的概率，当公司有风险投资时，变量等于 1，否则为 0；TFP 是上市当年的全要素生产率；PI 是逆米尔斯比，衡量风险投资选取企业的私有信息；HR 表示是否为高声誉样本。

controls 为控制变量，包括：承销商承销规模属于当年的前十大承销商虚拟变量、企业年龄、公司上市的首日换手率、公司上市前三年的总资产、资产负债率和净资产收益率的平均数、IPO 的冷热季节、企业性质、企业是否参与出口活动的虚拟变量、企业 IPO 时市场平均发行市盈率、企业发行市盈率。

模型还控制了年度效应和行业效应。

为了更进一步考察风险投资声誉对企业生产效率的影响，本文在模型（1）的基础上，建立以下声誉模型，其中，rep 表示风险投资的声誉，分别选取上文提到的 4 个指标衡量。

$$\mathrm{TFP}_i = a + \gamma \mathrm{rep}_i + \beta_1 \mathrm{VC} + \beta_2 \mathrm{PI}_i + \beta_3 \mathrm{controls}_i + \sum \beta_n \mathrm{Year} + \sum \beta_m \mathrm{Ind} + \varepsilon_i \tag{3}$$

三、实证结果

1. Heckman 两阶段分析

模型（1）的回归结果显示在总体样本和高声誉样本中，风险投资选择企业的私有信息（PI）在统计上显著为正，但在低声誉样本中，PI 并不显著，一方面表明证实研究确实存在样本的自选择问题，采用 Heckman 两阶段回归的方法是合适的；另一方面表明高声誉的风投具有选择优质企业的能力，低声誉的风投这种能力并不明显。

模型（2）中是否选择风险投资的虚拟变量（ VC ）为正，但在统计上并不显著，说明从整体上来看，风投机构对企业效率的提升并无明显的作用。是否属于高声誉的虚拟变量（HR）在 1%的水平上显著为正，表明在控制了风险投资的选择后，高声誉风险投资显著提高了企业的生产效率。为了进一步厘清风险投资声誉对 TFP 的影响，本文将高声誉和低声誉样本与非风投的样本分别回归。高声誉和无风投的样本中，VC 变量在 5% 的水平上显著为正，说明高声誉的风投机构显著提高了 TFP；与此同时，低声誉和无风投的样本中，VC 变量显著为负，低声誉的风投降低了企业的生产效率。

对模型（3）的回归显示风投机构声誉每提高 1%，企业生产效率提高 0. 6%，高声誉的风投机构提高了企业的生产效率。无论是以 IPO 的规模，还是投资规模衡量的风险投资声誉指标，都对企业的效率产生了促进作用，这一结果也表明，经验丰富、专业化和投资水平是风投机构获取市场声誉的重要因素，这些特质信息有助于提高企业的生产效率。

2. 内生性及稳健性分析

Francis 等（2011）指出 Heckman 二阶段模型存在结果的不稳定，Lawrence 等（2011）建议采用倾向得分匹配法（PSM）。文章显示 PSM 的结果与前文几乎一致。

3. 风险投资的经济效应（情景转换测试）

本文进一步评估风险投资对企业生产效率的经济效应，采用 Fang（2005）的情景转换回归方法（switching regression）分析。转换回归的思想是，对于有风投背景的企业，在没有风险投资的情景下，TFP 如何变化；反之，对于非风投背景的企业，当有风险投资时，TFP 如何变化。

综合测试结果可以看出，总体来看风险投资对生产效率并没有明显的提升作用，但高声誉的风投机构可以有效改善企业生产效率。

四、数据来源

作者选取 2004—2012 年沪深股市所有主板、中小板和创业板的上市公司作为研究样本，并剔除关键财务数据缺失和明显错误的样本以及金融业、服务业、综合行业的样本，最终保留 1008 家上市公司。

研究所需的财务数据、公司治理数据来自 Wind 和 CSMAR 数据库；风险投资背景的数据通过上市公司招股说明书手工搜集，并与投中集团（China Venture）公布的数据进行比对增补。

主要结论

本文以上市公司全要素生产率作为切入点，研究了风险投资对企业生产效率的影响，结果显示：第一，风投机构总体上并没有明显改善企业的生产效率。第二，高声誉的风投机构显著提高了企业的生产效率；而低声誉的风投机构却降低了企业的生产效率。第三，采用情景转换模型进一步研究发现风险投资有明显的声誉效应，高声誉的风险投资对生产效率表现出“助力”的作用，低声誉的风险投资表现出“阻力”的特点。

主要贡献

与国内外的研究相比，本文贡献如下：第一，本文手工搜集我国 2004—2012 年上市公司的风险投资股东数据，系统研究风险投资对企业生产效率的增值服务，并且剖析了风险投资机构对企业生产效率的影响路径，不仅丰富了我国风险投资研究的文献，而且完善了风险投资增值服务的研究框架。第二，本文从风险投资声誉机制分化角度，系统研究了不同风险投资声誉对企业增值服务的影响，并发现了高声誉风投机构的“助力”效应，低声誉风投机构的“阻力”效应。第三，本文将情景转换方法引入风险投资研究领域，分别模拟了四种情景：有风险投资与无风险投资、高声誉风险投资与低声誉风险投资，结果发现只有当高、低声誉风险投资转换时，风险投资对生产效率才具有显著的经济效应。这意味着声誉机制是企业的生产效率改善的重要影响因素。

前沿跟踪

当前关于风险投资与技术创新的研究集中在两个方面：一是风险投资是否能促进技术创新；二是风险投资对其他创新要素的调节效应。

一、风险投资对技术创新的影响

沈丽萍（2015）研究发现，风险投资并不能为创新企业提供更多资源的支持，也不能督促企业创造出更多的效益，风险投资并不能促进高新技术企业的技术创新。冯照桢等（2016）则研究发现，风险投资（规模和数量）与技术创新（专利数量和研发效率）之间存在着门槛效应。陈思等（2017）认为 VC 的进入促进了被投企业创新，表现为专利申请数量的显著增长；外资背景的 VC 和多家 VC 联合投资对被投企业创新活动的促进作用更强，且 VC 投资期限越长，对创新的促进作用越强。王婷（2016）的研究结果显示中国的风险投资对技术创新具有显著的资本增加效应，但未能有效发挥创新效率提高效应；同时，促进效应存在区域差异性，在创新要素密集和创新生态环境温润的北京、深圳及上海地区的表现比较突出。邹双和成力为（2017）的研究结果显示，上市前第 1 年进入企业的风险投资对企业创新绩效的促进作用不显著，上市前第 2 年进入企业的风险投资能够显著持续地促进企业创新绩效，相对于单独风险投资和低资历风险投资，联合风险投资和高资历风险投资对企业创新绩效的促进作用更大。Lahr H. 和 Mina A.（2016）构建了联立方程模型并基于美国和英国的样本来分析风险投资对于企业创新产出的影响，结果显示风险投资与创新产出的正相关系是由于风投机构能够选择创新能力强的企业造成的，风投本身并不能促进企业从事创新活动，反而更倾向于将已有专利商业化从而抑制了创新活动。

二、风险投资对其他创新要素的调节效应

唐清泉等（2015）研究发现风投声誉越高和持股比例越多，对家族控制权与 R&D 的调节作用越强；国有风投和本地风投对家族控制权与 R&D 的调节作用更强，而联合风投与独立风投没有显著差别。赵毅等（2016）研究发现，外部风险投资持股在企业上市后仍是影响企业创新投入的重要因素；外部风险投资持股比例的不断提高将会显著改善 CEO 由于弱权而造成的企业创新投入水平较低的问题。黄艺翔和姚铮（2015）研究发现，随着政府专项研发补助的提高，有风险投资持股的上市公司其研发投入上升幅度要显著高

于没有风险投资持股的上市公司。

综上，由于数据可得性的问题，当前研究的焦点是厘清风投机构与创业企业创新产出之间的关系是由风投机构能选择创新性企业（选择效应）还是风投对创业企业提供的增值服务（训练效应）造成的。不少学者采用 Heckman 二阶段模型、倾向得分匹配法等来解决内生性问题，但并未得出一致的结论。

参考文献

[1] 沈丽萍．风险投资对中小企业自主创新的影响——基于创业板的经验数据［J］．证券市场导报，2015（1）：59-64.

[2] 冯照桢，温军，刘庆岩．风险投资与技术创新的非线性关系研究——基于省级数据的 PSTR 分析［J］．产业经济研究，2016（2）：32-42.

[3] 陈思，何文龙，张然．风险投资与企业创新：影响和潜在机制［J］．管理世界，2017（1）：158-169.

[4] 王婷．区域视角下风险投资对技术创新的促进效应研究［J］．科学学研究，2016，34（10）：1576-1582.

[5] 邹双，成力为．风险投资进入对企业创新绩效的影响——基于创业板制造业企业的 PSM 检验［J］．科学学与科学技术管理，2017（2）：68-76.

[6] 唐清泉，黎文飞，蔡贵龙．家族控制、风险投资和企业 R&D 投资［J］．证券市场导报，2015（1）：32-38.

[7] 赵毅，戚安邦，乔朋华．强权 CEO 能更好地利用风险投资进行创新吗？［J］．科学学与科学技术管理，2016，37（9）：155-168.

[8] 黄艺翔，姚铮．风险投资对上市公司研发投入的影响——基于政府专项研发补助的视角［J］．科学学研究，2015，33（5）：674-682.

[9] LAHR H，MINA A. Venture capital investments and the technological performance of portfolio firms［J］. Research Policy，2016，45（1）：303-318.

（作者：吴泳涛）

述评：《VC 真在努力甄选和培育优质创业型企业吗？——基于深圳创业板上市公司的研究》

论文原作者：杨其静　程商政　朱　玉

期刊：《金融研究》2015 年第 4 期

原文摘要

本文以 2012 年年底前在中国创业板块上市的公司为研究对象，研究发现：（1）在 IPO 之前，财务绩效越好的公司，引入 VC 的意愿越弱，而且越不愿意引入多个 VC 以及经验 VC；（2）在 IPO 之后，VC 并不能更有效地帮助公司改善经营绩效；（3）在 IPO 时，资本市场不仅不会给予 VC 资助公司更高的估值，反而有可能贬损其市场价值。总之，在中国资本市场上 VC 未能有效地履行其基本职能——对创业型企业进行事前甄选和事后监管。

问题导入

欧美发达经济体的经验表明，风险投资（venture capital，VC）有助于发掘和培育优秀的创业型企业，因为 VC 有专业知识和技能对创业型企业进行有效的事前甄选和事后监管。中国从 20 世纪 90 年代开始发展 VC，以期达到同样效果。然而，中国的企业家在金融市场上至少面临两大制度性约束。一是中小金融机构不发达而商业银行对民企存在所有制和规模歧视，使得创业型企业外部融资成本高昂；二是证监会对于包括创业板在内的资本市场实行严格的 IPO 审查制度，导致“关系”变得很重要。这就很可能诱发大量的逆向选择问题，即优质企业未必愿意与 VC 结合，而劣质企业却乐于引入有特殊资源的 VC；进而，这些 VC 在事后也无心履行监管和帮扶企业的职能。

那么，我国 VC 真在努力甄选和培育优质创业型企业吗？本文试图利用 2009—2012 年中国深市创业板所有上市公司为研究样本对此予以解答。

研究设计

一、研究假设

在中国特定的环境下，创业型企业面临着融资难和 IPO 机会严重稀缺的两大困境。在这两大困境的综合作用下，我们做出如下推论：

第一，在中国资本市场上 VC 的核心竞争力可能并不是专业的甄选和培育创业型企业的能力而是其掌握的某种特殊资源。创业型企业引入 VC，看重的并不是 VC 整合市场资源和强化企业内部治理的专业能力，而是其与相关监管部门的特殊关系。

第二，尽管优质的创业型企业也会积极寻求 IPO 机会，但对于高融资成本的 VC 可能并无特别强烈的兴趣；相反，劣质的创业型企业却乐于引入 VC，哪怕必须为此承担高昂的融资成本。

第三，即便 VC 资助公司赢得了在创业板上市的机会，它们也不会奢望 VC 还能够在事后帮助它们优化治理结构和提升经营管理能力，因为这根本就不是它们当初引入 VC 的初衷，何况在这种制度环境中发展起来的 VC 也不具备这样的核心竞争力。

第四，既然 VC 既不会事先甄选出优质的投资对象，也不会事后有效履行监管职能，因此资本市场并不会因为某个公司赢得了 VC 注资而给予更高的潜在价值评价。

根据以上理论推断，本文提出以下三个假说：

H1：在 IPO 之前，经营绩效越差的公司越愿意引入 VC，且越倾向于引入多个 VC。

H2：在 IPO 之后，VC 资助的公司并不会赢得更出色的经营绩效改善幅度。

H3：在 IPO 时，资本市场并不会给予 VC 资助的公司更高的潜在价值评价。

二、模型

建立以下模型检验 H1：

$$\hat{p} = (\mu = 1 \mid \text{Perf},\ \text{Gov},\ \text{Firm},\ \text{Year}) = \Lambda(a\text{Perf} + b\text{Gov} + c\text{Perf} \times \text{Gov} + d\text{Firm} + e\text{Year}) \quad (1)$$

其中，$\Lambda(z) = \exp(z)/[1 + \exp(z)]$ 为 Logistic 函数。被解释变量 μ 包括三个哑变量，即是否引入了 VC（VC_1），是否引入多个 VC（VC_d）和是否引入经验 VC（VC_e）。公司经营绩效 Perf 是主要解释变量，包括净资产收益率 (ROE_0) 或者总资产收益率 (ROA_0)。控制变量 Gov 包括公司是否属于国家控股（State）和实际控制人政治背景（PC）。Firm 包括企业所属行业（Industry）、杠杆率（Lever）、资产规模（Asset）。最后，控制公司的上市年份。当解释变量为 VC_d 和 VC_e 时，样本将限定在 VC 资助的公司之内。

回归结果显示，VC_1 和 VC_d 作为被解释变量时，ROE_0 和 ROA_0 的系数均显著为负，验证了 H1。

建立以下模型检验 H2

$$\text{Perf} = \alpha + a\text{VC} + b\text{Gov} + c\text{VC} \times \text{Gov} + d\text{Firm} + e\text{Year} + \varepsilon \quad (2)$$

其中，Perf 包括 IPO 后一年相对于当年的净资产收益率变化 ($\Delta ROE = ROE_1 - ROE_0$)、总资产收益率变化 ($\Delta ROA = ROA_1 - ROA_0$) 和主营业务收益增长率变化 ($\Delta GIN = GIN_1 - GIN_0$)。VC 包括 VC_1、VC_d 和 VC_e。其他变量同模型 1。

回归结果显示，以 ΔROE、ΔROA 和 ΔGIN 作为被解释变量，VC_1、VC_d 和 VC_e 的回归系数均不显著，验证了 H2。

建立以下模型检验 H3：

$$IPO\_Perform = \alpha + aVC + bGov + cVC \times Gov + dPer\_interest + ePer\_assets\_ fAsset + gLever + hFirst\_size + lIPO\_index + \varepsilon \quad (3)$$

其中，IPO_Perform 包括首发市盈率（Offering_PE）、上市首日市盈率（IPO_PE）、首日收盘价（Close_price）。Per_interest 为每股净利润，Per_asset 为每股净资产，First_size 为首发数量，IPO_index 为上市首日股指。其他变量同模型 1。

回归结果显示，以 Offering_PE、IPO_PE 和 Close_price 作为被解释变量，VC_1、VC_d 和 VC_e 的回归系数均不显著，验证了 H3。

三、稳健性检验

本文使用 ROE_{-1}，ROA_{-1}，ROE_{-2}，ROA_{-2} 作为主要解释变量并利用模型（1）进行回归，检验结果与前文保持一致，表明 H1 的实证结果是稳健的。

本文使用 $ROE_1 - ROE_{-1}$，$ROA_1 - ROA_{-1}$，$GIN_1 - GIN_{-1}$ 作为被解释变量并利用模型（2）进行回归，检验结果与前文保持一致，表明 H2 的实证结果是稳健的。

四、数据来源

本文以 2012 年 12 月 31 日之前在深圳创业板上市的共计 355 家公司作为研究对象。股东和实际控制人的资料来自 RESSET 数据库，公司财务数据来自 Wind 数据库。文章对于 VC 的识别主要依靠手工操作。具体而言，本文首先通过 Wind 数据库获取公司前十大股东。若股东名称中含有“创业投资”“风险投资”或是“创业资本投资”等关键词，则认定为 VC。对于其他一些疑似 VC，则通过《中国风险投资年鉴》（2007—2013）所收录的风险投资机构名录或通过网站查询的方法逐一识别。本文最终样本量为 350 家。

主要结论

第一，在 IPO 之前，经营绩效差的公司更愿意引入 VC 且更倾向于引入多个 VC；第二，与非 VC 资助公司相比，VC 资助公司（无论是经验 VC 还是非经验 VC 资助公司，无论是单 VC 还是多 VC 资助公司）在上市之后经营绩效的改善程度并不显著地好于非 VC 资助公司，甚至更差；第三，无论是经验 VC 资助公司还是非经验 VC 资助公司，资本市场不仅不会给予 VC 资助公司更高的市场价值评估，甚至还会给予负面评价。

主要贡献

第一，本文结合我国国情，通过严密的研究设计和模型构建，解答了 VC 领域关心的两个问题：VC 是否会选择优质企业作为投资对象；VC 的参与是否有助于公司绩效的提高。第二，本文的结论对我国资本市场的制度改革具有一定的借鉴意义。

前沿跟踪

现阶段关于创业投资的研究，重点关注两个领域：VC 对创业企业公司治理的影响和 VC 对创业企业创新绩效的影响。具体而言：

关于 VC 对创业企业公司治理的影响，王会娟和张然（2012）研究发现，私募股权投资参与的上市公司的薪酬业绩敏感性普遍高于无私募股权投资参与的上市公司；从股权性质角度考虑，外资和国有背景的私募股权投资的敏感性更高。陈孝勇和惠晓峰（2015）研究发现，创业投资能够显著改变民营企业高管薪酬与业绩的敏感性，但并没有显著改变国有企业高管薪酬与业绩的敏感性；对民营企业而言，创业投资参与降低了高管薪酬与会计业绩之间的敏感性，但是提高了高管薪酬与市场业绩之间的敏感性。

关于 VC 对创业企业创新绩效的影响，陈思等（2017）研究发现，VC 的进入促进了被投企业创新，表现为专利申请数量的显著增长；外资背景的 VC 和多家 VC 联合投资对被投企业创新活动的促进作用更强；且 VC 投资期限越长，对创新的促进作用越强。王兰芳和胡悦（2017）研究发现，创业投资显著促进了创新绩效；对于外部融资依赖度更高、高新技术密集度更高的行业以及产权保护更好的地区，创业投资对企业创新绩效的促进作用更显著。邹双和成力为（2017）研究发现，上市前第 1 年进入企业的风险投资对企业创新绩效的促进作用不显著，上市前第 2 年进入企业的风险投资则显著；上市前第 2 年进入企业的风险投资对渐进式创新绩效的促进作用大于对突破式创新绩效的促进作用；在上市前第 2 年进入企业的风险投资中，相对于单独风险投资和低资历风险投资，联合风险投资和高资历风险投资对企业创新绩效的促进作用更大。张学勇和张叶青（2016）研究发现，首先，在 IPO 之前风险投资会帮助公司提高创新能力；同样接受了风险投资，在 IPO 之前拥有专利的公司相对于那些缺乏创新能力的公司，IPO 的抑价率更低，长期回报率更高；缺乏创新能力的公司与没有风险投资支持的公司相比，在市场表现方面并没有显著差异。

参考文献

[1] 张会娟，张然．私募股权投资与被投资企业高管薪酬契约——基于公司治理视角的研究 [J]. 管理世界，2012（9）：156-167.

[2] 陈孝勇，惠晓峰．创业投资的治理作用——基于高管薪酬契约设计视角的实证研究 [J]. 南开管理评论，2015，18（2）：126-135.

[3] 陈思，何文龙，张然．风险投资与企业创新：影响和潜在机制 [J]. 管理世界，2017（1）：158-169.

[4] 王兰芳，胡悦．创业投资促进了创新绩效吗？——基于中国企业面板数据的实证检验 [J]. 金融研究，2017（1）：177-190.

[5] 邹双，成力为．风险投资进入对企业创新绩效的影响——基于创业板制造业企业的 PSM 检验 [J]. 科学学与科学技术管理，2017，38（2）：68-76.

[6] 张学勇，张叶青．风险投资、创新能力与公司 IPO 的市场表现 [J]. 经济研究，2016，51（10）：112-125.

（作者：凌　丽）

述评：《创业投资的治理作用——基于高管薪酬契约设计视角的实证研究》

论文原作者：陈孝勇　惠晓峰

期刊：《南开管理评论》2015 年第 18 卷第 2 期

原文摘要

本文选取 2009—2012 年深圳交易所上市的创业板和中小板上市公司为研究对象，研究了创业投资参与对民营和国有企业高管薪酬契约的影响。实证研究发现：（1）创业投资能够显著改变民营企业高管薪酬与业绩的敏感性，但是创业投资并没有显著改变国有企业高管薪酬与业绩的敏感性；（2）对民营企业而言，创业投资参与降低了高管薪酬与会计业绩之间的敏感性，但是提高了高管薪酬与市场业绩之间的敏感性。实证结果表明，创业投资在民营企业高管薪酬制定过程中发挥了作用，创业投资更加重视市场业绩在高管薪酬契约中的作用；创业投资对国有企业高管薪酬契约影响非常有限；创业投资参与民营和国有企业的动机可能存在差异。

问题导入

创业投资，也称风险投资或风险资本（venture capital，VC）主要通过向创业企业进行股权投资，以期在所投资创业企业发育成熟或相对成熟后转让股权获得资本增值收益。根据国内知名创业投资研究机构——清科研究中心发布的数据，2015 年中国创投市场共发生投资 3445 起，同比上升 79.7%；其中披露金额的 3113 起投资交易共计涉及金额 1293.34 亿元人民币，同比上升 24.6%；在披露案例的全部投资交易中，平均投资规模达 4154.64 万元人民币。可以看出，创业投资已经成为我国资本市场一支不可或缺的重要力量。创业投资的影响也成为学术界研究的热点。创业投资可以通过优化公司治理，设计有效的激励和约束机制来缓解代理问题带来的影响，改善公司业绩。股东与高管之间的委托代理关系是公司治理机制需要解决的核心问题之一。委托人和代理人之间的利益偏离需要通过薪酬合约建立起利益关联机制，设计合理的高管激励契约在缓解股东与高管之间代理问题中发挥重要作用。创业投资与其所投资企业的高管薪酬业绩敏感性之间的关系反映创业投资是否在高管薪酬契约制定中发挥作用。鉴于我国国有企业和非国有企业在经营目标、外部环境和公司治理等方面存在着巨大差别，本文在中国制度背景下，重点通过研究创业投资与高管薪酬业绩敏感性之间的关系以揭示创业投资在国有和民营企业治理中发挥的作用。

研究设计

本文首先从理论层面分析创业投资与高管薪酬业绩敏感性之间的关系，然后构造计量经济模型，区分了民营企业和国有企业，分别考察民营企业高管薪酬与会计业绩之间的关系、民营企业高管薪酬与市场业绩之间的关系和国有企业高管薪酬与创业投资参与之间的关系。最后，得出结论并提出建议。

一、模型

$$\text{COM3} = \alpha_0 + \alpha_1 \text{VC} + \alpha_2 \text{ Performance} + \alpha_3 V\text{C} \times \text{Performance} + \sum \text{Control} + \varepsilon \quad (1)$$

模型（1）中COM3为前三位高管的薪酬总额，VC为虚拟变量，有创业投资参与的公司，VC赋值为1，否则为0。Performance为会计业绩，分别用总资产收益率（ROA）、净资产收益率（ROE）以及净资产营业利润收益率（ROEop）三种业绩指标表示。VC×Performance为VC参与和会计业绩的交乘项。Control表示控制变量。如果系数显著大于0，说明企业建立了业绩为基础的薪酬，业绩越好，薪酬也越高。如果系数显著（大于）小于0，说明风险投资参与显著（提高）降低了企业高管薪酬业绩敏感性。薪酬业绩敏感性越高，代表管理层与股东利益协调越好，代理成本越低。

$$\text{COM3} = \beta_0 + \beta_1 \text{VC} + \beta_2 \text{ Market } P + \beta_3 \text{VC} \times \text{Market } P + \sum \text{Control} + \varepsilon \quad (2)$$

模型（2）中，Market P代表市场业绩，本文用托宾Q值代表市场业绩。VC×Market P为VC参与和市场业绩的交乘项。如果大于0，说明VC参与提高了高管薪酬与市场业绩之间的敏感性。

二、判断民营企业高管薪酬与会计业绩之间的关系

本文首先选取民营企业为样本，使用模型（1），以高管薪酬为被解释变量，企业是否为创投支持企业（VC）作为哑变量并分别加入ROA（总资产收益率）以及ROA与VC的交互项、ROE（净资产收益率）以及ROE与VC的交互项、ROEop（净资产经营活动收益率）以及ROEop与VC的交互项和其他控制变量进行多元回归分析。

三、判断民营企业高管薪酬与市场业绩之间的关系

使用模型（2），以高管薪酬为被解释变量，分别以VC、Tobin Q（代表市场业绩）为解释变量，再在模型中加入VC和Tobin Q的交互项和其他控制变量进行多元回归分析。

四、国有企业高管薪酬与创业投资参与的关系

选取国有企业为样本，建立与第二部分相同的模型，进行多元回归分析。

五、数据来源

考虑到我国在2009年推出创业板市场，本文选取2009—2012年深圳交易所上市的创

业板上市公司和中小板上市公司为研究对象。通过查阅招股说明书中“发行人基本情况”，手工搜集创业投资相关信息。本文将上述手工搜集的 VC 数据，与清科数据库中“私募股权”部分的“投资机构”数据进行对照，确保创业投资数据的准确性。在剔除数据缺失的观察值后，本文获得 3005 个公司-年度样本观察值（其中有 VC 参与的样本观察值为 1226，无创业投资参与的样本观察值为 1779，国有样本观察值为 520）。

主要结论

第一，创业投资参与的国有、民营企业高管薪酬均明显高于没有创业投资参与的国有、民营企业；第二，创业投资能够改变民营企业高管薪酬与业绩的敏感性，但创业投资并未明显改变国有企业高管薪酬与业绩的敏感性；第三，在创业投资参与的民营企业中，创业投资降低了高管薪酬与会计业绩之间的敏感性，但增强了高管薪酬与市场业绩之间的敏感性，这说明创业投资会加大市场业绩在民营企业高管薪酬契约制定过程中的作用，降低会计业绩在高管薪酬契约中的权重。

主要贡献

第一，国外学者对高层管理人员薪酬激励与绩效关系的研究已经比较成熟，也得出了较为一致的结论，但基于成熟市场经济国家的研究结论并不一定适合处于经济转型期的中国企业。在我国二元经济结构下，国有企业和民营企业面临不同的生存环境和制度约束，创业投资在两种不同性质的企业中发挥的作用存在很大差异。本文将样本分为国有企业和民营企业分别进行建模和分析，增加了结论的准确性。第二，本文把高管业绩分为会计业绩（ROA、ROE、ROEop）和市场业绩（Tobin Q），会计业绩主要反映企业历史经营信息，而市场业绩具有前瞻性。本文分别考虑民营企业、国有企业与两种业绩之间的关系并结合创业投资参与变量对其的调节作用，制定的研究设计非常完善，提高了结论的可信度。

前沿跟踪

现有文献对于创业投资的研究主要从影响创业企业创新效率、影响创业企业绩效和创业投资机构这三个方面进行。

关于影响创业企业创新效率，徐唱（2016）研究发现有创业投资支持的上市高新技术企业技术创新效率要高于没有创业投资支持的上市高新技术企业，说明创业投资对于提高技术创新有一定的促进作用，此外，是创业投资的参与促进了高新技术企业的技术创新效率，而不是高新技术企业技术创新效率的提高吸引了创业投资的进入；戚湧和陈尚（2016）通过对创业投资网络位置属性的特征向量中心性对企业创新绩效的影响进行实证分析，并用权力指数进行强度测试，发现创业投资网络的位置属性对企业创新绩效具有正的影响，投资机构网络特征向量中心性和权力指数越大，企业创新绩效越好。

关于影响创业企业绩效，韩瑾等（2016）研究发现不同管理风格下 VC 参与程度与企业绩效间存在显著倒 U 形关系，在 VC 参与程度达到最优值之前，随着参与程度的增加，企业绩效随之提升，VC参与程度对企业绩效具有促进效应，但超过最优值后，随着VC参与程度的增加，企业绩效却呈递减趋势，VC参与程度对企业绩效具有抑制效应；孙晶（2016）基于2004—2015年中小板上市企业数据，对创业投资给企业价值提升和运营表现带来的影响进行了研究，结果表明我国的创业投资家既没有在首次公开发行股票的进程中为其投资的公司带来价值，也没有提高其运营表现；通过采用匹配样本方法，展开创业投资对其投资对象的投资效果调查，结果发现与那些没有进行创业投资的公司相比，有创业投资的公司会出现更高的IPO抑价水平，并且首次公开发行（IPO）前后的运营表现都更差；邹小芃等（2016）研究发现有创业投资支持的被投资企业在上市之前的经营业绩趋于下滑，而这种影响在上市之后并不显著，创投的退出对公司经营绩效的影响不显著，联合投资的创投机构数量在一定阶段对被投资公司的经营绩效产生负向影响，而创投机构的持股比例和创业投资时间的影响不显著。

关于创业投资机构，黄福广等（2016）研究发现风险投资机构高管团队知识背景和从业经验显著影响其高科技投资偏好，进一步研究发现，在不同产权性质的风险投资机构中，高管团队知识背景对高科技投资偏好的影响具有差异性；徐勇和贾键涛（2016）研究发现多元化的投资策略为创业投资机构提供了有效的知识来源渠道，行业多元化知识使得创业投资机构在价值发现和适应行业波动方面更具优势，地域多元化知识帮助投资机构有效克服不同区域间的制度差异，它们均对投资绩效具有显著提升作用，联合投资作为调节变量削弱了地域多元化对投资绩效的正向影响，而对行业多元化与投资绩效的影响并不显著。

参考文献

[1] 徐唱．基于DEA方法的我国创业投资对高新技术企业技术创新效率影响的实证研究[J]. 经营管理者，2016（7）：1-2.

[2] 戚湧，陈尚．创业投资网络位置属性对企业创新绩效的影响［J]. 中国科技论坛，2016（7）：86-91.

[3] 韩瑾，党兴华，石琳．不同管理风格下创业投资参与程度对创业企业绩效的影响[J]. 科技进步与对策，2016（3）：103-108.

[4] 孙晶．创业投资对企业价值和运营的影响研究——基于2004—2015年中小板企业数据［J]. 技术经济与管理研究，2016（8）：31-39.

[5] 邹小芃，杨芊芊，戴杭骁．创业投资对企业经营绩效的影响研究——基于中小板和创业板上市公司的实证分析［J]. 浙江金融，2016（8）：55-63.

[6] 黄福广，贾西猛，田莉．风险投资机构高管团队知识背景与高科技投资偏好［J]. 管理科学，2016（5）：31-44.

[7] 徐勇，贾键涛．多元化投资策略对创业投资绩效影响的研究——基于中国创业投资的经验证据［J]. 中山大学学报（社会科学版），2016（5）：151-160.

（作者：凌　丽）

述评：
《公司创业投资支持企业控制权配置实证研究》

论文原作者：王　雷

期刊：《管理科学》2016 年第 29 卷第 4 期

原文摘要

控制权治理是公司治理的重要内容，由控制权配置带来的控制权收益是激励投资家物质资本和企业家人力资本投入的重要手段。基于不完全契约理论，从控制权收益和企业家人力资本的视角，研究公司创业投资支持企业的控制权配置问题。分析创业企业中公司创业投资者与企业家的控制权收益构成和类型以及企业家的人力资本专用性和专有性特征，厘清公司创业投资者与企业家各自私人收益、货币收益与其拥有的企业剩余控制权和特定控制权之间的对应关系。根据控制权共享收益来源，构建基于企业家人力资本专用性和专有性的控制权共享收益函数，分析控制权私人收益和战略收益、企业家人力资本专用性和专有性以及控制权收益与人力资本交互作用对公司创业投资支持企业剩余控制权和特定控制权配置的作用机理。以公司创业投资支持的 110 家不同行业上市企业 3 年数据为样本，运用面板数据混合回归模型，实证检验控制权收益、企业家人力资本及其交互项对中国经济背景下公司创业投资支持企业两类控制权配置的影响。

研究结果表明，公司创业投资者拥有的特定控制权和剩余控制权与企业家人力资本专用性正相关，与企业家人力资本专有性负相关，企业家控制权私人收益对公司创业投资者获得创业企业特定控制权比例具有正向影响，公司创业投资者控制权战略性私人收益对其自身获得创业企业特定控制权比例具有负向影响；企业家控制权私人收益正向调节企业家人力资本专用性与公司创业投资者剩余控制权占比之间的关系，负向调节企业家人力资本专有性与公司创业投资者剩余控制权占比之间的关系；公司创业投资者战略性私人收益负向调节企业家人力资本专用性与公司创业投资者剩余控制权占比之间的关系，正向调节企业家人力资本专有性与公司创业投资者剩余控制权占比之间的关系。由于不同产业类型的创业企业会给公司创业投资者和企业家带来不同的控制权收益，进而导致双方对控制权的关注程度和类型发生变化。同时，处于不同发展阶段的创业企业，公司创业投资者和企业家对剩余控制权、特定控制权关注的重点也不相同。因此，需要对不同类型的创业企业进行控制权分类治理。

研究结论为完善公司创业投资支持企业的控制权治理、提升控制权激励效果进而促进被投资创业企业发展具有重要的理论参考价值。

问题导入

公司创业投资母公司投资于新创企业的主要目标是获取新技术等战略性私人收益，因而对能够为其带来战略性私人收益的控制权分享极为关注，这种战略目标会影响创业企业的控制权配置过程。同时，能够为公司创业投资母公司创造新技术等战略性私人收益的新创企业的发展又高度依赖于企业知识创造和技术创新的主体，即稀缺的、创业团队关键的企业家人力资本。因此，从控制权收益和企业家人力资本的视角探讨公司创业投资支持企业的控制权配置问题，分析各因素对企业控制权配置的作用机理，为优化公司创业投资支持企业的控制权治理提出决策参考，进而促进被投资创业企业的发展，是公司创业投资支持企业公司治理的重要课题。

研究设计

本文首先从理论层面分析控制权收益、企业家人力资本对公司创业投资者剩余控制权和特定控制权配置的影响及作用机理，构建理论模型，提出研究假设。然后构建计量经济模型对理论模型和研究假设进行检验。

一、关键变量选取和测量

1. 被解释变量

剩余控制权：用公司创业投资者拥有的董事会席位、执行董事（执行董事指目前在公司管理团队中任职的董事）比例、监事会席位比例 3 个指标的算术平均数来测量；

特定控制权：用公司创业投资母公司向创业企业派驻的人员（如管理人员、财务人员、技术人员等）数量的常用对数以及公司创业投资母公司对被投资企业每条控制链条上最低的持股比例之和这两个指标的算术平均数来测量。

2. 解释变量

企业家人力资本专用性：用创业企业董事长的年度薪酬的常用对数来测量；

企业家人力资本专有性：通过对创业企业家受经济管理教育时间（以年计）、受工程技术教育时间（以年计）、工作经验（时间，以年计）、工作部门数 4 个指标进行主成分分析来测量企业家人力资本专有性。

企业家私人收益：用上市公司年报中的在职消费来测量。

公司创业投资者战略性私人收益：用创业企业的年度专利授权数来测量。

二、研究假设

H1：公司创业投资者拥有的剩余控制权（特定控制权）与创业企业家人力资本专用性呈正向关系。

H2：公司创业投资者拥有的剩余控制权（特定控制权）与创业企业家人力资本专有性呈负向关系。

H3a：企业家控制权私人收益对企业家人力资本专用性（专有性）与公司创业投资者

获得的剩余控制权比例之间的关系具有正（负）向调节作用。

H3b：公司创业投资者控制权战略性私人收益对企业家人力资本专用性（专有性）与投资家获得的剩余控制权比例之间的关系具有负（正）向调节作用。

H4：公司创业投资者拥有的特定控制权与创业企业家控制权私人收益（投资者自身的控制权战略性私人收益）呈正（负）向关系。

三、数据来源

本文选取2008—2011年在沪深A股市场IPO的806家公司，样本观测期为IPO及上市后3年。上市大公司参与公司创业投资活动有参股创投机构、控股创投机构或独立成立创投机构3种形式，本研究从上市公司年报入手，仔细查看上市公司的十大股东，根据股东中的创业投资机构是否有上市公司参股、由大公司控股或独立成立这3个方面选择样本。将符合以下3个条件的上市公司挑选出来：①十大股东中有其他上市公司的；②十大股东中有创投机构，但是创投机构是由大公司控股的子公司；③十大股东中有创投机构，这些创投机构有大公司参股。发现共有135家上市公司在IPO时有公司创业投资的支持。然后对样本进行筛选：①将样本中投资公司或者被投公司属于金融类企业的，或者主营业务为创业投资的，都予以剔除；②剔除研究期间内已退市的被投公司和数据不全的被投公司；③在上市后3年内都获得公司创业投资支持的上市公司。由于要满足条件的样本企业数据都是从上市当年到上市第3年的数据，而且满足公司创业投资均未退出企业这一严格要求，最终数据截止日期为2013年。共有110家上市公司符合条件，3年共计330个样本观测值。

主要结论

第一，创业企业家人力资本专用性和专有性对两类控制权配置的作用路径存在差异。公司创业投资者拥有的特定控制权与企业家人力资本专用性呈正向相关关系、与企业家人力资本专有性呈负向相关关系；企业家人力资本专用性对公司创业投资者获取创业企业剩余控制权具有正向影响，专有性对公司创业投资者获取创业企业剩余控制权具有负向影响；第二，企业家控制权私人收益对公司创业投资者获得创业企业特定控制权具有正向影响，公司创业投资者控制权战略性收益对其自身获得创业企业特定控制权具有负向影响；企业家控制权私人收益正向调节人力资本专用性与公司创业投资者剩余控制权比例之间的关系，负向调节人力资本专有性与公司创业投资者剩余控制权比例之间的关系；第三，公司创业投资者战略性收益负向调节企业家人力资本专用性与公司创业投资者剩余控制权比例之间的关系，正向调节企业家人力资本专有性与公司创业投资者剩余控制权比例之间的关系。

主要贡献

目前针对公司创业投资模式下创业企业控制权配置的大样本实证研究非常有限，尤其是基于中国经济背景下的经验研究更为缺乏。本文创造性地将剩余控制权和特定控制权的配置与治理进行区分，并充分厘清控制权收益的构成以及不同类型控制权收益的激励应存在的差异，分析公司创业投资支持企业的控制权动态配置机理，探求控制权收益和企业家人力资本对公司创业投资支持企业控制权配置的综合作用机制，以期为优化公司创业投资者与被投资企业企业家之间的控制权治理、提升被投资企业创业创新成功率提供决策参考。

前沿跟踪

现有文献对于公司创业投资的研究主要从影响 CVC 技术进步效应的因素、CVC 活动对于投资企业的影响等角度来进行。

关于影响 CVC 技术进步效应的因素，万坤扬（2015）基于 CVC 项目异质性视角，探讨控股与非控股 CVC 项目治理结构下 CVC 投资组合多元化与企业价值关系的差异以及组织冗余调节效应的差异。研究发现，非控股型 CVC 项目治理结构下，CVC 投资组合多元化与企业价值之间呈“U 形”关系，组织冗余对两者关系具有积极的调节作用。万坤扬和陆文聪（2016）研究发现，创业企业知识异质性与公司投资者知识创造之间存在“U 形”关系，吸收能力、卷入强度对此“U 形”关系有积极的调节作用。进一步研究发现，创业企业知识异质性与公司投资者知识创造之间在控股型 CVC 项目治理结构下呈“倒 U 形”关系，而在非控股型 CVC 项目治理结构下呈“U 形”关系。

关于 CVC 活动对于投资企业的影响，陆方舟等（2014）基于沪深上市公司 1999—2010 年 277 笔 CVC 投资数据，分析了投资目标和投资模式与投资企业价值的关系，发现投资目标与投资企业价值间并无显著相关关系，不同投资模式所创造的投资企业价值间存在显著差异，而投资目标与投资模式对投资企业价值存在交互影响。林子尧和李新春（2012）研究发现，CVC 活动并没有为上市公司创造预期的财务回报和成长价值，CVC 投资金额越大，上市公司的财务绩效和成长价值均越低。CVC 活动为上市公司创造的价值主要体现在创新绩效方面，CVC 投资金额越大，上市公司的创新绩效越好，特别是当 CVC 活动具有显著的战略导向时。周莉和李韵（2014）通过对 65 家上市公司成长性变化与其公司创业投资行为的相关性进行实证研究后得出结论，公司创业投资行为可以在一定程度上对上市公司的成长起到积极的作用，其中行业相关性和管理相关性与公司成长性之间的相关性显著，但是地域相关性被证明与成长性关系不显著。

其他角度关于 CVC 的研究，乔明哲等（2012）运用博弈模型分析了公司创业投资的薪酬激励问题，结果表明，薪酬激励对公司创投家的努力程度具有正面影响，而对投资企业的支持力度具有负面影响。投资企业和公司创投家的能力与薪酬激励强度分别呈反向和正向关系，与对方的努力（支持）呈反向关系。项目战略利益与薪酬激励的关系则取决于投资企业和公司创投家能力的相对强弱。刘栩君和文红星（2015）以君联资本为例对公司创业投资促进产业结构升级的作用机理进行分析，结果表明，公司创业投资通过内部创新和外部创新两种方式，在支持被投企业创业与成长的过程中促使落后产能淘汰，加速高新技术的商品化和产业化，同时吸引资金以及人才向高新技术产业方向流动，形成紧密程度介于组织之间和组织内部之间的创新集群，在整体上增加了行业研发费用以及高新技术产品产值占比，促使产业结构调整与升级。

参考文献

[1] 万坤扬．公司创业投资对企业价值创造的影响机制——基于 CVC 项目异质性视角 [J]．工业技术经济，2015（2）：27-33.

[2] 万坤扬，陆文聪．创业企业知识异质性与公司投资者知识创造 [J]．科研管理，2016（2）：9-19.

[3] 陆方舟，陈德棉，乔明哲．公司创业投资目标、模式与投资企业价值的关系——基于沪深上市公司的实证研究 [J]．投资研究，2014（1）：57-71.

[4] 林子尧，李新春．公司创业投资与上市公司绩效：基于中国数据的实证研究 [J]．南方经济，2012（6）：3-14.

[5] 周莉，李韵．上市公司创业投资行为与自身成长性的相关性研究 [J]．时代金融，2014（14）：204-205.

[6] 乔明哲，陈德棉，李金良．公司创业投资的薪酬激励问题分析 [J]．运筹与管理，2012（2）：192-201.

[7] 刘栩君，文红星．公司创业投资对产业结构升级的影响研究 [J]．经营管理者，2015（8）：9-11.

（作者：凌　丽）

述评：Technological diversification through corporate venture capital investments：creating various options to strengthen dynamic capabilities

论文原作者：Simon U. Lee & Jina Kang

期刊：*Industry and Innovation*，2015，22（5）

原文摘要

Corporate venture capital（CVC）investment in technology-intensive entrepreneurial ventures has attracted increasing attention from established firms which recognize it as a useful learning investment strategy to create diversified technological options for future change. However，there is a lack of empirical research which examines the relationship between CVC investment and the corporate investors' technological diversification. In this study，we investigate the effects of CVC investments on corporate investors' technological diversity by using 20 years of panel data from corporate investors in five high-tech industries. As a result，we find that the total amount of CVC investments and the industrial diversity of portfolio companies exhibit curvilinear（inverted U-shape）relationships with the corporate investors' technological diversity. Moreover，the empirical results show that the absorptive capacity of corporate investors positively moderates the effects of CVC investments on the technological diversity.

问题导入

在不同的学习性投资策略中，公司创业投资（CVC）是寻找新技术的途径之一。CVC指公司投资者对创业企业早期的小额股权投资，与其他学习性投资策略（如并购、合资、战略联盟）相比，CVC具有较高的灵活性和较低的投资风险。通过CVC，公司投资者可以较少的投资额投资多家创业企业，从而事先了解技术和市场，并确定将来可以运用的各种战略选择。此外，一旦确定了它们所投资的技术和市场的潜力，就会降低不确定性，从而公司投资者可以做出明智的后续投资。

已有关于CVC的研究，较多关注于其对公司投资者创新绩效的影响。那么，是否还存在着其他可拓展的方面呢？本文另辟蹊径，研究了公司投资者通过CVC获取的各种外部技术和知识对其内部知识基础多样性的影响。

研究设计

一、研究假设

如果公司投资者增加 CVC，一方面，这会提高它们对目标公司知识库的可访问性，进而提高自身技术的多样性；另一方面，过度投资可能会损害公司投资者内部的研发活动，影响公司投资者对于外部知识的吸收能力，对公司投资者技术多样性将会有不利影响。据此，本文提出以下假设：

H1：CVC 公司投资者的技术多样性与 CVC 投资总额呈曲线（倒 U 形）关系。

对 CVC 公司投资者的技术多样性的另一个可能影响因素是投资组合多元化。通常，公司投资者通过投资于不同行业的创业企业来规避投资风险；但同时，投资组合多元化一旦超过某一程度，公司投资者的协调成本就会激增。据此，本文提出以下假设：

H2：CVC 公司投资者的技术多样性与其投资组合中的创业企业的行业多样性呈曲线（倒 U 形）关系。

上述两个假设关系，可能会由于具体公司投资者的吸收能力不同而存在显著差异。吸收能力是公司评估、吸收和应用外部知识的能力，要实现技术创新这一产出，公司投资者需要吸收新的外部知识，将其应用于自身的内部知识。据此，本文提出以下假设：

H3：CVC 公司投资者的吸收能力将积极调节其 CVC 投资总额与其技术多样性之间的关系。

H4：CVC 公司投资者的吸收能力将积极地调节投资组合中创业企业的行业多样性与其技术多样性之间的关系。

二、变量设置

1. 因变量

CVC 公司投资者的技术多样性：公司投资者在 t 年进行 CVC 投资后的 t~（t+2）年内申请专利的主要（依据 3 位数专利类别代码）技术类别的总数。

2. 自变量

CVC 投资总额：公司投资者在 t 年进行 CVC 投资前的（t−3）~（t−1）年内的总投资额的自然对数。

CVC 投资组合的行业多样性：

$$\text{Industrial Diversity of Portfolio Compaines}_{(i,\ t-3\text{ to }t-1)} = \frac{1}{\text{HI. Industry}_{(i,\ t-3\text{ to }t-1)}}$$

（HI. Industry：指行业赫芬达尔指数，计算依据 4 位数的 VEIC code 划分行业，再汇总公司投资者（t−3）~（t−1）年内在每个行业投资份额的平方和）

3. 调节变量

吸收能力：（t−3）~（t−1）时期的研发支出与同一时期的总资产的比值。

$$\text{Absorptive Capacity}_{(i,\ t-3\text{ to }t-1)} = \frac{\text{R\&D Expenditure}(i,\ t-3\text{ to }t-1)}{\text{Total Assets}_{(i,\ t-3\text{ to }t-1)}}$$

4. 控制变量

M&A 经历：$(t-3)$ ~ $(t-1)$ 年 CVC 公司投资者 M&A 交易数量。

联盟经历：$(t-3)$ ~ $(t-1)$ 年 CVC 公司投资者形成联盟的数量。

累计专利数量：t 年的前 5 年专利申请总量的自然对数。

公司投资者的规模：$(t-1)$ 年的公司总资产的自然对数。

投资组合公司的质量：投资组合中参与的 VC 数量。

三、回归结果

由于因变量非负且过度离散，因此本文采用负二项模型进行回归，并且控制了行业。另外，根据 Hausman 检验结果，本文用随机效应进行相应的估计。回归结果显示：

（1）CVC 投资总额平方的系数显著为负，一次项的系数显著为正，所以 H1 成立。

（2）CVC 投资组合的行业多样性的平方的系数显著为负，一次项的系数显著为正，所以 H2 成立。

（3）吸收能力与 CVC 投资总额平方的交互项的系数为正，但不显著，所以 H3 没有得到完全证实。

（4）吸收能力与 CVC 投资组合的行业多样性的平方的交互项的系数显著为正，所以 H4 成立。

四、稳健性检验

对可能存在的“反向因果”问题，本文进行了稳健性检验。将 CVC 公司投资者的技术多样性 $(t-3)$ ~ $(t-1)$ 设置为自变量，CVC 投资总额 t~ $(t+2)$ 作为因变量，其余变量同原模型，重新进行了回归分析，但并未得到任何统计上的显著的关系。所以，本文认为两个变量之间的反向因果关系问题可以忽略不计。

五、数据来源

本文选取美国高科技行业的公司作为样本。对高科技行业的划分，参考 SDC 数据库提供的风险投资行业分类，具体包括通信行业、计算机相关设备行业、半导体/电气设备行业、生物技术产业和医药行业。

公司投资者的数据来源于 ThomsonOne. com PE/VC，本文使用 Lexis-Nexis DB 等在线数据库将子公司或基金与其母公司进行匹配；专利类别数据来源于 U. S. Patents and Trademarks Office 数据库，本文使用国际专利分类（IPC）的 3 位数代码，确定 CVC 公司投资者专利的类别；公司投资者的财务数据来源于 Datastream 数据库；CVC 投资组合的行业多样性是利用 Thomson ONE 的数据进行计算；企业并购和联盟交易的数据来源于 SDC 数据库。

最终数据包含来自 97 个不同 CVC 公司投资者的 1313 个企业-年度观察结果。

主要结论

第一，本文的研究揭示了公司投资者CVC投资与技术多样性之间的关系。具体地说，就是CVC投资额与公司投资者技术多样性之间存在倒U形关系；投资组合的行业多样性与公司投资者技术多样性之间也有这样的关系。增加CVC投资规模和投资组合多样化程度，可以引起公司投资者技术多样性的增加，但是超出某一限度时，公司投资者技术多样性就会下降。

第二，企业吸收能力（R&D强度）的调节作用可以作为CVC投资限制的解决方案。虽然CVC投资是寻找新技术和商业机会的战略方式，但是如果没有吸收新技术并将其与现有知识基础重组的能力，CVC的效益就会受到限制。此外，注重内部研发活动的企业将具有识别和重组知识的能力，对于这些企业，增加CVC投资可以使得新知识被有效地用于各个领域。

主要贡献

第一，学术上，本文的研究为评估CVC投资的战略价值提供了经验性观点。虽然以前的文献已经承认CVC投资作为技术窗口的作用，但均是以专利数量来衡量技术创新；此外，本文分析了这些专利在不同专利类别中的分布情况，进一步探索了CVC投资与公司投资者技术多样性的关系。第二，实务上，本文的研究结果为企业提升CVC投资回报指明了途径，即检查自身的吸收能力。本文不仅考虑到CVC投资组合的规模和行业多样性，而且考察了与吸收外部知识相关的企业能力对创造技术多样化的影响，进而确定其CVC投资组合多样性水平，以确保CVC投资可以获得最佳回报。

前沿跟踪

目前，国内外关于CVC的研究重点关注两个领域：

一是研究CVC投资组合多样性与公司价值之间的关系。Baldi等（2015）认为CVC投资者从创业企业中学习的可能性大小取决于其风险态度的性质，即投资组合多元化（低风险）或集中（高风险）策略，研究发现，投资组合为公司投资者提供了成长和学习机会，并且学习倾向与投资组合多元化之间存在曲线（U形）关系；Sang M. L.等（2015）研究发现CVC数量与从创业企业转移知识的水平呈倒U形关系，CVC结构与投资公司知识多样性对这个U形关系具有调节作用；Wadhwa A.等（2015）分析得出CVC组合多样性与投资公司创新绩效之间存在倒U形关系，多样性的影响取决于知识资源组合的深度。

二是关于CVC与IVC的比较。Alvarez-Garrido E.和Dushnitsky G.（2016）发现CVC比IVC（独立风险投资）具有更高的创新产出，创业公司的绩效对其利用公司资产的能力敏感。Chemmanur T. J.等（2014）分析了CVC与IVC在培育创业企业创新能力方面的区别，研究发现：CVC投资的企业比IVC投资的企业更具有创新力。进一步地，基于倾向得分匹配法和双重差分法研究了导致前述结果可能的机制：（1）由于投资公司和创业公司之间的技术相关，CVC 投资拥有更多的行业知识。(2) CVC 投资能够容忍更大的失败。Galloway T. L. 等（2017）发现 CVC 投资对于战略联盟的形成具有单独影响，CVC 培育公司的创始人如果具有高度的权力，则更可能组建专注于创新的联盟，相较而言，IVC 培育的企业会避免专注于创新的联盟。

国内关于 CVC 的研究很少，基本都是围绕 CVC 投资组合多样性与公司投资者价值之间的关系进行，以后的研究可以多关注一下其他领域。

参考文献

[1] Baldi, Baglieri F., Corea D., et al. Balancing risk and learning opportunities in corporate venture capital investments: evidence from the biopharmaceutical industry [J]. Entrepreneurship Research Journal, 2015, 5 (3): 221-50.

[2] Sang M. L., Kim T., Jang S. H. Inter-organizational knowledge transfer through corporate venture capital investment [J]. Management Decision, 2015, 53 (7).

[3] Wadhwa A., Phelps C., Kotha S. Corporate venture capital portfolios and firm innovation [J]. Journal of Business Venturing, 2016, 31 (1): 95-112.

[4] Alvarez-Garrido E., Dushnitsky G. Are entrepreneurial venture's innovation rates sensitive to investor complementary assets? Comparing biotech ventures backed by corporate and independent VCs [J]. Strategic Management Journal, 2016, 37 (5): 819-34.

[5] Chemmanur T. J. Corporate venture capital, value creation, and innovation [J]. Social Science Electronic Publishing, 2014, 27 (8): 2434-2473.

[6] Galloway T. L., Millerd R., Sahayma, et al. Exploring the innovation strategies of young firms: corporate venture capital and venture capital impact on alliance innovation strategy [J]. Journal of Business Research, 2017 (71): 55-65.

（作者：凌　丽）

述评：
《处置效应与风险投资机构：来自 IPO 公司的证据》

论文原作者：罗　炜　余　琰　周晓松
期刊：《经济研究》2017 年第 4 期

原文摘要

本文针对 2004—2011 年在深圳中小板和创业板上市的有风险投资机构背景的 270 家上市公司，运用风险投资机构在禁售期结束后的持股数据，检验了其持有决策与股价变化形成的盈亏状况之间的关系。研究结果表明，当禁售期结束后，每季度的均价低于上市发行价、上市首日收盘价和第 20 个交易日收盘价这样的价格参照点时，风险投资机构减持股票的概率都下降，它们不愿出现亏损。进一步的检验显示，对被投企业越了解、与被投企业间信息不对称程度越小，风险投资机构减持过程中出现处置效应的程度越低。此外，累计投资经验也有助于缓解风险投资机构的处置效应。

问题导入

风险投资机构的持续发展依赖于“融投管退”业务循环的实现，因此风险机构拥有禁售期结束后立即减持的动机。此外 IPO 作为中国风投机构最主要的退出渠道，经常受到行政力量的干扰且 IPO 的投资期及禁售期均长于国外，减持动机理应更强。但上市后，很多风投机构依然持有企业股票。

现有文献主要关注风投机构的退出方式选择及退出回报率的影响因素，对风投机构的退出时机选择关注较少。处置效应是指投资者存在急于实现盈利、回避出现亏损的倾向。机构投资者退出时机的选择是否也存在处置效应？什么因素会减轻机构投资者的处置效应？

本文研究了风投机构持有决策和股价变化引起的盈亏状况间的关系，探讨了风险投资机构退出时机的选择，为机构投资者存在处置效应提供了实证证据并提供了减轻处置效应的应对方法。

研究设计

一、研究假设

风险投资机构作为机构投资者的一种，在 IPO 后需通过二级市场减持完成投资回报。相较专注于二级市场交易的机构投资者，风投机构侧重于发掘上市前企业的价值及提供增值服务；风投机构管理者在“收益提成”的激励下，更容易受价格参照点的影响，在发生亏损时，倾向于持续持有。据此，文章提出以下假设：

H1：风险投资机构减持过程存在显著的处置效应。

信息不对称的情况可能会加剧处置效应的严重程度。投资者过高估计信息价值从而导致低估风险，相信未来价格上升从而不愿减持。与一般外部投资者不同，在被投企业上市之前，风险投资机构能通过定期实地调研企业的运营情况、派驻董事来获取企业关键信息和参与企业的重大决策。这种积极的投后管理降低了其与被投企业之间的信息不对称。因此，文章提出以下假设：

H2：风险投资机构与被投企业之间的信息不对称程度越低，减持过程中出现处置效应的程度越低。

风险投资机构过往的投资经验越多，其参与二级市场的程度也越高，也就更熟悉市场的运行，更能充分分析搜集到的信息。因此，在信息不确定环境和股价波动的情况下，经验更丰富的风险投资机构更容易执行既有策略，拥有更良好的决策流程，从而会避免处置效应。据此，本文提出以下假设：

H3：投资经验更为丰富的风险投资机构，其减持过程中处置效应的程度更低。

二、实证模型

建立如下 Weibull 分布生存模型：

$$\text{Position}_{i,t} = p\lambda t^{p-1}\exp\Big(\gamma_0\,\text{Loss}_{i,t} + \sum\gamma_j\,\text{Control}_{i,t} + \sum\gamma_k\,\text{year}_t + \sum\gamma_i\text{firm}_i + \sum\gamma_m\,\text{industry}_t + \varepsilon_{i,t}\Big)$$

其中，被解释变量为 Position，如果某一季度持仓股数小于招股说明书披露的其在此段时间可流通的股份，取 1，反之取 0；解释变量为 Loss，如果股票锁定期结束后时间 t 风险投资机构的盈利情况为亏损状态，取 1，反之取 0。year、firm 和 industry 分别为年度虚拟变量、公司特征和行业虚拟变量。Control 为控制变量，包括市场环境因素、风险投资机构特征等。

在 Weibull 模型中新增解释变量 AI 后的模型如下：

$$\text{Position}_{i,t} = p\lambda t^{p-1}\exp\Big(\gamma_0\,\text{Loss}_{i,t} + \gamma_1\text{IA}_{i,t} + \gamma_2\,\text{Loss}_{i,t}\times\text{IA}_{i,t} + \sum\gamma_j\,\text{Control}_{i,t} + \sum\gamma_k\,\text{year}_i + \sum\gamma_f\,\text{firm}_i + \sum\gamma_m\,\text{industry}_i + \varepsilon_{i,t}\Big)$$

新增解释变量 IA 包括两方面的变量：（1）衡量风险投资机构信息不对称的变量，包括风险投资机构和上市公司总部是否在同一省份（Same），以及被投公司的董事会是否存在风险投资机构背景的董事（Board）；（2）有关风险投资机构经验的变量，包括从机构成立到前一季度成功通过上市退出的企业的 IPO 融资金额累计数（IpoSum），以及从机构成立到前一季度的累计投资额（InvestVol）。

三、数据来源

本文选取 2004—2011 年深圳中小板和创业板上市的所有企业作为研究对象。风投机构数据来源于中投集团 CVSource 数据库；禁售期和禁售股数据从招股说明书中手工收集；股价及风投机构每季度持仓数据从 CSMAR 中获得。本文还进一步筛选样本：（1）剔除没有风投机构背景的上市公司样本；（2）剔除金融行业和数据缺失的公司。

本文最终样本涉及 270 家公司和 285 个风投机构，样本总数为 4797 个公司-风投机构-季度观测值。

四、稳健性检验

（1）风投机构的当季减持幅度。前文采用的是生存分析，并不适合讨论减持幅度。本文从减持幅度的角度，以本季度相对于上季度流通股份比例的变化情况的绝对值（absdShare）作为因变量，将股份比例的变化情况分为大于等于 0 组和小于 0 组进行分组回归，采用固定效应模型进行检验。结果表明，只有在股份比例减少的组别中，$Loss_1$ 和 $Loss_2$ 的系数显著为负。在亏损状态时，减持幅度达到了平均值的 12.5%，结果依然稳健。

（2）风险投资基金的存续期。风险投资基金的存续期会影响退出决策。当基金即将到期时，即使风险投资机构继续持有会带来更高收益，也需要考虑退出。

本文运用三种方式衡量存续期，以排除存续期对本文结果的影响：投资基金的存续期（Peage）、上一年是否新设立基金（LastEst）和风险投资机构成立时间长度（Vcage）。结果表明，在控制了存续期三个变量后，Cox 模型和 Weibull 模型的主要结果都并未发生改变。

（3）风险投资机构的投资成本（入股价格）会成为其盈亏参照点。风险投资机构在决定是否卖出时，可能受到预期投资回报率的影响。风险投资机构实际回报率的均值为 698%，中位数为 184%（Cochrane，2005）。设立哑变量如下：

$Losscost_1$：如果持有季度内的均价低于风险投资机构的入股价，取值为 1，否则为 0。

$Losscost_2$：如果持有季度内的均价给风险投资机构带来的回报率大于 698%，取值为 1，否则为 0。

$Losscost_3$：如果持有季度内的均价给风险投资机构带来的回报率大于 184%，取值为 1，否则为 0。

结果表明，$Losscost_1$ 仅在 Weibull 模型中显著为负，然而 $Losscost_2$ 和 $Losscost_3$ 都显著为负。这意味着考虑了投资成本和预期投资回报率以后，风险投资机构依然存在显著的处置效应。

主要结论

第一，通过对不同价格参照点的检验，发现风险投资机构在亏损状态下更倾向于继续持有股票，即存在处置效应。第二，风险投资机构与被投公司处在同一地区、被投公司中存在风险投资机构的董事会席位都能减缓处置效应。第三，累计投资形成的投资经验能降低处置效应的影响。

主要贡献

第一，丰富了机构投资者处置效应的研究文献，本文结果显示了机构投资者的投资经验对于处置效应的重要性。第二，发现了降低投资者与被投企业之间的信息不对称能减缓处置效应，为处置效应的控制机制提供了新证据。第三，拓展了风险投资机构研究领域，尝试打开风险投资机构在二级市场的实际变现过程这个黑箱。

前沿跟踪

目前关于处置效应的研究主要集中在投资者的个人特征及行业特征与处置效应的关系上，研究机构处置效应的文献较为少见。研究风险投资的文献较为庞杂，我们选取了与企业创新相关的风险投资研究文献，它们集中在风险投资进入与企业创新之间的关系及其对企业创新的影响路径。

（一）处置效应

王志强等（2016）发现除了频繁交易和经常扎平交易的投资者之外，所有从事融资交易的投资者都表现出明显的处置效应，女性投资者表现出相对较高程度的处置效应，源于其具有较强的盈利确定心理；缺少经验的投资者表现出相对较高程度的处置效应，源于其具有较强的盈利确定心理和损失厌恶心理；不频繁交易的投资者和不经常扎平交易的投资者也表现出相对较高程度的处置效应，源于其具有较强的损失厌恶心理；投资者的年龄和所在城市的发达程度对其处置效应程度没有显著影响。

伍燕然等（2016）则具体研究了基金行业中的处置效应并发现我国基金投资者整体上表现出明显的处置效应，控制基金投资者的个体差异（性别、年龄、地域、开户渠道）之后，处置效应仍然显著存在。在个体层面上，女性、年轻、一线城市、证券公司开户等因素与处置效应有正相关关系。

（二）风险投资机构与企业创新

张学勇和张叶青（2016）提出创新能力对风险投资支持的 IPO 公司的市场表现具有显著的驱动作用，创新能力的建立才是风险投资支持的公司获得更好的 IPO 市场表现的关键。

陈思等（2017）认为风险投资机构的进入促进了被投企业创新，表现为专利申请数量的显著增长。外资背景的风险投资机构和多家风险投资机构联合投资对被投企业创新活动的促进作用更强；且风险投资机构投资期限越长，对创新的促进作用越强。

参考文献

[1] 王志强，苏刚，张泽．投资者特征与处置效应——来自中国 A 股融资交易的证据［J］. 财经问题研究，2016（11）：30-38.

［2］伍燕然，黄文婷，苏淞，江婕．基金投资者处置效应的个体差异［J］. 国际金融研究，2016（3）：84-96.

［3］张学勇，张叶青．风险投资、创新能力与公司 IPO 的市场表现［J］. 经济研究，2016，51（10）：112-125.

［4］陈思，何文龙，张然．风险投资与企业创新：影响和潜在机制［J］. 管理世界，2017（1）：158-169.

（作者：陈旖晴）

述评：《机构投资者信息竞争与股价崩盘风险》

论文原作者：孔东民 王江元

期刊：《南开管理评论》2016 年第 19 卷第 5 期

原文摘要

由于知情交易收益的对立，机构投资者之间存在信息竞争并由此产生差异化的积极主义行为与交易行为，因此信息竞争最终会影响到公司股价的崩盘风险。本文用机构投资者股权分布均衡程度衡量信息竞争，基于中国 A 股市场 2008—2014 年数据的实证分析表明：机构投资者信息竞争与股价崩盘风险之间呈现正向关系，即机构投资者的信息竞争行为可能会加大股价崩盘风险；基于机构投资者持股稳定性的分析也表明，信息竞争的公司治理途径相对于交易行为途径对股价崩盘产生了更大影响；在控制内生性以及其他稳健性检验中本文结论依然成立。本文结论扩展了机构投资者与股价稳定关系的相关研究，为监管部门制定相关市场稳定政策提供了新视角。

问题导入

已有文献大多从机构投资者整体持股比例来分析崩盘风险，关于持股机构投资者的内部差异以及相互关系的研究仍较为少见。机构投资者之间基于私有信息的交易收益存在某种程度的对立，理论上将机构投资者之间的这种对立关系称为机构投资者信息竞争。信息竞争使机构投资者实际上更难达成集体行动。机构投资者信息竞争是否会加剧股价崩盘风险？若这种影响确实存在，究竟是治理途径还是交易行为途径对此具有更强的解释力？本文对这些问题予以解答。

研究设计

一、研究假设

机构投资者信息竞争将降低股东积极参与公司治理的动机，即令积极主义的集体行动难以达成，积极主义的集体行动效果较差，使得机构投资者更倾向于交易股票而不是积极参与公司治理。

机构投资者信息竞争将对交易收益规模产生负面冲击。机构投资者以干预信息融入前的股票价格买入额外股权，而实行干预的交易收益部分正是来自额外股权。在信息竞争激烈的情况下，机构投资者的积极主义信息越快融入股票价格，则机构投资者越不容易以未受影响的价格买入额外股权，从而影响交易收益规模和积极主义动机；而在信息竞争程度较低、机构投资者居于信息优势地位的情况下，则可以未融入干预信息的股价买入额外股权并享受收益，从而带来较大的积极主义动机。

机构投资者信息竞争将对股票流动性产生影响，导致不同的积极主义动机。流动性将为机构投资者以较低成本卖掉手中的股票提供了更大便利，因此可能促进交易动机；激烈竞争所带来的市场流动性为机构投资者买入额外股权提供了可能，即其能够将信息优势转化为交易收益，从而促进机构投资者积极参与治理。因此，本文提出以下假设：

H1a：机构投资者信息竞争与股价崩盘风险之间呈现正向关系，即机构投资者信息竞争提升了股价崩盘风险。

H1b：机构投资者信息竞争与股价崩盘风险之间呈现反向关系，即机构投资者信息竞争降低了股价崩盘风险。

本文还根据股权短期交易和长期持有的不同特征，将机构投资者分为交易型与稳定型投资者，以研究不同机构投资者与股价崩盘之间的关系是否有所不同。

二、实证模型

为检验机构投资者信息竞争对股价崩盘风险的影响，本文构建如下回归模型：

$$\text{CrashRisk}_{i,\,t} = \beta_0 + \beta_1 \text{Competition}_{i,\,t-1} + \gamma \sum X_{i,\,t-1} + \varepsilon_{i,\,t}$$

其中，CrashRisk 表示股价崩盘风险，分别用特定收益的负向偏度（NCSKEW）和股价波动差异（DUVOL）来衡量。

自变量分为三个维度：

机构投资者信息竞争程度：赫芬达尔指数（HHI），它反映了机构投资者股权分布的不平均程度，HHI 越大，说明公司 i 的股份在机构投资者之间的分布越不平均，股权有向少数机构集中的趋势，信息竞争较弱。

机构投资者数目：机构投资者数目越多，说明参与信息搜集与交易的机构越多，信息竞争越激烈。

前三大机构投资者相对持股比例：持股比例越大，说明信息竞争程度越弱。

控制变量有波动性、盈余操控等被以往文献证明与股价崩盘风险相关的变量，以及常规公司特征变量、年度、行业效应等。

三、数据来源

本文的研究样本为深沪两市 2008—2014 年 A 股上市公司。机构投资者详细持股数据来自同花顺金融数据库，股票交易日数据与周数据来自国泰安经济金融数据库，公司财务数据来自 CCER 经济金融数据库，最终得到 8080 个公司-年观测值。

四、稳健性检验

（1）合并基金家族持股，将公司持股机构投资者中属于同一个基金管理公司的基金当作同一个股东重新计算了反映其信息竞争程度的指标。

（2）内生性检验，选择上证 180 指数作为机构投资者信息竞争的工具变量，该工具变量通过了 PSM 平衡面板检验。

（3）单独检验 2015 年的股市，引入了融资融券虚拟变量。

（4）改变变量定义，重新计算赫分达尔指数。

主要结论

第一，机构投资者信息竞争与股价崩盘风险之间呈现正向关系，也即机构投资者对信息的激烈竞争会增大股价崩盘风险。第二，交易型机构投资者的信息竞争和稳定型机构投资者的信息竞争与股价崩盘风险之间均呈正向关系，但稳定型机构投资者信息竞争对股价崩盘风险的影响更大。第三，在 2015 年中国股市的特殊背景下，机构投资者信息竞争对股价崩盘风险的解释力较弱。

主要贡献

第一，基于机构投资者总持股比例的研究可能由于忽略持股机构投资者内部的差异和相互关系而导致误导性结论，而本文则找到了机构投资者信息分布差异对股价崩盘风险产生影响的证据。第二，证实了信息集中的大机构投资者可能通过股东积极主义或者交易策略选择对股价崩盘具有一定的缓冲作用。第三，公司治理途径在机构投资者信息竞争影响股价崩盘风险的途径中发挥更重要作用，进一步丰富了公司治理股价稳定作用的相关文献。

前沿跟踪

已有文献关于股价崩盘风险的研究较为多元化。从内部治理角度，Andreou 等（2017）发现 CEO 年龄越小，越容易隐瞒负面信息，股票崩盘风险相应越高，这一关系在经理拥有自主权的时候将更为显著；Chang X. 等（2017）发现股票的流动性越强，股价崩盘风险程度越高；何乔等（2017）以 2005—2014 年我国沪深两市所有 A 股上市公司和机构投资者的持股比率为初始研究样本，发现机构投资者持股比例与股价崩盘风险呈现正相关关系，信息透明度较低时，正相关关系更为显著。

从外部治理角度，褚剑和方军雄（2017a）利用 2009—2015 年审计署实施的中央企业审计事件，采用双重差分模型研究了政府审计的外部治理效应。研究发现，在政府审计实施后，被审计公司的股价崩盘风险显著下降。褚剑和方军雄（2017b）又从审计费用角度研究了股价崩盘风险的经济后果，发现公司股价崩盘风险越高，审计师收取的审计费用越高，这表明审计师在做出审计决策时的确考虑了股价崩盘风险信息。

参考文献

[1] 褚剑，方军雄．政府审计的外部治理效应：基于股价崩盘风险的研究［J］．财经研究，2017，43（4）：133-144.

[2] 褚剑，方军雄．公司股价崩盘风险影响审计费用吗？［J］．外国经济与管理，2017，

39（9）：83-97.
[3] 何乔，薛宏刚，王典．机构投资者、信息透明度与股价崩盘风险［J］. 经济体制改革，2017（5）：135-141.
[4] Andreou P. C.，Louca C.，Petrou A. P. CEO age and stock price crash risk［J］. Review of Finance，2017，21（3）：1287-1325.
[5] Chang，X.，Chen，Y.，Zolotoy，L. Stock liquidity and stock price crash risk［J］. Journal of Financial & Quantitative Analysis，2017，52（4）：1605-1637.

（作者：陈旖晴）

述评：《机构投资者持股会影响公司费用粘性吗》

论文原作者：梁上坤

期刊：《管理世界》2018 年第 12 期

原文摘要

以 2001—2015 年中国 A 股制造业上市公司为研究样本，本文考察了机构投资者持股对公司费用粘性的影响。研究发现：(1) 机构投资者持股对公司费用粘性存在显著的抑制作用，机构投资者持股比例越高，公司费用粘性越低；(2) 区分公司的产权性质，这一抑制作用主要体现在非国有公司，在国有公司不存在；(3) 区分股权分置改革前后，这一抑制作用主要体现在股权分置改革后，在股权分置改革前不存在。进一步的研究显示，不同类型机构投资者发挥的作用存在异质性，压力抵制型机构投资者及其他机构投资者持股体现出较强的抑制效果，压力敏感型机构投资者则未体现出显著的效果；此外，机构投资者数量的增加也有益于费用粘性的降低。本文较为全面地从机构投资者的视角展现了股权结构对公司费用粘性的影响，同时也肯定了中国背景下推动机构投资者发展的积极意义。

问题导入

费用粘性可以较好地展现经营下滑时公司对于项目维持决策的考量和选择，是公司运营效率和风险不同侧面的重要补充。公司存在费用粘性现象，说明收入下降时公司利润会加速下滑。这不仅意味着较为严重的资源错配，还可能引发系统性的经济波动。由于机构投资者在专业知识、信息、资金方面具有优势，其投资决策更具理性，因此倡导机构投资者发展对于稳定市场、提高效率具有积极意义。由此本文提出并尝试探索以下问题：公司费用粘性是否会受到机构投资者持股的影响？如果存在影响，在不同约束条件（如产权性质、股权分置改革）下这一影响有怎样的差异？

研究设计

一、理论分析与研究假设

费用粘性是指当业务量增加时，费用的增加量大于业务量等额减少时费用的减少量。影响费用粘性的原因主要有三方面：调整成本动因、管理层乐观动因和管理层代理问题动因。调整成本动因认为调整成本高的项目占的比重越大，公司费用调整的速度会越慢，从而表现出更高的粘性；管理层乐观动因认为若管理层对未来形势的预期较为乐观，则保留项目的可能性依然较大，公司的费用粘性也就越大。管理层代理问题动因认为由于委托代理问题的存在，掌握经营权的管理层可能会增加非生产支出以满足自身效用，却损害公司所有者的收益。这些支出会随公司业务量的增长而快速增长，但在业务量下降时却并不一定随之下降，从而造成费用粘性。

本文认为机构投资者持股主要通过管理层代理问题动因影响公司的费用粘性。相比一般的散户投资者，机构投资者有更强的能力和动机监督管理层。从能力角度而言，机构投资者往往拥有雄厚的资金实力，具有更强的规模优势、更多的专业知识、较强的信息发现与挖掘能力；从动机角度而言，一方面，机构投资者的持股比例较高使得机构投资者从监督中获得的收益超过其成本；另一方面，机构投资者的身份相对独立，而且追求的是长期投资价值，因此更有动机去监督公司管理者。据此本文提出以下假设：

H1：机构投资者持股会抑制公司的费用粘性。

约束条件方面，国有产权性质可能不利于机构投资者作用的发挥。国家及其代理人具有的特殊地位使其对国有企业的监督和控制带有一定的行政色彩，导致对企业过多的干预。国有企业最终控制权掌握在政府手中，可能导致国有公司受到的外部监督更为有限，内部人控制现象更为严重，因此机构投资者在国有企业中的治理效应受到限制。据此本文提出以下假设：

H2：机构投资者持股对公司费用粘性的抑制作用在非国有公司中更为明显。

股权分置改革消除了流通股与非流通股的差异性，增强了上市公司股东利益的一致性，进而改善了公司治理。股权分置改革后，大股东的持股比例趋于下降，控股股东的影响力相对减弱，机构投资者会更加积极地参与到公司治理中，对公司的费用粘性体现出更强的约束力。据此本文提出以下假设：

H3：机构投资者持股对公司费用粘性的抑制作用在股权分置改革后更为明显。

二、样本选择与数据来源

制造业公司的竞争较为激烈，粘性测度受垄断价格的干扰较小，因此本文以制造业公司为研究对象。机构投资者持股数据取自 RESSET 数据库，该数据起始于 2001 年，因此本文选取 2001—2015 年中国 A 股制造业上市公司为初始样本，并剔除上市不满 2 年的公司样本；为减轻营业收入、费用变化极端值的影响，剔除低于 0.5%、高于 99.5%的极端观测值；剔除其他变量数据缺失的样本，最终获得 11840 个观测值。其他数据来自 CSMAR 和 CCER 数据库。

三、模型设计

$$\text{LogFeeR} = a_0 + a_1\text{LogIncomeR} + a_2\text{LogIncomeR} \times D + a_3\text{LogIncomeR} \times D \times \text{Ins\_share}$$

$$+ a_4 \text{Ins\_share} + \sum \text{LogIncomeR} \times D \times \text{Econonmic\_Var}$$

$$+ \sum \text{Econonmic\_Var} + \sum \text{Control\_Var} + \varepsilon$$

因变量 LogFee 表示费用变动，为公司当年与前一年管理费用的比值取自然对数。LogIncomeR 表示营业收入的变动，为公司当年与前一年营业收入的比值取自然对数。D 为虚拟变量，表示公司费用是否下降，若公司当年费用相比上一年下降取 1，否则取 0。Ins_share 为公司年末机构投资者持股占公司总股数的比例。

驱动公司费用粘性的四大经济变量（Economic_Variables）包括：是否连续 2 年收入下降（D_twoyear），经济增长（Eco_growth），人力资本密度（Employ_Inten）以及固定资本密度（Asset_Inten）。控制变量包括盈利水平（Croa）、公司年龄（Age）、财务杠杆（Lev）、公司所在地市场化水平（Index）等。

四、进一步研究

（1）不同类型的机构投资者对公司的监督存在差异。与上市公司仅存在投资关系的机构投资者，才有足够的动机去监督管理层（将之称为压力抵制型机构投资者）；而与上市公司存在业务依赖关系的机构投资者，通常仅持有中立或者完全支持管理层决策的态度（将之称为压力敏感型机构投资者）。本文将基金、社保基金、QFII、企业年金归为压力抵制型机构投资者，将保险公司、信托公司、券商理财产品、财务公司归为压力敏感型机构投资者，剩下的归类为其他机构投资者，以研究不同类型的机构投资者对公司费用粘性的影响。

（2）有关机构投资者数量与治理效率的关系，存在不同方向的争论。在机构投资者持股比例一定的前提下，机构投资者数量越多，一方面，其搭便车和出现意见分歧的可能性越大，因而监督效力会降低；另一方面，管理层“收买”机构投资者的成本会增大，从而降低两者串谋的可能。由此，本文试图研究机构投资者数量的增加究竟如何影响公司的费用粘性。

主要结论

机构投资者持股对公司的费用粘性存在显著的抑制作用。考虑公司的产权性质以及股权分置改革，这一抑制作用主要体现在非国有公司以及股权分置改革后，在国有公司以及股权分置改革前不存在。针对机构投资者异质性开展的研究显示，不同类型机构投资者的治理效力存在差异，压力抵制型和其他机构投资者持股对公司的费用粘性具有较好的抑制作用，而压力敏感型机构投资者对公司费用粘性则不具有显著的抑制作用。此外，机构投资者数量的增加也有益于费用粘性的降低。

主要贡献

第一，丰富了中国背景下对机构投资者持股影响后果的认识。本文选取费用粘性开展研究，发现机构投资者持股总体上有助于抑制费用粘性，这一定程度上支持了中国背景下机构投资者“积极股东主义”的趋势，为当前情境下鼓励机构投资者发展提供了一定的理论支持。第二，深化了对不同类型机构投资者以及在不同约束条件下机构投资者作用的理解。选取产权性质和股权分置改革两种独特的中国制度背景，以及区分压力抵制型、压力敏感型和其他类型机构投资者，本文进行了较为细致的探索，既有助于更精确地认识中国制度背景下机构投资者作用的发挥，也有助于理解机构投资者作用的异质性。第三，从股权结构角度拓展了公司费用粘性动因的探索。管理层代理问题是费用粘性的重要影响动因，本文借助机构投资者的视角对此进行了补充，同时也为费用粘性动因的探索增添了来自新兴转型经济体的经验发现。

前沿追踪

近年来，学者们对公司的费用粘性和机构投资者的作用进行了持续深入的研究。

随着机构投资者的不断发展，机构投资者类型越来越多样化，其对公司经营管理的影响也越来越大。与本文类似，汪佩霞等（2019）也将机构投资者分为压力抵制型和压力敏感型，研究发现压力抵制型机构投资者可以有效改善上市公司的非效率投资状况，而压力敏感型机构投资者的改善作用不显著；并且在国有企业中不同类型的机构投资者对非效率投资的影响都不显著。除此之外，机构投资者对公司高管薪酬也产生了影响。邬烈岚等（2019）在对高管薪酬粘性的研究中发现，机构投资者持股有助于抑制高管薪酬粘性；同时，基于机构投资者异质性视角，他们发现，与交易型机构投资者相比，稳定型机构投资者在抑制高管薪酬粘性方面发挥着更加显著的作用。在机构投资者与企业创新方面，邓伟等（2019）选取制造业上市公司为样本进行的研究发现，经理人从事研发创新活动会面临失败的风险，短期业绩下滑会提高 CEO 的离职率。但由于机构投资者起到了监督作用，向市场传递了有关管理者能力的正面信息，降低了经理人被解雇的风险，从而激励管理者进行创新。由此表明监督型机构投资者的持股比例与企业的研发投入和专利成果呈正相关关系。

费用粘性在上市公司中普遍存在。路颖（2019）从公司治理的角度出发对制造业上市公司进行了实证研究，结果表明，董事会特征和股权结构是影响费用粘性的重要因素，营造良好的董事会治理环境、优化股权结构可以抑制费用粘性。田宗涛等（2019）研究了媒体关注对公司费用粘性的影响，发现媒体关注显著抑制了公司的费用粘性水平，其内在机理在于媒体关注能够抑制公司的代理成本进而缓解公司费用粘性。

参考文献

[1] 汪佩霞，贾敬全．异质型机构投资者对上市公司投资效率的影响研究——基于 A 股上市公司的经验数据［J］．会计之友，2019（10）：78-82.

[2] 邬烈岚，徐雯．机构投资者持股对上市公司高管薪酬粘性的影响［J］．南方金融，2019（2）：12-20.

[3] 邓伟，颜亮亮．监督型机构投资者与公司研发投资——基于 A 股制造业上市公司的实证研究 [J]．财务与金融，2019（1）：13-25.
[4] 路颖．制造业上市公司费用粘性的影响研究——基于公司治理的视角 [J]．财会通讯，2019（12）：119-123.
[5] 田宗涛，刘嫦．媒体关注对公司费用粘性的影响 [J]．企业经济，2019（1）：96-102.

（作者：贺静如）

第四编

CSR与公司治理

引　言

近年来，国内产品质量安全、生态环境破坏等问题不时出现，部分企业过分追求自身短期利益最大化，导致三鹿奶粉等恶性事件发生，使得公众信任缺失、社会矛盾凸显，企业社会责任（Corporate Social Responsibility，CSR）因此成为学术界和实务界关注的焦点问题。

党的十九大报告中强调企业应在环保、扶贫等多个方面发挥重要作用，这为企业履行社会责任指出了具体方向。在此背景下，我国企业社会责任实践发展迅速，企业披露社会责任报告的数量稳步增长，相关社会责任评级机构（如和讯网、润灵环球等）也开始逐步搭建我国企业社会责任数据库。《企业社会责任报告 2020》显示，2011—2016 年，报告数量增长迅速。近三年，报告数量趋于稳定。2020 年 1 月至 2020 年 10 月我国有 1904 家组织发布了企业社会责任报告，其中国有及国有控股企业有 879 家，民营企业有 571 家，外资及港澳台企业有 192 家。企业社会责任的重要性不仅在商业环境下赢到了共识，这一话题也重新进入中国学者的研究视野。

但目前，有关企业社会责任的作用和影响学术界还未达成共识。一方面有的学者认为，企业 CSR 可以帮助企业与各种利益相关者建立关系，从而提高企业绩效；另一方面也有部分学者认为，企业社会责任仅仅是企业在劳工、环境领域造成消极影响之后混淆公众视听的手段（Grow et. al，2005），并不能使得企业财务绩效增长；更有学者认为 CSR 是一种代理行为，CEO 会为了个人利益最大化而挪用企业资源（Jensen et. al，1976）；还有部分研究结果认为企业社会责任与财务绩效的关系不是简单的线性关系（Hull & Rothenbeg，2008）。

基于此，本书首先对相关文献进行统计性描述，并从企业社会责任的作用和影响角度对相关文献进行回顾和引述，以深化读者们对企业社会责任的认知，为进一步的深入研究提供基础。

一、文献描述性统计

为了尽可能扩展研究的广度和精度，我们选择 SSCl 数据库进行企业社会责任研究的分析。SSCI 数据库包含很多学科领域的优秀期刊论文，具有一定权威性，同时也得到了广大学者的一致认同。在 Web of Science 核心数据库检索界面中设置数据库类型为 SSCI，主题词为“corporate social responsibility”，文献类型为“article”，年限为 2005—2020 年，共检索到相关文献 11944 篇，每年发表的相关文献数量见图 1。从图 1 可以看出自 2005 年起，企业社会责任相关研究文献的发文总数在逐年递增，可见企业社会责任现在是学术界研究的一个热点领域。我们通过 WOS 的检索结果，选出 business economic 和 business finance 中共计 7049 篇文献进行了关键词和引文共现分析。

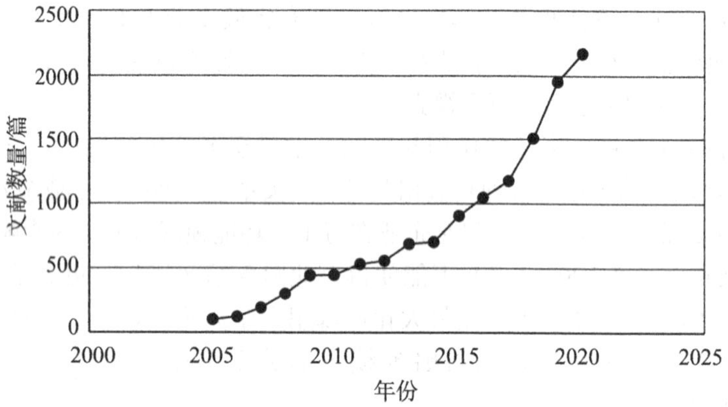

图 1　2005—2020 年 SSCI 数据库中企业社会责任文献数量

（一）Citespace 关键词共现分析

关键词是论文的主题概念和中心内容的反映，对企业社会责任研究的关键词进行分析可以揭示该领域的研究热点。我们用 Citespace 软件对 7049 篇 SSCI 期刊文章的关键词进行了共现分析，得到了如图 2 所示的关键词共现图谱，分析结果显示频度最高的关键词依然是企业社会责任（corporate social responsibility），其他研究主要围绕这一主题展开。表 1 列出了频度排名前 10 的关键词，其中有企业社会责任（corporate social responsibility）、绩效（performance）、管理（management）、财务绩效（financial performance）、影响

（impact）等。通过关键词共现分析可以看出 2005—2020 年关于企业社会责任的研究比较重视企业社会责任对公司治理的影响。

表 1 **关键词共现分析 Top10**

关键词	词频	首次出现年份
corporate social responsibility	4593	2005
performance	1419	2005
management	1126	2005
financial performance	988	2005
impact	934	2005
social responsibility	856	2005
governance	830	2006
sustainability	740	2005
firm	681	2005
strategy	642	2005

数据来源：Web of Science 中 SSCI 数据库。

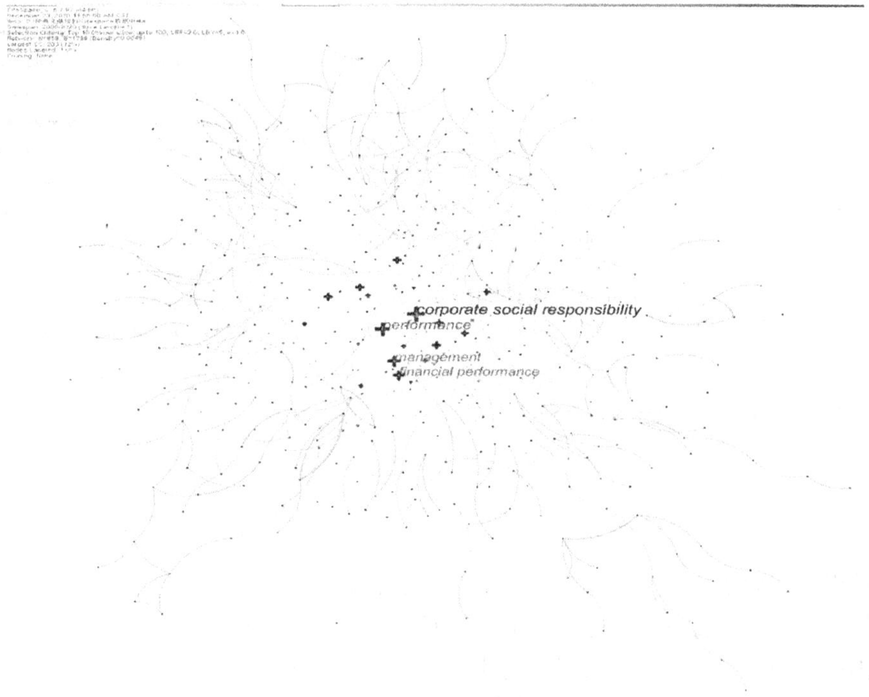

图 2 关键词共现分析（Citespace 软件）

数据来源：Web of Science 中 SSCI 数据库。

关键词突现是指在所选的时间段内，某一关键词在所选文献中出现的频次突然发生变化。关键词突现可以反映出所选时间段内研究热点的变化。图 3 列出了企业社会责任研究的前 25 个突现词。从图 3 可以看出排名靠前的突现词分别为道德、商业道德、企业社会责任、问题、社会责任、利益相关者理论等，并且它们在 2005—2006 年首次出现后一直持续出现至今，这表明这些突现词一直是企业社会责任领域所关注的研究重点，同时也表明这些突现词所涉及的企业社会责任问题还有进一步研究的空间。

Keywords	Year	Strength	Begin	End
business ethics	2000	42.28	**2005**	2020
environment	2000	4.3	**2005**	2020
firm	2000	4.83	**2005**	2020
responsibility	2000	8.43	**2005**	2020
stakeholder	2000	12	**2005**	2020
corporate social responsibility	2000	14.29	**2005**	2020
evolution	2000	3.32	**2005**	2020
company	2000	7.12	**2005**	2020
codes of conduct	2000	4.09	**2005**	2020
corporate social responsibility	2000	3.96	**2005**	2020
social performance	2000	6.77	**2005**	2020
stakeholder management	2000	7.41	**2005**	2020
ethics	2000	43.25	**2005**	2020
corporate responsibility	2000	12.51	**2005**	2020
finland	2000	4.12	**2006**	2020
salience	2000	8.8	**2006**	2020
consumer behavior	2000	3.25	**2006**	2020
culture	2000	3.42	**2006**	2020
issue	2000	13.62	**2006**	2020
environmental reporting	2000	3.36	**2006**	2020
stakeholder theory	2000	10.06	**2006**	2020
link	2000	5.72	**2006**	2020
financial performance	2000	6.43	**2006**	2020
initiative	2000	3.38	**2006**	2020
internet	2000	4.54	**2007**	2020

图 3　关键词突现 Top25（Citespace 软件）

数据来源：Web of Science 中 SSCI 数据库。

（二）Citespace 引文共被引分析

共被引是指两篇文献共同出现在了第三篇施引文献的参考文献目录中，则这两篇文献形成共被引关系。引文共被引分析向前可以对研究领域追根溯源，向后可以追踪最新研究热点。因此，引文共被引分析可以帮助我们找到该领域的经典文献，挖掘相似文献的共同主题。我们使用 Citespace 对 7049 篇文献的引文进行共被引分析，并进行了聚类处理，处理后的结果如图 4 所示。引文共现分析做聚类处理后，模块化 Q 值为 0. 6654（Q>0. 3）。当模块化 Q 值大于 0. 3 时，就意味着划分出来的聚类结果是显著的。当轮廓值（MS 值）

在 0.7 以上时，聚类结果是高效且令人信服的；当 MS 值在 0.5 以上时聚类一般被认为是合理的。我们所分析样本的轮廓值（MS 值）为 0.8576（>0.7），说明该引文共现图谱聚类是高效且令人信服的。引文共现分析结果显示所选文献的引文聚类分析共被分为 13 类，分别为企业公民、董事会性别多元化、发展中国家、组织的信任、公司价值、董事会的组成、员工的参与度、客户的反应、可持续发展、政治的企业社会责任（企业社会责任有意或无意的政治影响，或对企业社会责任存在政治影响的活动）、企业的可持续性、企业社会责任的基础、解释变量。引文共现分析的聚类结果表明当前企业社会责任领域的研究对企业社会责任与企业绩效、企业社会责任与企业的组织结构之间的关系以及发展中国家的企业社会责任问题较为关注，此外，这 13 类聚类分析结果可以帮助我们找到自己感兴趣的研究话题，并找到该话题中引用较多的文献。

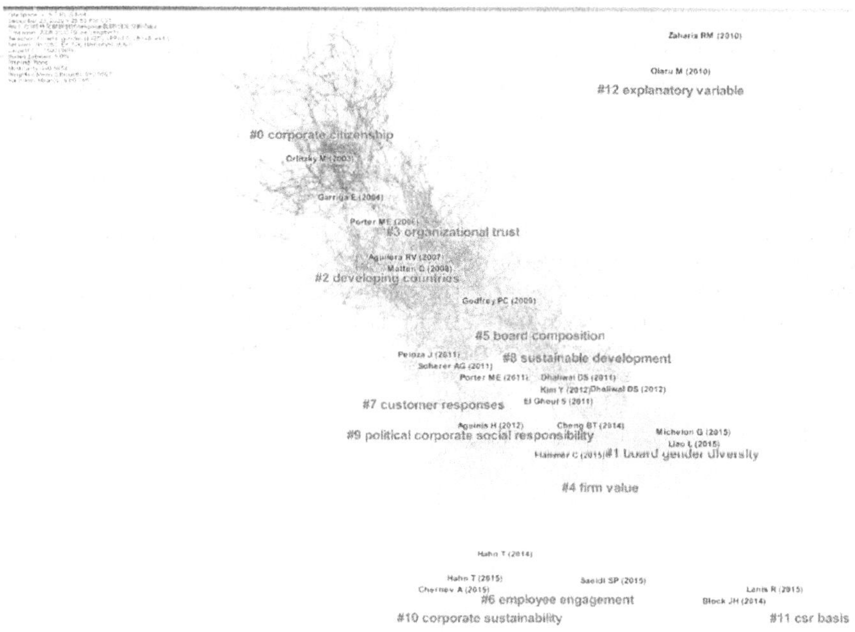

图 4　引文共被引分析（Citespace 软件）

数据来源：Web of Science 中 SSCI 数据库。

引文突现是指在所选的时间段内，某一引文被样本中的文献引用的频次突然发生变化。引文突现可以反映出研究热点问题的变化。图 5 显示了所选样本的引文突现排名前 25 的文献。从图 5 显示的结果可以发现这些突现文献自被引用起一直被引用至今，说明这些文献不仅是企业社会责任领域的基础文献，而且也是企业社会责任领域的重要文献。

References	Year	Strength	Begin	End	2005—2020
Hemingway CA,2004,J BUS ETHICS,V50,P33,DOI	2004	10.64	2005	2020	
Brammer S,2003,J BUS ETHICS,V45,P213,DOI	2003	3.34	2005	2020	
Sen S,2001,J MARKETING RES,V38,P225,DOI	2001	13.36	2005	2020	
Hillman AJ,2001,STRATEGIC MANAGE J,V22,P125,DOI	2001	11.35	2005	2020	
Logsdon JM,2002,BUS ETHICS Q,V12,P155,DOI	2002	3.27	2005	2020	
Porter ME,2002,HARVARD BUS REV,V80,P56	2002	14.42	2005	2020	
Jawahar IM,2001,ACAD MANAGE REV,V26,P397,DOI	2001	3.34	2005	2020	
Margolis JD,2001,PEOPLE PROFITS SEARC,V0,P0	2001	10.69	2005	2020	
Dawkins J,2003,J BUS ETHICS,V44,P185,DOI	2003	3.27	2005	2020	
McWilliams A,2001,ACAD MANAGE REV,V26,P117,DOI	2001	21.4	2005	2020	
Orlitzky M,2001,BUSINESS SOC,V40,P369,DOI	2001	3.34	2005	2020	
Saiia DH,2003,BUS SOC,V42,P169,DOI	2003	6.36	2005	2020	
Matten D,2003,J BUS SOC,V42,P169,DOI	2003	6.36	2005	2020	
Maignan I,2004,J ACAD MARKET SCI,V32,P3,DOI	2004	17.15	2005	2020	
Orilitzky M,2003,ORGAN STUD,V24,P403,DOI	2003	38.91	2006	2020	
Roberts PW,2002,STRATEGIC MANAGE J,V23,P1077,DOI	2002	5.9	2006	2020	
Maignan I,2002,INT BUS STUD,V33,P497,DOI	2002	9.17	2006	2020	
Hess D,2002,CALIF MANAGE REV,V44,P110,DOI	2002	4.67	2006	2020	
Smith NC,2003,CALIF MANAGE REV,V45,P52,DOI	2003	12.08	2006	2020	
Kaptein M,2004,J BUS ETHICS,V50,P13,DOI	2004	6.5	2006	2020	
Margolis JD,2003,ADMIN SCI QUART,V48,P268,DOI	2003	26.76	2006	2020	
Global Reporting Initiative(GRI),2002,SUST REP GUID,V0,P0	2002	3.27	2006	2020	
Phillips R,2003,BUS ETHICS Q,V13,P479,DOI	2003	5.08	2006	2020	
McWilliams A,2006,J MANAGE STUD,V43,P1,DOI	2006	36.75	2006	2020	
Hoeffler S,2002,J PUBLIC POLICY MARK,V21,P78,DOI	2002	5.31	2007	2020	

图 5　引文突现 Top25（Citespace 软件）

数据来源：Web of Science 中 SSCI 数据库。

二、CSR 与公司治理文献评述

（一）企业社会责任界定

近年来，企业社会责任相关研究与实践日益丰富，而对于企业社会责任的内涵学术界还存在着界定模糊的研究现状。企业社会责任的概念一般可界定为三个方面：一是层次责任观。1923 年，欧利文·谢尔顿（Oliver Sheldon）首次提出企业社会责任的概念，他认为企业不应仅以追求经济利润为目标，还应当体现道德因素。随后，大量学者以此为基础展开研究。卡罗尔（Carroll，1979）提出了企业社会责任四成分说，他认为企业社会责任是经济责任、法律责任、伦理责任和自愿责任之和。约翰·埃尔金斯顿（John Elkington，1997）认为企业要考虑经济责任、环境责任和社会责任三个方面，即著名的三重底线理论。二是社会契约观。特克和科克伦共同提出了企业社会绩效的概念，认为这是企业社会责任和社会反应、社会政策相关联以解决社会问题的结果。三是利益相关者论。Freeman（1999）依据企业所有权、经济依赖性和社会利益，将利益相关者分为对企业拥有所有权和对企业有经济依赖性两类，企业通过明确不同的利益相关者有针对性地履行社会责任。

综上所述，企业社会责任的内涵经历了由社会责任道德观向利益相关者观点转变的过程，学术界也形成了相关共识，即企业社会责任是指企业在盈利的同时，还应承担对劳工关系、客户、生态环境和社会等利益相关方的责任。

（二）企业进行 CSR 的动机

企业为何承担社会责任是企业社会责任研究的关键性问题之一。从股东利润最大化角度来看，承担社会责任能提高股东利润，Mcwllllallls 等（2006）认为积极的社会表现可以发挥广告的作用，能吸引消费者以更高价格购买其产品，另外改进社会表现能通过减少生产浪费、提高劳动生产率等来减少企业成本，良好的社会表现能通过减少成本或提高收益来促进财务绩效的提高。从利益相关者角度来看，Thomas 等（2002）认为企业承担社会责任可作为一种信号传递机制，为了解决信息不对称问题，企业需要向利益相关者传递某种信号来表明自己值得信赖，而企业社会责任就是这种信号传递机制。Donaldson 等（1999）提出企业需要从各利益相关者处获得资源就必须承担相应的责任，虽然企业社会责任本身不是资源，但可以提高这种交易的质量和效率。从伦理道德角度来看，社会责任是社会对企业提出的义务要求，Wang 等（2018）发现道德基础是影响个体参与 CSR 的重要因素，同时在中国情境下，道德基础还会与儒家伦理相互作用共同影响个体的社会责任取向。

（三）企业社会责任与企业绩效之间的关系

企业社会责任对企业绩效的影响特别是企业社会责任与企业财务绩效之间的关系，一直是公司治理领域关注的重点问题之一。无论是从实证角度还是从理论角度，学者们一直在不断探索企业社会责任对企业绩效的影响（Inoue 和 Lee，2011；Oeyono，Samy 和 Bampton，2011；Deng，Kang 和 Low，2013；Zhu，Sun 和 Leung，2014；Flammer，2015；Youn，Hua 和 Lee，2015；Lins，Servaes 和 Tamayo，2017；郑培等，2020；Jia，2020）。通过梳理相关研究文献，我们发现企业社会责任与企业绩效之间存在着正相关、负相关、非线性关系等差异性相关关系。

正相关关系：一些学者认为企业的社会责任活动对社会来说是一种善意的行动，企业通过这种善意的行动可以提高企业的盈利能力和价值创造能力（Lins，Servaes 和 Tamayo，2017；Orlitzky，Schmidt 和 Rynes，2003；Jia，2020；Luu，2020；郑培等，2020；韩鹏程等，2020；贾兴平等，2016；王群等，2020；王建玲和井洁琳，2020）。一些学者提出，企业社会责任活动可以帮助企业显著提升它们的声誉和客户的信任，进而吸引更多的客户和更优秀的工作人员，从而提高企业的财务绩效（Hart，1995；Porter，1991；Porter 和 Kramer，2006，2011；Russo 和 Fouts，1997；Saeidi 等，2015；杨楠等，2015；何音等，2020；Qiu 等，2021）。

负相关关系：Friedman（1962；1970）认为从股东利益角度来看，企业社会责任活动是股东对利益相关者的捐赠，会减少企业利润；Jensen 和 Meckling（1976）认为企业社会责任是股东与管理者之间委托代理问题的结果，管理者是出于自身利益的驱动才履行企业社会责任。嵇国平等（2020）提出企业履行社会责任的水平决定了企业社会责任对企业财务绩效的影响，当企业社会责任活动投入较低时企业社会责任与企业绩效呈负相关关系。

非线性关系：Mc Williams、Siegel 和 Wright（2006）提出企业为了满足利益相关者的需求而投资于企业社会责任活动，企业社会责任与企业绩效之间存在着倒“U”形关系；温素彬和方苑（2008）研究发现，企业社会责任与短期财务绩效负相关，而与长期财务绩效正相关。冯锋和张燕南（2020）通过分析企业社会责任对会计性和市场性公司绩效的影响，发现企业社会责任与会计性公司绩效呈倒 U 形关系，与市场性公司绩效呈正向线性关系。

（四）企业社会责任对企业绩效的作用机制

企业社会责任活动对企业的影响会受经济环境、制度、文化等因素的影响，所以企业社会活动与企业绩效之间的关系可能远比直接的因果关系复杂（Hull，Rothenberg，2008；Margolis，Walsh，2011）。学者们开始尝试借鉴利益相关者理论、社会认同理论、社会交换理论的相关观点来探索企业社会责任对企业绩效的影响机制。

目前，学者们认为企业社会责任对企业绩效的影响主要通过客户满意度、员工承诺、声誉三条中介机制来实现。首先，企业社会责任与企业绩效之间不存在直接联系，两者之间是通过企业无形资源——顾客满意度建立间接联系的（Surroca 等，2010；Saeidi 等，2015，Servaes 等，2013）。其次，企业参与企业社会责任活动可以提高工作满意度，工作满意度较高的企业，收益率也较高，因此企业社会责任通过激励员工实现了对企业绩效的影响（Flammer，2015;）。最后，从资源基础角度看，它对于企业来说是一种重要的无形资源，它对企业绩效具有积极影响，企业社会责任可以建立和改善企业声誉，进而影响企业绩效（Wang 和 Qian，2011；Rehman，Khan 和 Rahman，2020）。

（作者：庞　晶　马一涵　张轩婷）

三、述评系列：CSR与公司治理

述评：
《社会责任信息披露的“掩饰效应”和上市公司崩盘风险——来自中国股票市场的DID-PSM分析》

论文原作者：田利辉　王可第

期刊：《管理世界》2017年第11期

原文摘要

坏消息的隐匿和积累会引致崩盘风险。社会责任信息披露如何影响个股股价崩盘风险？中国监管当局强制要求部分上市公司披露社会责任信息，试图减少信息不对称，理论上有助于降低崩盘风险。我们采用双重差分（倾向评分）匹配DID-PSM方法，分析发现强制披露政策的实施显著增大了崩盘风险。基于这一金融异象，本文提出了社会责任的掩饰效应假说。如果经理人代理成本足够大，社会责任信息披露可以被企业用来掩盖粉饰企业运营中的问题，这样，经理人道德风险和社会责任信息披露存在正相关关系。我们进而发现，如果股东和经理人利益相对一致，经理人监督机制相对健全，抑或财务信息足够透明，那么社会责任信息披露和股价崩盘风险的正向关系不再显著。

问题导入

个股股价崩盘往往源自负面消息的隐匿和积累。社会责任信息披露能够降低公司的信息不对称程度，存在“沟通效应”。因此，部分学者认为企业社会责任信息披露能降低公司层面的崩盘风险。但也有学者认为，披露社会责任信息有助于转移股东注意力，可以掩盖其他坏消息，存在“掩饰效应”，从而帮助经理人回避企业效益不佳等问题，这会增大股价崩盘风险。那么，社会责任信息披露究竟如何影响个股股价崩盘风险？本文对此予以解答。

研究设计

一、研究假设

企业社会责任（CSR）是指企业除有对股东承担价值最大化的经济层面的责任之外，还要承担对员工、消费者等利益相者以及社区和环境等社会福利层面的责任。如今，企业主动或被动披露的社会责任信息越来越受到市场的关注。然而，CSR 信息披露是为了主动减少信息不对称还是用于掩饰坏消息？

部分学者认为，CSR 信息披露能够产生“沟通效应”，降低信息不对称。CSR 信息披露能够增强与市场的沟通，降低上市公司与投资者之间的信息不对称，而且上市公司与投资者之间的良性沟通有助于降低股价崩盘风险。因此，根据社会责任信息的“沟通效应”，强制披露社会责任信息的监管政策能够降低股价崩盘风险；然而委托代理理论认为，社会责任的信息披露也可能是一种粉饰工具，为管理者掩盖隐匿盈利能力不足或其他坏消息等失德行为提供了借口或工具，转移了股东的注意力，企业的社会责任存在“掩饰效应”。社会责任信息的“掩饰效应”会增加投资者及时发现坏消息隐匿行为的难度，降低控股股东或管理层基于自身利益进行坏消息隐匿的难度和成本。因此会增加股价崩盘风险。

综合以上分析，本文提出如下研究假设：

Ha：披露社会责任信息的监管政策降低股价崩盘风险。

Hb：披露社会责任信息的监管政策增加股价崩盘风险。

二、实证模型

本文建立实验组和控制组样本，运用 DID-PSM 方法开展研究。由于 2008 年强制性 CSR 信息披露政策冲击的外生性以及政策使用对象的限定性，受到政策影响的样本（实验组）和未受到政策影响的样本（控制组）会因政策作用发生变化，DID 模型可以通过比较实验组和控制组在实验前后差异的变化来控制两者的系统性差异，进而检验某项政策的实施效果。

本文将 DID-PSM 方法的基准回归模型设定为如下形式：

$$\text{Crash\_Risk} = \beta_0 + \beta_1 \text{Post} + \beta_2 \text{Treat} + \beta_3 \text{Post} \times \text{Treat} + \beta_j \text{Controls}_j + \varepsilon$$

其中，Crash_Risk 为崩盘风险度量指标，采用股票周收益负偏程度 NCSKEW 和股价波动差异 DUVOL 表示，计算公式见原文；Post 为实验期识别变量，处于实验期（2008 年之后）取值为 1，否则为 0；Treat 为实验组虚拟变量，实验组取值为 1，否则为 0；β_3 刻画了强制披露社会责任信息对股价崩盘的影响。Controls 为控制变量，主要有股票换手率的变化、股票年度平均周持有收益率、股票年度平均周持有收益率的标准差、公司规模、上市公司的市账比、资产负债率以及总资产收益率。此外，还控制了行业和年度因素。

三、数据来源

本文选用2006—2010年我国上市公司为样本，以2008年强制性CSR信息披露为时间节点，进行了纵向时间轴对比和横向控制组对比。将2009—2010年定义为实验期，将2006—2008年定义为非实验对比期。对样本进行了如下的筛选：（1）剔除了主动披露社会责任信息的公司；（2）剔除了发行H股的A股上市公司；（3）剔除了每年交易周数小于30的样本来估算股价崩盘风险的数值；（4）剔除了金融类上市公司和数据缺失的样本。本文对连续变量上下1%进行了Winsorize处理。最终得到6135个公司-年度数据。

本文研究的股票收益率数据、公司财务数据和分析师评级数据来源于CSMAR数据库，公司治理相关变量数据来源于CCER金融数据库和CSMAR数据库，机构投资者数据来源于Wind数据库。

实证分析

一、实证结果

结果表明，无论采用股票周收益负偏程度NSCKEW还是股价波动差异DUVOL测度股价崩盘风险时，Post×Treat的回归系数都显著为正。这表明，在监管政策变化要求强制披露社会责任信息之后，强制披露组的股票股价崩盘风险相较于未披露组的公司明显提高。验证了假设Hb，即披露社会责任信息的监管政策增加了股价崩盘风险。

二、稳健性检验

为进一步检验本文研究结论的稳健性，本文还进行了如下检验。首先，采用未经过匹配的全样本数据作为控制组；其次，考虑到金融危机对本文研究的影响，剔除了2008年的观测值；再次，考虑到内控信息披露对结果的影响，加入是否披露内控信息哑变量与披露年度哑变量的交互项；最后，进一步控制了更多的公司治理变量。发现Post×Treat的回归系数仍显著为正，研究结论仍然一致。

三、机理分析

本文研究发现，披露社会责任信息显著提高了公司层面的股价崩盘风险，验证了“掩饰效应”假说。披露社会责任信息为何影响个股股价崩盘风险？本文研究认为其从两个方面影响股价崩盘风险：（1）降低了管理层基于自身利益进行坏消息隐匿的难度和成本；（2）增加了投资者及时发现坏消息隐匿行为的难度。

从经理人代理成本方面分析，本文发现当经理人持股比例高，即代理成本相对低时，社会责任信息披露和个股股价崩盘风险的关系不再显著。同时，在职业经理人的监督机制相对健全或公司治理相对有效的公司中，社会责任信息披露不易引致个股股价崩盘风险增大。从信息透明度方面分析，本文发现财务信息透明度能够抑制社会责任信息的掩饰效应。这说明，社会责任信息披露的“掩饰效应”是通过降低了管理层基于自身利益进行坏消息隐匿的难度和成本，同时增加投资者及时发现坏消息隐匿行为的难度来影响股价崩盘风险的。

主要结论

本文的研究结论表明，社会责任信息强制披露这一政策的实施显著提高了上市公司的崩盘风险。在法治不完善的背景下，企业的社会责任行为可能异化为经理人的自利行为，用来掩饰绩效不佳等坏消息。不过，减少委托代理的利益冲突和增大对于代理人行为的有效监督有助于减少崩盘风险。并且，财务信息透明度能够抑制社会责任信息的掩饰效应。

主要贡献

第一，本文通过采用DID-PSM方法，有效控制了可能存在的内生性问题，为辨析社会责任信息披露的沟通效应或掩饰效应提供了有力的计量证据，发展了崩盘风险的实证方法。第二，本文实证分析了社会责任信息披露导致崩盘效应的作用机理，发现经理人借社会责任之名而行损害股东财富之实，从而增大了崩盘风险。这一发现有助于代理理论和社会责任相关理论的发展。第三，本文运用现代微观计量方法评估了社会责任信息披露新政策的效应，发现政策目的和实效背道而驰，对进一步完善相关监管政策具有一定的指导意义。

前沿跟踪

股市震荡引发学者们对股价崩盘风险的广泛关注。已有文献对股价崩盘风险的研究也较为多元化。

从公司内部治理角度，姜付秀等（2018）研究了多个大股东对股价崩盘风险的影响，发现当公司存在多个大股东时，其股价的崩盘风险更低。还发现，其他大股东对控股股东的监督作用主要体现在其他大股东相对于控股股东的力量较大、控股股东隐藏坏消息的动机较强以及公司治理机制较弱的公司中；孙淑伟等（2017）研究了高管减持行为对股价崩盘风险的影响方向及其作用渠道，结果发现高管减持股票的金额与公司股价崩盘风险显著正相关，当高管减持动机越强以及减持效用越大时，高管减持对股价崩盘风险的影响越强。进一步研究还发现，管理层的信息压制行为导致了“坏消息”聚集，最终引发股价崩盘风险；生洪宇和李华（2017）发现多元化经营战略与股价崩盘风险呈正相关关系，高管团队任期异质性通过负向影响多元化经营战略来抑制股价崩盘风险，而性别异质性不存在显著的调节作用。还发现，多元化经营战略对股价崩盘风险的影响是通过盈余管理的路径产生的，且盈余管理是多元化经营战略与股价崩盘风险之间的完全中介因子。

从非财务信息披露角度，宋献中等（2017）从企业信息不对称和投资者情绪两个角度探讨了企业股价崩盘风险的形成机理，发现社会责任信息披露与未来股价崩盘风险显著负相关，通过对影响路径的分析发现，社会责任信息同时通过信息效应和声誉保险效应降低股价崩盘风险，但声誉保险效应占据主导地位；肖土盛等（2017）利用深交所上市公司信息披露考评数据，考察了公司信息披露质量对股价崩盘风险的影响以及作为信息中介的证券分析师所发挥的作用。研究发现，公司信息披露质量与股价崩盘风险显著负相关，且这一结果主要是由信息披露质量下降引起股价崩盘风险增加所致，而信息披露质量提高对股价崩盘风险的缓解作用不明显。此外，还发现良好的信息披露质量能够显著降低分析师的预测误差，而较低的预测误差可进一步缓解股价崩盘风险，说明分析师预测活动在信息披露质量与股价崩盘风险之间起中介作用。

参考文献

[1] 姜付秀，蔡欣妮，朱冰．多个大股东与股价崩盘风险［J］．会计研究，2018（1）：68-74.

[2] 孙淑伟，梁上坤，阮刚铭，付宇翔．高管减持、信息压制与股价崩盘风险［J］．金融研究，2017（11）：175-190.

[3] 生洪宇，李华．高管团队异质性、多元化经营战略与股价崩盘风险——基于盈余管理和过度投资路径的研究［J］．财会月刊，2017（35）：3-9.

[4] 宋献中，胡珺，李四海．社会责任信息披露与股价崩盘风险——基于信息效应与声誉保险效应的路径分析［J］．金融研究，2017（4）：161-175.

[5] 肖土盛，宋顺林，李路．信息披露质量与股价崩盘风险：分析师预测的中介作用［J］．财经研究，2017，43（2）：110-121.

（作者：张明梅）

述评：《企业社会责任与股价崩盘风险："价值利器"或"自利工具"》

论文原作者：权小锋　吴世农　尹洪英

期刊：《经济研究》2015 年第 11 期

原文摘要

企业社会责任究竟体现管理层的"自利工具"还是股东的"价值利器"？这成为近年来财务学和管理学交叉研究的热点问题。本文结合中国资本市场的环境和制度背景，从非对称风险这一独特视角，系统分析与检验了企业社会责任影响股价崩盘风险的客观表现与传导路径。研究结果显示，首先，企业社会责任与股价崩盘风险之间呈显著正向关系，表明中国上市公司推行社会责任的同时加剧了股价的崩盘风险，可见存在"社会责任的崩盘效应"；其次，截面分组发现社会责任的崩盘效应仅在强制披露和未进行第三方信息鉴证的公司中存在；最后，路径检验发现企业社会责任的崩盘效应存在完全的投资路径、部分的信息路径，但不存在会计路径和税收路径。总之，本文验证了我国上市公司推行企业社会责任体现了"工具特征"而非"价值特征"的推论。

问题导入

近年来中国公司在承担与履行企业社会责任方面有了很大进步，越来越多的上市公司主动发布社会责任报告。然而在当前中国制度设计不完善，监管政策不到位的市场背景下，企业社会责任在实践领域的经济后果到底如何？当深入微观企业的内部运营时，企业社会责任更多地体现了一种掩饰管理层失德行为的"自利工具"还是提升股东财富的"价值利器"？两种体现的客观表现和传导路径如何？这些问题非常值得深入研究。

研究设计

一、研究假设

企业社会责任对微观企业财务行为和绩效会产生何种影响？目前来看，主要有两方面的观点，分别为管理层主义和股东主义。管理层主义认为：企业实施社会责任的收益由管理层享受，但风险和成本却由股东买单，企业社会责任本身就是代理成本，且"公司社会责任"一说有违"企业乃纯粹的营利性组织"这一本质。基于管理层主义，很多文献发现企业社会责任更多体现了一种工具而非价值属性。

股东主义则认为企业社会责任应被理解为一种维护关系基础的无形资产，企业社会责任通过保护和提高公司声誉，提高了公司业绩。如果企业履行社会责任更多体现的是一种股东主义和长期价值，那么预期企业社会责任越好，投资者和股东对其越认可，并且愿意长期持有，公司股价的增长趋势越稳定，进而股价的崩盘风险越低。

综合以上分析，本文提出如下假说：

Ha：在中国资本市场，若从股东主义出发的价值假说成立，则企业社会责任与股价崩盘风险应呈显著的负向关系。

Hb：在中国资本市场，若从管理层主义出发的工具假说成立，则企业社会责任与股价崩盘风险应呈显著的正向关系。

二、数据来源

本文选择2008—2013年中国A股上市公司作为研究样本，选择2008年作为样本起点是基于两点考虑：（1）2009年润灵环球才开始披露社会责任报告评价指数；（2）2009年开始我国企业社会责任披露正式进入密集和常规披露的态势。本文样本还经过以下处理：（1）剔除股票年度周收益少于26周的样本；（2）删除金融行业企业；（3）剔除ST、PT企业；（4）剔除财务和公司治理数据缺失的样本。本文社会责任数据源于润灵环球的社会责任报告评价指数，内部控制质量数据源于“迪博内部控制与风险管理数据库”，机构投资者数据源于Wind数据库，股价崩盘风险、财务数据以及公司治理等变量数据源于CSMAR数据库。为了剔除异常值的影响，本文在1%和99%水平上进行Winsorize处理。

三、实证模型

借鉴Hutton等（2009）、潘越等（2011）的文献，本文构建如下模型来检验提出的假设：

$$\begin{aligned}\mathrm{CR}_{i,t+1} = {} & \beta_0 + \beta_1\mathrm{CSR}_{i,t} + \beta_2\mathrm{CR}_{i,t} + \beta_3\mathrm{DTURN}_{i,t} + \beta_4\mathrm{SIGMA}_{i,t} + \beta_5\mathrm{RET}_{i,t} + \beta_6\mathrm{LNSIZE}_{i,t} \\ & + \beta_7\mathrm{MB}_{i,t} + \beta_8\mathrm{LEV}_{i,t} + \beta_9\mathrm{ROE}_{i,t} + \beta_{10}\mathrm{OPAQUE}_{i,t} + \beta_j\mathrm{IND} + \beta_k\mathrm{YEAR} + \varepsilon_{i,t}\end{aligned} \tag{1}$$

其中，CR为股价崩盘风险，借鉴Hutton等（2009）、Xu等（2014）的文献，采用股票周收益负偏程度NCSKEW和周收益跌涨波动比率DUVOL两种方法来度量。企业社会责任CSR选取润灵环球（RKS）对上市公司社会责任报告的指数化评分结果来衡量。其他变量为控制变量，主要包括去趋势化的月度换手率（DTURN），第t年周收益标准差（SIGMA），第t年周收益平均值（RET），公司规模（LNSIZE）等。

四、实证结果

回归结果表明企业社会责任与股价崩盘风险之间呈现显著的正向关系。本文为了进一步探索企业社会责任崩盘效应的客观表现，依据企业社会责任报告的披露形式，将样本组分为自愿披露组和强制披露组进行了分组回归，回归结果表明在中国资本市场，企业社会责任的崩盘效应仅在强制披露的公司中存在，而在自愿披露公司中并不存在。本文进一步依据企业社会责任报告是否经过专业的第三方权威机构进行鉴证，将样本组分为鉴证组和未鉴证组进行了分组回归。结果表明，企业社会责任的回归系数仅在未鉴证组显著为正，而在鉴证组，企业社会责任的崩盘效应并不显著。

五、拓展性研究：传导途径

企业社会责任的崩盘效应是通过什么传导途径形成的？其传导机理是什么？本文从信息途径、会计途径、投资途径和税收途径这四种传导路径进行理论分析和实证检验。为检验企业社会责任崩盘效应的传导路径，本文采用中介因子检验方法，以投资路径的检验为例，设定路径模型 Path a、Path b、Path c 如下：

$$\begin{aligned}CR_{i,t+1} = {} & \beta_0+\beta_1 CSR_{i,t}+\beta_2 CR_{i,t}+\beta_3 DTURN_{i,t}+\beta_4 SIGMA_{i,t}+\beta_5 RET_{i,t}+\beta_6 LNSIZE_{i,t}+\beta_7 MB \\ & +\beta_8 LEV_{i,4}+\beta_9 ROE_{i,t}+\beta_{10} OPAQUE_{i,t}+\beta_j IND+\beta_k YEAR+\varepsilon_{i,t}\end{aligned} \quad \text{(Path a)}$$

$$\begin{aligned}INV\_EFF_{i,t} = {} & \alpha_0+\alpha_1 CSR_{i,t}+\alpha_2 FCF_{i,t}+\alpha_3 GROWTH_{i,t}+\alpha_4 LNSIZE_{i,t} \\ & +\alpha_5 LEV_{i,t}+\alpha_6 ROE_{i,t}+\alpha_j IND+\alpha_k YEAR+\varepsilon_{i,t}\end{aligned} \quad \text{(Path b)}$$

$$\begin{aligned}CR_{i,t+1} = {} & \beta_0+\beta_1 CSR_{i,t}+\beta_2 INV\_EFF_{i,t}+\beta_3 CR_{i,t}+\beta_4 DTURN_{i,t}+\beta_5 SIGMA_{i,t}+\beta_6 RET_{i,t} \\ & +\beta_7 LNSIZE_{i,t}+\beta_3 MB_{i,t}+\beta_9 LEV_{i,t}+\beta_{10} ROE_{i,t}+\beta_{11} OPAQUE_{i,t} \\ & +\beta_j IND+\beta_k YEAR+\varepsilon_{i,t}\end{aligned} \quad \text{(Path c)}$$

结果表明在当前中国资本市场，企业社会责任崩盘效应存在部分的信息路径，完全的投资路径，不存在会计路径和税收传导途径。

六、稳定性检验

以相同行业内其他公司的企业社会责任均值作为工具变量；对内部控制质量、外部机构投资者两种典型的治理因素进行控制；为了防止中介因子测度的准确性影响研究结论，为此，本文对中介因子也更换测度指标进行了重新检测。稳定性检验之后，本文的结论依然成立，稳健性测试表明本文研究结论基本可靠。

主要结论

在中国资本市场企业社会责任会提高股价的崩盘风险，表明在中国资本市场企业社会责任存在显著的崩盘效应，即企业社会责任会提高股价的崩盘风险；依据披露形式分组，发现企业社会责任的崩盘效应仅在强制披露组存在，而在自愿披露组并不存在；依据是否接受第三方鉴证分组，发现企业社会责任的崩盘效应仅在未鉴证组存在，而在鉴证组并不存在；通过路径检验发现，企业社会责任的崩盘效应存在完全的投资路径、部分的信息路径，但不存在会计路径和税收路径，表明管理层利用企业社会责任建设恶化信息环境并进行非效率的投资以掩盖其捂盘行为，这是崩盘效应产生的机理和途径。

主要贡献

第一，本文为企业社会责任的经济后果研究提供了新的视角，突破了以往文献从收益框架研究企业社会责任经济后果的固有局限。本文切入非对称风险框架，从股价崩盘风险视角分析企业社会责任的经济后果，这种研究能够通过考察市场股价的非对称波动，进一步剖析和理解企业内部管理层的行为策略及其市场后果。第二，本文为股价崩盘风险的影响因素研究提供了新的文献补充。近年来，相关学者仅从企业的财务因素方面来考察股票崩盘风险的影响因素，并未考虑企业的非财务因素。企业社会责任建设是重要的非财务因素，特别是近年来我国政府监管层对其监管正处于重要的制度建设和规范时期，因此本文的研究不仅能够对股价崩盘风险的影响因素研究提供重要的文献补充，而且能提供转制经济国家的经验证据。

前沿追踪

企业社会责任信息披露到底体现了股东“价值主义”还是管理层“机会主义”，这个问题成为近年财务学和社会学交叉研究的热点问题。学者们对社会责任信息披露与股价崩盘之间的关系进行了持续深入的研究，并积极探寻其背后的影响途径。

关于企业承担社会责任对公司股价的影响，李新丽等（2018）指出强制披露社会责任报告通过降低信息不对称和代理成本影响未来股价同步性。田利辉等（2017）采用双重差分（倾向评分）匹配 DID-PSM 方法分析发现，强制披露政策的实施显著增大了股价崩盘风险，但在进一步研究中发现，如果股东和经理人利益相对一致，经理人监督机制相对健全，抑或财务信息足够透明，那么社会责任信息披露和股价崩盘风险的正向关系不再显著。刘非菲等（2018）指出企业社会责任缺失行为信息披露具有信息含量，对股价有负面的影响。

关于会计稳定性对“社会责任股价崩盘效应”的影响，权小峰等（2016）通过切入会计稳健性的中介效应检验视角，系统分析了社会责任信息披露与股价崩盘风险之间的内在关系及其形成机理。研究发现，社会责任信息披露水平与条件性会计稳健性存在显著负向关系，且这种负向关系仅在强制披露和未进行第三方信息鉴证的社会责任报告公司中存在；而条件性会计稳健性会负面影响未来股价的崩盘风险。杨佩佩（2018）研究指出在其他条件不变情况下，实施稳健政策的公司未来股价崩盘发生的可能性更小，通过进一步分析会计稳健性与社会责任信息披露对股价崩盘风险的交互影响，发现两者对股价崩盘风险的影响存在互补效应。

参考文献

[1] 权小锋，肖红军．社会责任披露对股价崩盘风险的影响研究：基于会计稳健性的中介机理［J］．中国软科学，2016（6）：80-87.

[2] 田利辉，王可第．社会责任信息披露的“掩饰效应”和上市公司崩盘风险——来自

中国股票市场的DID-PSM分析［J］. 管理世界，2017（11）：146-157.
［3］李新丽，万寿义，张雪梅. 企业社会责任能降低股价同步性吗？——基于强制披露企业社会责任报告的准自然实验［J］. 科学决策，2018（9）：1-27.
［4］杨佩佩. 会计稳健性、企业社会责任信息披露与股价崩盘风险［D］. 北京：北京交通大学，2018.
［5］刘非菲，董宝莹. 企业社会责任缺失信息披露的市场反应研究［J］. 渤海大学管理学院，2018，18（13）：60-66.

（作者：董贵萍）

述评：《控股股东股权质押与策略性慈善捐赠——控制权转移风险视角》

原作者：胡　珺　彭远怀　宋献中　周林子

期刊：《中国工业经济》2020 年第 2 期

原文摘要

控股股东股权质押已成为中国资本市场的金融常态，且这一趋势仍在上升。尽管股权质押能够较为便捷地获得金融贷款，但对控股股东而言还存在控制权转移的风险。本文以 2003—2018 年中国沪深 A 股公司为样本，研究在股权质押情境下，控股股东是否存在策略性的慈善捐赠行为，以降低控制权转移风险。结果表明，当控股股东进行股权质押后，企业的慈善捐赠水平会显著增加，且上述结论存在较强稳健性。对捐赠动机的检验发现，控股股东在股权质押情境下的慈善捐赠行为同时表现为拉抬股价和寻租动机：一方面，当股票市场的走势趋于熊市和公司股价更接近出质股权的平仓警戒线时，控股股东在股权质押情境下的慈善捐赠动机会更加强烈；另一方面，在非国有控股企业和无政治关联的企业中，控股股东股权质押对企业慈善捐赠的正向影响更为明显。进一步研究发现，当企业应计盈余管理和真实盈余管理程度更低时，控股股东在股权质押情境下慈善捐赠动机会相对增强，说明在股权质押的情境下，控股股东会权衡不同市值管理行为的成本收益关系，慈善捐赠更多是其他行为受限时的策略性行为。本文的研究结论进一步揭示了控股股东在股权质押情境下的策略性行为，对于监管机构和投资者理解企业慈善捐赠的行为动机也具有重要启示意义。

问题导入

近年来，股权质押已成为控股股东较为便捷地获得金融贷款，缓解财务约束的重要手段。但是，当公司股价跌至质押平仓线时，质权人可以对出质股权平仓抛售，控股股东可能面临较大的控制权转移风险。此外，企业慈善捐赠存在信号传递和声誉保险效应，对稳定和刺激公司股价以及向地方政府寻租存在积极影响，可能会缓解控制权转移风险。基于此，本文提出以下问题：控股股东在股权质押情境下是否存在策略性的慈善捐赠行为？

研究设计

一、理论分析与研究假设

控股股东在股权质押情境下会进行策略性捐赠以降低控制权转移风险，主要原因如下：（1）股价动机，企业慈善捐赠可以对外传递企业经营状况良好的信息，从而平缓资本市场由于对控股股东股权质押的恐慌情绪而可能导致的股价下滑，进而降低控制权转移风险。（2）寻租动机，企业慈善捐赠有助于建立和加强政企关系，当股价下跌使得控股股东面临控制权转移风险时，政府可以为企业提供贷款和融资便利或预防质押股权被强制平仓和司法拍卖。综上，本文提出以下假设：

H1：存在控股股东股权质押的企业，慈善捐赠水平会相对更高。

若控股股东股权质押情境下的慈善捐赠存在拉抬股价动机，则应可以预期：（1）当股票市场表现为熊市时，公司股价下跌的概率更高，控股股东控制权转移风险更大，拉抬股价动机更强；（2）当公司股价距离平仓警戒线更近时，出质股权被强制平仓的风险更高，控股股东控制权转移风险更大，拉抬股价动机更强。综上，本文提出以下假设：

H2a：当股票市场整体走势趋于下跌时（熊市），控股股东股权质押对企业慈善捐赠的正向影响更加明显。

H2b：当公司股价距离平仓警戒线相对更近时，控股股东股权质押对企业慈善捐赠的正向影响更加明显。

若控股股东在股权质押情境下的慈善捐赠存在寻租动机，则应可以预期：（1）相较于国有控股企业，与地方政府不具备产权关系的民营企业应更有动机通过企业慈善捐赠向地方政府寻租；（2）公司高管的政治关联程度也可以反映政企关系，相较于具有政治关联的企业，无政治关联企业应更有动机通过企业慈善捐赠对地方政府进行寻租。综上，本文提出以下假设：

H3a：相对于国有控股企业，非国有企业的控股股东股权质押对企业慈善捐赠的正向影响更加明显。

H3b：相对于具有政治关联的企业，无政治关联企业的控股股东股权质押对企业慈善捐赠的正向影响更加明显。

二、样本选择与数据处理

本文以 2003—2018 年沪深 A 股上市公司为初始研究样本，并进行如下处理：（1）剔除财务数据缺失的样本；（2）剔除金融保险行业样本；（3）剔除 ST、PT 类样本；（4）对所有连续变量进行 1%的双边缩尾处理。最终得到了 25818 个企业-年度样本。其中，股权质押数据主要来自 CSMAR 数据库，并根据巨潮资讯网的上市公司公告进行补充和完善，其他企业数据均来自 CSMAR 和 Wind 数据库。

实证分析

一、模型设定

为验证 H1，本文构建如下模型：

$$\text{Donation}_{i,\ t+1} = \beta_0 + \beta_1 \text{Pledge}_{i,\ t} + \text{Controls}_{i,\ t} + \sum \text{Year} + \sum \text{Industry} + \sum \text{Province} + \varepsilon_{i,\ t} \tag{1}$$

其中，被解释变量 Donation 为企业慈善捐赠水平，用企业实际捐赠金额与营业收入比值的 1000 倍来衡量。解释变量 Pledge 包括：（1）PledgeD 为股权质押倾向虚拟变量，若年末存在控股股东股权质押取值为 1，否则为 0；（2）PledgeR 为股权质押比例，用控股股东年末股权质押数量与持股数量之比来衡量。此外，Controls 为控制变量，包括资产收益率、资产负债率、现金比率、资产规模、股权集中度、独立董事比例、上市年龄、分析师数量、四大审计、融资约束、控股股东产权性质、控股股东持股比例和上期慈善捐赠水平等，同时在模型中控制了年度（Year）、行业（Industry）和省份（Province）固定效应。

二、稳健性检验

（1）为解决反向因果可能导致的内生性问题，采用倾向得分匹配法和双重差分模型进行检验；（2）为解决潜在遗漏变量可能导致的内生性问题，选取同年度同行业和同年度同地区的平均质押比率作为控股股东股权质押比率的工具变量，并运用 IV-Tobit 模型进行两阶段回归检验；（3）更换被解释变量，用企业慈善捐赠金额除以企业员工数量作为因变量，进行指标敏感性检验；（4）变更估计方法，采用最小二乘法（OLS）重新对模型进行检验。

三、机制检验

为验证 H2a 和 H2b，在模型（1）的基础上，分别加入熊市 Bear（若股市当年的月均市场回报率小于零取值为 1，否则为 0）和平仓风险 Call（若某个年度公司股价曾跌至距离预警股价 5%的基准股价以下取值为 1，否则为 0）及其与股权质押的交互项进行检验。

为验证 H3a 和 H3b，在模型（1）的基础上，分别加入企业性质 SOE（若为国有控股企业取值为 1，非国有控股企业则为 0）和政治关联指数 Connect（用公司所有高管的政治关联强度得分加总得到公司政治关联指数，然后将该指数标准化，得分最高的公司取值为 1，其余公司按相应的得分比例进行调整）及其与股权质押的交互项进行检验。

四、进一步讨论

（1）采用事件研究法，通过计算对外捐赠公告前后三个交易日的个股超额收益率以检验投资者对控股股东股权质押下企业慈善捐赠的反应。（2）通过构建三个表示连续股权质押年限的变量及三个表示解除质押的变量，分析了控股股东连续股权质押、解除质押与企业慈善捐赠的关系。（3）用市场中介组织的发育和法律制度环境评分衡量地区市场化程度，并将省级区域各年得分最高的五个省级行政区域设为市场化程度较高组虚拟变量，通过加入交乘项的方式分析了市场化程度对控股股东股权质押与企业慈善捐赠的影响。（4）采用应计盈余管理和真实盈余管理来衡量企业的盈余管理水平，通过加入交乘项的方式分析了盈余管理对控股股东股权质押与企业慈善捐赠的影响。

主要结论

第一，控股股东股权质押后企业慈善捐赠会显著增加，且控股股东的股权质押比率越高，企业慈善捐赠的增加程度越明显。第二，当股票市场行情下跌、公司股价离平仓警戒线更近时，以及在非国有控股企业、政治关联程度更低的企业中，控股股东股权质押对企业慈善捐赠的影响更加明显。第三，随着连续股权质押期限增加，控股股东在股权质押情境下策略性慈善捐赠的拉抬股价动机降低；当市场化程度更高时，控股股东在股权质押情境下策略性慈善捐赠的寻租动机相对更强；当企业应计盈余管理和真实盈余管理程度更低时，控股股东在股权质押情境下的策略性慈善捐赠动机相对更强。

主要贡献

第一，本文研究发现企业慈善捐赠也可能是控股股东在股权质押情境下的一种策略性行为，从而进一步丰富和拓展了控股股东股权质押经济后果的相关文献。第二，本文通过剖析控股股东在股权质押情境下的慈善捐赠动机，一定程度上为关于企业社会责任的论断提供了经验佐证，对于后续不同情境下的企业社会责任研究具有参考意义。

前沿追踪

围绕本文相关主题，近年来学者们展开了大量研究。

在股权质押方面，马连福和张晓庆（2020）研究发现控股股东股权质押后，公司投资者关系管理水平显著提高。阮姗等（2021）研究发现相比于大股东没有在年末进行股权质押的上市公司，进行股权质押的公司信息披露质量较低。胡聪慧等（2020）研究发现面临质押预警压力的大股东更有可能增持。

在企业慈善捐赠方面，熊朗羽等（2020）研究发现技术创新可以显著提高企业的慈善捐赠倾向。丁胜红和刘倩如（2020）研究发现企业违规与慈善捐赠水平之间存在显著正向关系，并且代理成本在其中能够起到正向调节作用。

参考文献

[1] 马连福，张晓庆．控股股东股权质押与投资者关系管理［J］．中国工业经济，2020（11）：156-173.

[2] 阮姗，尹烁，袁明哲．大股东股权质押、内部控制与信息披露质量［J］．财会通讯，2021，865（5）：62-65.

[3] 胡聪慧，朱菲菲，邱卉敏．股权质押、风险管理与大股东增持［J］．金融研究，2020（9）：190-206.

[4] 熊朗羽，温明振，侯静静，朱玲萱．企业技术创新、政府补助与慈善捐赠［J］．会计之友，2020（7）：78-83.

[5] 丁胜红，刘倩如．企业违规、代理成本与慈善捐赠［J］．会计之友，2020（6）：77-83.

（作者：徐子芥）

述评：《家族涉入、社会情感财富与企业慈善捐赠行为——基于全国私营企业调查的实证研究》

论文原作者：陈　凌　陈华丽

期刊：《管理世界》2014 年第 8 期

原文摘要

民营企业普遍采用家族拥有的形式，家族在企业慈善捐赠中扮演着非常重要的角色。本文基于全国私营企业调查数据，研究了家族涉入对企业慈善捐赠行为的影响，以及社会情感财富（传承意愿，包括企业主的交班意愿和子女的接班意愿）对这种影响的中介效应。结果显示，家族所有权比例、家族成员进入董事会和家族控制持续时间对企业慈善捐赠有显著正向影响，子女接班意愿对家族涉入与慈善捐赠间的正相关关系起到了部分中介作用。相比企业主的交班意愿，子女接班意愿对慈善捐赠的影响更大。研究表明家族涉入赋予的权力和保存社会情感财富的内在驱动力促使家族企业积极参与慈善捐赠。本研究具有较强的现实意义和理论价值。

问题导入

家族涉入和社会情感财富会影响家族企业慈善捐赠决策吗？本文利用全国私营企业调查数据，考察家族企业慈善捐赠行为的影响因素、动机并试图回答以下两个问题：（1）家族涉入是否对企业慈善捐赠行为产生直接影响？（2）社会情感财富（用传承意愿衡量）是否对家族涉入与企业慈善捐赠的关系起中介效应？

研究设计

一、研究假设

首先，家族企业所有者是企业战略的主要制定者，其影响企业战略决策的能力和意愿决定了企业慈善行为；同样的，家族成员进入企业董事会，参与企业管理，可以促进慈善捐赠行为的实施；此外，家族控制持续时间的延长使家族的影响力、渗透力和实力增强；家族涉入程度越高，家族与组织的关系越紧密，越会促进企业更积极地参与慈善捐赠。

基于上述讨论，本文提出以下假设。

H1：家族涉入与慈善捐赠呈显著正相关关系。

H1a：家族所有权比例与慈善捐赠呈显著正相关关系。

H1b：家族成员进入董事会与慈善捐赠呈显著正相关关系。

H1c：家族控制持续时间与慈善捐赠呈显著正相关关系。

家族涉入是社会情感财富形成的前提。更大的家族所有权比例、更长的家族控制持续时间往往会造成家族成员对企业的心理依恋，而家族成员进入董事会、家族对企业管理权的涉入使得家族成员的工作兴趣与企业相关联，从而增加其传承意愿。因此随着家族涉入的增加，对企业保持跨代控制的重要性增加，进而增强家族传承意愿。

综上所述，本文提出以下假设。

H2：家族涉入与传承意愿正相关。

H2a：家族所有权比例与传承意愿正相关。

H2b：家族成员进入董事会与传承意愿正相关。

H2c：家族控制持续时间与传承意愿正相关。

传承意愿作为社会情感财富的一个关键维度，会影响企业慈善捐赠行为。一方面，具有传承意愿不仅意味着家族希望将企业传给后代，还意味着企业经营更具有长期导向，更可能积极与利益相关者建立和保持长期的友好互信关系，以积累社会资本；另一方面，具有传承意愿意味着家族希望通过企业经营使家族价值观、愿景得到长久延续，这会促进慈善捐赠行为。因此家族涉入通过传承意愿间接影响企业慈善捐赠行为。

综上所述，本文提出以下假设。

H3：传承意愿对家族涉入与慈善捐赠间的关系起中介作用。

H3a：企业主的交班意愿对家族所有权比例与慈善捐赠间的关系起中介作用。

H3b：企业主的交班意愿对家族成员进入董事会与慈善捐赠间的关系起中介作用。

H3c：企业主的交班意愿对家族控制持续时间与慈善捐赠间的关系起中介作用。

H3d：子女的接班意愿对家族所有权比例与慈善捐赠间的关系起中介作用。

H3e：子女的接班意愿对家族成员进入董事会与慈善捐赠间的关系起中介作用。

H3f：子女的接班意愿对家族控制持续时间与慈善捐赠间的关系起中介作用。

H4：子女的接班意愿对慈善捐赠的影响大于企业主交班意愿的影响。

二、数据来源

本文的研究数据来自2010年全国私营企业抽样调查。时间区间是2008—2009年年底，涵盖了我国31个省、自治区和直辖市（未含港澳台地区）的各个行业和各种规模的私营企业。根据研究的需要，本文剔除了一些异常以及信息不完整的数据，最后的企业样本共有2015家。

三、实证模型

本文在检验慈善捐赠行为的影响因素时，分为两个阶段。第一阶段，采用Probit回归方法检验影响家族企业慈善捐赠行为的因素。第二阶段，鉴于样本企业中存在一些捐赠金额为0的样本，出现角点解，本文采用Tobit回归方法检验影响家族企业慈善捐赠额度的因素，并根据 Baron 和 Kenny（1986）定义的（部分）中介过程，检验传承意志的中介效应。

基本回归模型如下：

$$\begin{aligned}\text{donation}=&\alpha+\beta_1\text{gender}+\beta_2\text{age}+\beta_3\text{education}+\beta_4\text{pc}+\beta_5\text{firmsize}+\beta_6\text{dar}+\\&\beta_7\text{ROA}+\beta_8\text{industry}+\beta_9\text{fo}+\beta_{10}\text{fbp}+\beta_{11}\text{fct}+\varepsilon\end{aligned}\quad(1)$$

$$\begin{aligned}\text{will}=&\alpha+\beta_1\text{gender}+\beta_2\text{age}+\beta_3\text{education}+\beta_4\text{pc}+\beta_5\text{firmsize}+\beta_6\text{dar}+\\&\beta_7\text{ROA}+\beta_8\text{industry}+\beta_9\text{fo}+\beta_{10}\text{fbp}+\beta_{11}\text{fct}+\varepsilon\end{aligned}\quad(2)$$

$$\begin{aligned}\text{donation}=&\alpha+\beta_1\text{gender}+\beta_2\text{age}+\beta_3\text{education}+\beta_4\text{pc}+\beta_5\text{firmsize}+\beta_6\text{dar}+\\&\beta_7\text{ROA}+\beta_8\text{industry}+\beta_9\text{fo}+\beta_{10}\text{fbp}+\beta_{11}\text{fct}+\beta_{12}\text{will}+\varepsilon\end{aligned}\quad(3)$$

其中，donation 表示慈善捐赠变量 Ddonation（捐赠行为）和 Lndonation（捐赠额度），fo、fbp、fct 分别表示家族所有权比例、家族成员进入董事会和家族控制持续时间，will 表示交班意愿（pw）和接班意愿（sw），α 为截距项，β 为回归系数，ε 为残差。

主要结论

家族涉入（家族所有权比例、家族成员进入董事会以及家族控制持续时间）对企业慈善捐赠行为产生了直接的正向影响。家族所有权比例、家族成员进入董事会以及家族控制持续时间对交班意愿和接班意愿都有正向影响。企业主的交班意愿对慈善捐赠间的影响不显著，没有对家族涉入与慈善捐赠间的关系起中介作用；子女的接班意愿对家族涉入与慈善捐赠间的正相关关系起到了部分中介作用；综合企业主交班意愿与子女接班意愿对慈善捐赠的影响，社会情感财富的传承意愿维度更多的是促进了慈善捐赠，表现为情感禀赋而非负担。

主要贡献

首先，本文扩展了企业慈善捐赠行为影响因素的研究，发现家族层面因素对企业慈善行为有显著影响，同时指出对企业慈善捐赠的研究不应忽视家族所有者这一重要的影响因素。其次，揭示了家族涉入对慈善捐赠的影响机制，提出家族涉入不仅直接影响慈善捐赠行为，还通过社会情感财富（传承意愿）的中介传导作用间接影响慈善捐赠行为，这有助于更为清晰地理解家族涉入与慈善捐赠行为间的关系。最后，丰富了家族企业的文献，关注了家族企业的异质性，揭示了家族企业能够履行社会责任的资源分配决策的因素。

前沿追踪

近年来，学者们基于家族涉入、社会情感财富等视角，对家族企业战略决策的影响因素进行了持续深入的研究，以期探寻家族企业行为背后更为复杂的逻辑和决策机制。

许金花等（2018）指出家族涉入对企业慈善捐赠、环境治理这两种自愿性的社会责任行为有显著正向影响，但与这两种自愿性社会责任的履责意愿显著负相关。毕立华等（2018）研究发现，家族在所有权、公司治理方面的涉入程度与技术创新投入及产出都呈显著负相关关系，但当家族企业面临较高的环境复杂性和动态性时，这种负相关关系会减弱。王增涛等（2018）指出家族涉入对中国家族企业国际化有消极影响，对中国家族企业社会情感财富有积极影响；社会情感财富对中国家族企业国际化有消极影响，并在家族涉入影响中国家族企业国际化过程中发挥了部分中介作用。周立新（2018）发现家族控制正向调节家族企业创业导向与企业成长间的关系，家族代际传承意愿负向调节家族企业创业导向与企业成长间的关系。

参考文献

[1] 许金花，李善民，张东．家族涉入、制度环境与企业自愿性社会责任——基于第十次全国私营企业调查的实证研究［J］. 经济管理，2018，40（5）：37-53.

[2] 毕立华，张俭，杨志强，石本仁．家族涉入程度、环境不确定性与技术创新［J］. 南方经济，2018（5）：85-103.

[3] 王增涛，薛丽玲．家族涉入、社会情感财富与中国家族企业国际化——基于289家上市家族企业数据的实证研究［J］. 国际商务（对外经济贸易大学学报），2018（2）：143-156.

[4] 周立新．家族企业创业导向与企业成长：社会情感财富与制度环境的调节作用［J］. 科技进步与对策，2018，35（2）：90-95.

[5] Baron，R. M. and D. A. Kenny. The moderator- mediator variable distinction in social psychological research：conceptual，Strategic and Statistical Considerations［J］. Journal of Personality and Social Psychology，1986，51（6）：1173-1182.

（作者：张凯歌）

述评：《非正式制度、家乡认同与企业环境治理》

论文原作者：胡　珺　宋献中　王红建
期刊：《管理世界》2017 年第 3 期

原文摘要

党的十八大从新的历史起点出发，提出“大力推进生态文明建设”的战略决策，在此背景下，如何治理日益严峻的环境污染问题已成为社会各界关注的重点话题。以往文献更多关注了环境规制等正式制度对环境治理的影响，本文基于非正式制度的角度，以2000—2014 年沪深非金融上市公司为样本，分析了高管的家乡认同对企业环境绩效的治理作用。本文的研究发现，当董事长和总经理在其家乡地任职时，企业的环境投资更多，说明高管的家乡认同对企业环境治理行为具有积极的推动作用。进一步发现，高管的个人特质（性别、年龄和学历）和家乡特征（经济发展、环境质量和公众环保意识）对上述关系具有一定的调节作用；此外，上述关系在不同的法律制度环境下不存在显著性差异，说明作为一种非正式制度，家乡认同对企业环境的治理作用不受正式制度的影响。在我国环境形势日益严峻的背景下，本文从企业微观层面提供了非正式制度（家乡认同）能够改善环境治理的积极证据，从而突破了以往过多基于正式制度的单一视角研究，丰富和拓展了环境治理的理论与途径。

问题导入

在五位一体的发展战略下，生态环境保护被国家放在了重要的位置。但生态资源属于公共物品，产权主体和受益主体模糊不清，正式制度治理往往不能很好发挥效力，监管层开始寻求非正式制度的帮助。本文以家乡认同作为自变量研究非正式制度对公司环境治理的影响，为国家环境治理提供了全新的视角。

研究设计

一、研究假设

由于环境治理具有明显的外部性特征，在一方受益的同时可能导致其他方利益损失，这种损失不仅仅体现在经济层面，还涉及情感、道德感受等方面。因此在正式制度难以很好发挥效果的情况下，寻求非正式制度的帮助是一个好的选择。

我国是一个家乡认同极其浓厚的国家，借助在环境心理学、人文地理学中有关家乡认同的理论基础，本文将家乡认同视作一种非常重要的非正式制度，能影响到地方环境治理。具体的，在家乡认同的作用下，企业高管对家乡环境的态度会有所不同，并会因此降低以牺牲环境为代价的利己心态；除此之外，家乡认同会降低企业管理者与环境相关利益者的冲突，引导企业管理者遵循当地环境规制，从而与正式制度形成互补。

因而本文提出以下假设：

当高管籍贯地与企业注册地相同时，高管对籍贯地具有家乡认同，企业环境绩效较好。

二、实证模型

为研究家乡认同是否对企业环境治理绩效产生影响，本文利用下面这个模型进行分析：

$$\mathrm{EP}_{i,t} = \alpha_0 + \alpha_1 \mathrm{NATI}_{i,t} + \gamma X_{i,t} + \mathrm{YEAR}_t + \mathrm{IND}_i + \varepsilon_{i,t}$$

模型中EP为被解释变量，表示企业的环境绩效。在主检验分析中，用企业每年新增的环境投资ENV（环境支出）衡量，在稳健性检验部分，用企业缴纳的排污费用FEE进行指标敏感性测试；关键解释变量为NATI，表示董事长或总经理是否对企业注册地具有家乡认同（当董事长或总经理的籍贯地与其供职公司的注册地相一致时，则对该董事长赋值为1，即表示其对当地区具有家乡认同感，否则赋值为0）。在主检验分析中，以省份为基准表示籍贯地来衡量上市公司高管的家乡认同，在稳健性检验部分，家乡认同的籍贯地混合使用“省+市”。X 表示控制变量，包括企业、地区和高管特征3个层面的因素；YEAR和IND分别表示控制了时间效应和行业效应。

三、数据来源

本文选取2000—2014年的非金融、非ST/PT的沪深A股上市公司为初始样本。

首先以RESSET数据库、CSMAR数据库披露的高管简历及籍贯信息为基础，结合新浪财经人物、百度、搜狗、360综合搜索等互联网工具，手工收集和整理了自2000年以来所有上市公司董事长和总经理的性别、年龄、学历、籍贯等数据；其次，从上市公司年报的在建工程、管理费用、其他应付款等项目的附注中手工收集了企业环境资本支出、排污费等数据；最后，对两组数据进行了合并，并和财务数据匹配。

在剔除了变量存在缺失的数据样本后，以上市公司高管的籍贯为基础，共得到了23938个包含董事长和总经理信息的公司-年度观测值。为控制异常值的影响，对连续变量在1%分位数上进行了Winsorize处理。

四、主要结果

回归结果发现，在分别控制企业自身财务指标、行业和市场指标以及管理者的个人特质等因素后，董事长和总经理的家乡认同与企业的环境资本支出呈正相关关系，说明家乡认同这一非正式制度有助于提升企业的环境绩效，且董事长和总经理具有同等效应。除此之外，本文还分别从高管的个人特征和公司所在地两个方面研究其对家乡认同的调节作用，结果表明家乡认同变量依然显著，同时高管的个人特征与公司所在地也对企业环境绩效产生了不同程度的影响。

五、稳健性检验

本文采用了以下几种稳健性检验方法：一是工具变量法，以企业所在城市是否为“经济特区”设置虚拟变量，作为高管籍贯与企业所在地是否一致的工具变量，以消除内生性问题；二是采用固定效应和差分模型，控制可能遗漏的不随时间改变的公司固定因素对回归结果的影响；三是使用排污费用作为因变量、按污染程度对公司进行分组回归、对残差项进行回归、精确到城市层面进行回归。以上结果均显著为正，再次印证了本文的假设。

主要结论

第一，董事长和总经理的家乡认同对企业环境治理具有积极的推动作用，具体表现在企业更多的环境资本支出和更少的排污费用；第二，进一步分析发现，高管的个人特征对上述关系具有一定的调节作用，具体表现在女性相对于男性董事长、年龄较小相对于年龄较大的董事长以及学历较低相对于学历较高的董事长，其家乡认同感对企业环境投资的作用更大，但总经理的个人特征不具有调节效应；第三，地区特质同样存在调节作用，经济发展程度越好、环境质量水平越高以及家乡的公众环保意识越强，董事长和总经理的家乡认同与上市公司环境绩效正相关关系越显著，但是上述关系在不同的法律制度环境下不存在显著性差异。

主要贡献

本文对环保监管部门思考如何有效引导企业的环境治理行为、改善地区环境质量具有一定的政策意义。建议政府在逐步完善相关的环境法律法规的同时，可以适当地运用和发挥非正式制度的积极影响，通过正式制度与非正式制度融合互补，以改善企业的环境污染行为。

前沿跟踪

当前文献对于非正式制度与环境之间关系的研究还有很大的空白，不过，针对两者单方面的研究同样值得我们学习。

在家乡认同方面，李书娟等（2016）从政府官员入手，以籍贯为标准将省级官员的家乡身份与地级市相匹配，以识别在任省级官员的家乡身份认同，研究发现省级官员的家乡身份认同在2001—2010年促进了家乡经济增长约0.6个百分点；曹春方等（2018）则从企业投资入手，研究发现公司会更多在CEO的家乡建立异地子公司，并且CEO家乡的子公司相比其他异地子公司绩效更差，证实了向家乡投资更多出于代理动机；不过钱士茹等（2018）的研究却与之相反，他们发现总经理家乡与工作地点一致性能够显著地降低企业代理成本，区域层级范围越窄，这种作用越明显，并且家乡情怀的认同作用只在民营企业中显著，国有企业未通过显著性检验。

在环境方面，胡小梅（2018）通过研究发现，我国环境污染存在一定的空间异质性特征，并且环境分权与文化非正式制度因素加剧了环境污染，而财政分权制度则有利于环境质量的优化，三者之间的交互作用对地区间的“策略性”减排行为具有重要影响；徐松鹤（2018）则基于演化博弈理论研究公众参与地方政府和企业环境治理的决策演化过程，发现地方政府和企业的环境治理策略主要受企业行为、公众参与和地方经济效益变化的影响，受地方政府行为和环境质量的影响不显著，并对企业环境治理提出了建议。此外，山国利（2018）的研究表明环境不仅仅是社会问题，更是经济问题，环境信息披露与债务融资成本之间显著负相关，与债务融资期限结构之间显著正相关，并提出了完善公司治理结构、增强企业环境信息透明度及健全“绿色信贷”激励机制三个方面的对策与建议；许金花等（2018）则从家族涉入保存社会情感财富的特殊动机入手，发现家族涉入对企业慈善捐赠、环境治理这两种自愿性的社会责任行为有显著正向影响，与这两种自愿性社会责任的履责意愿显著负相关，并且在市场化程度较高的环境下，家族涉入对企业自愿性社会责任行为的正向影响更强，而对企业自愿性社会责任履责意愿的负向影响会减弱。

参考文献

[1] 李书娟，徐现祥．身份认同与经济增长［J］．经济学（季刊），2016，15（3）：941-962.

[2] 曹春方，刘秀梅，贾凡胜．向家乡投资：信息、熟悉还是代理问题？［J］．管理世界，2018（5）：107-109.

[3] 钱士茹，赵斌斌．经理人家乡情怀与企业代理成本的关系研究［J］．软科学，2018，32（4）：58-62.

[4] 胡小梅．中国式分权、文化非正式制度与环境污染关系的实证［J］．统计与决策，2018，34（15）：98-102.

[5] 徐松鹤．公众参与下地方政府与企业环境行为的演化博弈分析［J］．系统科学学报，2018（4）：68-72.

[6] 山国利．企业治理、环境信息披露与债务融资［J］．财会通讯，2018（12）：97-101.

[7] 许金花，李善民，张东．家族涉入、制度环境与企业自愿性社会责任——基于第十次全国私营企业调查的实证研究［J］．经济管理，2018，40（5）：37-53.

（作者：韩至杰）

述评：
Social capital，trust，and firm performance：the value of corporate social responsibility during the financial crisis

论文原作者：Karl V. Lins et al.

期刊：*Journal of Finance*，2017（4）

原文摘要

During the 2008-2009 financial crisis，firms with high social capital，as measured by corporate social responsibility （CSR） intensity，had stock returns that were four to seven percentage points higher than firms with low social capital. High-CSR firms also experienced higher profitability，growth，and sales per employee relative to low-CSR firms，and they raised more debt. This evidence suggests that the trust between a firm and both its stake holders and investors，built through investments in social capital，pays off when the overall level of trust in corporations and markets suffers a negative shock.

问题导入

现阶段金融实证研究中，事件研究使用得越来越多。而发生在2008年的金融危机无疑提供了一个完美冲击。不同企业在危机中及危机后表现出的绩效差异，一直都是金融领域研究的热点，其背后所蕴含的原因有哪些呢？前期已有的文献，从企业自身角度出发分析财务资本对公司绩效的影响，然而对企业外部的因素是否有所忽视呢？

本文则提出了社会资本（social capital）—信任（trust）—公司绩效（firm performance）这一逻辑推断。在实证研究方面，也克服了前期对社会资本较难度量的问题，从理论含义出发，指出社会资本和企业社会责任存在诸多重叠，故使用CSR作为对社会资本的有效替代。

研究设计

以往对社会资本与金融的研究较多集中于宏观领域，研究信心与金融市场的关系，而本文则提供了“信心比黄金更重要”的微观证据。具体而言：

一、研究理论

1. 信任与社会资本

过去20年，信任和社会资本频繁出现在经济金融的文献中。但是，两者的共同特点是概念模糊。信任通常强调概率性（Gambetta，1988）、合作性（La Porta et al.，1997）和无法监督性（Dasgupta，1988）；而社会资本的概念则更广，OECD 的一篇文章（Scrivens and Smith，2013）将其定义为人际关系、社会网络支持、公民参与和合作，这种定义方便了其度量，为实证研究提供了借鉴途径。此外，信任和社会资本会从两个方面产生积极影响：一是降低交易成本；二是使潜在的资源更有效配置。

2. 社会资本与企业社会责任

企业社会责任通常包括公民参与、分享信仰以及合作态度，这些都与社会资本的理论内涵有着诸多相似之处。并且，企业的社会责任行为，也被公司管理者广泛认为可以提升社会资本和信任。

3. 社会资本与企业绩效

企业的社会资本，可以帮助其建立与各利益相关者间的信任，而且这种信任将有助于企业承受整体市场的冲击。从股东角度看，投资股票不仅在于已有数据基础上的投资回报测算，更在于对其数据的信任程度；从利益相关者角度看，它们之间存在较多的非合同性约定行为，这种合作会更依赖于信任。

二、数据来源与样本选取

数据来源：企业社会责任数据来自 KLD；股票回报率数据来自 CRSP；财务数据来自 Compustat。

时间：对金融危机的时间界定参考 Lins 等（2013）的做法，设定为 2008 年 8 月至 2009 年 3 月，因为前者在雷曼兄弟破产之前，后者是标普 500 指数处于其危机中最低点的时候。

样本选取：剔除金融类公司，因为这些企业在危机中获得了政府的援助；剔除市值过小的公司（2007 年年底，盘面小于 2.5 亿美元），因为它们有较差的流动性和买卖差价。

最终，本文获得金融危机期间的 1673 家非金融公司样本。

三、变量设置

自变量 CSR：KLD 原始数据在环境、社会、公司治理三个一级指标下共设 13 个二级指标，本文参考前期研究选取社区、多样化、劳资关系、环境和人权 5 项指标，并且按 strengths 和 concerns 的最大值分别对其标准化，得到净 CSR。

因变量 Return：Raw Crisis-Period Return，即危机期的持有买卖收益；Abnormal Crisis-Period Return，则为买卖收益减去预期收益。

四、模型

主回归：本文对样本期 Return 和危机前 CSR 进行回归；其中，CSR 分别采用净 CSR 及其四分位数。结果显示：金融危机期间，高 CSR 公司有较高的股票收益率。

稳健性检验如下：

（1）其他危机时期。2008 年的金融危机影响较大，那么，主回归的结论是否在其他危机时期也成立？本文选取 Enron/Worldcom 的诈骗丑闻发生的 2001 年 10 月至 2003 年 3 月，回归也支持本文的结论。

（2）大多数时期。主回归的正向关系是仅存在金融危机时期，还是大多数时期普遍存在？为此，本文采用 2007—2013 年的 DiD 模型：

$$\text{Return}_{i,t} = b_0 + b_1\text{CSR}_{i,2006} \times \text{Crisis}_t + b_2\text{CSR}_{i,2006} \times \text{Post-Crisis}_t + b'_3X_{i,t-1} + \text{Time Dummies} + \text{Firm Fixed Effects} + e_{i,t} \quad (1)$$

其中，$\text{CSR}_{i,2006}$为 2006 年年末 CSR 评级结果；Crisis_t为虚拟变量，当样本期处于金融危机期时取 1；Post-Crisis_t也为虚拟变量，当样本处于金融危机后（2009 年 4 月至 2013 年 12 月）时取 1，并且模型固定了公司和行业效应。结果显示：在金融危机期间，高 CSR 公司股票收益率显著高于低 CSR 公司，但危机过后，两者的股票收益率并不存在差异。

（3）其他解释因素。本文还考量了影响危机期股票收益率的其他因素，如信贷供给减少。结果也不变。

五、机制探讨

本文试图从消费者、投资者和员工三个方面阐述 CSR 影响公司绩效与融资水平的具体机制。模型参照（1），其中因变量为公司绩效，以资产收益率、毛利率、销售增长率、应收账款率、员工人数增长率等衡量；融资水平，以总资产标准化的长期负债率和股票发行率衡量。结果显示：消费者和员工支持是 CSR 影响公司绩效的途径，而代表投资者的融资水平却并不显著。

主要贡献

本文基于金融危机这一事件冲击，实证研究了社会资本对公司绩效的影响。边际贡献有：第一，对金融危机后的企业绩效表现，前期文献主要讨论了企业内部的财务因素。本文则从企业外部的社会资本出发，使得此领域的研究更完整和立体。第二，对社会资本的研究，前期实证方面的文献较为匮乏，究其原因在于缺乏对社会资本的有效衡量。本文则从社会资本的理论内涵出发，采用企业社会责任来代替，为实证研究社会资本提供了有效可行的指标。第三，关于社会资本对金融的影响，前期文献基本都是解释宏观层面。本文则提供了“信心比黄金更重要”的企业微观层面证据。

前沿跟踪

现有关于企业社会责任对公司绩效的研究，存在明显的双向因果引起的内生性问题。故而，学者们更多的是对企业社会责任的影响因素加以考量。具体而言：

（1）企业层面角度。靳小翠（2017）从企业文化角度，以我国 2007—2014 年沪市 A 股非金融类上市公司为研究样本，实证考察企业文化对企业社会责任的影响，并且还进一步考察企业产权性质和经营状况不同的情况下，企业文化如何影响社会责任。结果表明：企业文化会促使企业承担社会责任，这种影响在非国有企业中比在国有企业中效果更显著；企业经营状况恶化时，良好的企业文化会指导和约束企业继续承担社会责任，但如果企业经营状况持续恶化至发生亏损，则企业文化不能再指导和约束企业的社会责任行为。

（2）管理团队层面角度。文雯和宋建波（2017）基于高阶梯队理论，从高管个体特征视角研究高管海外背景对企业履行社会责任的影响，研究结果表明，高管团队的海外背景显著影响企业履行社会责任。McGuinness，P. B. 等（2017）分析了中国企业中存在的女性高管比例和境外投资者对企业社会责任的影响，并实证得出了正向关系的结论。

（3）国别层面角度。跨国企业在不同国家会表现出不同的企业社会责任水平。张爱玲和邹素薇（2017）通过系统分析戴姆勒集团在美国、中国和印度履行企业社会责任的情况，发现戴姆勒在不同东道国履行企业社会责任存在明显的国别差异，造成这种国别差异的原因有跨国公司自身的因素，但东道国因素起主导作用。Liang H. 和 Renneboog L.（2017）则通过对全球25000家企业的数据进行研究发现，一个国家的法律体系起源不同，会导致社会的契约环境不同，从而企业的CSR水平也会不同，具体而言，来源于大陆法系的企业有着显著的、更高的CSR水平。

参考文献

[1] 文雯，宋建波．高管海外背景与企业社会责任 [J]．管理科学，2017，30（2）：119-131.

[2] 靳小翠．企业文化会影响企业社会责任吗？——来自中国沪市上市公司的经验证据 [J]．会计研究，2017（2）：56-62，97.

[3] 张爱玲，邹素薇．跨国公司在东道国履行企业社会责任的国别差异——以戴姆勒集团为例 [J]．对外经贸，2017（2）：45-50.

[4] McGuinness，P. B.，et al. The role of board gender and foreign ownership in the CSR performance of Chinese listed firms [J]. Journal of Corporate Finance，2017（42）：75-99.

[5] Liang H.，Renneboog L. On the foundations of corporate social responsibility [J]. Journal of Finance，2017（2）：883-910.

（作者：张 昌）

述评：
Cross-listing and corporate social responsibility

论文原作者：Narjess Boubakri et al.

期刊：*Journal of Corporate Finance*，2016（41）

原文摘要

This paper investigates the dynamics of cross-listing and corporate social responsibility (CSR). Using a sample of 10815 firm year observations from 54 countries over the period 2002-2011, we find that cross-listed firms have better CSR performance than non-cross-listed domestic firm. This result is robust to endogeneity and different types of cross-listing. We also find that CSR increases (decreases) significantly after cross-listing on CSR performance is stronger for firm from countries with weaker institution, lower country-level sustainability, and higher liability of foreignness, and for firms operating in industries with high litigation risk. Finally we find that cross-listed firms with better CSR performance exhibit higher valuation.

问题导入

改革开放以来，我国经济取得了巨大成就。但与此同时，经济增长方式过于粗放和企业追求利润的短期行为导向，引发了一系列诸如环境污染、安全事故和食品安全等问题。这些社会责任问题，日益成为政府和学术界，乃至普通百姓共同关注的焦点。特别是现阶段，我国大力推进生态文明建设，客观上也要求投资具有越来越多的责任属性。那么，企业社会责任如何衡量？受哪些因素影响？本文从企业交叉上市的角度，研究交叉上市对企业社会责任实施的影响。

研究设计

关于交叉上市与企业社会责任，已有理论和文献存在两种截然不同的观点：一是负向关系，代理理论认为交叉上市公司会面临更严格的监管、法律和声誉环境，这会增强对投资者的保护，进而有效减少企业内部人员通过以实施企业社会责任的方式来侵占小股东利益，这种激励的减少会引发企业内部人员对企业社会责任投资的减少；二是正向关系，交叉上市会通过三种机制来增强企业社会责任，即公司治理水平的加强、诉讼风险的增加和克服作为外来企业的不利因素。

针对以上两种观点，本文提出了以下两种相对应的假设：

H1：交叉上市与企业社会责任负相关；

H2：交叉上市与企业社会责任正相关。

一、实证设计

本文的主要研究问题是交叉上市与否对企业社会责任的影响，为此做如下回归：

$$CSR = \alpha + \beta_1 CROSS\_LISTIN + \beta_2 CONTROS + \beta_3 Fixed\_Effects + \varepsilon$$

其中 CSR 为企业社会责任得分，CROSS_LISTING 为是否交叉上市的虚拟变量，CONTROLS 指公司层面与财务相关的控制变量，并且模型固定了国家、行业和年份。

本文的亮点之一就是除了主回归外，还做了一系列的辅助回归来拓展研究结论，具体而言：

（1）企业社会责任在上市和退市间的变化。此回归分析已交叉上市的企业中交叉上市对企业社会责任的动态影响，可缓解模型结果自选择的有偏估计。

（2）本国特征是否对结果有影响。为此，此部分回归加入三个变量：虚拟变量 COMMON，指国家是否为普通法国家；Djankov 等（2008）使用的 Anti-self-dealing 指数；用 Financial structure 指代金融发展水平，计算参考 Beckand Levine（2002）的做法。

（3）诉讼风险与企业社会责任关系。交叉上市于美国，不仅会面临更好的监管和更低的融资成本，也意味着会有相对于其他国家更多的被诉讼可能。此回归引入虚拟变量 LITIGATION_RISK 指代高诉讼行业，即生物技术、计算机、电子和零售业，划分的标准来自 Francis 等（1994）和 Koh 等（2014）的做法。

（4）交叉上市企业的社会责任行为对投资者估值的影响。已有文献表明企业社会责任能减轻企业的风险（Kon et al.，2014；Lee and Faff，2009），促进信息的流动（Dhaliwal et al.，2012；Gao and Zhang，2015），进而有助于投资者对企业做出更高的估值。本文采用 MTB（账面市值比）衡量企业市值，做了两步回归：第一是交叉上市对企业市值的回归；第二是引入企业社会责任的滞后项、两者交叉项和其余控制变量的回归。

二、数据来源与样本选取

本文以美国境外的上市公司为基础，将企业的 ADR 股票上市交易信息认定为交叉上市，ADR 包括四种情形，即 Level Ⅰ（场外交易）、Level Ⅱ & Ⅲ（在 NASDAQ/AMEX/NYSE 交易）、Rule144a（交易对象为私人机构投资者）。为横向比较不同 ADR 模式下的企业社会责任差异，本文剔除了一个公司有多种 ADR 情形的样本，然后删除数据缺失的观测值，最后得出 2002—2011 年 54 个国家的 10815 个观测值。其中 ADR 信息来自主要存托机构网站，如纽约银行、花旗银行、德意志银行和 J. P. 摩根；企业社会责任数据取自汤森路透的 ASSET4 数据库；公司层面财务信息来源于 Compustat Global 数据库。

三、内生性

本文考虑到可能存在企业社会责任绩效表现好的公司更倾向于交叉上市。为解决这种内生性问题，本文采用了以下两种方法。

第一，PSM（倾向得分匹配法）。首先计算倾向得分，构建被解释变量为是否交叉上市这一虚拟变量，其余控制变量、披露指数和反自我交易指数为解释变量的 Probit 模型；然后将交叉上市和非交叉上市公司分别与最接近的倾向得分匹配；最后将匹配样本再进行回归分析，结果表明交叉上市公司的社会责任指标仍然显著。

第二，DID（双重差分）。设置样本期内任一时间交叉上市的公司为处理组，而从未交叉上市的公司为对照组，此即第一个虚拟变量 CROSS-LISTEDFIRM；另一虚拟变量 CROSS-LISTINGFIRM 则表示是否在指定的年份在美国市场上交叉上市。然后，考察处理组和对照组在企业社会责任上的变化差异，结果显示交叉上市对企业社会责任存在显著的正向影响。

主要结论

本文采用了 2002—2011 年 54 个国家的 10815 个观测数据，实证得出：

第一，交叉上市对企业社会责任存在显著的正向影响；第二，将交叉上市企业按来源国划分，分析得出弱的金融体系和低企业社会责任行为的国家，以及存在外来者不利因素的企业，会表现出更多的企业社会责任行为；第三，在高诉讼风险行业的公司，其社会责任行为也较多，说明企业社会责任可以作为对抗诉讼风险的一个保险机制；第四，交叉上市并有着较高社会责任行为的公司，投资者对其估值也相应较高，说明投资者对具有社会责任行为的公司，有着更多的兴趣。

主要贡献

第一，交叉上市研究领域，已有文献较多涉及的是其财务绩效影响，而对其社会绩效影响的研究较为匮乏，本文正是对此的积极探索与实践。第二，本文的研究结论得出，交叉上市不仅有利于提升公司的财务表现，也有利于促进社会和环境改善。第三，在企业社会责任研究领域，还存在着企业社会责任是否产生价值的争论，本文给出肯定的答复，并且投资者对企业的估值也会随着企业社会责任的提升而相应提高。第四，本文将在美国交叉上市企业按来源国分类，指出本国特征也会影响企业社会责任的表现，进一步细化了研究。

前沿跟踪

对于交叉上市和企业社会责任的关系进行研究的文献较少，更多的是研究其中一个方面。

关于交叉上市的研究主要集中于其对公司治理领域的影响，具体而言：（1）企业价值方面，Imen Ghadhab 和 Slaheddine Hellara（2016）运用事件研究法，得出额外的交叉上市会递减公司的价值。（2）公司财务绩效方面，Walid Y. Busaba（2015）发现不同于传统的先内后外的交叉上市，很多中国企业会先在境外上市，然后再返回国内上市，并且这些公司通常在交叉上市后表现出更低的财务绩效。（3）投资效率和市场价值方面，覃家琦和邵新建（2016）运用 2006—2014 年中国 H+A 股交叉上市公司的平衡面板数据，通过数据包络分析法度量投资的静态效率和 Malmquist 生产率指数及其次级指数来衡量投资的动态效率，得出交叉上市公司存在更低的市场价值，从而支持政府干预假说，拒绝绑定假说。

关于企业社会责任的研究，具体而言：（1）企业社会责任的影响因素方面，汤晓建（2016）从内部控制与制度环境的角度分析了企业社会责任的信息质量，得出内部控制对企业社会责任具有正向调节作用，弱的制度环境会抑制企业社会责任信息披露质量的提高；McGuinness，P. B. 等（2017）分析了中国企业中存在的女性高管比例和境外投资者对企业社会责任的影响，并实证得出了正向关系的结论。（2）企业社会责任的运用方面，权小锋等（2015）结合中国资本市场的环境和制度背景，从非对称风险这一视角切入，系统分析与检验了企业社会责任对股价崩盘风险的客观表现与传导路径，得出两者存在显著正向关系的结论。

参考文献

[1] 覃家琦，邵新建．中国交叉上市公司的投资效率与市场价值——绑定假说还是政府干预假说？[J]．经济学（季刊），2016（3）：1137-1176.

[2] 汤晓建．内部控制、制度环境与企业社会责任信息披露质量[J]．会计与经济研究，2016（2）：85-104.

[3] 权小锋，吴世农，尹洪英．企业社会责任与股价崩盘风险："价值利器"或"自利工具"[J]．经济研究，2015（11）：49-64.

[4] Imen Ghadhab，Slaheddine Hellara. Cross-listing and value creation [J]. Journal of Multinational Financial Management，2016（37）：1-11.

[5] Walid Y. Busaba. The dark side of cross-listing：a new perspective from China [J]. Journal of Banking & Finance，2015（57）：1-16.

[6] McGuinness，P. B.，et al. The role of board gender and foreign ownership in the CSR performance of Chinese listed firms [J]. Journal of Corporate Finance，2017（42）：75-99.

（作者：张　昌）

述评：
In the name of charity：political connections and strategic corporate social responsibility in a transition economy

论文原作者：Karen Jingrong Lin et al.
期刊：*Journal of Corporate Finance*，2015（32）

原文摘要

This study investigates whether firms in China use corporate social responsibility（CSR）to build political networks and，if so，how such CSR decisions affect firm performance. We bypass the empirical difficulty of measuring the value of political networks by using an event study approach. Specifically，we examine how abrupt termination of existing political connections caused by replacement of city mayors affect Chinese listed companies´ CSR choices. We find that when a mayor is replaced，the level of and the propensity for CSR activity increase. Such increases are more prominent in firms for which political connections are more valuable，namely，non-state controlled firms，smaller firms，and firms operating in cities ruled by more corrupt government. In addition，we find that firms that spend resources to bond with a new government via CSR activities are rewarded：these firms receive higher levels of government subsidies or have a greater propensity to receive future government subsidies. These firms also outperform firms that do not invest in political networking via CSR. Our study adds direct evidence to how and through what channel CSR affects firm performance. We also contribute to the CSR literature on politically motivated CSR strategies.

问题导入

在全球经济一体化的市场背景下，企业逐渐成为社会的主体，掌握着大量的经济与社会资源，对于全社会的可持续发展，企业理应承担更多的社会责任。然而，责任投资会无形增加企业成本，这种增加的成本对企业来说究竟是好事还是坏事呢？对此问题，正向和负向关系的支持者都有。“黑箱”中的什么机制或者渠道造成了这种不同的结论呢？已有文献研究了 CSR 的利他动机、战略动机和管理职能动机，那么对于新兴市场和转型经济体而言，是否还存在着其他动机呢？

针对以上两个问题，本文以中国为研究背景，试图从企业社会责任（CSR）对企业财务绩效（CFP）的影响渠道和动机入手，分析两者之间的关系，以此为基础提出视角：政治关联。对政治关联的度量，已有文献常采用的是企业内部董事长或 CEO 的个人经历，而本文则选取官员更迭与否这一企业外部的哑变量，更具新意。

研究设计

一、实证设计

（1）本文的主要研究问题是官员更迭这一事件是否对CSR表现水平产生影响，并且这种影响在不同类型企业之间是否存在差异，为此做如下回归：

$$\begin{aligned}\ln(CSR_{it}+1) = {} & \alpha_0 + \alpha_1 \text{Turnover}_{it-1} + \alpha_2 \text{CEOPC}_{it-1} + \alpha_3 \text{Cash}_{it-1} + \alpha_4 \text{ROA}_{it-1} + \alpha_5 \text{BTM}_{it-1} \\ & + \alpha_6 \text{Leverage}_{it-1} + \alpha_7 \text{TOP1}_{it-1} + \alpha_8 \text{Size}_{it-1} + \alpha_{11} \text{FirmAge}_{it-1} \\ & + \sum_{j=1}^{11} \beta_j \text{Industry}_j + \sum_{k=1}^{4} \gamma_k \text{Year}_k + \sum_{l=1}^{5} \rho_l \text{Region}_l + \epsilon_{it}\end{aligned}$$

其中ln（CSR+1）为企业年报或公告披露的捐赠金额；Turnover为市长是否更替的哑变量；控制变量包括，CEOPC即CEO的政治资源，这体现企业在政府官员发生变更后重新建立关联的能力，以及一些常用的财务指标，并且模型固定了行业、年份和区域。

不同类型企业对政治关联的需求可能不同，本文按照是否为国有企业、企业规模大小（以总样本企业市值的中值为界）和当地政治腐败程度大小（以2006年世界银行发布的投资环境报告中企业用于招待政府官员的费用支出的中值为界）三类形式划分子样本，运用同样的模型来做回归分析。

（2）进一步在（1）的基础上，分析原有政治关联由于官员更迭中断后，企业是否会更倾向于CSR，以期重新获得政治关联，为此本文建立以下模型：

$$\begin{aligned}\text{Prob}(CSR_{it} > 0) = {} & \alpha_0 + \alpha_1 \text{Turnover}_{it-1} + \alpha_2 \text{CEOPC}_{it-1} + \alpha_3 \text{Cash}_{it-1} + \alpha_4 \text{ROA}_{it-1} \\ & + \alpha_5 \text{BTM}_{it-1} + \alpha_6 \text{Leverage}_{it-1} + \alpha_7 \text{TOP1}_{it-1} + \alpha_8 \text{Size}_{it-1} \\ & + \alpha_{11} \text{FirmAge}_{it-1} + \sum_{j=1}^{11} \beta_j \text{Industry}_j + \sum_{k=1}^{4} \gamma_k \text{Year}_k \\ & + \sum_{l=1}^{5} \rho_l \text{Region}_l + \epsilon_{it}\end{aligned}$$

（3）分析官员更迭后，企业以CSR形式重新建立政治关联带来的长期效应，即政府补贴增多和企业财务绩效更好，为此本文建立以下模型：

$$\begin{aligned}\text{Subsidy}_{it+1} = {} & \alpha_0 + \alpha_1 \text{PositiveCSR\_chg}_{it} + \alpha_2 \text{CEOPC}_{it} + \alpha_3 \text{Size}_{it} + \alpha_4 \text{Staff}_{it} + \alpha_5 \text{NSOE}_{it} \\ & + \alpha_6 \text{Leverage}_{it} + \alpha_7 \text{FinancialDistress}_{it} + \alpha_8 \text{RichRegion}_{it} + \alpha_9 \text{TOP1}_{it} \\ & + \sum_{j-1}^{11} \beta_j \text{Industry}_j + \sum_{k-1}^{4} \gamma_k \text{Year}_k + \sum_{l-1}^{5} \rho_l \text{Region}_l + \epsilon_{it}\end{aligned}$$

被解释变量Subsidy为企业所获补贴额，包括常规补贴和偶然补贴两种情形；主要解释变量PositiveCSR_chg指官员更迭后，存在增加CSR投入企业的哑变量；此外新增变量Staff衡量企业财政负担，FinancialDistress为企业财务困境，RichRegion为财政收入在总样本中值以上区域的企业。

$$\text{Performance}_{i,\ t+1 \text{ or } t+2} = \alpha_0 + \alpha_1 \text{PositiveCSR\_chg}_{it} + \alpha_2 \text{CEOPC}_{it} + \alpha_3 \text{Size}_{it} + \alpha_4 \text{Staff}_{it}$$

$$+\alpha_5\text{NSOE}_{it}+\alpha_6\text{Leverage}_{it}+\alpha_7\text{FinancialDistress}_{it}+\alpha_8\text{RichRegion}_{it}+\alpha_9\text{TOP1}_{it}+\sum_{j=1}^{11}\beta_j\text{Industry}_j+\sum_{k=1}^{4}\gamma_k\text{Year}_k+\sum_{l=1}^{5}\rho_l\text{Region}_l+\epsilon_{it}$$

为了分析财务绩效的影响，被解释变量Performance按照ROA、ROE和ROS的三种代理指标，以及（t+1）和（t+2）的两种时间维度，共做了6次回归。

二、数据来源与样本选取

本文通过查阅中国市级层面政府网站，摘录其市长变更公告，由于数据可得性将样本时间范围确定为2005—2009年，最后手工汇总整理得出市长变更的数据；CSR数据也是通过手工收集，选取指标为上市公司年报或临时公告中的捐赠额，本文排除了对重大灾难事件（如汶川地震）的捐赠，因为这可能与公司的长期政治目的不相关。财务数据和公司治理数据来自CSMAR；省级市场化指数来自国家经济研究中心。

最终，本文得到2005—2009年291个市级城市1553家上市公司的6911个观测值。

三、稳健性检验

（1）受限被解释变量。总体样本中2745个观测值（占比39.72%）没有CSR行为，这种非正态的被解释变量可能会对回归系数造成低估，为此本文运用Tobit模型重新将全部模型回归一遍，得出了同样的结果。

（2）替代变量。一方面，对CSR的衡量用CSR的增量，即$\text{CSR}_{i,t}-\text{CSR}_{i,t-1}$替代CSR表现水平，即$\text{CSR}_{i,t}$，增量形式的回归结果能更好地支持原假设；另一方面，市长变更的虚拟变量$\text{Turnover}_{i,t-1}$原模型指t或t-1年发生市长变更，则取值为1，稳健性检验时重新对此进行了定义。由于企业年报是截至12月份，这之前发生的市长更迭，企业还存在通过CSR及时建立政治关联的可能，故稳健性检验时将$\text{Turnover}_{i,t-1}$取1定义为（t-1）年至t年6月或9月，回归结果与原模型相似，仅系数更小，说明采用CSR重新建立政治关联是一种更及时和短期的行为。

（3）删除可疑值。一是剔除经济危机年份（2008—2009年）数据；二是市长频繁更迭可能存在政治不稳的异常值，故删除样本期内$\text{Turnover}_{i,t-1}$更迭达3次的观测值。结果仍然成立。

四、内生性

可能存在忽略的因素对$\text{Turnover}_{i,t-1}$和$\text{CSR}_{i,t-1}$均有影响，为此本文采用GMM方法。已有文献研究表明官员年龄和地方人均GDP对政府人事变动影响显著。两者中官员年龄与本文CSR不相关，故本文采用工具变量官员年龄，而将地方人均GDP纳入控制变量。

主要结论

本文采用2005—2009年291个市级城市中1553家上市公司的6911个观测值，实证得出：第一，当市长发生更替后，当地上市企业的CSR水平和倾向都将增加；第二，这种增加在非国有企业、小企业和高腐败程度地区企业中更为明显；第三，企业通过CSR建立的政治关联，未来会为企业带来更多的回报，如更多的财政补贴和更好的财务绩效表现。

主要贡献

第一，现有对CSR与CFP关系的研究，正向和负向结论均有。本文从实证角度得出，一方面对具体企业而言，通过CSR建立政治关联，可以为企业带来额外的财政补贴和超额的财务绩效，从而支持股东价值最大化的观点；另一方面，对全社会总体企业而言，政治关联建立起的比较优势是对公平竞争市场环境的一种破坏，会造成资源的浪费，从而支持了CSR的社会成本观点。第二，本文最闪光之处，便是将官员更迭与否这一哑变量作为对政治关联的一种衡量。一方面，避免了前期文献对政治关联度量不一致带来的研究结果差异；另一方面，对通过CSR建立的政治资本，这种已有研究指出但未度量的指标也得到了量化。第三，前期对于CSR的动机研究，包括利他动机、战略动机和管理职能动机，本文以新兴经济体为背景，提出了政治关联动机。

前沿跟踪

现有CSR与CFP的关系研究较为丰富，各自的切入点不一。这里不讨论CSR对CFP的直接影响，而注重梳理类似本文的间接影响，具体可分为横向市场和纵向政府两个方向：

（1）横向调节作用。CSR能促进企业的横向联系，进而拓展企业市场资源，获得更高的财务回报。如Saeidi，S. P. 等（2015）采用伊朗205家工业和消费业企业数据进行的研究指出CSR与CFP之间存在着间接的作用机制，并且实证得出了持续竞争优势、信誉和消费者满意度这三种中介机制的正向调节作用；丁洪彦等（2015）基于企业社会资本的视角研究发现，企业横向联系对企业社会责任与企业绩效的关系起到了倒U形的调节作用。

（2）纵向调节作用。企业通过CSR得以与政府建立良好的社会关系，这种政治关联构成企业竞争的比较优势。如Cull，R. 等（2015）认为政治关联能有效缓解企业的融资约束，进而提高企业财务绩效；朱蓉和徐二明（2015）基于高阶理论和制度理论的视角，研究了银行高管的政治关联对企业社会责任战略和经济绩效的影响，并得出均为正向的结论；张川等（2014）进一步将企业政治关联区分为代表委员类和政府官员类两种类型，以2007—2011年中国化工行业上市公司为样本，研究发现不同类别的政治关联方式对企业社会责任的影响路径存在显著差异。

参考文献

[1] 朱蓉，徐二明．银行高管政治关联、社会责任与企业绩效［J］. 上海金融，2015（6）：97-102.

[2] 张川，娄祝坤，詹丹碧. 政治关联、财务绩效与企业社会责任——来自中国化工行业上市公司的证据［J］. 管理评论，2014（1）：130-139.
[3] Saeidi，S. P.，et al. How does corporate social responsibility contribute to firm financial performance? The mediating role of competitive advantage，reputation，and customer satisfaction［J］. Journal of Business Research，2015，68（2）：341-350.
[4] 于洪彦，黄晓治，曹鑫. 企业社会责任与企业绩效关系中企业社会资本的调节作用［J］. 管理评论，2015（1）：169-180.
[5] Cull，R.，et al. Government connections and financial constraints：evidence from a large representative sample of Chinese firms［J］. Journal of Corporate Finance，2015（32）：271-294.

（作者：张　昌）

述评：
Firm-level determinants of political CSR in emerging economies：evidence from India

论文原作者：Shirodkar，Vikrant et al.
期刊：*Journal of Business Ethics*，2018，148（3）

原文摘要

Multinational companies（MNCs）frequently adopt corporate social responsibility（CSR）activities that are aimed at providing 'public goods' and influencing the government in policy making. Such political CSR（PCSR）activities have been determined to increase MNCs' sociopolitical legitimacy and to be useful in building relationships with the state and other key external stakeholders. Although research on MNCs' PCSR within the context of emerging economies is gaining momentum，only a limited number of studies have examined the firm-level variables that affect the extent to which MNCs' subsidiaries in emerging economies pursue PCSR. Using insights from resource dependence theory，institutional theory，and the social capital literature，we argue that MNCs' subsidiaries that are critically dependent on local resources，have greaterties to managers of related businesses and to policy makers，and that those that are interdependent on the MNCs' headquarters and other foreign subsidiaries，are more likely to be involved in PCSR. We obtain support for our hypotheses using a sample of 105 subsidiaries of foreign firms that operate in India. Our findings enhance our understanding of the factors that determine MNCs' political CSR in emerging economies.

问题导入

跨国公司作为全球经济一体化的主要载体，其利益相关者也较一般企业更多。与利益相关者建立互信关系、获取竞争优势，进而促进企业可持续发展的一种可行措施是履行社会责任。那么，跨国企业在东道国子公司的企业社会责任表现与国内公司有何差异呢？以往研究文献主要从国家层面制度差异加以解释，那么企业自身的微观层面是否也存在作用呢？对此的回答，不仅能从理论上丰富企业社会责任方面的研究，而且能从实务上服务我国企业“走出去”战略。

针对以上问题，本文以企业层面微观特征为切入点，分析了跨国子公司的社会责任行为，并且采用翔实的一手调查数据，克服了之前研究无实证证据的缺陷，使得结论更为可靠。

研究设计

本文认为跨国公司的企业社会责任行为，特别是在发展中国家或新兴经济体，更多地表现为政治目的，以便公司在东道国更有效地经营。对此的论证，以往研究多从非完全市场等角度予以解释，本文的一大贡献是以子公司特征加以说明。具体而言：

一、研究假设

1. 资源依赖理论

在发展中国家，企业发展所需资源可能被掌握在企业的一些外部相关者中，企业履行社会责任，会促使其与更外部相关者的沟通交流，进而有利于企业获得此类资源。为此，本文提出以下假设：

H1：东道国资源对跨国子公司越重要，子公司越有倾向实施 CSR。

2. 跨国公司内部的相互影响

跨国子公司的行为，可能受到母公司或另外国家子公司的影响。进而，本文提出以下假设：

H2：这种相互影响越大，跨国子公司 CSR 实施得越多。

3. 管理者关联

跨国子公司在东道国存在外来者劣势（LOF），对此的一个对策是建立管理者关联，既包括与外部政治方面的关联，又包括对外部商业方面的管理，如供应商、关键客户、市场合作方等。因此，本文提出以下假设：

H3：跨国子公司发展管理者关联，则会实施更多 CSR。

二、数据来源与样本选取

跨国子公司的数据较难获得，本文采取调查问卷的方式。样本东道国选择印度，因为：一是已有研究表明 CSR 是在印度建立政治关联的有效手段，并且近期印度政府强制要求全部公司 CSR 花费不得少于净利润的 2%；二是虽然印度是 FDI 流入大国，但是其跨国企业的一些资源还是由政府掌握。

本文首先从 Amelia Publications 得到印度 2011—2012 年跨国公司名录，剔除外资占比少于 25%、联系方式不全的公司后发出 1010 份问卷。回收得到 120 份，并舍弃 15 份缺损数据样本。最终文章得到 105 份有效问卷。

三、变量设置

本文主要变量数据均来自调查，采用五级李克特量表加以刻画，其中 1 为最不重视、5 为最重视。

因变量 PCSR：跨国子公司的政治（political）倾向社会责任行为（CSR）。调查跨国子公司高层人员对以下三者的重视程度：（1）媒体宣传广告中与政策有关的具体问题；（2）基层政治活动；（3）与其他组织联盟。

解释变量：

（1）resource criticality（资源的关键属性），参考Srivastava等（2001）的标准，并进行因子分析后，得出有形资源（4种）和无形资源（3种）；

（2）international interdependence（内部影响性），借鉴Subramaniam和Watson（2006）的4个调查元素衡量；

（3）managerial ties（管理者关联），调查高管的私人关系（包括各级政府官员、监管或相关组织、供应商、客户、竞争对手、市场合作方和技术合作方）。

控制变量：subsidiary size（子公司规模），以员工数指代；subsidiary age（子公司年龄），以在印度设立的时间衡量；industry type（行业类型），0为制造业、1为服务业；local ownership（所有权），以外资占比份额衡量。

四、模型

相较于数据收集整理的复杂，本文的回归模型较为简洁，分两步使用了多元线性回归：

第一步，因变量与控制变量回归。模型结果显示，控制变量中子公司规模和外资占比显著；

第二步，加上主要解释变量后，再次回归。模型结果得出，资源的关键属性显著，H1得证；内部影响性不显著，H2不成立；管理者关联中仅政治联系显著，H3部分成立。

主要贡献

本文基于印度这一新兴经济体2011—2012年的跨国子公司样本，通过问卷调查获得105份有效问卷，实证研究了跨国子公司PCSR的企业层面影响因素。边际贡献有：第一，此类研究前期文献较少，不多的文献也仅是涉及烟草这一个行业，本文拓宽了行业领域，丰富了相关研究。第二，前期关于新兴经济体中跨国子公司的文献，较多关注制度层面，强调市场等宏观层面因素，本文则从企业自身这一微观层面入手，使得分析更为立体。

前沿跟踪

现有关于跨国子公司在东道国的社会责任行为，受限于数据较难取得，实证研究方面较少，替代方式为案例研究；此外更多的是关注跨国企业和企业社会责任中的一个方面。概括而言：

（1）两者关系的案例研究。张爱玲和邹素薇（2017）通过系统分析戴姆勒集团在美国、中国和印度履行企业社会责任的情况，发现戴姆勒在不同东道国履行企业社会责任存在明显的国别差异，造成这种国别差异的原因有跨国公司自身的因素，但东道国因素起主导作用。

（2）跨国公司方面。葛顺奇和罗伟（2015）以全球价值链为视角，以“工序构成”衡量“产业结构”，分析跨国公司进入是否及如何影响制造业企业的价值链并改变中国制造业产业结构，结果表明跨国公司进入不仅影响生产效率和产出构成等传统变量，还对制造业的工序构成产生直接影响。陈怀超（2016）以中国跨国公司为研究对象，从资源基础观出发，分析了战略柔性对中国跨国公司国际化绩效的影响，研究结果表明：战略柔性对中国跨国公司国际化绩效有着正向的显著影响；在这一影响过程中，东道国环境不确定性起到了正向的调节作用，东道国市场竞争强度的调节作用不显著，子公司股权结构起到了部分中介作用。

（3）企业社会责任方面。前期大多数文献研究表明，企业履行的社会责任越多，其避税程度越低。然而，李增福等（2016）针对中国民营上市企业的研究发现，企业捐赠越多，其避税程度反而越高，并将这一现象称为“中国民营企业社会责任背离之谜”，提出了“慈善捐赠—寻租—避税”的假说加以解释，进一步的研究表明，法制环境好的地区，企业慈善捐赠的避税效应更强；具有政治关联的民营企业，其慈善捐赠的避税效应更强。许晟等（2016）基于524份由中小家族企业中高层管理者填写的调查问卷，50个中小家族企业所有者深度访谈和32个精英访谈，探索了中小家族企业社会责任认知、动机与实践之间的关系并进行实证分析，研究表明：中小家族企业社会责任认知显著影响社会责任动机与实践，企业社会责任动机在企业社会责任认知与实践的关系中起到中介作用。

参考文献

[1] 张爱玲，邹素薇．跨国公司在东道国履行企业社会责任的国别差异——以戴姆勒集团为例［J］. 对外经贸，2017（2）：45-50.

[2] 葛顺奇，罗伟．跨国公司进入与中国制造业产业结构——基于全球价值链视角的研究［J］. 经济研究，2015，50（11）：34-48.

[3] 陈怀超．战略柔性影响中国跨国公司国际化绩效了吗？——东道国环境的调节作用和子公司股权结构的中介作用［J］. 中央财经大学学报，2016（2）：94-103.

[4] 许晟，余明阳，薛可，周光．中小家族企业社会责任认知与实践的实证研究［J］. 管理学报，2016，13（12）：1859-1865.

[5] 李增福，汤旭东，连玉君．中国民营企业社会责任背离之谜［J］. 管理世界，2016（9）：136-148，160，188.

（作者：张　昌）

述评：Who needs CSR? The impact of corporate social responsibility on national competitiveness

作者：Boulouta, Ioanna & Pitelis, Christos N.
期刊：*Journal of Business Ethics*, 2013 (3)

原文摘要

The link between corporate social responsibility (CSR) and competitiveness has been examined mainly at the business level. The purpose of this paper is to improve conceptual understanding and provide empirical evidence on the link between CSR and competitiveness at the national level. We draw on an eclectic-synthetic framework of international economics, strategic management and CSR literatures to explore conceptually whether and how CSR can impact on the competitiveness of nations, and test our hypotheses empirically with a sample of 19 developed countries over a 6-year period. Our evidence suggests that CSR can make a significant positive contribution to national competitiveness, as measured by national living standards. We also find that countries with a relatively low innovation record can benefit more, as compared to highly innovative countries, by implementing nationwide CSR-based positioning strategies.

问题导入

近年来，企业社会责任（CSR）的理念和行动在中国的影响日益广泛。与此同时，学术上研究 CSR 实施动机的也越来越多，如道德层面，认为企业不应仅是考虑其股东的经济属性，而应该具有顾及更多利益相关者的社会属性；战略层面，认为 CSR 的践行作为一种企业战略行为，能显著增强企业的竞争力。但是，道德和战略都具有很强的地域性，不同国家的表现水平会存在显著差异。那么，CSR 水平的高低能否解释国家间的差异呢？若能，又会存在什么机制呢？

本文则是基于此，以国家竞争力为角度，分析了其与 CSR 之间的关系，弥补了前期实证研究的匮乏，将 CSR 的实施效应从企业层面拓展至国家层面，宏观上回答了“Who needs CSR”？

研究设计

以往对 CSR 与竞争力的研究较多集中于微观领域，如分析 CSR 与企业竞争力的关系，而本文则提供了“CSR 与国家竞争力”的宏观证据。具体而言：

一、研究假设

1. CSR 与国家竞争力

首先，倡导 CSR 行为，可带来更好的资源和能源利用效率，这会取得成本优势；其次，CSR 的实施可促进股东和内外部利益相关者的更充分交流，这会减轻沟通成本；最后，CSR 的氛围越浓，社会间的信任也就越强，这无疑也会提升国家声誉。因此，本文提出以下假设：

H1：CSR 的实施与国家竞争力间存在正向关系。

2. 国家创新的调节机制

一国取得竞争力的方式多种多样，这会随着国家间的发展程度不同而存在差异。对发达国家而言，竞争越来越体现为科技的形式。本文认为创新能力较强的国家，已经具有较强的竞争力，此时的 CSR 战略对国家的边际贡献小于创新能力弱的国家。因此，本文提出以下假设：

H2：CSR 与国家竞争力间的关系受国家创新能力的负向调节。

二、数据来源与样本选取

数据来源：企业层面 CSR 表现数据来自 SAM（Sustainable Asset Management）；国家宏观经济数据来自 Business Monitor International database；专利数据来自 USPTO。

样本选取：参考 OECD 国家分类标准，选取 19 个发达国家；由于数据的完整性和可得性，将样本期设定为 2001—2006 年。具体国家和公司数见下表：

Country	Number of publicly traded firms analyzed in the study	Total number of publicly traded firms per country (source：OSIRIS)	% of publicly traded firms in this study
Australia	260	2574	10.10
Austria	25	178	14.04
Belgium	42	287	14.63
Canada	167	4725	3.53
Denmark	54	315	17.14
Finland	72	202	35.64
France	232	1598	14.52
Germany	238	1382	17.22
Greece	28	373	7.51
Italy	198	472	41.95
Japan	502	4501	11.15

续表

Country	Number of publicly traded firms analyzed in the study	Total number of publicly traded firms per country (source: OSIRIS)	% of publicly traded firms in this study
The Netherlands	121	393	30.79
Norway	48	368	13.04
Portugal	28	129	21.71
Spain	137	340	40.29
Sweden	124	728	17.03
Switzerland	154	413	37.29
UK	549	4884	11.24
USA	755	13929	5.42

最终，本文获得的面板数据共108个观测值。

三、变量设置

自变量National Corporate Social Performance（NCSP）：企业层面对CSR的度量多从经济、社会和环境的三个维度出发，SAM数据库也是如此。国家间CSR水平通过每个国家的样本企业汇总而得到，样本企业按如下标准删选：SAM评估过的有可能进入DJSI（Dow Jones Sustainability Index）的大型公司、流动性好、每国至少25个公司参与计算、跨国公司按照经营场所计入当地国家。由于每个公司被选入计算的概率相等，故都被赋予相同权重，最终得出国家的CSR表现值。

因变量GDP Per Capita：人均GDP被广泛用来度量一个国家的经济发展和福利水平、生产率等，本文也采用购买力平价下计算的人均GDP来衡量国家竞争力。

控制变量：（1）Innovation，用各国所获得的专利数衡量，稳健性检验时用RD支出衡量；（2）Unit Cost Economic，本文参考Pitelis和Vasilaros（2010）的做法采用真实单位劳动力成本衡量；（3）Human Capital，使用高等教育入学率和公司员工培训支出衡量。

四、模型与结果（见表1）

表1 **模型与结果**

	Model 1 Dependent variable = GDPC	Model 2 Dependent variable = GDPC
GDPC（1 year lag）	1.08*** （0.04）	1.09*** （0.03）

续表

	Model 1 Dependent variable = GDPC	Model 2 Dependent variable = GDPC
NCSP	0.16* (0.08)	0.15* (0.08)
Human capital	-0.03 (0.04)	-0.04 (0.03)
Innovation	-0.02 (0.08)	-0.01 (0.10)
Unit cost economics	-0.05* (0.02)	-0.05 (0.04)
NCSP * innovation		-0.02* (0.01)
Num of instruments	18	21
Time dummies	Yes	Yes
Observation	90	90
Number of groups	18	18
Model F values	4619***	3493***

注：*，**，***分别表示 p 小于0.10，0.05，0.01。

本文采用面板数据回归，Model 1的结果表明NCSP会正向提高国家的竞争力，H1得证；Model 2的结果表明创新会负向调节上述两者间的关系。

主要结论

第一，国家层面的CSR表现对其竞争力有显著贡献；第二，低创新水平的国家，CSR对其竞争力的促进作用更为明显，因为CSR可作为创新的一种替代战略。

主要贡献

第一，新维度。将企业层面的责任表现拓展至国家层面，进一步丰富了对CSR的理解，并且克服前期对国家CSR的度量难题，定量研究了CSR对国家的贡献。第二，新解释。对国家竞争力的解释，本文提出了一个新的角度，从CSR所体现的软实力角度分析了国家间的竞争力差异。第三，新机制。本文不仅将CSR用于解释国家竞争力，并且尝试探讨了其影响机制，结果表明国家间创新力的不同，会导致两者间的关系不同。

前沿跟踪

现有关于企业社会责任（CSR）与国家竞争力的研究，受制于CSR宏观层面的度量难以统一且无令人信服的指标，以及国家竞争力的多维度表现，实证研究鲜有。这里不讨论CSR的微观影响，概括说明CSR对宏观层面的解释，以及国家竞争力方面的研究。具体而言：

第一，CSR对国家层面的解释。张思雪和林汉川（2017）采用全球108个国家中6701个海外消费者的问卷调查，创建了涵盖主要传导要素的多重中介模型，研究发现：在全球范围内，创新、产品的感知品质与感知的企业社会责任，是中国产品提升海外形象的关键环节和主要优化路径，企业国际社会责任是新常态下提升中国产品海外形象战略设计中必须加入的新的关键要素。李红亮和曹元（2015）认为当前国家治理的重要目标是保障和改善民生，而民生问题的解决与现代企业承担的民生社会责任密切相关。刘志云（2015）研究认为在新自由主义的主导下，最近几十年的国家间经济立法中，对“资本权益”的保护占据了核心位置，“国家与资本”“资本与社会”之间的权利义务严重失衡，在制度上表现为国家间规范跨国公司社会责任制度体系的建构缺失。

第二，国家竞争力的测度。侯经川和周露（2016）基于“贸易-资本-货币”三维视角构建了国家竞争力评价体系，并依此对九个国家（G7成员国、中国、韩国）2005—2014年的国家竞争力进行了测度。

第三，国家竞争力的影响。高运胜和尚宇红（2017）基于修正的钻石模型，分析了“一带一路”倡议下我国高铁产业走入中东欧乃至整个欧洲基础设施领域的影响，研究指出我国高铁产业在内在因素、外部机遇与技术吸收创新能力方面均具有较强的国际竞争力，但要促使高铁成为中东欧国家联通“丝绸之路”的重要经济走廊，国家层面要构建长效“16+1”合作机制，企业则要积极应对欧盟激烈的市场竞争与繁苛的技术标准，注重进入及融资模式创新，并防范投资风险。王成金和孙东琪（2016）认为虽然经济发展速度一直是各国经济发展水平的重要测度指标，但国家经济增速与国家竞争/影响力之间的关系及可能的阈值需要进行深入的研究，在采用时空分析路径后发现：国家经济增速与国家影响力之间并非存在严格的线性关系，但国家影响力的培育与强化仍需要一定的经济增速进行支撑，而国家经济增速与国家竞争力之间呈现逆向的对应关系。

参考文献

[1] 张思雪，林汉川．新常态下创新与社会责任对中国产品海外形象的影响研究——基于全球108个国家海外消费者的问卷调查［J］．中国软科学，2017（2）：102-112.

[2] 李红亮，曹元．基于国家治理层面的民生与企业社会责任的关系反思［J］．经济问题，2015（12）：78-81.

[3] 刘志云．后危机时代国家间跨国公司社会责任制度体系的构建［J］．政法论丛，2015（3）：120-128.

[4] 侯经川，周露．基于“贸易-投资-货币”三维视角的国家竞争力测度与提升策略研究

[J]. 中国软科学，2016（1）：17-34.
[5] 高运胜，尚宇红．中国高铁产业投资中东欧国家竞争力分析——基于修正钻石模型的视角［J］. 广东社会科学，2017（1）：29-36.
[6] 王成金，孙东琪．国家经济增速与国家竞争力/影响力的时空关系［J］. 地理科学，2016，36（7）：998-1007.

（作者：张　昌）

述评：
Financing constraints and workplace safety

论文原作者：Bruno Biais, Michael R. Roberts, and Kenneth J. Singleton
期刊：*The Journal of Finance*，2016（5）

原文摘要

We present evidence that financing frictions adversely impact investment in workplace safety, with implications for worker welfare and firm value. Using several identification strategies, we find that injury rates increase with leverage and negative cash flow shocks, and decrease with positive cash flow shocks. We show that firm value decreases substantially with injury rates. Our findings suggest that investment in worker safety is an economically important margin on which firms respond to financing constraints.

问题导入

美国每年有350多万起工作场所受伤和疾病事件发生，这些损伤每年估计花费2500亿美元，比所有癌症的花费总和还要多。虽然工作场所安全问题已经被广泛地研究，如工厂关系、操作管理和产业组织心理学，但是它与金融之间的关系还没有被关注。公司层面金融资产的短缺会影响机构层面安全上的有形和无形投资吗？融资约束如何影响工作场所安全？本文通过分析工作场所受伤率与现金流和财务杠杆的关系，深入探索融资约束对工作场所安全的影响。该研究对企业价值和公司员工福利有着深远的影响。

研究设计

已有研究发现，通常情况下投资与可用现金正相关，与财务杠杆负相关。而且，安全方面的投资越多，其受伤率就越低。因此，如果安全方面的投资受到公司金融资源的影响，那么受伤率应该与现金流负相关，与财务杠杆正相关。基于以上分析，本文首先分析了受伤率与财务杠杆之间的关系；接着通过三个准自然实验分析了受伤率与现金流之间的关系；最后考虑到受伤率会增加公司成本，本文通过研究受伤率对企业价值的影响，以此来说明受伤率与公司成本的关系。

一、受伤率与财务杠杆

为了考察工作场所受伤率与金融变量的关系，建立以下回归模型：

$$\text{Injuries/Hour}_{it} = \alpha_i + \delta_{jt} + \gamma_{st} + \beta X_{it} + \epsilon_{it}$$

其中，t 表示年份，i 表示机构，j 表示行业以及 s 表示机构所在的州。Injuries/Hour 为受伤率，用受伤数与工作时间之比表示；X 代表与融资相关的变量；α 表示不随时间变化而被忽略的机构特征变量；δ 表示行业-年份固定效应；γ 表示州-年份固定效应。

研究发现受伤率与财务杠杆之间显著正相关。为了使结果更加稳健，本文分别用泊松模型和负二项模型进行回归，结果仍然一致；使用滞后-先导的财务杠杆变量与受伤率进行回归，发现受伤率与后一年的财务杠杆没有显著关系，减轻了可能存在反向因果关系的担忧，还发现财务杠杆对受伤率的影响至少持续两年。

二、受伤率与现金流

本文使用三个涉及现金流冲击的准自然实验，研究受伤率与现金流的关系。第一个实验利用了美国就业创造法案的一个规定所带来的正现金流冲击；第二个实验利用了 2007 年年末金融危机开始时企业债务的期限结构带来的负现金流冲击；第三个实验利用了样本期间内石油价格大幅度波动引起的正现金流冲击。

为检验现金流冲击对受伤率的影响，本文使用 DID 模型：

$$\text{Injuries/Hour}_{it} = \beta \text{Treatment}_t \times \text{Exposure}_i + \phi X_{it} + \alpha_i + \delta_{jt} + \gamma_{st} + \epsilon_{it}$$

其中，Treatment 是虚拟变量，受到冲击之后的变量取 1，否则取 0；Exposure 也是虚拟变量，处理组取 1，控制组取 0，其他变量与之前的模型一致。

研究发现受伤率与现金流之间显著负相关。本文进一步用泊松模型回归和更换被解释变量，发现结果仍然一致；接着考虑到成本问题，本文研究了托宾 Q 与受伤率之间的关系，发现较高的受伤风险会导致较低的企业价值。

三、数据来源

本文样本期间为 2002—2009 年，工作场所受伤情况数据来自劳动统计局的职业伤害与疾病调查，公司层面金融变量数据来自 Compustat，剔除数据缺失和金融、公共事业公司的数据，总共得到 43271 个观测值。

主要结论

第一，融资约束抑制了公司在工作场所安全上的投资。第二，工作场所受伤率随财务杠杆的增加而增加，随现金流的增加而降低。第三，工作场所受伤风险提高会增加金融相关政策的成本，使得企业价值降低。

主要贡献

第一，本文首次研究了融资约束和工作场所安全之间的关系，为融资约束影响员工福利提供了经验证据。第二，本文揭示了融资影响员工福利的新途径，丰富了研究融资约束和员工福利的文献。第三，本文分析了工作场所受伤率与企业价值的关系，这对最优金融政策的制定有着重要的影响。

前沿跟踪

社会责任报告能够向政府、投资者及其他利益相关者提供财务报告以外的信息，成为外界了解企业情况的重要途径之一，国内已有不少学者针对社会责任报告进行了研究。靳小翠（2017）发现企业文化会促使企业承担社会责任，这种影响在非国有企业中比在国有企业中效果更显著；企业经营状况恶化时，良好的企业文化会指导和约束企业继续承担社会责任，但如果企业经营状况持续恶化至发生亏损，则企业文化不能再指导和约束企业的社会责任行为；陈建林和温正杰（2017）发现家族实际控制程度越高，家族企业会更加倾向于承担更多的社会责任。家族企业对高管实行高强度的薪酬激励会导致高管减少对非财务目标之一的企业社会责任目标的关注，即家族企业的社会责任行为倾向会减弱；钱明等（2017）发现前期融资约束高的企业更有可能在本期披露社会责任信息，相对于未披露社会责任信息的企业，披露的企业在下期会面临更低程度的融资约束，而且企业的社会责任信息披露对融资约束的影响存在“首次”效应。

近年来，学者们越来越关注社会责任信息披露所带来的经济后果。宋献中等（2017）从企业信息不对称和投资者情绪两个角度探讨了企业股价崩盘风险的形成机理，发现企业披露社会责任信息降低了未来股价崩盘风险，社会责任信息同时通过信息效应和声誉保险效应降低股价崩盘风险，但声誉保险效应占据主导地位；史敏等（2017）基于利益相关者理论和信号传递理论，研究发现积极承担企业社会责任能够有效降低制造业民营企业的债务融资成本；在当前经济背景下，研发投入和环境动态性均可发挥增强企业社会责任对债务融资成本影响的调节作用，且环境动态性能够显著增强研发投入的调节作用。宋岩等（2017）发现制造业上市公司会同时进行应计和真实盈余管理，且企业社会责任与应计盈余管理、真实盈余管理均呈显著的负相关关系，这表明企业履行社会责任是一种道德行为，履行社会责任好的企业，其信息披露更加透明，从而抑制盈余管理行为。

参考文献

[1] 靳小翠．企业文化会影响企业社会责任吗？——来自中国沪市上市公司的经验证据[J]．会计研究，2017（2）：56-62，97.

[2] 陈建林，温正杰．家族控制、高管激励与企业社会责任——基于中国家族上市公司的实证研究[J]．南京审计大学学报，2017，14（3）：66-74.

[3] 钱明，徐光华，沈弋，窦笑晨．民营企业自愿性社会责任信息披露与融资约束之动态关系研究[J]．管理评论，2017，29（12）：163-174.

[4] 宋献中，胡珺，李四海．社会责任信息披露与股价崩盘风险——基于信息效应与声誉保险效应的路径分析［J］．金融研究，2017（4）：161-175.
[5] 史敏，蔡霞，耿修林．动态环境下企业社会责任、研发投入与债务融资成本——基于中国制造业民营上市公司的实证研究［J］．山西财经大学学报，2017，39（3）：111-124.
[6] 宋岩，滕萍萍，秦昌才．企业社会责任与盈余管理：基于中国沪深股市A股制造业上市公司的实证研究［J］．中国管理科学，2017，25（5）：187-196.

（作者：张明梅）

参考文献

[1] Alvarez-Garrido, E. and G. Dushnitsky. Are entrepreneurial venture's innovation rates sensitive to investor complementary assets? Comparing biotech ventures backed by corporate and independent VCs. Strategic Management Journal, 2016, 37 (5): 819-834.

[2] Anderson, N., K. Potocnik and J. Zhou. Innovation and creativity in organizations: A state-of-the-science review, prospective commentary, and guiding framework. Journal of Management, 2014, 40 (5): 1297-1333.

[3] Bernstein, S., X. Giroud and R. R. Townsend. The impact of venture capital monitoring. Journal of Finance, 2016, 71 (4): 1591-1622.

[4] Bonaime, A., H. Gulen and M. Ion. Does policy uncertainty affect mergers and acquisitions? Journal of Financial Economics, 2018, 129 (3): 531-558.

[5] Buckley, P., J. Clegg, A. Cross, X. Liu, H. Voss and P. Zheng. The determinants of Chinese outward foreign direct investment. Journal of International Business Studies, 2007, 38: 499-518.

[6] Chemmanur, T. J. and P. Fulghieri. Entrepreneurial finance and innovation: An introduction and agenda for future research. Review of Financial Studies, 2014, 27 (1): 1-19.

[7] Chemmanur, T. J. and K. D. K. Nandy. How does venture capital financing improve efficiency in private firms? A look beneath the surface. Review of Financial Studies, 2011, 24 (12): 4037-4090.

[8] Chen, J., W. S. Leung and K. P. Evans. Are employee-friendly workplaces conducive to innovation? Journal of Corporate Finance, 2016.

[9] Fresard, L., U. Hege and G. Phillips. Extending industry specialization through cross-border acquisitions. Review of Financial Studies, 2017, 30 (5): 1539-1582.

[10] Laursen, K. and A. J. Salter. The paradox of openness: Appropriability, external search and collaboration. Research Policy, 2014, 43 (5): 867-878.

[11] Lee, S. U. and J. Kang. Technological diversification through corporate venture capital investments: Creating various options to strengthen dynamic capabilities. Industry Innovation 22, 2015.

[12] Luo, Y. D. and R. L. Tung. International expansion of emerging market enterprises: A

springboard perspective. Journal of International Business Studies, 2007, 38 (4): 481-498.

[13] Morck, R., B. Yeung and Z. Minyuan. Perspectives on China's outward foreign direct investment. Journal of International Business Studies, 2008, 39 (3): 337-350.

[14] Puri, M. and R. Zarutskie. On the life cycle dynamics of venture-capital-and non-venture-capital-financed firms. Journal of Finance, 2012.

[15] Teng, L., D. Huang and Y. Pan. The performance of MNE subsidiaries in China: Does it matter to be close to the political or business hub? Journal of International Management, 2017, 23 (3): 292-305.

[16] Wadhwa, A., C. Phelps and S. Kotha. Corporate venture capital portfolios and firm innovation. Journal of Business Venturing, 2016: 95-112.

[17] Wang, T., L. Jia, P. Cui and J. Lv. How do bilateral diplomatic relations affects overseas market performance of mulitinational companies. China Industrial Economics (In Chinese), 2020 (7): 80-97.

[18] West, J. and M. Bogers. Leveraging external sources of innovation: A review of research on open innovation. Journal of Product Innovation Management, 2014, 31 (4): 814-831.

[19] Yang, Y., V. K. Narayanan and D. M. De Carolis. The relationship between portfolio diversification and firm value: The evidence from corporate venture capital activity. Strategic Management Journal, 2015, 35 (13): 1993-2011.

[20] 蔡卫星，倪骁然，赵盼，杨亭亭．企业集团对创新产出的影响：来自制造业上市公司的经验证据．中国工业经济，2019 (1): 137-155.

[21] 陈爱贞，张鹏飞．并购模式与企业创新．中国工业经济，2019 (12): 115-133.

[22] 陈思，何文龙，张然．风险投资与企业创新：影响和潜在机制．管理世界，2017 (1): 158-169.

[23] 陈孝勇，惠晓峰．创业投资的治理作用——基于高管薪酬契约设计视角的实证研究．南开管理评论，2015, 18 (2): 126-135.

[24] 党力，杨瑞龙，杨继东．反腐败与企业创新：基于政治关联的解释．中国工业经济，2015 (7): 146-160.

[25] 付雷鸣，万迪昉，张雅慧．VC是更积极的投资者吗？——来自创业板上市公司创新投入的证据．金融研究，2012 (10): 125-138.

[26] 苟燕楠，董静．风险投资进入时机对企业技术创新的影响研究．中国软科学，2013 (3): 132-140.

[27] 顾露露，R. Robert. 中国企业海外并购失败了吗？．经济研究，2011, 46 (7): 116-129.

[28] 顾夏铭，陈勇民，潘士远．经济政策不确定性与创新——基于我国上市公司的实证分析．经济研究，2018, 53 (2): 109-123.

[29] 郝项超，梁琪，李政．融资融券与企业创新：基于数量与质量视角的分析．经济研

究，2018，53（6）：127-141.
[30] 贾宁，李丹．创业投资管理对企业绩效表现的影响．南开管理评论，2011，14（1）：96-106.
[31] 蒋殿春，谢红军．外资并购与目标企业生产率：对中国制造业数据的因果评估．世界经济，2018，41（5）：99-124.
[32] 蒋冠宏，蒋殿春．中国工业企业对外直接投资与企业生产率进步．世界经济，2014，37（9）：53-76.
[33] 蒋冠宏，蒋殿春．中国企业对外直接投资的"出口效应"．经济研究，2014，49（5）：160-173.
[34] 孔东民，王江元．机构投资者信息竞争与股价崩盘风险．南开管理评论，2016，19（5）：127-138.
[35] 孔东民，徐茗丽，孔高文．企业内部薪酬差距与创新．经济研究，2017，52（10）：144-157.
[36] 黎文靖，郑曼妮．实质性创新还是策略性创新？——宏观产业政策对微观企业创新的影响．经济研究，2016（4）：60-73.
[37] 黎文靖，郑曼妮．实质性创新还是策略性创新？——宏观产业政策对微观企业创新的影响．经济研究，2016，51（4）：60-73.
[38] 李兵，颜晓晨．中国与"一带一路"沿线国家双边贸易的新比较优势——公共安全的视角．经济研究，2018，53（1）：183-197.
[39] 李磊，王小霞，蒋殿春，方森辉．中国最低工资上升是否导致了外资撤离．世界经济，2019，42（8）：97-120.
[40] 李磊，冼国明，包群．"引进来"是否促进了"走出去"？——外商投资对中国企业对外直接投资的影响．经济研究，2018，53（3）：142-156.
[41] 李梅，柳士昌．对外直接投资逆向技术溢出的地区差异和门槛效应——基于中国省际面板数据的门槛回归分析．管理世界，2012，000（1）：21-32，66.
[42] 李姝，翟士运，古朴．非控股股东参与决策的积极性与企业技术创新．中国工业经济，2018（7）：155-173.
[43] 李万福，杜静，张怀．创新补助究竟有没有激励企业创新自主投资——来自中国上市公司的新证据．金融研究，2017（10）：130-145.
[44] 李文贵，余明桂．民营化企业的股权结构与企业创新．管理世界，2015（4）：112-125.
[45] 李新春，肖宵．制度逃离还是创新驱动？——制度约束与民营企业的对外直接投资．管理世界，2017（10）：99-112，129，188.
[46] 李曜，宋贺．风险投资支持的上市公司并购绩效及其影响机制研究．会计研究，2017（6）：60-66，97.
[47] 梁上坤．机构投资者持股会影响公司费用粘性吗？．管理世界，2018，34（12）：133-148.

[48] 林志帆，龙晓旋．卖空威胁能否激励中国企业创新．世界经济，2019，42（9）：126-150.
[49] 刘晓光，杨连星．双边政治关系、东道国制度环境与对外直接投资. 金融研究，2016（12）：17-31.
[50] 罗宏，秦际栋．国有股权参股对家族企业创新投入的影响．中国工业经济，2019（7）：174-192.
[51] 罗炜，余琰，周晓松．处置效应与风险投资机构：来自 IPO 公司的证据．经济研究，2017，52（4）：181-194.
[52] 吕越，陆毅，吴嵩博，王勇．“一带一路”倡议的对外投资促进效应——基于 2005—2016 年中国企业绿地投资的双重差分检验．经济研究，2019，54（9）：187-202.
[53] 毛其淋，许家云．中国企业对外直接投资是否促进了企业创新？．世界经济，2014，8：98-125.
[54] 蒲艳萍，顾冉．劳动力工资扭曲如何影响企业创新. 中国工业经济，2019（7）：137-154.
[55] 权小锋，尹洪英．中国式卖空机制与公司创新——基于融资融券分步扩容的自然实验．管理世界，2017（1）：128-144，187-188.
[56] 沈国兵，袁征宇．企业互联网化对中国企业创新及出口的影响．经济研究，2020，55（1）：33-48.
[57] 孙淑伟，何贤杰，赵瑞光，牛建军．中国企业海外并购溢价研究．南开管理评论，2017，20（3）：77-89.
[58] 谭洪涛，陈瑶．集团内部权力配置与企业创新——基于权力细分的对比研究．中国工业经济，2019（12）：134-151.
[59] 唐清泉，黎文飞，蔡贵龙．家族控制、风险投资和企业 R&D 投资. 证券市场导报，2015（1）：32-38.
[60] 铁瑛，蒙英华．移民网络、国际贸易与区域贸易协定．经济研究，2020，55（2）：165-180.
[61] 万坤扬，陆文聪．创业企业知识异质性与公司投资者知识创造．科研管理，2016，37（2）：9-19.
[62] 王珏，祝继高．劳动保护能促进企业高学历员工的创新吗？——基于 A 股上市公司的实证研究．管理世界，2018，34（3）：139-152，166，184.
[63] 王康，李逸飞，李静，赵彦云．孵化器何以促进企业创新？——来自中关村海淀科技园的微观证据．管理世界，2019，35（11）：102-118.
[64] 王兰芳，胡悦．创业投资促进了创新绩效吗？——基于中国企业面板数据的实证检验．金融研究，2017（1）：177-190.
[65] 王雷．公司创业投资支持企业控制权配置实证研究．管理科学，2016，29（4）：

80-93.
[66] 王泽宇，刘刚，梁晗．中国企业对外投资选择的多样性及其绩效评价．中国工业经济，2019（3）：5-23.
[67] 温军，冯根福．风险投资与企业创新："增值"与"攫取"的权衡视角．经济研究，2018，53（2）：185-199.
[68] 吴超鹏，唐菂．知识产权保护执法力度、技术创新与企业绩效——来自中国上市公司的证据．经济研究，2016，51（11）：125-139.
[69] 吴先明，张雨．海外并购提升了产业技术创新绩效吗——制度距离的双重调节作用．南开管理评论，2019，22（1）：4-16.
[70] 冼国明，明秀南．海外并购与企业创新．金融研究，2018（8）：155-171.
[71] 许昊，万迪昉，徐晋．风险投资改善了新创企业 IPO 绩效吗？．科研管理，2016，37（1）：101-109.
[72] 闫雪凌，林建浩．领导人访问与中国对外直接投资．世界经济，2019，42（2）：147-169.
[73] 杨道广，陈汉文，刘启亮．媒体压力与企业创新．经济研究，2017，52（8）：125-139.
[74] 杨连星，沈超海，殷德生．对外直接投资如何影响企业产出．世界经济，2019，42（4）：77-100.
[75] 杨其静，程商政，朱玉．VC 真在努力甄选和培育优质创业型企业吗？——基于深圳创业板上市公司的研究．金融研究，2015（4）：192-206.
[76] 杨洋，魏江，罗来军．谁在利用政府补贴进行创新？——所有制和要素市场扭曲的联合调节效应．管理世界，2015（1）：75-86，98，188.
[77] 余明桂，范蕊，钟慧洁．中国产业政策与企业技术创新. 中国工业经济，2016（12）：5-22.
[78] 余明桂，钟慧洁，范蕊．业绩考核制度可以促进央企创新吗？经济研究，2016，51（12）：104-117.
[79] 余琰，罗炜，李怡宗，朱琪．国有风险投资的投资行为和投资成效．经济研究，2014，49（2）：32-46.
[80] 袁建国，后青松，程晨．企业政治资源的诅咒效应——基于政治关联与企业技术创新的考察．管理世界，2015（1）：139-155.
[81] 张璇，刘贝贝，汪婷，李春涛．信贷寻租、融资约束与企业创新．经济研究，2017，52（5）：161-174.
[82] 张学勇，张叶青．风险投资、创新能力与公司 IPO 的市场表现．经济研究，2016，51（10）：112-125.
[83] 赵静梅，傅立立，申宇．风险投资与企业生产效率：助力还是阻力？．金融研究，2015（11）：159-174.
[84] 周开国，卢允之，杨海生．融资约束、创新能力与企业协同创新．经济研究，

2017，52（7）：94-108.
[85] 朱冰，张晓亮，郑晓佳．多个大股东与企业创新．管理世界，2018，34（7）：151-165.
[86] 朱沆，E. Kushins，周影辉．社会情感财富抑制了中国家族企业的创新投入吗？．管理世界，2016（3）：99-114.
[87] 宗芳宇，路江涌，武常岐．双边投资协定、制度环境和企业对外直接投资区位选择．经济研究，2012，47（5）：71-82，146.